Maik Klaassen

DUTCH
for English-speaking
EXPATS

VanDorp Educatief

DUTCH for English-speaking EXPATS
Maik Klaassen

isbn 978 90 77698 14 3

4th print - July 2009

Publisher: Eric Jan van Dorp
Editor: Ite Op den Orth
Cover design: Eva Singer

This book is published by:

Uitgeverij VanDorp Educatief
PO box 42
3956 ZR Leersum
The Netherlands

Tel +31 343469970

info@vandorp.net
www.vandorp.net

Copyright©2009 VanDorp Educatief
Copyright©2009 Maik Klaassen

All rights reserved. No part of this book may be reproducuced in any form without the written permission of the publisher.

CD-rom

This course book is accompanied by sound file recordings of the introductory dialogues and many of the answers to the excercises. These files can be downloaded FREE of charge from this internet address:

http://www.vandorp.net/dutch_for_english_speaking_expats

Inhoudsopgave

Page

	Inhoudsopgave	*Contents*	1
	Informatievensters	*Information windows*	3
	Voorwoord voor de cursist	*Foreword for the learner*	4
	Voorwoord voor de docent	*Foreword for the teacher*	6
Les 1	Uitspraak	*Pronunciation*	9
Les 2	Spelling	*Spelling*	16
Les 3	Ontmoeten en groeten	*Meeting and Greeting*	22
Les 4	Numeralia	*Numbers*	27
Les 5	Persoonlijke gegevens	*Personal data*	30
Les 6	Presens	*Present Tense*	36
Les 7	Interrogativum	*Questions*	44
Les 8	Aan het doen zijn	*'- ing': Describing what you are doing now*	50
Les 9	Adverbia (1) – Tijd en Data	*Adverbs (1) – Time and Dates*	53
Les 10	Inversie	*Inversion*	61
Les 11	Futurum	*Future Tense*	66
Les 12	Iemand iets toewensen	*Wishing somebody something*	70
Les 13	Adjectiva	*Adjectives*	72
Les 14	Pronomina	*Pronouns*	79
Les 15	Preposities (1)	*Prepositions (1)*	85
Les 16	Negatie	*Negation*	92
Les 17	liggen / zitten / staan / zetten	*Verbs of position*	95
Les 18	Adverbia (2) – Frequentie	*Adverbs (2) – Frequency*	99
Les 19	Modale verba (1)	*Modal verbs (1)*	102
Les 20	Separabele verba	*Separable verbs*	109
Les 21	te + infinitief	*to + infinitive*	118
Les 22	Relatieve bijzinnen (1) – Presens	*Relative clauses (1) – Present Tense*	124
Les 23	Conjuncties (1) – Presens	*Conjunctions (1) – Present Tense*	128
Les 24	Reflexieve verba	*Reflexive verbs*	134
Les 25	Imperatief	*Imperative*	140
Les 26	Lidwoorden	*Gender*	147
Les 27	Pluralis	*Plural*	154
Les 28	Declinatie	*Declension*	157
Les 29	Comparatief en Superlatief	*Comparative and Superlative*	162
Les 30	Adverbia (3) – Kwantiteit	*Adverbs (3) – Quantity*	166
Les 31	Relatieve bijzinnen (2) – Presens	*Relative clauses (2) – Present Tense*	170
Les 32	Perfectum (1)	*Present Perfect Tense (1)*	176
Les 33	Perfectum (2)	*Present Perfect Tense (2)*	181
Les 34	Perfectum (3)	*Present Perfect Tense (3)*	184
Les 35	Perfectum (4)	*Present Perfect Tense (4)*	189
Les 36	Perfectum (5)	*Present Perfect Tense (5)*	191
Les 37	Perfectum (6)	*Present Perfect Tense (6)*	193
Les 38	Adverbia (4) – Tijd (Perfectum)	*Adverbs (4) – Time (Present Perfect Tense)*	195
Les 39	Conjuncties (2) – Perfectum	*Conjunctions (2) – Present Perfect Tense*	198
Les 40	Relatieve bijzinnen (3) – Perfectum	*Relative clauses (3) – Present Perfect Tense*	202
Les 41	Perfectum (7) – Extra oefening	*Present Perfect Tense (7) – Extra practice*	203
Les 42	Preposities (2) – Vaste preposities	*Prepositions (2) – Fixed Prepositions*	213
Les 43	Er (1)	*Er (1)*	220
Les 44	Imperfectum	*Imperfect Tense*	227
Les 45	Relatieve bijzinnen (4) – Imperfectum	*Relative clauses (4) – Imperfect Tense*	236
Les 46	Conjuncties (3) – Imperfectum	*Conjunctions (3) – Imperfect Tense*	238
Les 47	Perfectum versus Imperfectum	*Present Perfect Tense versus Imperfect Tense*	242
Les 48	Plusquamperfectum	*Past Perfect Tense*	244
Les 49	Conditionalis	*Conditional*	249

Les 50	Gebruik van 'zou(den)'		Uses of 'would'	253
Les 51	Passivum		Passive Voice	257
Les 52	Er (2)		Er (2)	262
Les 53	Possessivum		Possessive	268
Les 54	Modale verba (2)		Modal verbs (2)	271
Les 55	Verba impersonalia		Impersonal verbs	275
Les 56	Uitdrukkingen met 'het'		Expressions with 'het'	277
Les 57	Indirecte rede		Indirect Speech	280
Les 58	Verrijk uw woordenschat		Enrich your vocabulary	284
Les 59	Idioom		Idioms	290
Les 60	Adverbia (5) – Modaliteit		Adverbs (4) – Modality	299
Les 61	Telefoneren		Telephoning	301
Les 62	Discussiëren (1)		Discussions (1)	308
Les 63	Discussiëren (2)		Discussions (2)	311
Les 64	E-mails		E-mails	312
Les 65	Correspondentie		Correspondence	321
Bijlage 1	Grammaticale termen		Grammatical terms	330
Bijlage 2	Zinsbouw		Sentence Structure (Word order)	331
Bijlage 3	Onregelmatige verba		Irregular Verbs	333
Bijlage 4	Verba met een vaste prepositie		Verbs with a fixed preposition	337
Bijlage 5	Landen, talen en nationaliteiten		Countries, languages and nationalities	349
Bijlage 6	Belangrijke data in Nederland		Important dates in the Netherlands	352
Bijlage 7	Handige vullers		Useful fillers	355
Bijlage 8	Expat checklist		Expat checklist	365
Bijlage 9	Zelf-evaluatie met het Europees Referentiekader voor de bepaling van het taalvaardigheidsniveau		Self-Assessment with the Common European Framework of Reference for Language Proficiency Evaluation	369
Overzicht 1	Het Europese Referentiekader – Zelfevaluatie schema (*Nederlandse versie*)		Common European Framework of Reference – Self-assessment grid (*Dutch version*)	371
Overzicht 2	Het Europese Referentiekader – Zelfevaluatie schema (*Engelse versie*)		Common European Framework of Reference – Self-assessment grid (*English version*)	373

Register *Index* 373

Informatievensters

Throughout this course book, information windows appear at the end of random lessons. These information windows provide useful tips for the expat as well as interesting facts about Dutch culture, history and lifestyle.

	Wist jij dat ...?	Did you know that ...?	Page
1.	ACCESS informatie voor expats	ACCESS information for expats	15
2.	Nederlandse leenwoorden in het Engels	Dutch loan words in English	21
3.	Ontmoeten en groeten – cultuurverschillen	Meeting and greeting – cultural differences	26
4.	Het decimale stelsel	Decimal point system	29
5.	Immigratie & Naturalisatie Dients (IND)	Immigration and Naturalisation Authority	35
6.	Gemeentehuis	Municipal Town Hall	49
7.	Sofinummer	Tax number	60
8.	Belastingvoordeel voor expats	30% tax ruling for expats	69
9.	Rijbewijs omzetten	Exchanging your foreign driving licence	78
10.	Bankzaken	Banking in the Netherlands	91
11.	Een woning zoeken.	Looking for accomodation – expatica.nl	98
12.	Oorsprong van het woord 'Dutch'	Origin of the word 'Dutch'	108
13.	Telefoonboek.nl	Public information site	117
14.	Expat gemeenschap in Nederland	Expat community in the Netherlands	123
15.	Fietsen	Everything you need to know about cycling	133
16.	Oranje – niet alleen maar een kleur maar ook de kleur van de Nederlandse monarchie	Orange – not just a colour but also the colour of Dutch monarchy	146
17.	Nationale hoofdstad versus politieke hoofdstad	National capital versus political capital	156
18.	Amsterdam en de Dam	Amsterdam and Dam square	165
19.	Spellinghervorming	Spelling reform	169
20.	Nederlandse plaatsnamen wereldwijd	Dutch place names worldwide	180
21.	VanDorp Educatief – meer dan alleen een uitgeverij	VanDorpEducatief – more than just a publishing house	188
22.	Bevolkingsdichtheid en oppervlakte van Nederland en ethnische oorsprong	Population density and surface area of the Netherlands and ethnic origin	192
23.	Nederlandstaligen wereldwijd	Dutch speakers worldwide	197
24.	Randstad	Fringe City	219
25.	Twaalf provincies van Nederland	Twelve provinces in the Netherlands	235
26.	Oorsprong van de Nederlandse taal	Origin of the Dutch language	241
27.	Nederlandse ontdekkingsreizen	Dutch voyages of discovery	257
28.	NAP hoogtemetingen in Nederland	NAP highest and lowest points in the Netherlands	261
29.	Koninkrijk der Nederlanden	Kingdom of the Netherlands	270
30.	Nederlandse vlag	Dutch flag	274
31.	Het Wilhelmus	Dutch national anthem	279
32.	KLM en Schiphol	KLM and Schiphol International Airport	289
33.	Godsdiensten in Nederland	Relegions in the Netherlands	300
34.	Staatsexamen NT2	National Dutch Language Exam	320

Foreword for the learner

Why learn Dutch?
Learning enough Dutch to be able to follow everyday instructions (road signs, ATM machine, parking meters, public transport services, food packaging, etc.) and being able to interact with Dutch-speaking colleagues and social contacts can give the expatriate a great sense of involvement and satisfaction. After all, who wouldn't want to enrich their expatriate experience so as not to feel like a tourist during their expat stay in the Netherlands?
With '*Dutch for English-speaking Expats*', you learn how to cope in everyday situations. The emphasis is on immediate communication and most exercises are in dialogue form to give you plenty of practice interacting in everyday-spoken Dutch.

Who is '*Dutch for English-speaking Expats*' for?
'*Dutch for English-speaking Expats*' is intended for adults living and working in the Netherlands who need to learn the essential communication tools of the Dutch language in a limited timeframe. It is a comprehensive course book that focuses on the three most important components required for learning a foreign language: clear grammatical structures, relevant vocabulary and sufficient practice.

'*Dutch for English-speaking Expats*' is a comprehensive course book suitable for absolute <u>Beginners through to Advanced</u> learners. The learner can either choose to start from the very beginning with Pronunciation (Lesson 1) and progress step-by-step through to the more advanced level of Discussions (Lesson 64), E-mail writing (Lesson 64) and Reading Correspondence (Lesson 65) or alternatively, select individual lessons as required. Because '*Dutch for English-speaking Expats*' explains Dutch grammar in English and provides clear examples and a wide variety of exercises, it can also be used either as a <u>reference book or supplementary exercise book.</u>

Course book contents
'*Dutch for English-speaking Expats*' contains many expat-friendly features, including:

- ☑ **Table of Contents in English and Dutch**
  For quick and easy reference.
- ☑ **65 lessons from absolute beginner to advanced**
  Each lesson focuses on one grammatical theme at a time. This allows the learner to either follow the complete course step-by-step or adopt a more flexible learning approach by jumping ahead according to the individual's learning needs as they arise.
- ☑ **Easy-to-understand grammar**
  In English and with a minimum of grammatical terminology.
- ☑ **Word Order**
  A concise overview of the different word orders used in Dutch (*see Appendix 2*).
- ☑ **Bilingual wordlist**
  Look up quickly any word in this course book.
- ☑ **Self-assessment**
  Test your level and progress according to the pan-European assessment criteria known as the 'Common European Framework of Reference for Language Proficiency Testing' (*see Appendix 9*).
- ☑ **Expat Checklist**
  Tips in English on what to arrange before, during and after your stay in the Netherlands including essential documents, registration procedures, useful tips for settling in, and invaluable websites (*see Appendix 8*)

How to use this course book

- 📖 **Reading practice**
  After learning the essentials in the first five lessons (alphabet, pronunciation, numbers, greetings, and giving personal details), Lessons 6 through to Lesson 65 all contain an introductory dialogue which serves as a reading and listening exercise. Read the dialogue and look up any new vocabulary before continuing with the exercises. The exercises also contain the same grammar and vocabulary used in the introductory dialogue of each lesson, which is an effective way to consolidate what you have learned. Repetition is the key!

Listening practice

Listening to spoken language is often more difficult than reading it, because of a language's distinctive melody and speed. It is therefore very important to listen to all of the listening exercises in this course book. To give you extra practice, many of the writing exercises have also been recorded. That way, you can check your answers by listening to the recording. This will train your ear to listen to the most important information, which is an extremely important strategy when learning a foreign language, as opposed to trying to understand every single word.

Writing practice

Many learners learn a language not simply by listening to it, but also by writing it down and then learning it in a relevant context. The writing exercises in '*Dutch for English-speakingExpats*' follow this theory. They are varied and provide an effective way to consolidate the relevant new grammar and vocabulary in each lesson.

Speaking practice

The most effective way to practise a language is to speak it as often as you can: "Use it or lose it!"
Read out loud the introductory dialogue of each lesson as well as your answers to the exercises. Another way to practise is to listen to the recorded answers to many of the exercises and then to repeat them after the speaker. You need to not only train your brain to think in a different way, you also need to train your lips, tongue and throat to move in a different way to create new sounds. Practising as often as you can will improve your pronunciation, fluency and confidence. The more you practise, the easier it gets!

Choosing the right dictionary

Not all bilingual dictionaries are suitable for Learners of Dutch as a foreign language, particularly pocket dictionaries. Many bilingual pocket dictionaries are actually written for native Dutch-speakers, often omitting information that is vital for learners of Dutch. For example: Dutch has a gender system. The two different words for 'the' in Dutch are '**de**' and '**het**'. Some dictionaries do not indicate the gender of objects because a native Dutch-speaker intuitively knows what the gender is. However, for Learners of Dutch this information is absolutely vital. Therefore, when buying a dictionary, always check where it was published and look up a random selection of words to check that the dictionary provides the right information. To test the dictionary you are planning to buy, first look up the following 'test words' in English (or any other foreign language other than Dutch): *house* (**het** huis), *building* (**het** gebouw), *day* (**de** dag), and *possibility* (**de** mogelijkheid). Read the entire dictionary entry to ensure it indicates gender and irregular plural forms (if applicable) and that it provides enough information on how to use the words in different contexts.

For beginners, we recommend the bilingual Dutch-English/English-Dutch pocket dictionary *The New Routledge Dutch Dictionary* (ISBN: 041530041X), published in Great Britain for learners of Dutch as a foreign language. If your first language is not English, then choose a bilingual dictionary that best suits you.

For more advanced learners, we recommend the monolingual Dutch pocket dictionary for learners of Dutch as a foreign language: *Van Dale pocketwoordenboek Nederlands als tweede taal (NT2)* (ISBN: 90–6648–072–6). This dictionary explains the meaning of a Dutch word in Dutch and gives useful, frequently-used examples in Dutch. It also comes with a CD-rom which contains a recording of all the entries in this dictionary for extra pronunciation practice. You can order both books on-line at www.nederlandsalstweedetaal.nl

So ... what are you waiting for?

'*Dutch for English-speaking Expats*' provides you with the necessary tools and practice you need to be able to spend your entire day speaking, reading, listening and writing in Dutch. So, start today and enrich your expat experience!

Succes! (Dutch for '*Good luck*')

Voorwoord voor de docent

Doelgroep van 'Dutch for English-speaking Expats'

Naarmate het aantal expats in Nederland toeneemt, zo ook de behoefte aan een effectieve lesmethode om deze nieuwe doelgroep Nederlands te leren. De term 'expats' verwijst naar de groep hoogopgeleide buitenlandse werknemers die voor bepaalde tijd in Nederland wonen en werken en juist deze groep heeft nu eenmaal andere leerdoelen en leerachtergronden dan immigranten die zich permanent in Nederland vestigen. Expats moeten vaak in beperkte tijd zeer doelgericht leren en de opbouw van 'Dutch for English-speaking Expats' houdt hier rekening mee. Elke les behandelt één grammaticaal thema en de relevante oefeningen bieden de cursist de gelegenheid om de grammatica met de woordenschat te oefenen die zowel in dezelfde les als in vorige lessen aan bod is gekomen.

'Dutch for English-speaking Expats' is dóór een expat vóór de expat geschreven. Om toegankelijkheid tot de kennis en informatie in deze lesmethode voor alle niveaus te waarborgen, is de uitleg van de grammatica in het Engels, alle bijlagen zijn voorzien van een Engelse vertaling, en alle overige informatie over het leven in Nederland is ook in het Engels.

Dit cursusboek is in de loop van drie jaar tot stand gekomen. De inhoud is steeds bijgesteld om de leerachtergrond en het leerproces van vooral Angelsaksische en Europese cursisten tegemoet te komen. 'Dutch for English-speaking Expats' is geschikt als een uitgebreide lesmethode Nederlands voor hoogopgeleide anderstalige werknemers. Elke les borduurt voort op de reeds opgedane kennis en geleerde woordenschat uit vorige lessen. Ook voor de meer gevorderde cursist is 'Dutch for English-speaking Expats' geschikt omdat elke les eventueel apart kan worden behandeld zodat de cursist zijn/haar kennis van de Nederlandse grammatica kan opvijzelen en/of aanvullen. Zo kan 'Dutch for English-speaking Expats' ook als naslagboek met aanvullende oefeningen worden gebruikt.

Opbouw

De **lessen** in 'Dutch for English-speaking Expats' vertellen het verhaal van de hoofdrolspeler, een expat uit Canada, over zijn achtergrond, huidige functie bij het internationale bedrijf BME, zijn vorige werkervaringen, zijn opleiding, zijn relatie, zijn familie, en zijn ervaringen als expat in Nederland. Ook aan bod komen voor de expat bekende situaties zoals café-, kroeg- en restaurantbezoek, geldautomaattransacties, en zelfs het lezen van e-mails en officiële correspondentie worden behandeld. Door eerst het voorbeeld van de hoofdrolspeler te volgen, leert de cursist vervolgens over de eigen situatie te praten.

Het **cursusboek** is ingedeeld naar grammaticale tijd:

Grammaticale tijd	Les
Presens	1 t/m 31
Futurum	11
Perfectum	32 t/m 41
Imperfectum	42 t/m 47
Plusquamperfectum	48
Conditionalis	49
Overige	50 t/m 65

Aangezien de meeste buitenlanders '**subordinatie**' (onderschikking) lastig vinden, wordt dit thema uitgebreid geoefend per grammaticale tijd (*zie* Relatieve bijzinnen (1) (2) (3) (4)' en 'Conjuncties (1) (2) (3).

Een overzicht van de verschillende patronen van de Nederlandse **zinsbouw** die in dit cursusboek worden behandeld, vindt u onder Bijlage 2 met verwijzing naar de betreffende lessen.

Inhoud cursusboek

- ☑ **65 thematische lessen** – iedere les vestigt de aandacht op één grammaticaal thema.

- ☑ **Grammatica** – stap-voor-stap opgebouwd met uitleg in het Engels.

- ☑ **1 cd-rom met Mp3 luisterbestanden** – luisteroefeningen van de introductiedialogen en een groot deel van de schrijfopdrachten die veelal in dialoogvorm zijn.

- ☑ **9 bijlagen** – een overzicht van grammaticale terminologie, zinsbouw, idioom, feestdagen en belangrijke data in Nederland, en nog veel meer.

- ☑ **Inhoudsopgave** – in het Nederlands én in het Engels.
- ☑ **Woordenlijst** – in het Nederlands én in het Engels.
- ☑ **Zinsbouw** – overzicht van de acht verschillende basispatronen die in de lessen aan bod komen.
- ☑ **Het Europese Referentiekader** – om (zelf) het niveau van de taalvaardigheid te bepalen.
- ☑ **Expat checklist** – een overzicht van de belangrijkste verplichtingen en wetenswaardigheden voor de expat, met veel nuttige websites.
- ☑ **Flexibele aanpak** – geschikt als cursusboek of als naslagboek met aanvullende oefeningen.

Grammaticale terminologie

Er is in deze methode voor gekozen de Latijn–Nederlandse grammaticale benamingen (Present, Imperfectum, Perfectum, etc.) te hanteren omdat ze het meest op het Engels, Duits, Frans, Spaans en Italiaans lijken en ook omdat de traditionele Nederlandse grammaticale termen (O.T.T., O.V.T., V.T.T., etc.) voor veel buitenlanders een onnodig struikelblok vormen.

Nog een beweegreden om vooral de tijdsbenamingen niet in het Engels te vertalen is om verwarring te voorkomen. Het gebruik van Het Perfectum komt bijvoorbeeld in het Nederlands niet altijd overeen met het gebruik van Het Perfectum in het Engels. Kijk naar de volgende twee zinnen die duidelijk de verschillende toepassingen van grammaticale tijden in beide talen aangeven:

Nederlands	Engels
(Presens)	(Present Perfect Tense)
Ik **woon** al twee jaar in Nederland. →	I **have lived** in Holland for two years.
(Perfectum)	(Past Tense)
Ik **heb** twee jaar in Nederland **gewoond**. →	I **lived** in Holland for two years.

Tips om de vier vaardigheden te oefenen

De toelichting hieronder dient louter als suggesties om het leereffect van uw cursist te verhogen:

📖 Leesvaardigheid

Vanaf Les 6 begint bijna elke les met een introductiedialoog waarin het betreffende grammaticale thema aan bod komt. Deze dialoog kunt u als lees- of luisteroefening behandelen. Zeker aan het begin van de cursus is het voor beginners inderdaad prettiger als de introductiedialoog in eerste instantie als leesopdracht wordt behandeld. Als huiswerk kunt u de cursist opdragen de introductiedialoog thuis voor te bereiden door nieuwe woorden op te zoeken en de dialoog hardop te lezen. Tijdens de eerstvolgende les laat u de cursist de introductiedialoog voorlezen om zo onder uw begeleiding zijn/haar uitspraak en prosodie (zinsmelodie) te oefenen. Ook kunt u ter plekke gesloten vragen stellen om zijn/haar tekstbegrip te toetsen. Op deze manier gebruikt de cursist minstens driemaal de nieuwe grammatica en woordenschat alvorens een begin te maken aan de schrijfopdrachten.

Als opmaat voor elke nieuwe les is het een goed begin om de cursist de introductiedialoog uit de vorige les voor te laten lezen. De vorige les dient altijd als springplank voor de volgende les. Omdat de cursist de inhoud al kent, krijgt de cursist het gevoel dat hij/zij al veel geleerd heeft.

👂 Luistervaardigheid

De introductiedialoog kunt u als luister- en/of leesoefening behandelen. Sommige cursisten vinden het een uitdaging om zonder voorbereiding naar de introductiedialoog te luisteren, maar voor de meeste beginners kan deze aanpak een averechts effect hebben. Naarmate de cursus vordert en de cursist meer grammatica en woordenschat op zak heeft, raden wij u aan de introductiedialoog meteen als luisteroefening te gebruiken. Zo leert de cursist de zeer belangrijke strategie van doelgericht luisteren zonder in verwarring te raken als hij/zij enkele woordjes niet herkent. Als opmaat voor elke nieuwe les is het een goed begin om de cursist naar de introductiedialoog uit de vorige les te laten luisteren. Deze feed–back oefening zorgt ervoor dat de cursist weer snel thuis is in de inhoud van de cursus en geeft hem/haar ook een positieve beleving over hetgeen hij al geleerd heeft.

✏️ Schrijfvaardigheid

Deze vaardigheid wordt vooral geoefend in de vorm van invuloefeningen. Uit ervaring is gebleken dat de expat, naast een drukke baan, sociaal leven en eventueel ook een relatie of gezin, weinig tijd overhoudt om lange schrijfopdrachten te maken. Desalniettemin leren veel mensen het meest effectief door middel van de pen en daarom raden wij de cursist aan om hun antwoorden voluit te schrijven.

De introductiedialogen zijn dialogen waarin de hoofdrolspeler, een expat uit Canada, over zichzelf en zijn leven als expat in Nederland praat. De schrijfopdrachten zijn erop gericht de cursist hetzelfde verhaal te leren vertellen maar met betrekking tot zichzelf en zijn/haar persoonlijk situatie.

Spreekvaardigheid
Veel schrijfopdrachten zijn in de vorm van minidialogen die u met de cursist in de vorm van een rollenspel kunt oefenen. Er zijn ook talloze oefeningen waarbij de cursist over de eigen situatie leert praten waarop u na het nakijken van het huiswerk kunt inspelen. Tijdens de rollenspelen kunt u van rol wisselen of de cursist met groepsgenoten laten oefenen.
Als opmaat voor elke nieuwe les kunt u een aantal minidialogen en/of rollenspelen uit vorige lessen nog eens herhalen.
Naarmate de lessen vorderen kunt u steeds meer Nederlands spreken en zelfs de grammatica in het Nederlands uitleggen mits de cursist de betreffende les thuis heeft voorbereid. Hoe meer Nederlands u tijdens de les spreekt, hoe meer kans de cursist krijgt om te oefenen.

Het juiste woordenboek kiezen
Tweetalige woordenboeken die in Nederland worden uitgegeven, zijn vaak voor Nederlandse moedertaalsprekers geschreven en dus niet altijd geschikt voor de NT2-cursist. Bij nader onderzoek blijkt vaak dat het woordgeslacht of de onregelmatige meervoudsvorm niet worden aangegeven. Voor de NT2-cursist echter is zulke informatie onontbeerlijk. Als lakmoesproef kan men de volgende woorden opzoeken: huis, gebouw, dag, mogelijkheid en blik. Als het woordenboek het geslacht of de onregelmatige meervoudsvorm niet aangeeft, dan is zo'n tweetalig woordenboek ongeschikt voor de cursist. Daarom gaat onze aanbeveling uit naar de volgende woordenboeken:

Voor de beginner : het tweetalige zakwoordenboek Nederlands-Engels/Engels-Nederlands *The New Routledge Dutch Dictionary* (ISBN: 041530041X). Dit zakwoordenboek wordt in Groot-Brittannië uitgegeven en is dus voor de NT2- cursist geschreven. Voor de cursist wiens moedertaal anders is dan het Engels, is het zaak een geschikte tweetalige variant te vinden.

Voor de gevorderde cursist : naast een tweetalig zakwoordenboek is het uiteraard zeer bevorderlijk voor het leerproces om een eentalig woordenboek te gebruiken, bijvoorbeeld het *Van Dale pocketwoordenboek Nederlands als tweede taal (NT2)* (ISBN: 90–6648–072–6). Dit woordenboek verklaart elk lemma in zeer toegankelijk Nederlands en de uitspraak kan met gebruik van de begeleidende cd-rom worden beluisterd en geoefend.
Beide boeken zijn online te bestellen bij www.nederlandsalstweedetaal.nl .

Tot slot
Uitgangspunt van '*Dutch for English-speaking Expats*' was de inhoud zo ongecompliceerd mogelijk te houden door alleen de meest voorkomende taaleigenschappen van het Nederlands te behandelen met gebruik van een voor de expat relevante woordenschat. Om die reden wordt er in dit cursusboek zelden naar uitzonderingen verwezen. Op veel regels zijn er vaak talloze uitzonderingen, maar de vraag is of zulke uitzonderingen relevant zijn voor de expat. Het is dus aan de docent om te beslissen welke uitzonderingen toe te voegen.

Les een
Uitspraak

'**Pronunciation**' gives a language its distinct sound. Dutch is basically a phonetic language, therefore, once you know the alphabet and how letters are combined in clusters to produce specific sounds, you will be able to look at any word and pronounce it correctly.

Listening exercise 1.1
The Dutch alphabet is based on the Latin alphabet and has 26 letters. Listen to the '*uitspraak*' (pronunciation) and repeat after each letter.

a	b	c	d	e	f	g
h	i	j	k	l	m	n
o	p	q	r	s	t	u
v	w	x	y	z		

The letters I and J can also be combined which then form one letter 'ij' [pron. *ay*] called '*lange ij*'. Do not confuse 'ij' with 'y' as they are two unrelated letters in modern Dutch.
The letter 'y' actually has three pronunciations: 'Griekse IJ' or 'I-Grek' or 'Ypsilon". Foreign learners usually find 'I-Grek' easier to pronounce. In any case, all of them are correct.

Listening exercise 1.2
An easy way to remember the correct pronunciation is to divide them into 4 groups. Listen and repeat.

Group 1	Group 2	Group 3	Group 4
These three letters rhyme. They all end with an [ah] sound.	These ten letters rhyme. They all end with an [ay] sound.	These seven letters are pronounced as in British-English.	These six letters are pronounced as in French.
a	b	f	i
h	c	l	q
k	d	m	r
	e	n	u
	g	o	x
	j	s	y
	p	z	
	t		
	v		
	w		

1A. Fill in your particulars and practise spelling them out loud.

1. (*Your surname*) .... 2. (*Your first name(s)*) ....
3. (*Your street name*) .... 4. (*Your boss' full name*) ....

Pronounciation

The following words demonstrate the correct pronunciation of vowel clusters (a, e, i , o, u) and consonant clusters (all other letters) in Dutch.

Consonant clusters

Listening exercise 1.3

The following words are intended for learning Dutch pronunciation. It is not a vocabulary exercise, therefore the translations should not be learned. Listen to the following consonant clusters and repeat.

ch and **g**   Have the same sound as the 'ch' in the German word 'Bach' and is made by friction at the back of the throat:

acht – *eight*   dag – *day, hello, goodbye*
echt – *real(ly), genuine*   verslag – *report*
Utrecht *(city 40km southeast of Amsterdam)*   Den Haag *(city 55km south of Amsterdam)*

The cluster 'ch' is also sometimes pronounced as in the English 'sh' (many of French origin):
chef – *boss*   machine – *machine*
chocola – *chocolate*   chic – *chic, classy*
Chinees – *Chinese*   charmant – *charming*

The cluster '–age' is pronounced as in the word 'garage' but the final 'e' is clearly pronounced:
etage – *floor (of a building)*   garage – *garage*
stage – *internship*   slijtage – *wear and tear*

The following word is also pronounced as in French (word stress is underlined):
ener<u>gie</u> – *energy*

sch   At the beginning or in the middle of a word, this sound is 's + ch':

school – *school*   misschien – *maybe*
schiet op! – *hurry up!*   verschillend – *different*
schrijven – *to write*   beschrijven – *to describe*

At the end of a word, it has the same sound as an 's':
fantastisch – *fantastic*   logisch – *logical*
praktisch – *practical*   automatisch – *automatic*
Grolsch – *brandname of a Dutch beer*   Den Bosch *(city 80km southeast of Amsterdam)*

ng   Pronounced as in the English word 'sing':

lang – *long*   brengen – *to bring*
gang – *corridor*   belangrijk – *important*
Engels – *English*   vergadering – *meeting*

EXCEPTION: The 'n' and 'g' are pronounced as separate entities in the following words:
ongeveer [on - ge - veer] – *approximately*   con<u>gres</u> – *congress* [kon – gres]

w   Pronounced as in the English letter 'v'. The lips vibrate:

wat – *what*   werken – *to work*
wanneer – *when*   willen – *to want*
waarom – *why*   weten – *to know*
wie – *who*   worden – *to become*

At the end of a word, however, it is pronounced as in the English word 'white':
duw – *push*   nieuw – *new*
uw – *your (polite form)*   nauw – *narrow*

r	Always pronounced and always rolled:	
	rood – *red*	druk – *busy*
	warm – *warm, hot*	alarm – *alarm*
	spreken – *to speak*	werken – *to work*
	vragen – *to ask*	borg – *security payment*

l When followed by a vowel, this letter is pronounced as in English:
  loon – *salary*   bellen – *to ring, to telephone*
  halen – *to fetch*   verslag – *report*

  When followed by a consonant, it is always rolled:
  melk – *milk*   half – *half*
  hulp – *help*   kalm – *calm*

j Pronounced the same as the English letter 'y' in the word 'you':
  ja – *yes*   jaar – *year*
  jong – *young*   jij – *you (informal)*
  project – *project*   januari – *January*

sj Pronounced the same as English 'sh' as in 'shame':
  sjaal – *scarf*   huisje – *small house, cottage*
  meisje – *girl*   sjabloon – *template*

tj Pronounced the same as English 'ch' as in 'church' but softer.
  een beetje – *a bit*   tafeltje – *small table*
  tja – *oh well*   tjonge jonge – *boy oh boy!*

  NOTE: The cluster sound is also produced between two words:
  hoe heet je? – *what's your name?*   moet je? – *must you?*

d and **t** At the end of a word, these letters both sound like a 't'.
  land – *country*   want – *because*
  had – *had*   dat – *that*
  Nederland – *The Netherlands*   kant – *side*

Vowel clusters

Listening exercise 1.4
Listen to the following vowel clusters and repeat.

aa Similar to the vowel sound in the word 'spa' in British-English:
  maar – *but*   straat – *street*
  afspraak – *appointment, date*   baan – *job; laneway (road)*
  gaan – *to go*   maand – *month*

ee Similar to the vowel sound in the English word 'eight'. The lips are stretched as if in a smile.
  een – *a, an, one*   twee – *two*
  nee – *no (answer)*   geen – *not any*
  heel – *very*   thee – *tea*

ie Similar to the vowel sound in the English word 'neat' but shorter:
  drie – *three*   vier – *four*
  tien – *ten*   hier – *here*
  jullie – *you all*   zien – *to see*

oo	Similar to the vowel sound in 'show':	
	rood – *red*	loon – *wages, salary*
	telefoon – *telephone*	zoon – *son*
	schoon – *clean*	school – *school*
uu	Similar to the vowel sound in the English word 'pure':	
	uur – *hour*	duur – *expensive*
	huur – *monthly rent*	muur – *wall*
	buurt – *neighbourhood*	apparatuur – *equipment*
oe	Similar to the vowel sound in 'pull':	
	moe – *tired*	moeten – *to have to*
	boek – *book*	doen – *to do*
	spoed – *urgent*	genoeg – *enough*
eu	Similar to the vowel sound in 'first' as pronounced in British-English:	
	deur – *door*	leuk – *nice*
	beurt – *turn*	geur – *aroma, smell*

Diphthongs

Listening exercise 1.5
Listen to the following diphthongs and repeat.

ei and **ij**	These are both identical in pronunciation. Their sound is similar to the vowel sound in 'late' and when making this sound, the chin must drop slightly. To distinguish their spelling, 'ei' is called '**korte ei**' and 'ij' is called '**lange ij**'. The letter '**ij**' is considered one letter in Dutch.	
	ei – *egg*	wij – *we*
	trein – *train*	jij – *you*
	mei – *May*	bedrijf – *company*
aai	This sound is a combination of 'aa' and 'ie'. It is similar to the sound in 'my':	
	saai – *boring*	lawaai – *noise*
	draaien – *to turn*	waaien – *to be windy*
oei	This sound is a combination of 'oe' and 'ie':	
	doei – *see you, bye*	moeilijk – *difficult*
	boeiend – *fascinating*	groeien – *to grow*
ooi	This sound is a combination of 'oo' and 'ie'. It is similar to the sound in 'boy':	
	mooi – *beautiful*	fooi – *tip*
	zooi – *mess, shambles*	gooien – *to throw*
ou / au	These two diphthongs are identical in pronunciation. They are similar to the sound in 'shout':	
	nou – *now*	nauw – *narrow*
	zout – *salt*	gauw – *soon*
	getrouwd – *married*	blauw – *blue*
eeuw	This sound is a combination of 'ee' and 'uu':	
	eeuw – *century*	sneeuw – *snow*
	leeuw – *lion*	Zeeuw – *from the Dutch province Zeeland*

ieuw This sound is a combination of 'ie' and 'oe'. It is similar to the British-English pronunciation of 'new':

nieuw – *new* benieuwd – *curious*
vernieuwen – *to renew*

ui This sound is one of the most difficult to pronounce. It is a combination of 'ou' and 'je', except the lips are tightly rounded and the tongue pressed against the bottom teeth.

ui – *onion* uit – *out, from*
huis – *house* thuis – *at home*
buiten – *outside* buitenland – *abroad*
lui – *lazy* duizend – *thousand*
zuid – *south* uit het zuiden – *from the south*

ë / ï / ö The two dots are called a '*trema*'. It is used to split the diphthongs above:

Australië – *Australia* Italië – *Italy*
ideeën – *ideas* tweeëntwintig – *22*
geïnteresseerd – *interested* geïnspireerd – *inspired*
coördinator – *co-ordinator* coöperatief – *co-operative*
reünie – *reunion* ruïne – *ancient ruin*

Word pairs

Listening exercise 1.6
The following extra practice drills emphasise how important it is to make a clear distinction between the word pairs whose vowels sound very similar, yet totally different in meaning. To foreigners, such differences may be difficult to hear, however, to a Dutch-speaker the distinctions are extremely important. Practise pronouncing the following short and long vowels. Listen and repeat.

a / aa
ram – *ram (male sheep)* raam – *window*
vak – *subject* vaak – *often*
had – *had* haat – *hate*
dat – *that* daad – *deed*
zat – *fed up, drunk* zaad – *seed*
vat – *barrel* vaat – *washing-up*
gat – *hole* gaat – *goes (verb)*
nam – *took* naam – *name*
al – *already* aal – *eel*

o / oo
bom – *bomb* boom – *tree*
bon – *voucher, receipt* boon – *bean*
pot – *pot* poot – *animal's paw*
dof – *mat (colour)* doof – *deaf*
los – *loose* loos – *false, empty, sly*
ros – *reddish* roos – *rose*

uur / eur
duur – *expensive* deur – *door*
buurt – *neighbourhood* beurt – *turn*
kuur – *course of treatment* keur – *hallmark, selection*
zuur – *sour* zeur – *whine*
guur – *raw weather* geur – *scent*

ier / eer	hier – *here*	heer – *gentleman*
	bier – *beer*	beer – *bear*
	vier – *four*	veer – *feather, ferry*
	mier – *ant*	meer – *more*
	wier – *seaweed*	weer – *weather*
	zier – *the least bit*	zeer – *very, sore*
	nier – *kidney*	neer – *down*
	lier – *lyre*	leer – *learn*
	pier – *wharf, pier*	peer – *peer*
ij / ee	zij – *she / they*	zee – *sea*
	begrijp – *understand*	begreep – *understood*
	schrijf – *write*	schreef – *wrote*
	pijn – *pain*	peen – *winter carrot*
	nijgen – *to bow*	negen – *nine*
	lijst – *list*	leest – *shoemaker's last*

Pronunciation of the 'shwa' in unstressed syllables

There is one last vowel sound in Dutch which is referred to in Phonetics as 'shwa'. In dictionaries, this unstressed vowel is written in brackets as un upside-down e. It is a short, weak vowel **that occurs only in unstressed syllables** (the syllable that is not accented or stressed). It is like the English sound at the beginning of 'along' or the unstressed form of the word 'the'.

All words in Dutch contain stressed syllables (underlined below) and unstressed syllables. Unstressed syllables are always pronounced as a 'shwa'. Listen and repeat.

e	de – *the*	deze – *this, these*
	hebben – *to have*	terug – *back*
	getrouwd – *married*	me / je / ze – *me / you / she / they*

-en Most plural verbs and plural nouns end in '-en'. This final '-en' is also pronounced as a 'shwa'. The final letter 'n' is usually not pronounced unless the following word begins with a vowel (a, e, i, o, u).

Zij werken bij BME.   Zij werken op dezelfde afdeling.
(*final 'n' not pronounced*)   (*final 'n' is pronounced which forms a natural bridge to the next word starting with a vowel*)

een The stressed and unstressed pronunciation of this very significant word has two very different meanings.
When stressed, it means the number '1' (one). To distinguish this in writing so as to avoid confusion, it is often written with accents above both vowels as 'één'.
When unstressed, it means 'a' or 'an'. It is pronounced like the final 'en' in the English word 'open'.

Ik heb één auto. (*stressed*) – *I have one car.*   Ik heb een auto. (*unstressed*) – *I have a car.*

Suffixes

These are not words in their own right, but are simply fixed at the end of existing words to change the meaning or grammatical function. In Dutch, the following suffixes are UNSTRESSED, which means that the suffix contains a 'shwa' sound.

-lijk
- vriendelijk – *kind, friendly*
- mogelijk – *possible*
- zakelijk – *professional*
- moeilijk – *difficult*
- onmogelijk – *impossible*
- klantvriendelijk – *customer-friendly*

-ig
- twintig – *twenty*
- nuttig – *useful*
- nodig – *needy, necessary*
- aardig – *kind, nice*

Prefixes

These are not words in their own right, but are simply fixed to the front of existing words to change the meaning or grammatical function. In Dutch, the following prefixes are UNSTRESSED, which means that the prefix contains a 'shwa' sound.

ge-   gesprek – *conversation*   gebouw – *building*
be-   bedrijf – *company*   bespreking – *discussion, meeting*
ver-   verslag – *report*   vergadering – *meeting*

The following prefix does not contain a 'shwa' sound. However, it is always unstressed.

ont-   ontbijt – *breakfast*   ontslag – *resignation*

English words pronounced the Dutch way

The Dutch language, like most other foreign languages, tends to adopt words from English. In many cases, although the English word is used, it is pronounced the Dutch way [*provided below in Dutch phonetics*].

manager [*pronounced 'mennedjer'*] – manager
tram [*pron. 'trem'*] – tram
slash [*pron. slesj*] – slash sign /

plannen [*pron. 'plennen*] – to plan
@ [*pron. 'et'*] – at

Wist jij dat ...?

Did you know that expats can get free information to help settle in from the non-profit organisation ACCESS (http://www.access-nl.org/)?
ACCESS run a free helpline and supply free information from an extensive database, offer publications, courses and workshops, organise events, and provide a professional counselling referral service.
They also publish a magazine in English informing expats on everything of interest regarding life in the Netherlands (visit their site to download an issue). The magazine is also a great source of advertisements from relocation experts, multi-lingual recruitment agencies and more.
Their publications provide a rich source of information for expats. For example, 'Working in the Netherlands', 'Health Care in the Netherlands', 'Childcare and Playgroups', 'Obtaining a driving licence in the Netherlands', and much more.
Of particular interest is their 16-month calendar (so that expats know about important dates and events in their new country) with essential information for living in the Netherlands.

Did you know that ...?

Source: http://www.access-nl.org/

Les twee
Spelling

'**Spelling**' in Dutch is easy because the Dutch spelling system reflects Dutch pronunciation, which means that the way you say it, is basically the way you spell it. The Dutch language was a spoken language centuries before it became a written language, which is why Dutch spelling rules reflect pronunciation. Knowing how to spell not only improves your accent and pronunciation, it enables you to write a word down correctly so that you can look it up in the dictionary.

There are many languages which do not distinguish between long vowels and short vowels (e.g. Spanish, American-English, etc.). In Dutch, however, there is often a difference in the word's meaning.

e.g.   '*bom*' has a short vowel sound and this word means 'bomb (explosion)'
         '*boom*' has a long vowel sound and this word means 'tree'.

If you do not clearly distinguish a short vowel from a long vowel, you could risk making some very amusing sentences. Would you rather sit under a '*bom*' or a '*boom*'?

The following exercises are intended for learning Dutch spelling. It is not a vocabulary exercise, therefore the translations should not be learned.

Introduction
A word consists of 'letters' and groups of letters form 'syllables'. The word '*tafel*' (table) consists of two syllables: the first syllable is '*ta*' and the second syllable is '*fel*'.

In Dutch, there are open syllables (your mouth opens) and closed syllables (your mouth closes).

ta   is an **open syllable**. Your mouth opens because an open syllable ends with a vowel (a, e, i, o, u).

fel   is a **closed syllable**. Your mouth closes because a closed syllable ends with a consonant (all letters that are not vowels).

Short vowel sounds are only found in **closed syllables** (ending with a consonant).

a	as in	pak (*carton, suit*)
e	as in	mes (*knife*)
i	as in	pil (*pill*)
o	as in	top (*top*)
u	as in	bus (*bus, container*)

To pluralize a singular word (e.g. *pak*), you add '-en' (e.g. *pakken*). The plural word now consists of two syllables (*pak – ken*). The pronunciation of the short vowel does not change by adding '-en', however, the spelling does.

To keep the vowel short, you must double the consonant (just as in English e.g. begin – beginning / stop – stopped / big – bigger).

SINGULAR	PLURAL
pak (*carton*)	pakken (*cartons*)
mes (*knife*)	messen (*knifes*)
pil (*pill*)	pillen (*pills*)
top (*top*)	toppen (*tops*)
bus (*bus*)	bussen (*busses*)

Long vowel sounds in closed syllables (ending with a consonant) are doubled.

aa	as in	raam (*window*)
ee	as in	been (*leg*)
oo	as in	boot (*boat*)
uu	as in	muur (*wall*)

To pluralize a singular word, you add '-en'. The plural word now has two syllables. Long vowel sounds in open syllables (ending with a vowel) are <u>not doubled</u>. Instead, you drop one vowel.

SINGULAR	PLURAL
raam (*window*)	ra – men (*windows*)
been (*leg*)	be – nen (*legs*)
boot (*boat*)	bo – ten (*boats*)
muur (*wall*)	mu – ren (*walls*)

Letters that change

When you add '-en' to a word (with a long vowel sound) ending with **f**, the **f** changes into a **v**.

SINGULAR	PLURAL
brief (*letter*)	brieven (*letters*)
golf (*wave*)	golven (*waves*)
bedrijf (*company*)	bedrijven (*companies*)

When you add '-en' to a word (with a long vowel sound) ending with **s**, the **s** changes into a **z**.

SINGULAR	PLURAL
roos (*rose*)	rozen (*roses*)
vaas (*vase*)	vazen (*vases*)
prijs (*price*)	prijzen (*prices*)
huis (*house*)	huizen (*houses*)

The **s** does <u>not change</u> to a **z** <u>after an 'n'</u>.

SINGULAR	PLURAL
mens (*person*)	mensen (*persons*)
kans (*chance*)	kansen (*chances*)
dans (*dance*)	dansen (*dances*)
wens (*wish*)	wensen (*wishes*)

The last letter of a word
- A word never ends with a **z** or **v**.
- A word never ends with a double letter except for words ending in 'ee', for example, '*nee*' (no), '*thee*' (tea), etc.

Summary of Dutch spelling

- When changing from singular to plural, to keep a vowel sound short you double the consonant: *bom – bommen*.
- When changing from singular to plural, to keep a vowel sound long you drop one vowel: *boom – bomen*.
- When changing from singular to plural, **s** changes into a **z**: *huis – huizen* (except after an 'n': *kans – kansen*).
- When changing from singular to plural, **f** changes into a **v** : *brief – brieven*.
- A word nevers ends with a double letter **except** for words ending in **ee**: *nee, thee*

2A. Change the singular form of the following nouns into the plural form.

	Singular	Plural		Singular	Plural
1.	een boom	twee	11.	een afspraak	twee ....
2.	een bom	twee	12.	een man	twee ....
3.	een bel	twee	13.	een naam	twee ....
4.	een prijs	twee	14.	een oog	twee ....
5.	een straat	twee	15.	een pen	twee ....
6.	een baal	twee	16.	een muur	twee ....
7.	een oor	twee	17.	een mes	twee ....
8.	een bal	twee	18.	een taak	twee ....
9.	een stuk	twee	19.	een brief	twee ....
10.	een kans	twee	20.	een zaal	twee ....

2B. Change the plural form of the following nouns into the singular form.

	Plural	Singular		Plural	Singular
1.	twee bomen	een	11.	twee neven	een ....
2.	twee bommen	een	12.	twee kaarten	een ....
3.	twee huizen	een	13.	twee kantoren	een ....
4.	twee ramen	een	14.	twee bussen	een ....
5.	twee mensen	een	15.	twee potloden	een ....
6.	twee pillen	een	16.	twee neuzen	een ....
7.	twee benen	een	17.	twee sokken	een ....
8.	twee tassen	een	18.	twee bedrijven	een ....
9.	twee vragen	een	19.	twee tenen	een ....
10.	twee pakken	een	20.	twee wensen	een ....

Verb conjugation

Conjugation (*changing a verb to agree with the person(s) and to indicate the grammatical tense*) follows the same spelling principles as above. All verbs indicated in the dictionary are given in the infinitive form (the whole verb that does not indicate a tense). The basis for all regular verbs in 'Het Presens' (*The Present Tense*) is the 1st person singular form (I), called the 's*tam*'(verb root). Starting from this verb root, you simply add a '-t' to conjugate the other singular forms (*you/ he/she/it*) or an '-en' to conjugate the plural forms (*we/you all/they*).

REMEMBER: You must always apply the spelling rules you learned above when conjugating verbs.

Het Presens			
werken – *to work*			
I work	ik werk	→	stam
you work (informal)	jij werkt	→	stam + **t**
you work (formal)	u werkt	→	stam + **t**
he works	hij werkt	→	stam + **t**
she works	zij werkt	→	stam + **t**
it works	het werkt	→	stam + **t**
we work	wij werk**en**	→	stam + **en**
you work (plural)	jullie werk**en**	→	stam + **en**
they work	zij werk**en**	→	stam + **en**

IMPORTANT

jij / u
In Dutch, there are two different ways of addressing a person, as in all other European languages except English.

The polite **u**-form is used to show respect and in Business it is the form used when dealing with clients, unless they suggest to use the informal form. It is also used in shops unless you are addressing a shop assistant who is obviously under the age of 20.
The Dutch are basically less formal than other Europeans. You cannot simply use **u** in the same situations a Frenchman would use **vous**, a German would use **Sie**, and Italian **Lei**, or a Spaniard **Usted**, etc. It is safest to address people you do not know in the **u**-form, until they say: '*Zeg maar jij, hoor.*' (Just say ' jij', okay?)

The informal **jij**-form is used when addressing young people, friends, peers and colleagues. It is often shortened to **je**. The informal **jij**-form is also used to refer to anyone in general, such as the word 'one' in English. The plural form of **jij** / **je** is **jullie**.

zij
As you will have noticed from the above conjugations, 'she' and 'they' in Dutch are the same word. It is the verb conjugation that tells us which of the two is being referred to: '*zij werkt*' (she works) versus '*zij werken*' (they work).

het
In Dutch, 'het' has two meanings. When referring to a verb it means 'it'. When referring to a noun (*an object*), it is the neuter gender and means 'the'. (You will learn about gender in Lesson 26).

2C. The following list contains commonly-used verbs in Dutch (not including irregular verbs) and you will need to learn them by heart as they will be used in following lessons.

Conjugate the following verbs applying the spelling rules you learned in this lesson.

Infinitive verb	1st person Singular	2nd and 3rd person Singular	Plural
1. beginnen – *to begin*	ik	jij	wij ....
2. blijven – *to stay*	ik	hij	jullie ....
3. denken – *to think*	ik	zij	zij ....
4. doen – *to do*	ik	het	wij ....
5. drinken – *to drink*	ik	u	jullie ....
6. eten – *to eat*	ik	jij	wij ....
7. fietsen – *to cycle*	ik	hij	jullie ....
8. gaan – *to go*	ik	zij	zij ....
9. gebruiken – *to use*	ik	het	wij ....
10. geven – *to give*	ik	u	jullie ....
11. halen – *to fetch*	ik	jij	wij ....
12. heten – *to be called*	ik	hij	jullie ....
13. horen – *to hear*	ik	zij	zij ....
14. kennen – *to know somebody*	ik	het	wij ....
15. kijken – *to look*	ik	u	jullie ....
16. krijgen – *to get*	ik	jij	wij ....
17. leren – *to learn*	ik	hij	jullie ....
18. lezen – *to read*	ik	zij	zij ....
19. liegen – *to tell a lie*	ik	het	wij ....
20. liggen – *to be situated*	ik	u	jullie ....
21. luisteren – *to listen*	ik	jij	wij ....
22. maken – *to make / to do*	ik	hij	jullie ....
23. moeten – *to have to / must*	ik	zij	zij ....
24. nemen – *to take*	ik	het	wij ....
25. oefenen – *to practise*	ik	u	jullie ....
26. ontmoeten – *to meet*	ik	jij	wij ....
27. proberen – *to try*	ik	hij	jullie ....
28. reizen – *to travel*	ik	zij	zij ....
29. schrijven – *to write*	ik	het	wij ....
30. slapen – *to sleep*	ik	u	jullie ....
31. sporten – *to do exercise*	ik	jij	wij ....
32. spreken – *to speak*	ik	hij	jullie ....
33. staan – *to stand*	ik	zij	zij ....
34. studeren – *to study*	ik	jij	wij ....

#	Verb	ik			
35.	veranderen – *to change*	ik	u	jullie	
36.	verstaan – *to understand*	ik	jij	wij	
37.	vertellen – *to tell*	ik	hij	jullie	
38.	vinden – *to find*	ik	zij	zij	
39.	volgen – *to follow*	ik	het	wij	
40.	wachten – *to wait*	ik	u	jullie	
41.	werken – *to work*	ik	jij	wij	
42.	weten – *to know something*	ik	hij	jullie	
43.	wonen – *to live*	ik	zij	zij	
44.	zeggen – *to say*	ik	het	wij	
45.	zetten – *to place down*	ik	u	jullie	
46.	zien – *to see*	ik	hij	jullie	
47.	zitten – *to sit*	ik	zij	zij	
48.	zoeken – *to look for*	ik	het	wij	

Wist jij dat ...?

Did you know that Dutch and English belong to the same language family? In fact, they are both derived from the one language: West Germanic. Throughout history, Dutch has borrowed many words from English, and vice versa. Such words are called 'loan words'. The following list contains loan words that English has borrowed from Dutch:

- landscape (*landschap*)
- freight (*vracht*)
- cruise (*kruisen*)
- gin (*jenever*)
- dock (*dok*)
- yacht (*jacht*)
- show (*schouw*)
- slim (*slim, smart*)
- smuggle (*smokkelen*)
- brandy (*brandewijn*)
- dyke (*dijk*)
- skipper (*schipper*)

In particular, American-English contains many Dutch loan words:

- cookie (*koekje*)
- coleslaw (*koolsla*)
- sleigh, sled (*slede*)
- hunk (*hunkeren*)
- dope (*doop*)
- snack (*snakken*)
- boss (*baas*)
- waffle (*wafel*)
- spook (*spook*)
- Santa Claus (*Sinterklaas*)
- dollar (*daalder*)
- candy (*kandij*)

Even the word 'Yankees' is believed to have derived from the phrase *Jan Kees* ('John Cornelius', two very common Dutch first names). Although its origins are disputed, 'Yankees' was probably a pejorative word used by the British colonists to refer to the inhabitants of the northern Dutch colony, **New Netherlands** (Dutch: *Nieuw-Nederland*, Latin: *Nova Belgica* or *Novum Belgium*), which is now known as New York State, but at the time also stretched into modern New Jersey, Pennsylvania, Maryland, Connecticut and Delaware. In fact, New York was formally called 'New Amsterdam'.

Did you know that ...?

Source: http://nl.wikipedia.org/wiki/Nederlandse_Leenwoorden_in_het_Amerikaans-engels
http://en.wikipedia.org/wiki/Yankee
http://en.wikipedia.org/wiki/List_of_English_words_of_Dutch_origin

Les drie
Ontmoeten en groeten

'**Meeting and greeting**' people is part of everyday life and in every language there are different forms of meeting and greeting for different situations.

There are formal and informal ways to meet and greet people. Whether you use '*u*' (formal form of 'you') or '*jij*' (informal form of 'you') depends on your relationship with the person you are speaking with (as explained in Lesson 2).

Listening exercise 3.1
The following phrases are used in informal situations between friends, with young people, peers and colleagues you know. Although the following everyday expressions are paired with a suitable response, they are all interchangeable depending on the situation. The following listening exercise is also a pronunciation exercise. Listen and repeat.

Informal meeting and greeting			
Meeting somebody for the first time			
Informal expression		*Informal response*	
Hallo, ik ben Tim.	– Hi, I'm Tim.	Hallo, ik ben Elly.	– Hi, I'm Elly.
Hallo, ik heet Tim.	– Hi, my name is Tim.	Hoi, ik heet Elly.	– Hi, my name is Elly.
Saying goodbye after meeting somebody			
Informal expression		*Informal response*	
Leuk je ontmoet te hebben.	– It was nice meeting you.	Ja, jij ook.	– Yes, you too.
Tot ziens, hé!	– See you again some time.	Ja, tot ziens.	– Yes, goodbye.
Greeting			
Informal expression		*Informal response*	
Hoi.	– Hi.	Hoi.	– Hi.
Alles goed?	– Everything okay?	Ja, hoor. En met jou?	– Yes, sure. And you?
Hoe gaat het?	– How are you?	Prima, dank je. En met jou?	– Fine, thanks. And you?
Hoe is het?	– How are you going?	Goed. En met jou?	– Well. And you?
Hoe gaat het ermee?	– How are you getting on?	Het gaat wel. En met jou?	– Not too bad. And you?
En met jou?	– And you?	Ook goed. Dank je.	– Me too. Thanks.
Saying goodbye			
Informal expression		*Informal response*	
Dag.	– Bye.	Dag.	– Bye.
Doeg.	– Bye.	Doeg.	– Bye.
Doei.	– Bye.	Doei.	– Bye.
Tot ziens.	– Goodbye.	Tot ziens.	– Goodbye.
Tot zo.	– See you (in a few minutes).	Oké. Tot zo.	– Okay. See you shortly.
Tot straks.	– See you (in a few hours).	Is goed. Tot straks.	– Okay. See you in a while.
Tot later.	– See you later in the day.	Is goed. Tot later.	– Okay. See you then.
Fijne dag verder.	– Enjoy the rest of your day.	Dank je. Jij ook.	– Thanks. You too.
Tot morgen.	– See you tomorrow.	Ja, tot morgen.	– Yes, see you tomorrow.
Tot de volgende keer.	– See you next time.	Ja, tot dan.	– Yes, see you then.
Ik moet ervandoor.	– I have to get going.	Oké, wij zien elkaar weer.	– Okay, see you again some time.
Het was leuk om je weer te zien.	– It was nice to see you again.	Dat vond ik ook.	– Yes, it was.

Listening exercise 3.2

Now listen to a selection of these expressions and responses in an everyday informal setting.

Informal dialogue
Tim and Maik are colleagues and therefore use the informal form '*jij / je*'. They bump into each other at the coffee machine at the end of the corridor.

Maik	:	Hé, Tim. Alles goed?	–	*Hey, Tim. Everything okay?*
Tim	:	Ja, hoor. En met jou?	–	*Yeh, sure. And you?*
Maik	:	Ook goed, dank je. Alles goed op het werk?	–	*Me too, thanks. Everything at work okay?*
Tim	:	Jawel, maar ik heb het een beetje druk.	–	*Yes, but I'm a bit busy.*
Maik	:	Ja, ik ook. Maar dat vind ik leuk.	–	*Yes, me too. But I like like that.*
Tim	:	Ik niet.	–	*I don't.*
Maik	:	Hé, ik moet gaan want ik heb een vergadering.	–	*Hey, I have to go because I have a meeting.*
Tim	:	Is goed. Fijne dag verder!	–	*Okay. Enjoy the rest of your day!*
Maik	:	Jij ook! Tot de volgende keer.	–	*You too. See you next time.*

Listening exercise 3.3

Listen to the expression and tick (✓) the response you hear.

1. Hé, Tim. Alles goed?
   - ❏ A. Ja, dank je. En met jou?
   - ❏ B. Ja, hoor. En met jou?
   - ❏ C. Ja. En met jou?

2. Doei.
   - ❏ A. Dag.
   - ❏ B. Doei.
   - ❏ C. Doeg.

3. Hoe gaat het ermee?
   - ❏ A. Het gaat wel. En met jou?
   - ❏ B. Prima. En met jou?
   - ❏ C. Goed. En met jou?

4. Hallo, ik heet Tim.
   - ❏ A. Hallo. Ik ben Elly.
   - ❏ B. Hallo. Ik heet Elly.
   - ❏ C. Hallo. Mijn naam is Elly.

5. Leuk je ontmoet te hebben.
   - ❏ A. Ja. Dat vond ik ook.
   - ❏ B. Ja. Tot ziens.
   - ❏ C. Ja, jij ook.

6. Fijne dag verder.
   - ❏ A. Dank je. Jij ook.
   - ❏ B. Dank je. Fijne dag verder.
   - ❏ C. Dank je. Dag.

7. Tot morgen.
   - ❏ A. Tot morgen.
   - ❏ B. Tot ziens.
   - ❏ C. Tot dan.

8. Goed. En met jou?
   - ❏ A. Goed.
   - ❏ B. Ook goed.
   - ❏ C. Prima.

Listening exercise 3.4

The formal form of 'you' is '*u*' (as opposed to the informal '*jij*'). The formal '*u*' is used to address people in formal situations, with people you do not know, in formal business situations, or with people you wish to show respect to. The expressions and responses are all interchangeable. The following listening exercise is also a pronunciation exercise. Listen and repeat.

Formal meeting and greeting

Meeting somebody for the first time

Formal expression		*Formal response*	
Hallo. Tim van den Oort.	– *Hello. Tim van den Oort.*	Hallo. Elly Smit.	– *Hello. Elly Smit.*
Hallo. Tim van den Oort.	– *Hello. Tim van den Oort.*	Aangenaam. Elly Smit.	– *Pleased to meet you. Elly Smit.*
Hoe maakt u het?	– *How do you do?*	Heel goed. En u.	– *Very well. And you?*

Saying goodbye after meeting somebody

Formal expression		*Formal response*	
Leuk u ontmoet te hebben.	– *Nice to have met you.*	U ook.	– *You too.*
Leuk om kennis met u te maken.	– *Nice to make your acquaintance.*	Insgelijks.	– *Likewise.*

Greeting

Formal expression		*Formal response*	
Dag, meneer / mevrouw.	– *Hello, Sir / Madam.*	Dag, meneer / mevrouw.	– *Hello, Sir / Madam.*
Hoe gaat het met u?	– *How are you?*	Heel goed. En met u?	– *Very well. And you?*
Goedemorgen.	– *Good morning.*	Morgen.	– *Morning.*
Goedemiddag.	– *Good afternoon.*	Hallo.	– *Hello.*
Goedenavond.	– *Good evening.*	Goedenavond.	– *Good evening.*
Leuk om u weer te zien.	– *Nice to see you again.*	U ook.	– *You too.*

Saying goodbye

Formal expression		*Formal response*	
Dag, meneer Van den Oort.	– *Goodbye, Mr. v.d. Oort.*	Dag, mevrouw Smit.	– *Goodbye, Ms. Smit.*
Tot ziens.	– *Goodbye.*	Tot ziens.	– *Goodbye.*
Fijne dag verder.	– *Have a nice day.*	Insgelijks.	– *Likewise.*
Fijne avond verder.	– *Enjoy the rest of your evening.*	U ook. Dag.	– *You too. Goodbye.*

Listening exercise 3.5

Now listen to a selection of these expressions and responses in a business setting.

Formal dialogue

Tim visits an important client for the first time and announces himself at reception.

Receptioniste	: Goedemorgen, meneer.	– *Good morning, Sir.*
Tim	: Dag, mevrouw. Ik heb een afspraak met meneer Van der Waal.	– *Good morning, Madam. I have an appointment with Mr. Van der Waal.*
Receptioniste	: En uw naam?	– *And your name?*
Tim	: Tim van den Oort van BME Amsterdam.	– *Tim Van den Oort from BME Amsterdam.*
Receptioniste	: Ogenblikje, graag…. Neemt u plaats. Zijn secretaresse komt zo bij u.	– *One moment, please … Take a seat. His secretary will be right with you.*
Tim	: Dank u wel.	– *Thank you.*

(*Tim is picked up in reception by Mr. Van der Waal's secretary who takes him to Mr. Van der Waal's office. They introduce themselves.*)

| *Client* | : Hallo. Jan van der Waal. | – *Hello. Jan Van der Waal.* |

Tim	:	Aangenaam. Tim van den Oort.	–	Pleased to meet you. Tim Van den Oort.
Client	:	Neemt u plaats. Wilt u misschien wat drinken? Koffie of thee?	–	Take a seat. Would you perhaps like something to drink? Coffee or tea?
Tim	:	Koffie, graag. Met melk, zonder suiker.	–	Coffee, please. With milk, no sugar.

(The meeting concludes and they say goodbye.)

Client	:	Nou, bedankt voor uw komst.	–	Well, thank you for coming.
Tim	:	Bedankt voor uw tijd. En tot ziens, meneer van der Waal.	–	Thank you for your time. And goodbye, Mr. Van der Waal.
Client	:	Dag, meneer van den Oort.	–	Goodbye, Mr. Van den Oort.

Listening exercise 3.6

In shops and cafés, you will hear both the formal '*u*' form and the informal '*jij*' form. It always depends on the age of the people involved. The following list contains useful expressions and responses that you will hear every day when you are out and about. Even at this early stage of your course, it will be very reassuring to you to at least be able to recognize what you repeatedly hear on a daily basis. The following listening exercise is also a pronunciation exercise. Listen and repeat.

In a shop / café

Thank you & You're welcome

Expression		Response	
Dank u wel. (*formal*).	– Thank you.	Alstublieft. (*formal*)	– You're welcome.
Dank je wel. (*informal*)	– Thank you.	Alsjeblieft. (*informal*)	– You're welcome.
Bedankt.	– Thanks.	Graag gedaan.	– My pleasure.

Paying

Expression		Response	
Ik wil graag afrekenen.	– I'd like to pay, please.	Dat wordt € 9 bij elkaar.	– That comes to 9 euros altogether.
Alstublieft. (*formal*)	– There you are.	Dank u wel. (*formal*)	– Thank you.
Alsjeblieft. (*informal*)	– There you are.	Dank je wel. (*informal*)	– Thank you.
Zo is het goed.	– Keep the change.		

Listening exercise 3.7

Now listen to a selection of these expressions and responses in a café setting.

Café dialogue

Tim and Chantal are in a café ordering something to drink. The waiter takes their order.

Waiter	:	Goedemorgen. Zegt u het maar.	–	Good morning. What would you like?
Tim	:	Een biertje, graag.	–	A beer, please.
Elly	:	En voor mij een witte wijn.	–	And for me a white wine.

(They are finished and ask to pay.)

Tim	:	Mag ik afrekenen?	–	The bill, please.
Waiter	:	Natuurlijk. Dat wordt € 5,95 (vijf euro vijfennegentig) bij elkaar.	–	Of course. That comes to € 5.95 altogether.

(Tims hands over 7 euros to the waiter.)

Tim	: Alstublieft.	—	*There you are.*
Waiter	: En € 1,05 (één euro vijf) terug.	—	*And € 1.05 change.*
Tim	: Zo is het goed. Bedankt.	—	*Keep the change. Thanks.*
Waiter	: U ook bedankt en tot ziens.	—	*Thank you and goodbye.*

NOTE: Tipping is not mandatory in the Netherlands. If you would like to reward good service, however, 5% of the total amount is considered a standard tip.

Wist jij dat ...?

Did you know that meeting and greeting in Dutch is in some ways probably different to your culture? Dutch '*lichaamstaal*' (body language) may also possibly vary compared to your own culture's body language.

When **meeting** someone for the first time, be it a man or woman, it is very common to shake their hand and say '*Hallo*' followed by your name. In a business setting, people usually introduce themselves by saying their first name and surname. In an informal setting, people tend to simply say their first name. When leaving, people also shake hands and say '*Tot ziens*'.

When **greeting** someone, the most common greeting is '*Dag*!'. Alternatively, '(*Goede*)*morgen*', '*Goedemiddag*' or '*Goedenavond*'. When **greeting friends or family**, the Dutch kiss three times on alternate cheeks (between men and woman, woman and woman, but rarely between men, unless there is a strong relationship).

When **entering or leaving the lift**, it is quite normal to greet people, even strangers. This also applies to the reception area when **arriving or leaving an office building**.

On **birthdays**, colleagues can either shake hands or kiss three times, depending on the relationship. You should also congratulate them by saying '*Gefeliciteerd*'. This is repeated to all other family members. The same applies to any form of congratulations, be it a **promotion, new-born child, passing an exam, etc.**

When in doubt, just observe and copy your Dutch colleagues. Do whatever is comfortable for you!

Did you know that ...?

Source: www.lichaamstaal.nl (with English pages and links)

Les vier
Numeralia

'**Numerals**' are used in a variety of everyday situations: giving your address and postcode, your telephone number (Lesson 5), paying at the supermarket, restaurant or café, giving your date of birth and also telling the time (Lesson 9).

Listening exercise 4.1 Numbers 0 – 20
The following listening exercise is also a pronunciation exercise. Listen and repeat.

0	1	2	3	4	5	6	7	8	9	10
nul	een	twee	drie	vier	vijf	zes	zeven	acht	negen	tien
11	12	13	14	15	16	17	18	19	20	
elf	twaalf	dertien	veertien	vijftien	zestien	zeventien	achttien	negentien	twintig	

Listening exercise 4.2 Numbers 20 – 99

		dertig	veertig	vijftig	zestig	zeventig	tachtig	negentig
20	twintig	30	40	50	60	70	80	90
21	eenentwintig	31	41	51	61	71	81	91
22	tweeëntwintig	32	42	52	62	72	82	92
23	drieëntwintig	33	43	53	63	73	83	93
24	vierentwintig	34	44	54	64	74	84	94
25	vijfentwintig	35	45	55	65	75	85	95
26	zesentwintig	36	46	56	66	76	86	96
27	zevenentwintig	37	47	57	67	77	87	97
28	achtentwintig	38	48	58	68	78	88	98
29	negenentwintig	39	49	59	69	79	89	99

Listening exercise 4.3 Numbers 100 – 1,000,000

100	honderd	101	honderd een
200	tweehonderd	189	honderd negenentachtig
300	driehonderd	1.500	vijftienhonderd
400	vierhonderd	2006	tweeduizend zes
500	vijfhonderd	5.463	vijfduizend vierhonderd drieënzestig
600	zeshonderd	1.000.000	één miljoen
700	zevenhonderd	1.000.000.000	één miljard
800	achthonderd		
900	negenhonderd		
1.000	duizend (*The thousand mark is indicated with a point, NOT a comma as in English*)		

Listening exercise 4.4 Prices
With prices, a comma indicates a divide between the euros and eurocents. With prices in Dutch, the singular form of '*euro*' and '*eurocent*' is always used:

€	0,33	drieëndertig eurocent
€	1,84	een euro vierentachtig
€	22,50	tweeëntwintig euro vijftig
€	199,00	honderd negenennegentig euro

Listening exercise 4.5 Ordinal numbers
Ordinal numbers are used to indicate the first/second/third etc. floor and the first/second/third etc. street:

1^e – eerste	2^e – tweede	3^e – derde	4^e – vierde	5^e – vijfde
6^e – zesde	7^e – zevende	8^e – ach<u>ste</u>	9^e – negende	10^e – tiende

In the lift, the ground floor is indicated by 'BG' for '*begane grond*'. The basement is 'K' for '*kelder*'.

4A. Write the following numbers in full.

1. 340 ....
2. 721 ....
3. 88 ....
4. 1.200 ....
5. 3.682 ....
6. 14.534 ....
7. 45.917 ....

4B. Write the following prices in full.

1. €   16,88 ....
2. €   44,15 ....
3. €   3,26 ....
4. €   37,95 ....
5. €   0,12 ....
6. €   20,79 ....
7. €   61,98 ....

4C. Listening exercise 4.6 – Write down (in numbers) the prices you hear.

1. Een kopje koffie kost € ....
2. Een cola kost € ....
3. Een glas witte wijn kost € ....
4. Een kopje thee kost € ....
5. Een biertje kost € ....
6. Een pistolet met kaas kost € ....
7. Een glas rode wijn kost € ....
8. Een stuk appelgebak kost € ....
9. Een pak melk kost € ....
10. Een glas jus d'orange kost € ....

4D. Listening exercise 4.7 – Write down (in numbers) the quantities and prices you hear.

1. .... kopjes koffie kosten € ....
2. .... cola kost € ....
3. .... glazen witte wijn kosten € ....
4. .... kopjes thee kosten € ....
5. .... biertjes kosten € ....
6. .... pistolets met kaas kosten € ....
7. .... glazen rode wijn kosten € ....
8. .... stukken appelgebak kosten € ....
9. .... pakken melk kosten € ....
10. .... glazen jus d'orange kosten € ....

4E. Listening exercise 4.8 – Write down the ordinal numbers or designated floor you hear.

1. Ik woon op de .... verdieping.
2. Hij woont op de .... etage.
3. Wij wonen op de .... verdieping.
4. Ik werk op de .... etage.
5. Zij werken op de .... verdieping.
6. De receptie is op de ....
7. Mijn manager zit op de .... etage.
8. De vergaderzaal zit in de ....

Wist jij dat ... ?

In international finance (which is usually dominated by the Anglo-Saxon system), the decimal system is used. This means that the decimal point separates the whole number from the fraction (e.g. 1.8% '*one point eight per cent*'), and the decimal point also separates the dollars from the cents (e.g. $ 4.99 '*four dollars and ninety-nine cents*').
The comma is used to separate sequences of three digits (e.g. $ 2,859,326.74 '*two million eight hundred and fifty-nine thousand three hundred and twenty-six dollars and seventy-four cents*').

In Dutch, however, **it is the other way round**. The comma separates the whole number from the fraction (e.g. 1,8% '*één komma acht procent*'), and the comma also separates the euros from the eurocents (e.g. € 4,99 '*vier euro en negenennegentig eurocent*').
The point is used to separate sequences of three digits (€ 2.859.326,74 '*twee miljoen achthonderd negenenvijftig duizend drie honderd zesentwintig euro en vierenzeventig eurocent*').

Did you know that ... ?

Source: www.answers.com/topic/decimal-separator

Les vijf
Persoonlijke gegevens

'**Personal details**' include information you need to provide on a frequent basis: your name, address, telephone number(s) and e-mail address. So that you are able to give your personal details, you have learned Pronunciation (Lesson 1), Spelling (Lesson 2) and Numbers (Lesson 4). In this lesson, you will learn how to say your postal address, telephone number and e-mail. The following dialogue shows you how to provide your personal details in Dutch. On the following pages, each category will be explained and then practised.

Listening exercise 5.1
Listen to how Eleanor Nicholsson gives her personal details.

Receptioniste	:	Wat is uw naam?
Eleanor	:	Mijn naam is Eleanor Nicholsson.
Receptioniste	:	Hoe spelt u uw achternaam?
Eleanor	:	Mijn achternaam is 'Nicholsson': N – I – C – H – O – L – dubbel S – O – N.
Receptioniste	:	Wat zijn uw voorletters?
Eleanor	:	Mijn voorletters zijn E. G.
Receptioniste	:	Wat is uw adres?
Eleanor	:	Mijn adres is Willem Schuylenburglaan 28 twee hoog (*written*: Willen Schuylenburglaan 28^{II}).
Receptioniste	:	Hoe spelt u dat?
Eleanor	:	Het eerste woord is 'Willem'. W – I – dubbel L – E – M. Het tweede woord is 'Schuylenburglaan' S – C – H – U – Y – L – E – N – B – U – R – G – L – dubbel A – N.
Receptioniste	:	Wat is uw postcode?
Eleanor	:	Mijn postcode is tien veertien Anton Simon Amsterdam (*written*: 1014 AS Amsterdam).
Receptioniste	:	Wat is uw privé-telefoonnummer?
Eleanor	:	Dat is nul twintig – zes – negen – drie – twee – acht – acht – zeven (020 – 693 28 87).
Receptioniste	:	Wat is uw werktelefoonnummer?
Eleanor	:	Dat is nul twintig – zes – negen – vier – acht – nul – nul – nul (020 – 694 80 00).
Receptioniste	:	Wat is uw 06–nummer?
Eleanor	:	Hoe bedoelt u? (= *What do you mean?*)
Receptioniste	:	Uw mobiele telefoonnummer.
Eleanor	:	Dat is nul zes – twee – zeven – nul – negen – drie – drie – vijf – nul (06 – 27 09 33 50).
Receptioniste	:	Wat is uw e-mailadres?
Eleanor	:	Dat is 'e punt g punt nicholsson et nl punt BME punt com' (e.g.nicholsson@nl.BME.com).

Street names, numbers and floors

You should now be able to spell your street name (if required). You will also have noticed that the house number comes <u>after</u> the street name. When giving your address, it is important to include which floor you live on, which is often written in superscript. For example:

Written as: **Spoken as:**

1e Bloemdwarsstraat 35 ^{I} = eerste Bloemdwarsstraat vijfendertig één hoog
2e Kostverlorenkade 68 ^{II} = tweede Kostverlorenkade achtenzestig twee hoog
3e Helmerstraat 49 ^{hs} = derde Helmersstraat negenenveertig huis
    (*'hs' stands for 'huis' and is used for apartments on the ground floor.*)
Wijttenbachstraat 172 B = Wijttenbachstraat honderd tweeënzeventig B

Useful demographic vocabulary used in street names

de straat – *street*
de dreef – *drive*
de dwarsstraat – *cross street*
de gracht – *inner city canal*
de laan – *avenue*
de weg – *way, road*

het plein – *square*
het plantsoen – *court*
de steeg – *alley, laneway*
de kade – *quay(side)*
de baan – *lane*
de hof – *courtyard*

Postal address

In the Netherlands, a postcode consists of four digits and two letters, plus the name of the city. The four digits are pronounced as two groups of numbers and the letters are taken from the telephone alphabet below.

Written as: **Spoken as:**

1015 KR Amsterdam = tien vijftien, Karel Rudolf, Amsterdam
3526 BE Utrecht = vijfendertig zesentwintig, Bernard Eduard, Utrecht

Telephone alphabet

The telephone alphabet is used not only for clarifying or differentiating letters such as M and N, or S and F. It is also used when giving your postal address (as explained above). You do not need to learn this whole alphabet by heart, simply the two letters for your own postcode. This alphabet is also often used when giving your initials (= voorletters).

Listening exercise 5.2

Listen and repeat the telephone alphabet.

Anton	**B**ernard	**C**ornelis	**D**irk	**E**duard
Ferdinand	**G**erard	**H**endrik	**I**zaak	**J**an
Karel	**L**odewijk	**M**arie	**N**ico	**O**tto
Pieter	**Q**uotiënt	**R**udolf	**S**imon	**T**eunis
Utrecht	**V**ictor	**W**illem	**X**antippe	**Y**psilon
IJmuiden	**Z**aandam			

Telephone numbers

Telephone numbers (residential, business and cellphone) consist of 10 digits and most Dutch-speakers pronounce them as separate digits.

However, the area codes of larger cities are often pronounced as follows:

Written as:	Pronounced as:	Written as:	Pronounced as:
020	nul twintig (Amsterdam)	**030**	nul dertig (Utrecht)
010	nul tien (Rotterdam)	**070**	nul zeventig (Den Haag)
Example:	020 – 693 4129 is pronounced (*nul – twintig*) (*zes – negen – drie*) (*vier – één*) (*twee – negen*)		

The area code is ommitted when calling from a landline in that same area code (e.g. you are in Amsterdam and you are calling an Amsterdam telephone number). When calling from a mobile phone, the area code is never ommitted.

When calling from abroad to the Netherlands, you dial the international code, then the country code 31 (The Netherlands), then the area code without the initial 0 (e.g. + 31 20 552 444). On international letterhead paper, the initial 0 of every area code is sometimes inserted between brackets, signifying that this digit is only dialed from within the Netherlands (e.g. + 31 (0)20 552 444).

Important telephone numbers

Written as:	Pronounced as:	Service
112	een een twee	Emergency / police / ambulance
0900 – 8008	nul negenhonderd acht nul nul acht	Telephone directory
0900 – 9292	nul negenhonderd negen twee negen twee	Public transport timetable info

As '*zeven*' and '*negen*' sound very similar and they are sometimes undistinguishable over the telephone, the '*zeven*' is often pronounced as '*zeuven*' / '*zeuventien*' / '*zeuventig*'.

E-mail address

Dutch pronunciation is indicated in square brackets [ ].

Written as:	Pronounced as:	Written as:	Pronounced as:
.	[punt]	_	[liggend streepje] or 'underscore'
. com	[punt kom]	–	[streepje] or [minteken]
. nl	[punt en el]	/	[schuin streepje] or [slesj]
www.	[w w w punt]	\	backslash [bekslesj]
@	[apenstaartje] or [et]		
. net	[punt net]		

One expression very commonly used when giving an e-mail address is '**aan elkaar**' (*lit*: 'joined together' meaning 'one word')

As the internet is predominantly English, many Dutch people simply use the English terminology, but with a Dutch accent. English words with an 'a' (e.g. tram, at, slash, etc.) are pronounced by most Dutch people as a short 'e' sound (*pron*. [trem], [et], [slesj]).

5A. Listening exercise 5.3 – Write down the street name and house number you hear. You will hear each street name spelled twice.

	Straatnaam	Huisnummer
1.	....	....
2.	....	....
3.	....	....
4.	....	....
5.	....	....
6.	....	....
7.	....	....
8.	....	....
9.	....	....
10.	....	....

5B. Listening exercise 5.4 – Write down the postal code and city you hear. The city will be spelled for you.

1. .... 6. ....
2. .... 7. ....
3. .... 8. ....
4. .... 9. ....
5. .... 10. ....

5C. Listening exercise 5.5 – Write down the telephone number you hear. You will hear each number twice.

1. .... 6. ....
2. .... 7. ....
3. .... 8. ....
4. .... 9. ....
5. .... 10. ....

5D. Listening exercise 5.6 – Write down the e-mail address you hear. You will hear each address twice.

1. .... 6. ....
2. .... 7. ....
3. .... 8. ....
4. .... 9. ....
5. .... 10. ....

5E. Now practise giving your own personal details. First fill in the answers to the Receptionist's questions. Then practise the dialogue out loud.

1. *Receptioniste* : Wat is uw naam?
   Ik : Mijn naam is ....

2. *Receptioniste* : Hoe spelt u uw achternaam?
   Ik : Mijn achternaam is
   ....

3. *Receptioniste* : Wat zijn uw voorletters?
   Ik : ....

4. *Receptioniste* : Wat is uw adres?
   Ik : Mijn adres is ....

5. *Receptioniste* : Hoe spelt u dat?
   Ik : ....
   ....

6. *Receptioniste* : Wat is uw postcode?
   Ik : Mijn postcode is ....

7. *Receptioniste* : Wat is uw privé-telefoonnummer?
   Ik : Mijn privé-telefoonnummer is ....

8. *Receptioniste* : Wat is uw werktelefoonnummer?
   Ik : Mijn werktelefoonnummer is ....

9. *Receptioniste* : Wat is uw 06–nummer?
   Ik : Hoe bedoelt u?

10. *Receptioniste* : Uw mobiele telefoonnummer.
    Ik : Mijn mobiele telefoonnummer is ....

    Receptioniste : Wat is uw e-mailadres?
    Ik : Mijn e-mailadres is ....

Wist jij dat ...?

Did you know that all expats must contact the *IND Immigratie– en Naturalisatiedienst* (Immigration and Naturalisation Service) before coming to the Netherlands, on arrival in the Netherlands and when leaving the Netherlands?
To find out what your obligations are as an expat, visit http://www.ind.nl/EN/index.asp .
You can also contact the IND on tel: 0900 – 123 45 61 (when calling from within the Netherlands) or +31 20 88930 45 (when calling from outside the Netherlands).

Did you know that ...?

Source: http://www.ind.nl/EN/index.asp

Les zes
Het Presens

'**Het Presens**' is used to talk generally about the present time, facts, routines, habits, and current projects.

Listening exercise 6.1
In the following dialogue, a Canadian expat working in the Netherlands, Tim Van den Oort, and his girlfriend, Chantal, introduce themselves.

Tim : Ik **heet** Tim van den Oort en ik **ben** 27 jaar oud. Ik **kom** uit Canada en ik **ben** auditor bij BME. BME **is** een internationaal financieel bedrijf en **heeft** veel kantoren in Nederland. Ik **werk** op het internationale hoofdkantoor in Amsterdam Amstel. Ik werk in totaal al vier jaar en drie maanden bij BME: vier jaar in Toronto en drie maanden in Amsterdam Amstel. Ik **heb** nu een tijdelijk contract voor één jaar. Ik **vind** het leuk in Amsterdam en ik **vind** het belangrijk dat ik de taal goed **leer**. Ik **volg** al twee maanden een cursus Nederlands maar ik **spreek** het nog niet zo goed. Ik **ben** niet getrouwd maar ik **heb** wel een vriendin, Chantal. Wij **wonen** samen. Wij **hebben** geen kinderen.

Tim's girlfriend continues:

Chantal : Ik **heet** Chantal en ik **ben** ook 27 jaar oud. Ik **kom** uit Quebec in Canada. Ik **ben** manager en ik **zoek** een baan bij een internationaal bedrijf, want ik **spreek** vijf talen: Frans **is** mijn moedertaal, Italiaans, Spaans, Engels en een beetje Duits.

Tim en ik **kennen** elkaar via het werk in Toronto. Wij **huren** een woning in het centrum van Amsterdam, heel vlakbij het Vondelpark. Wij **wonen** op de tweede verdieping en wij **hebben** een woonkamer, een keuken, een badkamer en twee slaapkamers.

Although Tim and Chantel use short and simple sentences, they connect them with the following connecting words, also called 'Co-ordinating conjunctions':

Co-ordinating conjuctions			
en	maar	want	of
(and)	*(but)*	*(because)*	*(or)*

6A. Tim and Chantal use many of the verbs you learned in Lesson 2 Exercise 2C. Fill in the correct translation and then practise conjugating them out loud (*ik / jij / u / hij / zij / het / wij / jullie / zij*).

		Translation			*Translation*			*Translation*
1.	beginnen	....	2.	blijven	....	3.	denken	....
4.	doen	....	5.	drinken	....	6.	eten	....
7.	fietsen	....	8.	gaan	....	9.	geven	....
10.	heten	....	11.	horen	....	12.	kennen	....
13.	kijken	....	14.	leren	....	15.	liggen	....
16.	luisteren	....	17.	maken	....	18.	nemen	....
19.	proberen	....	20.	schrijven	....	21.	slapen	....
22.	sporten	....	23.	spreken	....	24.	staan	....
25.	verstaan	....	26.	vinden	....	27.	volgen	....
28.	werken	....	29.	weten	....	30.	wonen	....
31.	zeggen	....	32.	zien	....	33.	zoeken	....

Irregular Verbs in 'Het Presens'

In the introduction of this lesson, Tim and Chantal use many verbs that are 'regular' in Dutch (which means that they follow the regular pattern of verb conjugation (see Lesson 2, Exercise 2C). However, Tim and Chantal also use three very important 'irregular' verbs (i.e. they divert from the regular pattern).

zijn – *to be*	hebben – *to have*	komen – *to come*
ik ben	ik heb	ik kom
jij bent u bent	jij hebt u hebt	jij komt u komt
hij is zij is het is	hij heeft zij heeft het heeft	hij komt zij komt het komt
wij zijn jullie zijn zij zijn	wij hebben jullie hebben zij hebben	wij komen jullie komen zij komen

6B. Practise conjugating '**Het Presens**' of the regular and irregular verbs in the sentences below. Write each sentence in full (it's the most effective way to learn vocabulary and grammar!).

NOTE: '*Zij (sing.)*' indicates 'She (singular)' and '*Zij (plur.)*' indicates 'They (plural)'.

1. Ik werk bij BME op het internationale hoofdkantoor in Amsterdam.

   Tim ....

   Wij ....

   Jij ....

2. Tim is 27 jaar oud en hij komt uit Canada.

   Zij (plur.) ....

   Ik ....

   Zij (sing.) ....

3. Ik ben auditor en ik spreek drie talen.

   Tim ....

   Wij ....

   Jij ....

4. Tim en Chantal huren een woning in het centrum van Amsterdam.

   Mijn collega ....

   Ik ....

   Zij (plur.) ....

5. Ik vind het leuk in Amsterdam.
   Chantal en Tim ....
   Chantal ....
   Wij ....

6. Jij woont op de 2ᵉ verdieping in de Beethovenstraat in Amsterdam–Zuid.
   Ik ....
   Mijn collega ....
   Chantal en Tim ....

7. Ik zoek een woning in het centrum van Amsterdam.
   Zij (plur.) ....
   Hij ....
   Jij ....

8. Hij is niet getrouwd maar hij woont wel samen.
   Zij (plur.) ....
   Zij (sing.) ....
   Ik ....

9. Chantal kent Tim via het werk in Toronto.
   Jij ....
   Ik en mijn collega ....
   Ik ....

10. Zij volgt al twee weken een cursus Nederlands.
    Ik ....
    Mijn collega ....
    Tim en mijn collega ....

11. Ik versta al een beetje Nederlands maar ik spreek het nog niet zo goed.
    Zij (plur.) ....
    Mijn manager ....
    Wij ....

12. Ik blijf twee jaar in Nederland want ik heb een tijdelijk contract.
    Jullie ....
    U ....
    Tim ....

Introducing yourself and other people

In previous lessons, you learned to give your personal details: how to spell your name, give your address, telephone number(s) and e-mail address. You are now going to learn to introduce yourself and others.

In the introduction of this lesson, Tim and Chantal tell us about their professions:

Ik ben auditor bij BME. (NOT: Ik ben ~~een~~ auditor bij BME)	=	*I'm an auditor at BME.*
Ik ben manager. (NOT: Ik ben ~~een~~ manager)	=	*I'm a manager.*

One striking difference between English and Dutch is that in Dutch, unlike in English, there is NO ARTICLE (a/an) before a profession.

6C. Look at the business cards below and practise introducing each person as shown in the example.
Note: 'dhr.' stands for 'de heer' (Mr.) and 'mevr.' stands for 'mevrouw' (Ms., Mrs. or Miss)

1.
Naam :	dhr. Pieter van der Maas
Beroep :	Directeur
Bedrijf :	BME
Leeftijd :	45 jaar
Burgerlijke stand :	Niet getrouwd
Land van herkomst :	Nederland
Talen :	Nederlands, Duits en Engels

To introduce this person, you say:

"Dit is Pieter van der Maas. Hij is directeur bij BME. Hij is 45 jaar oud en hij is niet getrouwd. Hij komt uit Nederland en hij spreekt Nederlands, Duits en Engels."

2.
Naam :	mevr. Olga Petrovsky
Beroep :	Financieel Adviseur
Bedrijf :	ABN AMRO
Leeftijd :	29 jaar
Burgerlijke stand :	Getrouwd
Land van herkomst :	Rusland
Talen :	Russisch, Pools, Frans en Engels.

....
....
....
....
....
....
....

3.
Naam :	dhr. Maik Klaassen
Beroep :	Leraar
Bedrijf :	LanguageWise
Leeftijd :	39 jaar
Burgerlijke stand :	Niet getrouwd
Land van herkomst :	Australië
Talen :	Nederlands, Engels, Duits, Frans, Italiaans en Spaans.

....
....
....
....
....
....
....

4.
Naam :	....
Beroep :	....
Bedrijf :	....
Leeftijd :	....
Burgerlijke stand :	....
Land van herkomst :	....
Talen :	....

(*Now introduce yourself*)

Ik ben ....
....
....
....
....
....

Listening exercise 6.2
To check your answers to Exercise 6C, listen now to the first three people introduce themselves.

Talking about current projects

'Het Presens' is not only used to talk generally about yourself, facts, routines, or habits. It is also used to talk about your current projects that started in the past and are still going on. To do this, you simply add the word '**al**' (already) in front of the Time Adverb.

In the introduction, Tim uses 'Het Presens' to say (a) how long he has been working at BME, and (b) how long he has been doing a Dutch course.

Study the two examples taken from the Introduction of this lesson:

	Word order 1 – STANDARD				
	Subject (Who?)	**Verb** (does?)	**Time** (when?)	**Object** (what?)	**Place** (where?)
(a)	Ik	werk	**al** vier jaar en drie maanden		bij BME.
(b)	Tim	volgt	**al** twee maanden	een cursus Nederlands.	

6D. Following the word order table above, put the following sentences in the correct order: **Subj Verb T O P**. The first word of the sentence is indicated with a capital letter.

1. ben / bij BME / auditor / Ik / al tweeëneenhalf jaar
   ....

2. werkt / al vijftien maanden / Hij / bij ABN AMRO in Den Haag
   ....

3. al tien jaar / getrouwd / zijn / Zij
   ....

4. volgen / een cursus Nederlands / al drie weken / Wij / bij een taleninstituut in Amsterdam
   ....

5. in het centrum van Rotterdam / Ik / nog niet zo lang / woon
   ....

6. een baan / zoeken / Zij / al negen maanden / bij een internationaal bedrijf
   ....

7. in Amsterdam Amstel / nog niet zo lang / Zij / op het hoofdkantoor van BME / werkt
   ....

8. al twee maanden / huur / in het centrum van Utrecht / een appartement met vijf kamers / Ik
   ....

9. samen / Zij / wonen / al heel lang
   ....

10. is / bij een multinational / al één jaar / manager / Hij
    ....

6E. Complete the following dialogue between Maik and his new colleague, Tim. Conjugate the infinitive verbs indicated in brackets.

1. Maik : Hallo. Wij .... (*kennen*) elkaar nog niet. Ben jij nieuw hier?
   Tim : Ja, dat klopt.
2. Maik : Hoe heet jij?
   Tim : Ik .... (*heten*) Tim van den Oort.
3. Maik : Waar kom jij vandaan?
   Tim : Ik .... (*komen*) uit Canada.
4. Maik : Wat doe jij voor werk?
   Tim : Ik .... (*zijn*) auditor.
5. Maik : Waar werk jij?
   Tim : Ik .... (*werken*) op de eerste verdieping van het hoofdkantoor in Amsterdam.
6. Maik : Heb jij een tijdelijk contract of een permanent contract?
   Tim : Ik .... (*hebben*) een tijdelijk contract voor drie jaar.
7. Maik : Vind jij het leuk in Amsterdam?
   Tim : Ja, ik .... (*vinden*) het heel leuk in Amsterdam.
8. Maik : Jij spreekt al een beetje Nederlands. Hoe komt dat?
   Tim : Ik .... (*spreken*) al een beetje Nederlands want ik .... (*volgen*) al twee weken een intensieve cursus Nederlands.
9. Maik : Spreek jij ook andere talen?
   Tim : Engels natuurlijk want dat is mijn moedertaal. En een klein beetje Nederlands en ik .... (*verstaan*) ook een beetje Frans.
10. Maik : Ben jij getrouwd?
    Tim : Nee, ik .... (*zijn*) niet getrouwd, maar ik .... (*hebben*) wel een vriendin. Zij .... (*heten*) Chantal. Wij .... (*wonen*) samen.
11. Maik : Waar wonen jullie?
    Tim : Wij wonen in het centrum van Amsterdam, vlakbij het Vondelpark. Wij .... (*huren*) een woning met vijf kamers op de tweede verdieping.
12. Maik : En wat doet zij voor werk?
    Tim : Zij .... (*zijn*) manager maar zij .... (*werken*) op dit moment niet. Zij .... (*zoeken*) een baan bij een internationaal bedrijf want zij spreekt vijf talen.
13. Maik : Zijn jullie al lang samen?
    Tim : Ja, wij .... (*zijn*) al drie jaar samen. Wij .... (*kennen*) elkaar van het werk in Toronto.

Listening exercise 6.3
To check your answers to Exercise 6E, listen now to the recorded dialogue.

6F. Now complete a similar dialogue about yourself (substitute and improvise where appropriate). Write full answers.

Collega : Hallo. Wij kennen elkaar nog niet. Ben jij nieuw hier?
Ik : Ja, dat klopt.

1. *Collega* : Hoe heet jij?
   Ik : ....

2. *Collega* : Waar kom jij vandaan?
   Ik : ....

3. *Collega* : Wat doe jij voor werk?
   Ik : ....

4. *Collega* : Waar werk jij?
   Ik : ....

5. *Collega* : Heb jij een tijdelijk contract of een permanent contract?
   Ik : ....

6. *Collega* : Hoelang werk jij al bij (*bedrijfsnaam*)?
   Ik : ....

7. *Collega* : Vind jij het leuk in Amsterdam?
   Ik : ....

8. *Collega* : Jij spreekt al een beetje Nederlands. Hoe komt dat?
   Ik : ....
   ....

9. *Collega* : Spreek jij ook andere talen?
   Ik : ....

10. *Collega* : Ben jij getrouwd?
    Ik : ....

11. *Collega* : Waar woon jij?
    Ik : ....

12. *Collega* : Wat is jouw adres en postcode?
    Ik : ....
    ....

13. *Collega* : Hoe spel je de straatnaam?
    Ik : ....

14. *Collega* : Wat is jouw mobiele telefoonnummer?
    Ik : ....

15. *Collega* : Wat is jouw werk e-mailadres?
    Ik : ....

16. *Collega* : Wat is het websiteadres van jouw bedrijf?
    Ik : ....

6G. Complete the following interview in which Tim asks you information about one of your colleagues or friends (substitute and improvise where appropriate). Write full answers.

	Tim	: Hoe heet hij / zij?
1.	Ik	: ....
	Tim	: Waar komt hij / zij vandaan?
2.	Ik	: ....
		....
	Tim	: Hoe ken jij hem / haar?
3.	Ik	: ....
		: ....
	Tim	: Hoe oud is hij / zij?
4.	Ik	: ....
	Tim	: Wat doet hij / zij voor werk?
5.	Ik	: ....
	Tim	: Waar werkt hij / zij?
6.	Ik	: ....
	Tim	: Heeft hij / zij een tijdelijk contract of een permanent contract?
7.	Ik	: ....
		....
	Tim	: Welke talen spreekt hij / zij?
8.	Ik	: ....
		....
	Tim	: Is hij / zij getrouwd?
9.	Ik	: ....
	Tim	: Waar woont hij / zij?
10.	Ik	: ....
	Tim	: Vindt hij / zij het leuk in .... *(city where he/she is living)*?
11.	Ik	: ....
	Tim	: Wat is zijn / haar adres?
12.	Ik	: ....
		....
	Tim	: Hoe spel je de straatnaam?
13.	Ik	: ....
	Tim	: Wat is zijn / haar mobiele telefoonnummer?
14.	Ik	: ....
	Tim	: Wat is zijn / haar e-mailadres?
15.	Ik	: ....

Les zeven
Het Interrogativum

'**Interrogatives**' (or more commonly called 'Questions') are as important as answers. To be able to participate in an interactive dialogue, you need to know how to ask questions. After all, asking questions shows you are interested in the person you are talking with, which makes you an interesting conversation partner.

Listening exercise 7.1
Listen to the dialogue between two colleagues, Tim and his new Italian colleague, Alberto. They both work at BME's head office in Amsterdam Amstel. To get to know each other better, Tim asks Alberto a few general questions.

Tim	:	Hallo. Wij kennen elkaar nog niet, geloof ik.
Alberto	:	Ja, volgens mij niet.
Tim	:	Hallo, Tim van den Oort.
Alberto	:	Hallo, Alberto Zannetti.
Tim	:	**Waar** kom jij eigenlijk vandaan, Alberto?
Alberto	:	Ik kom uit Italië. En jij? **Waar** kom jij vandaan?
Tim	:	Ik kom uit Canada, maar ik woon nog niet zo lang in Nederland.
Alberto	:	O, ja? **Hoelang** woon jij hier al?
Tim	:	Ik woon hier pas drie maanden. En jij? Woon jij hier al lang?
Alberto	:	Ja, ik woon hier al twee jaar. **Waar** woon jij? Hier in Amsterdam?
Tim	:	Ja, ik woon samen met mijn vriendin in het centrum van Amsterdam. En jij?
Alberto	:	Ik woon niet in Amsterdam. Ik woon in Utrecht.
Tim	:	Utrecht? **Waar** ligt dat?
Alberto	:	Utrecht ligt in het midden van Nederland.
Tim	:	**Wat voor** werk doe jij bij BME?
Alberto	:	Ik ben auditor. En jij?
Tim	:	Ik ook. **Wie** is jouw manager?
Alberto	:	Gerrit van den Broek is mijn manager.
Tim	:	**Hoe** kom jij naar kantoor? Met de trein of met de auto?
Alberto	:	Met de trein. En jij?
Tim	:	Ik kom met de fiets.
Alberto	:	**Hoe oud** ben jij eigenlijk?
Tim	:	Ik ben 27. En jij?
Alberto	:	Ik ben 30.
Tim	:	Nou, het was leuk je te ontmoeten, maar ik moet nu weer aan de slag.
Alberto	:	Ja, ik ook. Tot kijk.

Questions

To form a question in Dutch, the personal pronoun (I/you/he/she/we/they) and the verb are inverted (or 'switched around'). Study the following overview:

Statement	Question	Translation
Ik werk.	Werk ik?	*Do I work?*
Jij werkt.	Werk jij?	*Do you work? (informal)*
U werkt.	Werkt u?	*Do you work? (formal)*
Hij werkt.	Werkt hij?	*Does he work?*
Zij werkt.	Werkt zij?	*Does she work?*
Het werkt.	Werkt het?	*Does it work?*
Wij werken.	Werken wij?	*Do we work?*
Jullie werken.	Werken jullie?	*Do you all work?*
Zij werken.	Werken zij?	*Do they work?*

Inversion and the 'jij-form'

When inverting the 'jij-form', the final '-t' is dropped.
The spelling rules in Lesson 2 always apply.

Statement	Question	Translation
Jij gaat (*gaan*)	Ga jij?	*Do you go?*
Jij verstaat (*verstaan*)	Versta jij?	*Do you understand?*
Jij doet (*doen*)	Wat doe jij?	*What do you do?*
Jij heet (*heten*)	Hoe heet jij?	*What's your name?*

Question words

The following interrogatives are used to ask specific questions:

Interrogatives	Translation	Example
WAT?	*What?*	**Wat** is jouw naam?
WAT VOOR?	*What kind of ...?*	**Wat voor** werk doe jij?
WAAR?	*Where?*	**Waar** werk jij?
WAAROM?	*Why?*	**Waarom** werk jij bij BME?
WIE?	*Who?*	**Wie** is jouw manager?
WANNEER?	*When?*	**Wanneer** begint de cursus?
HOE?	*How?*	**Hoe** heet jij?
HOELANG?	*How long?*	**Hoelang** werk jij al bij BME?
HOE LAAT?	*What time?*	**Hoe laat** is het?
HOEVEEL?	*How much?*	**Hoeveel** kost het?
HOE VAAK?	*How often?*	**Hoe vaak** sport jij?
HOE OUD?	*How old?*	**Hoe oud** ben jij?

7A. You ask a new acquaintance some general questions. Complete the questions by conjugating the infinitive verbs indicated in brackets.

1. *Ik* : Hoe .... (*heten*) jij?
   Maik : Ik heet Maik Klaassen.

2. *Ik* : Waar .... (*komen*) jij vandaan?
   Maik : Ik kom uit Australië.

3. *Ik* : Wat .... (*doen*) jij voor werk?
   Maik : Ik ben freelance leraar Nederlands.

4. *Ik* : Waar .... (*werken*) jij?
   Maik : Ik werk op locatie bij de klant.

5. *Ik* : .... (*Hebben*) jij een tijdelijk of een permanent contract?
   Maik : Ik heb een tijdelijk contract.

6. *Ik* : Waar .... (*wonen*) jij?
   Maik : Ik woon in het centrum van Amsterdam.

7. *Ik* : .... (*Vinden*) jij het leuk in Amsterdam?
   Maik : Ja, ik vind het heel leuk in Amsterdam.

8. *Ik* : Hoeveel talen .... (*spreken*) jij?
   Maik : Ik spreek zes talen: Nederlands, Engels, Italiaans, Frans, Duits en Spaans.

9. *Ik* : Wat .... (*doen*) jij in je vrije tijd?
   Maik : Ik sport veel, ik lees en ik fiets graag.

10. *Ik* : Hoe vaak .... (*sporten*) jij?
    Maik : Ik sport meestal drie keer per week.

11. *Ik* : .... (*Zijn*) jij getrouwd?
    Maik : Nee, ik ben niet getrouwd, maar ik woon wel samen.

12. *Ik* : Hoelang .... (*zijn*) jullie al samen?
    Maik : Wij zijn al drie jaar samen.

13. *Ik* : .... (*Kennen*) jij mijn collega Tim?
    Maik : Nee, ik ken hem niet.

Listening exercise 7.2
To check your answers to Exercise 7A, listen now to the recorded dialogue.

7B. Complete the questions by filling in the appropriate interrogative (question word).

Choose from the following interrogatives:			
Wat ...?	Wat voor ...?	Waar ...?	Waarom ...?
Wie ...?	Wanneer ...?	Hoe ...?	Hoelang ...?
Hoe laat ...?	Hoeveel ...?	Hoe vaak ...?	Hoe oud ...?

1. *Ik* : .... begint de Nederlandse les?
   Collega : De les begint om 9 uur.

2. *Ik* : .... werk jij al bij BME?
   Collega : Ik werk al twee jaar bij BME. Eén jaar in Parijs en één jaar hier in Nederland.

3. *Ik* : .... werkt jouw vriend?
   Collega : Mijn vriend heeft een baan bij een financieel bedrijf in Hoofddorp.

4. *Ik* : .... is jouw functie bij BME?
   Collega : Ik ben assistent–manager.

5. *Ik* : .... is jouw manager?
   Collega : Dat weet ik niet. Ik denk tussen de 35 en 40 jaar oud.

6. *Ik* : .... hebben wij les?
   Collega : Wij hebben om 9.00 uur les. Om 11.00 uur zijn wij klaar.

7. *Ik* : .... hebben zij les?
   Collega : In de vergaderzaal op de begane grond van het hoofdkantoor in Amsterdam.

8. *Ik* : .... hebben jullie Nederlandse les?
   Collega : Wij hebben altijd op maandag les.

9. *Ik* : .... leren Tim en Chantal Nederlands?
   Collega : Zij leren Nederlands want zij wonen in Nederland en zij vinden het belangrijk.

10. *Ik* : Van .... krijg jij les?
    Collega : Ik krijg les van een heel aardige leraar.

11. *Ik* : .... ga jij naar kantoor? Met de auto, met de fiets, met de tram of met de metro?
    Collega : Ik ga meestal met de fiets, maar soms ga ik met de metro.

12. *Ik* : .... gaan jullie naar de sportschool?
    Collega : Wij gaan niet zo vaak naar de sportschool. Meestal twee keer per week.

13. *Ik* : .... wonen zij en .... kamers hebben zij?
    Collega : Zij wonen in Rotterdam in een appartement met vier kamers.

14. *Ik* : .... werk doet hij?
    Collega : Hij is manager bij een internationaal bedrijf in Den Haag.

15. *Ik* : .... vind jij deze oefening?
    Collega : Ik vind deze oefening een beetje moeilijk maar wel nuttig.

Listening exercise 7.3
To check your answers to Exercise 7B, listen now to the recorded dialogue.

7C. Complete the questions by conjugating the correct form of the verb to agree with the subject (person) of each sentence. You will need to read each answer first.

    Example: *Ik*   : ....bij BME?
                     Collega   : Ja, ik werk bij BME.

    Question: *Ik*   : .....*Werk jij*....... bij BME?

1. *Ik*   : .... bij BME?
   Collega   : Ja, Tim werkt bij BME.

2. *Ik*   : .... ook bij BME?
   Collega   : Nee, zij werkt bij KPMG.

3. *Ik*   : .... altijd op kantoor of ook op locatie bij de klant?
   Collega   : Wij werken 50 procent op kantoor en 50 procent op locatie bij de klant.

4. *Ik*   : .... iedereen in jouw team?
   Collega   : Ja, ik ken iedereen in mijn team.

5. *Ik*   : .... Nederlands?
   Collega   : Ja, zij spreken het een beetje.

6. *Ik*   : .... Nederlands of Engels op kantoor?
   Collega   : Wij spreken meestal Engels maar soms ook Nederlands.

7. *Ik*   : .... jouw Nederlandse collega's wanneer zij in het Nederlands praten?
   Collega   : Ik versta mijn Nederlandse collega's een beetje wanneer zij Nederlands praten.

8. *Ik*   : .... veel rapporten?
   Collega   : Ja, hij schrijft heel veel rapporten en hij zit heel vaak aan de telefoon met klanten.

9. *Ik*   : .... veel contact met de klanten?
   Collega   : Ja, wij hebben veel contact met de klanten want wij werken vaak op het kantoor van de klant.

10. *Ik*   : Jij woont in het centrum van Amsterdam, maar op welke etage ....?
    Collega   : Ik woon op de eerste verdieping.

11. *Ik*   : .... het leuk in Amsterdam?
    Collega   : Ja, Chantal vindt het heel leuk in Amsterdam.

12. *Ik*   : .... een baan?
    Collega   : Ja, Chantal heeft een baan bij een internationaal bedrijf want zij spreekt vijf talen.

13. *Ik*   : Hoelang .... in Nederland?
    Collega   : Chantal en ik blijven drie jaar in Nederland, want ik heb een tijdelijk contract voor drie jaar.

14. *Ik*   : .... vaak?
    Collega   : Ja, ik sport drie keer per week. Ik fitnes, ik squash en ik volleybal.

15. *Ik*   : Hoe laat .... met de klant in Rotterdam?
    Collega   : De vergadering met de klant in Rotterdam begint morgen om 10 uur.

Wist jij dat ...?

Did you know that every town in the Netherlands has a *gemeentehuis* (Municipal Town Hall)? This is an important address because all people residing in the Netherlands must register at their local Town Hall.

To contact your local *gemeentehuis* for matters regarding residence registration and proof of residence, parking permits and refuse pick-up times, simply enter www.(place).nl

For example:
Gemeentehuis Amsterdam	www.amsterdam.nl
Gemeentehuis Rotterdam	www.rotterdam.nl
Gemeentehuis Den Haag	www.denhaag.nl
Gemeentehuis Utrecht	www.utrecht.nl

Most *gemeentehuis* websites have a link to essential information in English. Many also allow you to submit electronic applications.

Did you know that ...?

Source: www.answers.com

Les acht
... aan het doen zijn

This lesson teaches you how to express **what you are doing at this very moment** e.g. I am explaining something to you (at this moment), you are reading this introduction (right now), he is talking to his manager, we are doing this exercise, etc.

Although in Dutch these situations can be expressed by 'Het Presens' (see Lessons 6 & 7), Dutch also has a structure consisting of **two components:** the verb **'zijn'** (*to be*) + **infinitive**, similar in structure to the 'continuous tense' in English ('*to be*' + *-ing*).

Study the following answers to the question: 'Wat ben jij aan het doen?' (*What are you doing?*).

Ik	ben		aan het	lezen.
Jij	bent	een boek	aan het	lezen.
U	bent	een verslag	aan het	schrijven.
Hij	is	eten	aan het	koken.
Zij	is		aan het	bellen.
Wij	zijn	televisie	aan het	kijken.
Jullie	zijn	een boterham	aan het	eten.
Zij	zijn	Nederlands	aan het	leren.

I am reading.
You are reading a book.
You are writing a report.
He is cooking dinner.
She is telephoning.
We are watching TV.
You all are eating a sandwich.
They are learning Dutch.

This structure is used to express a temporary action that is taking place now, at this moment. It cannot be used with general verbs of motion (gaan, komen, etc.) and position (zitten, liggen, hangen, etc.)

Structure				
Who?	'zijn' (to be)	What?	'aan het'	Infinitive

8A. Following the structure above, arrange the answers provided in brackets into the correct word order. The first word of each sentence is indicated with a capital letter.

1. Wat ben jij aan het doen? (mijn huiswerk / ben / maken / Ik / aan het)
   Ik ben ....

2. Wat is Tim aan het doen? (een rapport / Hij / typen / aan het / is)
   ....

3. Wat zijn Tim en zijn team aan het doen? (zijn / aan het / een project / Zij / bespreken)
   ....

4. Wat is onze manager aan het doen? (aan het / een klant / Hij / bellen / is)
   ....

5. Wat zijn jouw collega's aan het doen? (Mijn collega's / drinken / zijn / koffie / aan het)
   ....

6. Wat is Chantal aan het doen? (kijken / Zij / aan het / televisie / is)
   ....

7. Wat zijn wij aan het doen? (aan het / Wij / deze oefening / nakijken / zijn)
   ....

8B. Complete the answers provided in brackets. Remember to add the missing components '**zijn** (*to be*)' and '...**aan het**...'. The first word of each sentence is indicated with a capital letter.

1. Wat ben jij aan het doen? (Ik / een e-mail / schrijven)
   ....

2. Wat zijn jullie aan het doen? (Wij / deze oefening / nakijken)
   ....

3. Wat is hij aan het doen? (Hij / zijn manager / zoeken)
   ....

4. Wat zijn jouw collega's aan het doen? (Zij / lunchen)
   ....

5. Wat is Tim aan het doen? (Hij / zijn auto / parkeren)
   ....

6. Wat zijn jullie aan het doen? (Wij / een project / bespreken)
   ....

7. Wat is jouw collega Els aan het doen? (Els / een sigaret / roken)
   ....

8. Wat ben jij aan het doen? (Ik / met een klant / bellen)
   ....

9. Wat zijn jouw collega's aan het doen? (Zij / vergaderen)
   ....

10. Wat is hij aan het doen? (Hij / koffie / drinken)
    ....

11. Wat ben jij aan het doen? (Ik / een document / printen)
    ....

12. Wat is de secretaresse aan het doen? (Zij / haar bureau / opruimen)
    ....

13. Wat is jouw manager aan het doen? (Hij / met een klant in Den Haag / lunchen)
    ....

14. Wat is de secretaresse aan het doen? (Zij / een rapport vol typfouten / corrigeren)
    ....

15. Wat is Chantal aan het doen? (Zij / solliciteren)
    ....

16. Wat is Tim aan het doen? (Hij / iets in het woordenboek / opzoeken)
    ....

Listening exercise 8.1
To check your answers to Exercise 8B, listen to the record questions and corresponding answers.

Other ways of expressing an action that is being carried out at this moment

When expressing what somebody is doing at this moment, the Dutch also like to specify the physical position the person is in while he/she is doing something.

In response to the question: '**Wat is Tim aan het doen**?', in addition to the answer '**Hij is aan het lezen**', there is an alternative structure for answering this question, depending on Tim's physical position:

Tim **zit** een boek **te** lezen.	– *Tim is sitting down reading a book.*
Tim **ligt** op de bank televisie **te** kijken.	– *Tim is lying down watching television.*
Tim **staat** op de gang met een collega **te** praten.	– *Tim is standing in the corridor talking to a colleague.*
Tim **loopt** altijd **te** klagen.	– *Tim is always walking around complaining.*

Alternative structure				
Who?	'zitten' 'liggen' 'staan' 'lopen'	what?	'te'	Infinitive

8C. Use **'zitten / liggen / staan / lopen' …. te + infinitive** to answer the following questions.

1. Wat ben jij aan het doen? (Ik / een e-mail / schrijven)
   ....

2. Wat is Chantal aan het doen? (Zij / in bed / een boek / lezen)
   ....

3. Wat zijn de secretaresses aan het doen? (Zij / uit het raam / kijken)
   ....

4. Wat zijn jouw collega's aan het doen? (Wij / in de vergaderzaal / een project / bespreken)
   ....

5. Wat zijn jullie aan het doen? (Wij / deze oefening / maken)
   ....

6. Wat is jouw manager aan het doen? (Hij / bij de koffieautomaat / koffie / drinken)
   ....

7. Waar is jouw collega? (Zij / in de kantine een sigaret / roken)
   ....

8. Wie is jouw secretaresse aan het zoeken? (Zij / onze manager / zoeken)
   ....

9. Waar is Tim? (Hij / op de gang / met een collega / praten)
   ....

10. Wat is er aan de hand met jouw manager? (Hij / stressen)
    ....

Les negen
Adverbia (1)

'**Adverbs**' tell us *when, where* and *why*. In this lesson, we will focus on **Adverbs of Time**: time of day, days of the week, months of the year, the year, today, tomorrow, next week, now, shortly, later, etc.

Hoe laat is het?			
Written as:	24–hour clock (train/plane):	*Spoken:*	*Extra information:*
10.00 uur	om tien uur	om tien uur – *10 o'clock*	's morgens – *in the morning*
10.05 uur	om tien uur vijf	om vijf over tien	's ochtends – *in the morning*
10.10 uur	om tien uur tien	om tien over tien	's middags – *in the afternoon*
10.15 uur	om tien uur vijftien	om kwart over tien	's avonds – *in the evening*
10.20 uur	om tien uur twintig	om tien voor half elf	's nachts – *at night*
10.25 uur	om tien uur vijfentwintig	om vijf voor half elf	
10.30 uur	om tien uur dertig	om half elf	
10.35 uur	om tien uur vijfendertig	om vijf over half elf	overdag – *during the day*
10.40 uur	om tien uur veertig	om tien over half elf	op werkdagen – *on weekdays*
10.45 uur	om tien uur vijfenveertig	om kwart voor elf	in het weekend – *at the weekend*
10.50 uur	om tien uur vijftig	om tien voor elf	
10.55 uur	om tien uur vijfenvijftig	om vijf voor elf	

Op welke dag?						
maandag	dinsdag	woensdag	donderdag	vrijdag	zaterdag	zondag

In welke maand?					
januari	februari	maart	april	mei	juni
juli	augustus	september	oktober	november	december

Welk jaar?	Welk seizoen?
in 2004 – in tweeduizend vier	in de winter – *in winter*
in 1998 – in negentien achtennegentig	in de lente (*also*: in het voorjaar) – *in spring*
in 1967 – in negentien zevenenzestig	in de zomer – *in summer*
in 1850 – in achttien vijftig	in de herfst (*also*: in het najaar) – *in autumn*

Wanneer?		
nu – *now*	straks – *shortly*	later – *later*
vanochtend – *this morning*	vanmiddag – *this afternoon*	vanavond – *this evening*
vandaag – *today*	morgen – *tomorrow*	overmorgen – *the day after tomorrow*
deze week – *this week*	volgende week – *next week*	over twee weken – *in two weeks' time*
deze maand – *this month*	volgende maand – *next month*	over drie maanden – *in three months' time*
dit jaar – *this jaar*[1]	volgend jaar – *next year*	over vier jaar[2] – *in four years' time*

(1) '*deze*', '*dit*', '*volgende*', '*volgend*', '*welk*e' and '*welk*' are determined by the gender of the nouns they precede.
(2) When preceded by a number, '*jaar*' is never pluralised (NOT ~~jaren~~) e.g. *1 jaar, 2 jaar, 5 jaar, 10 jaar* etc.

Using 'Het Presens' to talk about the future

In Lesson 6, you learned that 'Het Presens' is used in Dutch to talk about general situations and current projects. 'Het Presens' is also used to talk about **future arrangements, appointmens, schedules and timetables**.

9A. Read the train timetable below to answer the following questions. Write the time (24-hour clock) IN FULL as in the example.

Bestemming	Tijd	Spoor
Amersfoort	08.02 uur	8a
Apeldoorn	09.15 uur	7b
Den Bosch ('s Hertogenbosch)	11.16 uur	2b
Den Haag ('s Gravenhage)	12.40 uur	19a
Den Helder	13.59 uur	4b
Enschede	18.27 uur	5
Groningen	20.19 uur	14a
Maastricht	19.13 uur	2a
Rotterdam	21.48 uur	2a
Utrecht	22.33 uur	1b

Example: Hoe laat vertrekt de trein naar Rotterdam? En van welk spoor?
De trein naar Rotterdam vertrekt om eenentwintig uur achtenveertig van spoor 2a.

NOTE: In writing, '*uur*' is placed after the time (e.g. 21.48 **uur**). When spoken, it is placed between the hour and minutes ("eenentwintig **uur** achtenveertig").

1. Hoe laat vertrekt de trein naar Den Haag? En van welk spoor?
   ....

2. Hoe laat vertrekt de trein naar Apeldoorn? En van welk spoor?
   ....

3. Hoe laat vertrekt de trein naar Maastricht? En van welk spoor?
   ....

4. Hoe laat vertrekt de trein naar Amersfoort? En van welk spoor?
   ....

5. Hoe laat vertrekt de trein naar Utrecht? En van welk spoor?
   ....

6. Hoe laat vertrekt de trein naar Den Bosch? En van welk spoor?
   ....

7. Hoe laat vertrekt de trein naar Groningen? En van welk spoor?
   ....

The aim of the next exercise is to give you more practice using 'Het Presens' and Word Order to talk about future appointments and arrangement. To do so, study Tim's schedule for next week.

maandag	dinsdag	woensdag	donderdag	vrijdag
08.30 Afspraak met de manager in kamer 231				VRIJ
	09.20 Afspraak bij de tandarts		08.45 Conferencecall in kamer B.26	VRIJ
10.15 Vergadering met het projectteam in de vergaderzaal		10.30 Brainstormingssessie in kamer 105		VRIJ
	12.00 Lunchafspraak met een klant in Den Haag			VRIJ
			13.00 Lunchafspraak met Chantal in 'Café De Jaren'	VRIJ
		14.40 Conferencecall met een klant in Parijs in kamer 245		VRIJ
15.00 Presentatie op de 2e verdieping				VRIJ
	16.45 Overleg met TPG in Hoofddorp			VRIJ
	19.00 Eetafspraak met vrienden in 'Café De Jaren'.		18.30 Borrel met collega's in de kantine	VRIJ

24-hour clock versus Standard spoken time

In Dutch, the equivalent to AM (ante meridien) and PM (post meridien) is expressed in writing by the 24-hour clock. In the previous exercise, the 24-hour clock was used for timetables. When talking about appointments and arrangements, however, speakers convert the 24-hour clock to standard spoken time (see below). The adverbs **'s nachts**, **'s ochtends**, **'s middags**, **'s avonds** are added to avoid confusion.

Example:

	English	*Dutch*	*Spoken as:*
	01.00 a.m.	01.00 uur	één uur 's nachts
	09.00 a.m.	09.00 uur	negen uur 's ochtends
	01.00 p.m.	13.00 uur	één uur 's middags
	09.00 p.m.	21.00 uur	negen uur 's avonds

In the next exercise, you must write down Tim's appointments IN FULL. Do not use the 24-hour clock. Instead, write the time IN WORDS in the correct spoken form using the guidelines in the introduction of this lesson.

Your answers must follow **Word Order 1** (which you learned in Lesson 6):

Word order 1 – STANDARD				
Subject (Who?)	**Verb** (does?)	**Time** (when?)	**Object** (what?)	**Place** (where?)
Tim	heeft	op maandag om half negen	een afspraak met zijn manager	in kamer 231.

9B. Follow **Word Order 1** on the previous page to complete the secretary's answers regarding Tim's schedule.

1. *Manager* : Wat doet Tim op maandag?
1.1 *Secretaresse* : Tim ....
....

1.2 *Secretaresse* : Hij ....
....

1.3 *Secretaresse* : Hij ....
....

2. *Manager* : Wat doet Tim op dinsdag?
2.1 *Secretaresse* : ....
....

2.2 *Secretaresse* : ....
....

2.3 *Secretaresse* : ....
....

2.4 *Secretaresse* : ....
....

3. *Manager* : En op woensdag?
3.1 *Secretaresse* : ....
....

3.2 *Secretaresse* : ....
....

4. *Manager* : En wat doet hij op donderdag?
4.1 *Secretaresse* : ....
....

4.2 *Secretaresse* : ....
....

4.3 *Secretaresse* : ....
....

5. *Manager* : En op vrijdag?
5.1 *Secretaresse* : ....

Listening exercise 9.1
To check your answers to Exercise 9B, listen to the recorded dialogue.

9C. Write IN FULL the date of birth of the following famous people.

Example: Wanneer is de Koningin van Nederland geboren?
Koningin Beatrix is op eenendertig januari negentien achtendertig geboren.

Rembrandt 15/07/1606   Madonna 16/08/1958   Elvis 08/01/1935   Mozart 27/01/1756   Marilyn Monroe 01/06/1926

Koningin Beatrix 31/01/1938   Joost van den Vondel 17/11/1587   George Micheal 25/06/1963   Columbus 26/08/1451   Kroonprins Willem Alexander 27/04/1967

1. Wanneer is de zangeres Madonna geboren?
   ....

2. Wanneer is Kroonprins Willem Alexander geboren?
   ....

3. Wanneer is de actrice Marilyn Monroe geboren?
   ....

4. Wanneer is de schilder Rembrandt geboren?
   ....

5. Wanneer is Elvis geboren?
   ....

6. Wanneer is de dichter Joost van den Vondel geboren?
   ....

7. Wanneer is de componist Mozart geboren?
   ....

8. Wanneer is de zanger George Micheal geboren?
   ....

9. En jij? Wanneer ben jij geboren?
   ....

Listening exercise 9.2
To check your answers to Exercise 9C, listen to the recorded questions and answers.

9D. Write in full the birthday and starsign for the following people.

Example: Wanneer is Maik jarig en wat is zijn sterrenbeeld?
Maik is op vijftien mei jarig en hij is Stier.

Tim	01/04
Ron	28/10
Elly	04/06
Nicola	11/03
Chantal	11/09
Karin	28/11
Maik	15/05
Paul	23/02
David	16/01
John	08/08
Isabelle	02/07
Gerald	24/12

Jouw sterrenbeeld:

Ram	21 maart t/m 20 april
Stier	21 april t/m 21 mei
Tweelingen	22 mei t/m 21 juni
Kreeft	22 juni t/m 23 juli
Leeuw	24 juli t/m 23 augustus
Maagd	24 augustus t/m 23 september
Weegschaal	24 september t/m 23 oktober
Schorpioen	24 oktober t/m 22 november
Boogschutter	23 november t/m 22 december
Steenbok	23 december t/m 20 januari
Waterman	21 januari t/m 18 februari
Vissen	19 februari t/m 20 maart

1. Wanneer is Tim jarig en wat is zijn sterrenbeeld?
   ....

2. Wanneer is Elly jarig en wat is haar sterrenbeeld?
   ....

3. Wanneer is Ron jarig en wat is zijn sterrenbeeld?
   ....

4. Wanneer is Paul jarig en wat is zijn sterrenbeeld?
   ....

5. Wanneer is Karin jarig en wat is haar sterrenbeeld?
   ....

6. Wanneer is John jarig en wat is zijn sterrenbeeld?
   ....

7. Wanneer is Chantal jarig en wat is haar sterrenbeeld?
   ....

8. Wanneer is Gerald jarig en wat is zijn sterrenbeeld?
   ....

9. En jij? Wanneer ben jij jarig en wat is jouw sterrenbeeld?
   ....

Listening exercise 9.3
To check your answers to Exercise 9D, listen to the recorded questions and answers.

9E. Write the days and seasons for the following list of important events in the Netherlands. The dates are indicated, but you will need to consult next year's calender (in this year's diary) to find out on which day each event falls. For interesting facts about important dates in the Netherlands, see Bijlage 6.

Example: Nieuwjaarsdag (1 januari)

Op welke dag?   op maandag / op dinsdag / op woensdag / op donderdag / op vrijdag / op zaterdag / op zondag
In welk seizoen?   in de winter / in de lente / in de zomer / in de herfst

....*Nieuwjaarsdag is op 1 januari. Het is in de winter en het valt volgend jaar op maandag*........ .

1. Wanneer is Goede Vrijdag? (*Good Friday is the Friday before Easter Sunday*)
   ....

2. Wanneer is Pasen? (*Easter Sunday is the Sunday after the first full moon in March*)
   ....

3. Wanneer is Tweede Paasdag? (*Easter Monday is directly after Easter Sunday*)
   ....

4. Wanneer is Koninginnedag? (*Queen's Day is held every year on 30th April*)
   ....

5. Wanneer is Dodenherdenkingsdag? (*on 4th May, Commemoration Day commemorates war victims*)
   ....

6. Wanneer is Bevrijdingsdag? (*on 5th May, Liberation Day celebrates Dutch liberation at the end of WWII*)
   ....

7. Wanneer is Hemelvaartsdag? (*Ascension Day is celebrated 40 days after Easter Sunday*)
   ....

8. Wanneer is Pinksteren? (*Pentecost or Whitsunday is celebrated 50 days after Easter Sunday*)
   ....

9. Wanneer is Tweede Pinksterdag? (*Whitmonday is celebrated directly after Whitsunday or Pentecost*)
   ....

10. Wanneer is Prinsjesdag? (*Prince's Day – opening of Parliament – is the 3rd Tuesday in September*)
    ....

11. Wanneer is het Sinterklaas? (*5th December – gift giving day for children*)
    ....

12. Wanneer is Eerste Kerstdag? (*25th December*)
    ....

13. Wanneer is Tweede Kerstdag? (*26th December*)
    ....

14. Wanneer is Oud en Nieuw? (*31st December*)
    ....

Wist jij dat ...?

Did you know that if you intend to reside and/or work in the Netherlands or even open a bank account, you must register with the '*Belastingdienst*' (Tax Office). The *Belastingdienst* will give you a *sofinummer* (Social–Fiscal number), also called a *Burgerservicenummer*.

A *sofinummer* is necessary for deducting your taxes, social security contributions and mandatory healthcare contributions. Even family members of a foreign employee require a *Sofinummer*.

Before requesting your *Sofinummer*, you must register at the *gemeentehuis* (Municipal Town Hall) in the city, town or village where you are living.

(Note: Having a *Sofinummer* does not automatically mean that you are permitted to work in the Netherlands!)

Did you know that ...?

Source: www.unDutchables.nl/

Les tien
Inversie

'**Inversion**' (VERB before SUBJECT) is not only applied to form a question in Dutch (see Lesson 7). 'Inversion' is also <u>obligatory</u> when a clause starts with <u>any other part of the sentence</u> (time/place/adverb) other than the subject. In such cases, the subject and verb are inverted or 'switched around'.

Study Tim's schedule for the coming week. In the dialogue that follows, inversion occurs in many of the sentences because the 'time' or any other 'adverb' has been placed at the front of the sentence for extra emphasis.

maandag	dinsdag	woensdag	donderdag	vrijdag
08.30 Afspraak met de manager in kamer 231				VRIJ
	09.20 Afspraak bij de tandarts		08.45 Conferencecall in kamer B.26	VRIJ
10.15 Vergadering met het projectteam in de vergaderzaal		10.30 Brainstormingssessie in kamer 105		VRIJ
	12.00 Lunchafspraak met een klant in Den Haag			VRIJ
			13.00 Lunchafspraak met Chantal in 'Café De Jaren'	VRIJ
		14.40 Conferencecall met een klant in Parijs in kamer 245		VRIJ
18.30 Presentatie op de 2ᵉ verdieping				VRIJ
	18.30 Overleg met TPG in Hoofddorp			VRIJ
	19.00 Eetafspraak met vrienden in 'Café De Jaren'.		18.30 Borrel met collega's in de kantine	VRIJ

Listening exercise 10.1
Listen to the dialogue about Tim's schedule for the coming week.

Maik : Zo, Tim. Heb je een drukke week voor de boeg?
Tim : Ja, dat klopt. **Op maandag om 8.30 uur** heb ik een belangrijke afspraak met mijn manager. **Daarna** heb ik om 10.15 uur een vergadering met mijn projectteam.**'s Middags** geef ik een presentatie.

Maik : En heb je op dinsdag ook zo'n drukke dag?
Tim : Helaas wel. **Om 9.20 uur** heb ik een afspraak bij de tandarts. **Dan** heb ik een lunchafspraak met een klant in Den Haag. **Aan het eind van de middag** heb ik overleg met TPG.

Maik : **Hopelijk** is het op woensdag wat rustiger.
Tim : Ja, gelukkig wel. **'s Ochtends** heb ik een brainstormingssessie en **'s middags** heb ik een conferencecall.

Maik : O, dat valt wel mee.
Tim : Maar **op donderdag** heb ik weer een drukke dag. **Om 8.45 uur** heb ik een conferencecall, **'s middags** heb ik een lunchafspraak en **'s avonds** heb ik een borrel.

Maik : En heb je op vrijdag weer zo'n drukke dag?
Tim : Gelukkig niet. **Vrijdag** heb ik vrij.

Inversion

Why use inversion? In Dutch, the most important part of the clause comes first, so when you want to emphasise the time, for example, it is placed at the front of the clause and this causes the subject and verb to be inverted (VERB in front of SUBJECT).

Word order 1 – STANDARD

Subject (Who?)	Verb (does?)	Time (when?)	Object (what?)	Place (where?)
Tim	heeft	op maandag om half negen	een afspraak met zijn manager	in kamer 231.

Word order 2 – INVERSION

Time (When?)	Verb (does?)	Subject (who?)	Object (what?)	Place (where?)
Op maandag om half negen	heeft	Tim	een afspraak met zijn manager	in kamer 231.

REMEMBER: <u>Inversion is obligatory if the sentence subject does not come first</u>. You cannot place more than one adverb type in front of the sentence subject (e.g. time and place, etc.). See Lessons 9 and 18 for more examples of adverbs.

There is <u>no inversion</u> after the words JA(*yes*), NEE (*no*), EN (*and*), MAAR (*but*), WANT (*because*), OF (*or*) and exclamations, such as O (*oh*), EM (*uhm*), NOU (*well*), etc.

10A. Rewrite each sentence by placing the underlined adverb at the beginning of the sentence. Write numerals and times in full.

Example: Ik moet <u>morgen</u> om 9.30 uur naar Schiphol.
  Morgen moet ik om half tien naar Schiphol.

1. Wij pauzeren <u>om 10.15 uur 's ochtends</u>.
  ....

2. Wij lunchen <u>daarna</u> in de kantine.
  ....

3. Ik heb <u>na de lunch</u> een afspraak in het centrum van Amsterdam.
  ....

4. Ik ben <u>tussen 13.00 uur en 15.45 uur 's middags</u> niet bereikbaar.
  ....

5. Ik ben <u>om 15.40 uur</u> weer terug op kantoor.
  ....

6. Ik ga <u>om 17.50 uur</u> naar huis.
  ....

7. Ik ga <u>na het werk</u> een uurtje sporten.
  ....

8. De les begint <u>morgenochtend om 9.30 uur</u>.
  ....

9. Ik heb <u>om 20.00 uur 's avonds</u> een eetafspraak met een groep vrienden.
   ....

10. Het wordt <u>hopelijk</u> niet te laat, want ik heb morgen een drukke dag voor de boeg.
    ....

10B. This is your opportunity to combine everything you have learned so far. Fill in your own schedule for next week and then answer the questions below. Use the introductory dialogue as a guideline. Consult a dictionary for extra support.

maandag	dinsdag	woensdag	donderdag	vrijdag

1. Wat zijn jouw plannen voor volgende week maandag?
   Volgende week maandag...
   Dan ....
   Daarna ....
   ....

2. Wat doe jij volgende week dinsdag?
   ....
   ....
   ....
   ....

3. En volgende week woensdag?
   ....
   ....
   ....

....

4. Wat voor afspraken heb jij volgende week donderdag?
....
....
....
....

5. En wat doe jij volgende week vrijdag?
....
....
....
....

Listening exercise 10.2
In a conversation, a coherent way to respond to what someone has just said is by starting your response with
'**Dat ... + INVERSION**'. Starting your response with '*Dat ...*' creates cohesion with your conversation partner, making your Dutch sound very natural.

Listen to the following positive and alternative negative responses and repeat after each phrase.

	Positive response		**Negative response**	
denken – *to think*	Dat denk ik.	– *I think so.*	Dat denk ik niet.	– *I don't think so.*
geloven – *to believe*	Dat geloof ik.	– *I believe so.*	Dat geloof ik niet.	– *I believe not.*
hopen – *to hope*	Dat hoop ik.	– *I hope so.*	Dat hoop ik niet.	– *I hope not.*
vinden – *to find (opinion)*	Dat vind ik ook.	– *I agree.*	Dat vind ik niet.	– *I don't agree.*
weten – *to know*	Dat weet ik.	– *I know.*	Dat weet ik niet.	– *I don't know.*
zeker weten – *to be sure*	Dat weet ik zeker.	– *I'm sure.*	Dat weet ik niet zeker.	– *I'm not sure.*
kloppen – *to be right*	Dat klopt.	– *That's right.*	Dat klopt niet.	– *That's not right.*
volgens mij – *in my opinion*	Volgens mij wel.	– *I think so.*	Volgens mij niet.	– *I don't think so.*

10C. Respond to the following statements and questions by underlining the most logical and appropriate response.

1. Weet jij dat zeker?
   a) *Ja, dat klopt.*   b) *Ja, dat denk ik.*   c) *Ja, dat weet ik zeker.*

2. Zit Tim vandaag op kantoor of zit hij bij de klant in Den Haag?
   a) *Dat weet ik niet zeker.*   b) *Dat vind ik niet.*   c) *Dat klopt niet.*

3. Volgens het weerbericht gaat het dit weekend regenen.
   a) *Dat hoop ik.*   b) *Dat hoop ik niet.*   c) *Dat vind ik ook.*

4. Hoe laat begint de vergadering vanmiddag?
   a) *Dat weet ik niet.*   b) *Dat hoop ik niet.*   c) *Dat vind ik niet.*

5. Tim komt toch uit Canada?
   a) *Ja, dat klopt.*   b) *Ja, dat weet ik.*   c) *Ja, dat vind ik ook.*

6. Wanneer is Tim jarig?

| | a) | *Dat vind ik niet.* | b) | *Dat weet ik niet.* | c) | *Dat weet ik zeker.* |

7. Volgens mij heeft Tim op maandag om 8.30 uur een belangrijke afspraak met zijn manager. Klopt dat?
   a) *Ja, dat vind ik ook.*   b) *Ja, dat hoop ik.*   c) *Ja, volgens mij wel.*

8. Volgens mij gaat het regenen!
   a) *Dat klopt niet.*   b) *Volgens mij niet.*   c) *Dat geloof ik niet.*

9. Nederland is een tolerant land. Vind jij niet?
   a) *Ja, dat hoop ik ook.*   b) *Ja, dat vind ik ook.*   c) *Ja, dat denk ik ook.*

10. Volgens de secretaresse is onze manager vandaag ziek.
    a) *Dat geloof ik ook.*   b) *Dat vind ik ook.*   c) *Dat hoop ik.*

11. Deze oefening is heel moeilijk.
    a) *Dat hoop ik niet.*   b) *Dat vind ik niet.*   c) *Dat weet ik niet zeker.*

12. Wij zijn klaar met deze oefening. Klopt dat?
    a) *Nee, dat klopt niet.*   b) *Dat weet ik niet zeker.*   c) *Ja, dat klopt.*

Listening exercise 10.3

To check your answers to Exercise 10C, listen to the recording.

Les elf
Het Futurum

'**Het Futurum**' is used to talk about future events and situations. In Dutch, there are 3 different structures used to talk about the future.

a) Het Presens – Listening exercise 11.1
'Het Presens' (*The Present Tense*) is used to talk about **the future when referring to** a **future arrangement, appointment or schedule**. This use of 'Het Presens' to talk about the future was practised in Lessons 9 and 10.

Tim	:	Morgen heb ik een drukke dag voor de boeg!
Maik	:	O ja? Heb je zoveel afspraken?
Tim	:	Ja. Morgenochtend om 8.30 uur heb ik een afspraak met mijn manager. Daarna heb ik om 10.15 uur een vergadering met mijn projectteam in de vergaderzaal. 's Middags heb ik om 15.00 uur een belangrijke presentatie op de 2^e verdieping.
Maik	:	Heb je 's avonds ook wat?
Tim	:	Ja, 's avonds heb ik een eetafspraak met een paar collega's.
Maik	:	Nou, succes morgen en ook veel plezier morgenavond!

b) Zullen (*will/shall*) + infinitive – Listening exercise 11.2
This structure is used to **speculate about uncertain situations in the future, making suggestions, and for spontaneous responses**. 'Zullen' is a modal verb that is usually used in combination with another verb. The second verb is not conjugated and remains in the infinitive form, which is placed at the end of the clause.

Tim	:	Wat zullen wij dit weekend doen? Heb jij al wat ideeën?
Chantal	:	Zullen wij zaterdagavond naar de bioscoop gaan?
Tim	:	Zullen we Kim en David meevragen?
Chantal	:	Goed idee. Zullen we daarvóór uit eten gaan?
Tim	:	Leuk! Ik zal meteen David bellen.
Chantal	:	Zij zullen nu niet thuis zijn, denk ik.
Tim	:	Ik zal het proberen. Je weet maar nooit!
Chantal	:	En?
Tim	:	Zij zijn nu niet thuis. Ik zal het later nog een keer proberen.

c) Gaan (*going to*) + infinitive – Listening exercise 11.3
This structure is used to talk about **decisions regarding the future** and for **predictions that are certain to happen**. 'Gaan' is used just like other modal verbs that are accompanied by a second verb in the infinitive form (but NEVER 'Ik ga ... gaan'). The infinitive verb is placed at the end of the clause.

Collega	:	Hè, hè. Eindelijk is het vrijdag. Wat gaan jullie dit weekend doen?
Tim	:	Wij gaan zaterdagavond met vrienden in Utrecht uit eten. Daarna gaan wij naar de bioscoop.
Collega	:	En zondag?
Tim	:	Wij gaan zondag een strandwandeling in Scheveningen maken.
Collega	:	Volgens het weerbericht gaat het zondag regenen.
Tim	:	O, ja? In dat geval zullen wij thuisblijven.
Collega	:	Nou, fijn weekend.
Tim	:	Van hetzelfde.

Study the word order of the following sentences taken from the introductory dialogue No.2.

Word order 3 – TWO VERBS in one clause					
Subject	Verb 1 Modal verb	Time	Object	Plaats	Verb 2 Infinitive
Ik	zal	meteen	David		bellen.
Zij	zullen	nu		niet thuis	zijn.

'**Zullen**' is an irregular verb (the 1st and 3rd person singular DO NOT follow the regular pattern of conjugation you learned in Lesson 2). 'Zullen' is used in combination with other verbs that are always in the infinitive form and placed at the end of the clause.

Zullen – will/shall					
Statement			Question		
Ik	zal	...... + infinitive.	Zal ik		...... + infinitive?
Jij	zult	...... + infinitive.	Zul jij		...... + infinitive?
U	zult	...... + infinitive.	Zult u		...... + infinitive?
Hij	zal	...... + infinitive.	Zal hij		...... + infinitive?
Zij	zal	...... + infinitive.	Zal zij		...... + infinitive?
Het	zal	...... + infinitive.	Zal het		...... + infinitive?
Wij	zullen	...... + infinitive.	Zullen wij		...... + infinitive?
Jullie	zullen	...... + infinitive.	Zullen jullie		...... + infinitive?
Zij	zullen	...... + infinitive.	Zullen zij		...... + infinitive?

11A. Fill in the correct conjugation of '*zullen*' and choose the appropriate infinitive from the box below. The verb '*zullen*' must agree with the subject of the clause and the infinitive must go at the end of the clause.

gaan	bellen	bellen	komen	doen	afspreken	sporten	uitnodigen
(*to go*)	(*to call*)	(*to call*)	(*to come*)	(*to do*)	(*to arrange to meet*)	(*to do exercise*)	(*to invite*)

1. *Kim* : Wat .... wij vanavond ....?
2. *David* : .... wij gaan ....?
3. *Kim* : Liever niet want ik ben te moe. .... wij naar de bioscoop ....?
4. *David* : Leuk. .... wij ook een paar vrienden ....?
5. *Kim* : Goed idee. Ik .... Daniël, Narinée, Elly en Maik ....
6. *David* : Elly .... waarschijnlijk niet kunnen ....
   Kim : Waarom niet?
   David : Zij is al een paar dagen ziek.
7. *Kim* : O ja? Nou, jammer. Hoe laat en waar .... wij met Daniël, Narinée en Maik ....? Om 19.00 uur vóór de bioscoop?
8. *David* : Is goed. Ik .... ze meteen .... Ik zie je vanavond om 19.00 uur vóór de bioscoop.
   Kim : Gezellig! Tot dan!

Listening exercise 11.4
To check your answers to Exercise 11A, listen to the recorded dialogue.

Study the word order of the following sentences taken from the introductory dialogue No.3.

Word order 3 – TWO VERBS in one clause					
Subject	Verb 1 Modal verb	Time	Object	Plaats	Verb 2 Infinitive
Het	gaat	zondag			regenen.
Wij	gaan	zaterdagavond	met vrienden	in Utrecht	uit eten.

'Gaan' is used here as an auxiliary verb and is used with an infinitive at the end of the clause (just like 'zullen').

NOTE: 'Gaan' is not used twice in the one clause. For example, you cannot say in Dutch:
'Ik ga naar Amsterdam ~~gaan~~' (*I'm going to go to Amsterdam*).

11B. Conjugate '*gaan*' to agree with the subject of the clause and choose the appropriate infinitive from the box below.

huren *(to hire)*	regenen *(to rain)*	winkelen *(to shop)*	verhuizen *(to move house)*	kijken *(to watch)*	duren *(to last, to take)*
laten zien *(to show)*	doen *(to do)*	uitrusten *(to rest)*	maken *(to make)*	maken *(to make)*	helpen *(to help)*

1. Tim : Wat .... jij dit weekend ....?

   Paul : Mijn ouders komen vanavond vanuit Engeland naar Nederland. Zij komen een weekje bij mij logeren.

   Tim : Leuk! Waar gaan jullie naartoe?

2. Paul : Wij .... een auto .... want mijn ouders willen wat van Nederland zien. Zo gaan wij één dag naar Volendam. Volendam is een dorp in de provincie Noord-Holland. Je ziet daar veel mensen in klederdracht rondlopen. Dat vinden toeristen typisch Nederlands.

   Tim : En waar nog meer naartoe?

3. Paul : Wij gaan ook naar Keukenhof in Lisse, vlakbij Leiden. Keukenhof is een heel grote tuin vol tulpen. Wij .... ook een fietstocht langs de Tulpenroute in Lisse .... Zo zien mijn ouders de mooie tulpenvelden van Nederland.

4. Tim : En wat .... jij jouw ouders nog meer ....?

5. Paul : Wij .... in Amsterdam een rondvaart .... In een rondvaartboot zie je alles want een rondvaartboot heeft een glazen dak. De rondvaart duurt ongeveer één uur en zo zie je heel veel van de stad: de grachten, de architectuur en nog veel meer.

   En jij? Heb jij plannen voor het weekend?

6. Tim : Ja. Zaterdag .... een vriend ...., dus .... ik hem ....

7. Paul : Hoelang .... dat ...., denk je?

   Tim : Volgens mij niet zo lang. Hij heeft namelijk niet zo veel spullen.

8.	Paul	:	En zondag? .... jij lekker .... ?
9.	Tim	:	Ik wel maar Chantal niet. Zij .... 's middags met een vriendin ....
10.	Paul	:	Maar volgens het weerbericht .... het zondag de hele dag ....
11.	Tim	:	Juist. Daarom .... ik lekker op de bank dvd's ....
	Paul	:	Gezellig! Nou, prettig weekend.
	Tim	:	Bedankt. Jij ook.

Listening exercise 11.5
To check your answers to Exercise 11B, listen to the recorded dialogue.

Wist jij dat ...?

Did you know that those expat employees who meet the requirements set out by the *Belastingdienst* (Netherlands Tax and Customs Administration) could qualify for a 30% tax ruling? This is a tax incentive for employees who have been recruited from outside the Netherlands and who possess specific expertise scarce in the Dutch employment market.
For tax information in English, visit http://www.belastingdienst.nl/English/ or call 055 – 538 53 85.

Did you know that ...?

Source : http ://www.iamsterdam.com/living_learning/getting_started/30_tax_ruling

Les twaalf
Iemand iets toewensen

'Wishing somebody something', for example, a nice day, a good weekend, etc. is part of everyday communication, as demonstrated in the dialogues in previous lessons.

Listening exercise 12.1
Listen to the following useful phrases and possible responses, all of which are interchangeable. Repeat after the speaker.

Positive reactions, good wishes and words of encouragement

Positive reactions

Statement / Question / Suggestion		Possible reaction	
Ik heb morgen vrij.	– I'm off tomorrow.	Leuk!	– That's nice.
Ga jij mee?	– Are you coming?	Gezellig!	– That sounds enjoyable.
Zullen wij gaan lunchen?	– Shall we go to lunch?	Goed idee!	– Good idea.
Wil jij koffie?	– Do you want coffee?	Lekker!	– Delicious (I'd love one)
Hoe was het?	– How was it?	Te gek!	– Fantastic / Cool.
Hoe vind je het?	– What do you think of it?	Mooi!	– Beautiful.
Mag ik wat vragen?	– May I ask a question?	Natuurlijk!	– Of course.
Wilt u pinnen?	– Pay by direct debit?	Graag!	– Yes, please.

Wishing somebody a good day / good weekend

Statement		Possible reaction	
Fijne dag verder!	– Enjoy the rest of your day.	Jij ook!	– You too.
Prettig weekend!	– Have a good weekend.	U ook!	– You too.
Fijn weekend!	– Have a good weekend.	Van hetzelfde!	– Same to you.
Goed weekend!	– Have a good weekend.	Insgelijks!	– Likewise.

Wishing somebody a good time / good holiday

Statement		Possible reaction	
Veel plezier!	– Have fun.	Bedankt.	– Thanks.
Fijne vakantie!	– Enjoy your holiday.	Dat zal wel lukken.	– I'm sure I will.
Goede reis!	– Have a good trip.	Dank je.	– Thanks.

Wishing somebody good luck

Statement		Possible reaction	
Succes!	– Good luck.	Bedankt.	– Thanks.
Veel succes!	– Lots of luck.	Dank je wel.	– Thank you.
Zet 'm op!	– Do your best!	Ik ga mijn best doen.	– I'll do my best.

Bon appetit

Statement		Possible reaction	
Eet smakelijk!	– Bon appetit.	Smakelijk eten!	– Bon appetit.
Eet ze! (*very informal*)	– Have a good lunch!	Dank je. Jij ook.	– Thanks. You too.

Congratulating somebody

Gefeliciteerd!	– Congratulations.
Gefeliciteerd (met je verjaardag)!	– Happy birthday.
Gefeliciteerd (met je nieuwe baan)!	– Congratulations (with your new job).
Gefeliciteerd (met je promotie)!	– Congratulations (with your promotion).

Encouraging somebody who is ill

Beterschap!	– Get well soon.

12A. Tick (✓) the appropriate response to the following statements and good wishes.

1. Mijn ouders komen een weekje naar Nederland!
   - ❏ A. Lekker!
   - ❏ B. Gezellig!
   - ❏ C. Natuurlijk!

2. Ik heb morgen een sollicitatiegesprek.
   - ❏ A. Succes!
   - ❏ B. Veel plezier!
   - ❏ C. Beterschap!

3. Ik ben vandaag jarig.
   - ❏ A. Fijne dag verder!
   - ❏ B. Veel succes!
   - ❏ C. Gefeliciteerd!

4. Zullen wij even pauzeren?
   - ❏ A. Eet smakelijk!
   - ❏ B. Veel plezier!
   - ❏ C. Goed idee!

5. Ik ben blij dat het vrijdag is. Ik zie je maandag weer.
   - ❏ A. Fijn weekend!
   - ❏ B. Dank je!
   - ❏ C. Goed idee!

6. Eet smakelijk!
   - ❏ A. Smakelijk eten!
   - ❏ B. Gefeliciteerd!
   - ❏ C. Lekker!

7. Ik kom vandaag niet. Ik ben hartstikke ziek.
   - ❏ A. Gefeliciteerd!
   - ❏ B. Goed weekend!
   - ❏ C. Beterschap!

8. Wilt u de kassabon?
   - ❏ A. Van hetzelfde!
   - ❏ B. Graag!
   - ❏ C. Ik ga mijn best doen!

9. Vanavond gaan wij met vrienden naar een concert.
   - ❏ A. Insgelijk!
   - ❏ B. Veel plezier!
   - ❏ C. Veel succes!

10. Ik ga koffie halen. Wil jij ook een kopje koffie?
    - ❏ A. Lekker!
    - ❏ B. Leuk!
    - ❏ C. Gezellig!

11. Fijne dag verder!
    - ❏ A. Van hetzelfde!
    - ❏ B. Graag!
    - ❏ C. Goed idee!

12. Ga je mee naar de bioscoop?
    - ❏ A. Succes!
    - ❏ B. Goede reis!
    - ❏ C. Leuk!

Listening exercise 12.5
To check your answers to Exercise 12A, listen to the recording.

Les dertien
Adjectiva

'**Adjectives**' are words that describe things or people. This lesson concentrates on describing your likes, dislikes, interests and what you enjoy doing in your free time.

Listening exercise 13.1
Maik asks Tim and Chantal about what they like doing in their free time, their hobbies and interests.

Maik	:	Wat doen jullie in jullie vrije tijd?
Tim	:	Ik vind sporten **leuk**. Ik sport drie keer in de week.
Chantal	:	Tim is heel **actief**, maar ik niet. Ik vind sporten **niet leuk**. Tim vindt voetballen heel **spannend** maar ik vind het een beetje **saai**.
Maik	:	En jij, Chantal? Wat doe jij in je vrije tijd?
Chantal	:	Ik vind kunst en geschiedenis heel **interessant**. Daarom ga ik in mijn vrije tijd graag naar galeries en musea.
Maik	:	Vind jij alle kunst **mooi**?
Chantal	:	Nee, natuurlijk niet. Maar mijn lievelingsstijl is het impressionisme: Van Gogh, Monet, Toulouse-Lautrec. Ik vind het impressionisme **prachtig**.
Maik	:	Hebben jullie ook gemeenschappelijke hobby's of interesses?
Tim	:	Ja, wij houden allebei van wandelen in de natuur. Ik houd van kamperen maar Chantal niet. Helaas!
Maik	:	Hebben jullie ook andere gemeenschappelijke hobby's of interesses?
Chantal	:	Wij dansen ook heel graag. Momenteel volgen wij een cursus salsadansen. Salsamuziek vind ik heel **vrolijk** en de sfeer is altijd heel erg **leuk**. Het geeft je energie. Tim houdt ook van dansen. Gelukkig!

Adjectives
The most widely used adjectives in Dutch are '*leuk*', '*lekker*' and '*gezellig*'. However, your conversation will sound very monotonous unless you expand your vocabulary with *at least* the following adjectives.

	Adjective	Antonym	
big	groot	klein	small
long, tall	lang	kort	short
young	jong	oud	old
good	goed	slecht	bad
hot, warm	warm	koud	cold
beautiful	mooi	lelijk	ugly
friendly	aardig	onaardig	unfriendly
nice	leuk	niet leuk	not nice
tasty	lekker	vies	disgusting
clean	schoon	vies	dirty
good company	gezellig	ongezellig	boring company
interesting	interessant	oninteressant	uninteresting
fantastic	geweldig	verschrikkelijk	horrifying
wonderful	prachtig	vreselijk	terrible
useful	nuttig	nutteloos	useless
no problem, fine	prima	vervelend	irritating
glad	blij	teleurgesteld	disappointed
active	actief	lui	lazy
important	belangrijk	onbelangrijk	unimportant
cheerful	vrolijk	depri	depressed
easy	gemakkelijk	moeilijk	difficult
exciting	spannend	saai	boring

Describing your likes, dislikes, interests and hobbies

In the introductory dialogue, Tim and Chantal used three different ways to talk about their likes and dislikes:

Structure 1	Ik vind sporten leuk.	– *I like doing physical exercise.*
Structure 2	Ik ga graag naar musea.	– *I enjoy going to museums.*
Structure 3	Ik houd van kamperen.	– *I love camping.*

13A. Following 'Structure 1', answer the following questions choosing an appropriate adjective.

Structure 1	Subject	VINDEN	object	(niet) ADJECTIVE.

Example: Ik vind architectuur **interessant**. — *I find architecture interesting.*
Chantal vindt kamperen **niet leuk**. — *Chantal doesn't like going camping.*
Wij vinden deze oefening heel **gemakkelijk**. — *We find this exercise really easy.*

1. Wat vindt Chantal van sporten? (*see Introductory dialogue*)   (leuk / niet leuk)
   ....

2. Wat vinden Tim en Chantal van voetballen? (*see Introductory dialogue*)   (spannend / saai)
   ....
   ....

3. Wat vind jij van uit eten gaan?   (gezellig / vreselijk)
   ....

4. Wat vinden jullie van deze oefening?   (nuttig / nutteloos)
   ....

5. Wat vind jij van sushi?   (lekker / vies)
   ....

13B. Following 'Structure 2', talk about what you enjoy doing in your free time. Use the prompts listed below.

Structure 2	Subject	verb	(niet) GRAAG	rest of sentence.

Example: Ik fiets graag. — *I enjoy cycling.*
Chantal gaat graag naar musea. — *Chantal enjoys going to museums.*
Zij dansen graag de salsa. — *They enjoy salsa dancing.*

1. **sporten** – *to do sports*
2. **voetballen** – *to play football/soccer*
3. **fietsen** – *to cycle*
4. **fitnessen** – *to work out at the gym*
5. **dansen** – *to dance*
6. **gaan kamperen** – *to go camping*
7. **naar de bioscoop gaan** – *to go to the cinema*
8. **naar het strand gaan** – *to go to the beach*
9. **televisie kijken** – *to watch TV*
10. **wandelen in de natuur** – *to go for walks in the outdoors*
11. **gaan stappen** – *to go out (clubbing)*
12. **naar de kroeg gaan** – *to go to the pub*

1. ....
2. ....
3. ....
4. ....
5. ....
6. ....
7. ....
8. ....
9. ....
10. ....
11. ....
12. ....

13C. Following 'Structure 3', answer the questions IN FULL about your likes and dislikes.

Structure 3	Subject	HOUDEN (niet) VAN	object.

Example: Ik houd* van operamuziek.   – *I love opera music.*
Tim houdt niet van musea.   – *Tim doesn't like museums.*
Wij houden allebei van salsadansen.   – *We both love salsa dancing.*

NOTE: The 's*tam*' (verb root) of the infinitive '*houden*' is theoretically '*houd*'. However, in spoken Dutch most people omit the '-*d*' in the '*ik*-form and also in the inverted '*jij*-form'. This common usage will be applied throughout this course book.
For example: '*Hou jij van kamperen?*' '*Nee, ik hou niet van kamperen.*'

1. Hou jij van jazzmuziek?
   ....
2. Hou jij van schoonmaken?
   ....
3. Hou jij van films met veel bloed en geweld?
   ....
4. Hou jij van kamperen?
   ....
5. Hou jij van harde muziek?
   ....
6. Hou jij van operamuziek?
   ....

Talking about your favourite things

In the introductory dialogue of this lesson, Chantal tells us what her favourite art style is:

Maik : Vind jij alle kunst mooi?
Chantal : Nee, natuurlijk niet. Maar mijn **lievelings**stijl is het impressionisme: Van Gogh, Monet, Toulouse–Lautrec. Ik vind het impressionisme prachtig.

In Dutch, to express your favourite things, you simple add the prefix '**lievelings-**' to the object you are referring to.

13D. Answer the following questions about your favourite things. Consult a dictionary if necessary.

1. Wat is jouw lievelingsmuziek? (popmuziek/jazzmuziek/operamuziek/heavy metal muziek/klassieke muziek)
   ...... *Mijn lievelingsmuziek is* ....
2. Van wie is jouw lievelings–cd?
   ....
3. Wie is jouw lievelingsschrijver?
   ....
4. Wat is jouw lievelingsvrucht?
   ....
5. Wat is jouw lievelingskleur?
   ....

red	green	black	yellow	blue	dark–blue	light–blue
rood	groen	zwart	geel	blauw	donkerblauw	lichtblauw
pink	gray	orange	white	gold	purple	brown
roze	grijs	oranje	wit	goud	paars	bruin

Exclamations

In the introductory dialogue, two exclamations were used in response to certain information: '*Helaas*!' (unfortunately) and '*Gelukkig*!' (fortunately). Adjectives are also used in exclamations.

Wat aardig!	**Wat een onzin!**	**Wat jammer!**
That's very friendly!	*What rubbish/nonsense!*	*What a pity!*
Wat mooi!	**Wat raar!**	**Wat erg!**
Beautiful!	*That's strange!*	*How terrible!*
Wat stom van mij!	**Wat toevallig!**	**Wat vervelend!**
How silly/stupid of me!	*What a coincidence!*	*How irritating!*

13E. Fill in an appropriate exclamation in response to the following information. Each exclamation may only be used once.

	Information	Response
1.	Het spijt me, maar ik kan niet naar jouw feest komen.	....
2.	Kan ik u misschien helpen?	....
3.	Mijn beste vriend en ik zijn op dezelfde dag jarig.	....
4.	Mijn grootmoeder is ernstig ziek.	....
5.	Ik mag niet op vakantie, want drie van mijn collega's zijn ziek.	....
6.	De winst van ons bedrijf stijgt elk jaar, maar volgens een paar collega's gaat ons bedrijf binnenkort failliet.	....
7.	Kijk, ik heb een nieuwe auto.	....
8.	Ik ben mijn portemonnee vergeten.	....
9.	Wij hebben een projectbespreking, maar onze manager komt niet.	....

Degrees of likes/dislikes

You now know three of the most commonly used ways of expressing what you like doing in your free time, and your favourite things. There are, of course, also different degrees of expressing likes and dislikes. To express the degree in which you enjoy something, an adverb (marked in bold below) is placed in front of the adjective.

	Statement	Short response	Translation
+	Ik vind sporten **ontzettend** leuk.	Dat vind ik **ontzettend** leuk.	*really a lot*
	Ik vind fietsen **heel erg** leuk.	Dat vind ik **heel erg** leuk.	*really*
	Ik vind naar het strand gaan **heel** leuk.	Dat vind ik **heel** leuk.	*very*
	Ik vind uit eten gaan **hartstikke** leuk.	Dat vind ik **hartstikke** leuk.	*very*
	Ik vind dansen **best wel** leuk.	Dat vind ik **best wel** leuk.	*rather*
	Ik vind kamperen **niet erg**.	Dat vind ik **niet erg**.	*not bad*
	Ik vind voetballen **niet** leuk.	Dat vind ik **niet** leuk.	*not*
	Ik vind tennissen **helemaal niet** leuk.	Dat vind ik **helemaal niet** leuk.	*not at all*
−	Ik vind fitnessen **verschrikkelijk**.	Dat vind ik **verschrikkelijk**.	*terrible*

13F. Give a short response as above to the following likes and dislikes.

1. Wat vind jij van fietsen naar kantoor in de regen?

    ....

2. Ga jij graag naar het strand?

    ....

3. Wat vind jij van afwassen?

   ....

4. Wat vind jij van roken?

   ....

5. Vind jij de bioscoop leuk?

   ....

6. Kijk jij graag tv?

   ....

7. Hou jij van vroeg opstaan?

   ....

8. Wat vind jij van schoonmaken?

   ....

9. Hou jij van dansen?

   ....

10. Lees jij graag?

    ....

Wist jij dat ...?

Did you know that it is possible for most expats to **exchange** their **foreign driving licence** for a Dutch *rijbewijs* based on compliance with the following criteria:

- You are a legal resident in the Netherlands
- Your foreign driving licence is valid
- The issue date of your foreign licence falls within a one-year period in which the licence holder lived for a minimum of 185 days.

An international driving licence is merely a legalised translation of a foreign national driving licence and cannot be exchanged for a Dutch *rijbewijs*.
If your foreign driving licence cannot be exchanged for a Dutch *rijbewijs*, you must pass a standard theory test and practical driving exam.

For more information in English (including downloadable brochures) regarding driving with a foreign driving licence, exchanging a foreign driving licence, and road traffic signs and traffic regulations in the Netherlands, visit http://www.rijbewijs.nl/nl/English.html .

To exchange your foreign driving licence, contact your local *gemeentehuis* (Municipal Town Hall) by simply entering www.(place).nl.

For example:
Gemeentehuis Amsterdam	www.amsterdam.nl
Gemeentehuis Rotterdam	www.rotterdam.nl
Gemeentehuis Den Haag	www.denhaag.nl
Gemeentehuis Utrecht	www.utrecht.nl

Did you know that ...?

Source : http://www.rijbewijs.nl/nl/English.html

Les veertien
Pronomina

'**Pronouns**' are words that refer to a subject or object in a sentence. Pronouns often subsitute a person's name or a previously-mentioned object, or indicate possession.

Listening exercise 14.1
In the following excerpt, Tim uses many pronouns to tell us about his family.

"**Ik** heet Tim van den Oort en ik heb twee broers en twee zussen. **Mijn** oudste zus is verpleegkundige en is verloofd. **Zij** gaat volgend jaar trouwen. **Mijn** tweelingzus is manager bij een bank. **Zij** heeft een vriend maar **hij** wil niet trouwen. Dat vind **ik** jammer voor **haar** want **zij** wil wel heel graag trouwen en kinderen krijgen maar **haar** vriend niet. **Mijn** twee broers zijn ook een tweeling. Eén broer woont in Australië en de andere broer woont in Nieuw-Zeeland. **Zij** hebben allebei een vaste relatie.

Mijn ouders wonen in Canada, maar **mijn** vader komt oorspronkelijk uit Nederland. Daarom heb **ik** een typisch Nederlandse achternaam. **Zijn** ouders, **mijn** grootouders, komen uit Ermelo in Gelderland. Gelderland is de groenste provincie van Nederland. Ik kom uit een grote familie. **Mijn** grootouders hebben in totaal 25 kleinkinderen. **Mijn** moeder is in Canada geboren en **haar** ouders ook. **Mijn** moeder is enig kind. Dat wil zeggen: **zij** heeft geen broers of zussen.

Ik woon met Chantal samen. **Zij** komt ook uit Canada maar **haar** ouders komen oorspronkelijk uit Frankrijk. **Zij** spreken geen Engels, en **ik** spreek geen Frans, dus ken ik **ze** niet goed.

En **jij**? Waar kom **jij** vandaan? Waar komen **jouw** ouders vandaan? Heb **jij** broers en zussen? Waar wonen **zij** en wat doen **zij** voor werk? Kom **jij** uit een groot gezin of een grote familie? Heb **jij** veel tantes en ooms? Heb **jij** ook veel neven en nichten?"

PRONOUNS		
Subject pronoun	**Object pronoun**	**Possessive pronoun**
Ik werk bij BME.	Tim kent **mij** / **me**.	Ik vind **mijn** werk interessant.
Jij/Je werkt bij BME.	Tim kent **jou** / **je**.	Jij vindt **jouw** / **je** werk interessant.
U werkt bij BME.	Tim kent **u**.	U vindt **uw** werk interessant.
Hij werkt bij BME.	Tim kent **hem**.	Hij vindt **zijn** werk interessant.
Zij/Ze werkt bij BME.	Tim kent **haar**.	Zij vindt **haar** werk interessant.
Het is leuk.	Tim vindt **het** leuk.	
Wij/ We werken bij BME.	Tim kent **ons**.	Wij vinden **ons*** werk interessant.
Jullie werken bij BME.	Tim kent **jullie**.	Jullie vinden **jullie** werk interessant.
Zij/Ze werken bij BME.	Tim kent **hen** / **ze**.	Zij vinden **hun** werk interessant.

* 'Our' has two forms: '*ons / onze*' depending on the gender of the noun (see Lesson 26)

NOTE 1: In Dutch, some pronouns have a stressed form (*mij / jouw / wij / zij*) AND an unstressed form (*me / je / we / ze*). The stressed form is used for emphasis.

NOTE 2: The plural subject pronoun '**zij / ze**' (*they*) officially has <u>three object forms</u> for 'them': the direct pronoun '*hen*', the indirect pronoun '*hun*', and the unstressed form of both Direct and Indirect Object forms '*ze*'. The subtle difference between '*hun*' and '*hen*' is not usually made in spoken Dutch. However, both forms are used in news broadcasts and newspapers. There is also an increasing tendency for some native-speakers to use '*hun*' as a subject pronoun (e.g. *hun hebben*), however, this is officially incorrect.

Study Tim's **Family tree**.

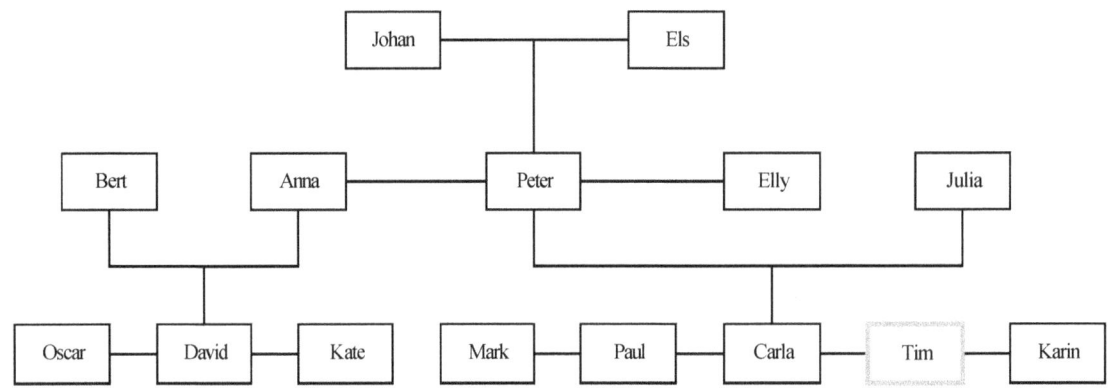

Family relationships (*plural forms indicated in brackets and irregular plurals are written in full*)

kind (eren)	gezin	schoondochter (s)	zus (sen)	dochter (s)
	familie		ouder (s)	
grootouder (s)		kleinkind (eren)		man (nen)
	neef (neven)		broer (s)	
schoonouder (s)		moeder (s)		tante (s)
	oom (s)		stiefvader (s)	
vader (s)		grootmoeder (s)		grootvader (s)
	vrouw (en)		nicht (en)	
zwager (s)		zoon (s)		stiefmoeder (s)

14A. Enrich your vocabulary by using the words above to complete the list below. Also indicate the plural form in brackets. You will need to use the above vocabulary to make other combinations in the table below.

1. immediate family .... *gezin* ....
2. parent (s) ....
3. father (s) ....
4. mother (s) ....
5. child (ren) ....
6. son (s) ....
7. daughter (s) ....
8. brother (s) ....
9. sister (s) ....
10. husband (s) ....
11. wife (wives) ....
12. step-father (s) ....
13. step-mother (s) ....
14. step-brother (s) ....
15. step-sister (s) ....
16. family / relatives ....
17. grandparent (s) ....
18. grandchild (ren) ....
19. grandson (s) ....
20. granddaughter (s) ....
21. uncle (s) ....
22. aunt (s) ....
23. female cousin (s) ....
24. male cousin (s) ....
25. niece (s) ....
26. nephew (s) ....
27. parent(s)-in-law ....
28. brother-in-law ....
29. sister-in-law ....
30. grandfather ....
31. grandmother ....

14B. Fill in the appropriate possessive pronoun or family relationship.

1. Johan en Els van den Oort hebben een grote familie. In totaal hebben zij vijf kinderen en acht kleinkinderen. Johan is de .... (*grandfather*) van Tim. Els is .... (*his*) grootmoeder.

2. Johan en Els zijn dus .... (*his*) grootouders. Tim, Paul, Mark, David en Oscar zijn .... (*their*) kleinzoons. Karin, Carla en Kate zijn hun .... (*granddaughters*).

3. Peter en Julia zijn getrouwd. Peter is haar .... (*husband*) en Julia is zijn .... (*wife*). Mark, Paul, Carla, Tim en Karin zijn hun .... (*children*).

4. Peter is de .... (*father*) van Karin. Julia is haar .... (*mother*). Peter en Julia zijn .... (*her*) ouders.

5. Tim is de .... (*brother*) van Carla. Hij is .... (*her*) broer en zij is .... (*his*) zus.

6. Anna is de .... (*aunt*) van Mark, Paul, Carla, Tim en Karin. Bert is hun .... (*uncle*).

7. Tim is de .... (*male cousin*) van Kate en zij is .... (*his*) nicht.

8. Anna is de .... (*sister-in-law*) van Julia. Julia is de tante van Anna's .... (*children*).

9. Bert is de .... (*brother-in-law*) van Julia en Elly. Zij zijn .... (*his*) schoonzussen. Hij is de .... (*uncle*) van Julia's kinderen.

10. Julia is de .... (*daughter-in-law*) van Johan en Els. Bert is .... (*their*) schoonzoon.

Listening exercise 14.2
To correct your answers to Exercise 14B, listen now to the recording.

14C. Complete the sentences with the correct object pronoun and possessive pronoun.

1. *Collega* : Ken jij die man daar?
   Ik : Ja, ik ken ...., maar ik weet .... naam niet meer.

2. *Collega* : Ken je die vrouw daar?
   Ik : Ja, ik ken ...., maar ik weet .... naam niet meer.

3. *Collega* : Ken je die mensen daar?
   Ik : Ja, ik ken ...., maar ik weet .... naam niet meer.

4. *Collega* : Ken jij mij?
   Ik : Ja, ik ken ...., maar ik weet .... naam niet meer.

5. *Collega's* : Ken je ons?
   Ik : Ja, ik ken ...., maar ik weet .... naam niet meer.

14D. Complete the sentences by inserting an appropriate pronoun.

1. Tim kent Chantals ouders, maar hij kent .... niet goed, want .... spreken geen Engels en Tim spreekt geen Frans.

2. Tim heeft twee broers, maar Chantal kent .... niet want zij wonen in het buitenland.

3. Ik ga vanavond met Peter iets drinken. Ik zie .... om acht uur.

4. Tim en Chantal hebben zaterdag een afspraak met twee vrienden uit Canada. Zij gaan met ....

uit eten.

5. David, mijn manager, komt uit Amerika. Ik vind .... heel aardig. .... is getrouwd maar ik ken .... vrouw niet.

6. Mijn nieuwe collega, Maria, komt uit Italië. Ik vind .... heel vriendelijk. .... is getrouwd maar ik ken .... man niet.

7. 'Dag, Elly. Hoe gaat het met ....?'
'Met .... gaat het goed. En met ....?'
'Ook goed, dank je.'

8. Mijn vriend heeft een nieuwe baan. Hij vindt .... niet erg interessant maar hij vindt .... nieuwe collega's wel heel erg vriendelijk en behulpzaam.

9. 'En jij? Wat doe .... in .... vrije tijd?'
'Niet veel, want ik heb niet zoveel vrije tijd. Ik werk te hard!'

10. 'En jullie? Wat doen .... in .... vrije tijd?'
'Heel veel. Wij zijn heel actief en wij sporten heel veel.'

Listening exercise 14.3
To check your answers to Exercise 14D, listen now to the recording.

14E. Answer the questions using the relevant pronouns and appropriate adjective.

1. Wat vind jij van je manager? (aardig / niet zo vriendelijk / afstandelijk / een beetje autoritair)
   Ik vind hem / haar ....

2. Wat vinden jullie van jullie kantoor? (modern / ouderwets / heel ruim / te klein / gezellig / ongezellig)
   ....

3. Hoe vindt hij de koffie op kantoor? (lekker / te slap / te sterk / hartstikke vies)
   ....

4. Wat vindt Tim van zijn nieuwe collega's? (vriendelijk / een beetje verlegen / arrogant / vervelend)
   ....

5. Wat vindt Tim van de film 'Passion of Christ'? (interessant / indrukwekkend / te gewelddadig / saai)
   ....

6. Hoe vind je Tim en Chantals nieuwe appartement? (mooi ingericht / ongezellig / helemaal niet leuk)
   ....

7. Vind jij haring lekker? (heel lekker / bijzonder / helemaal niet lekker / vies)
   ....

8. Wat vindt jouw buitenlandse collega van Amsterdam? (prachtig / heel gezellig / heel toeristisch / te druk)
   ....

9. Wat vindt Tim van Chantals nieuwe schoenen? (hartstikke mooi / gaaf / niet slecht / heel gewoon)
   ....

10. Wat vind jij van mijn rapport? (interessant / onoverzichtelijk / onzin)
    ....

Word Order in a sentence with a Direct Object and Indirect Object

In Lesson 6, you learned Standard Word Order: **Subj   Verb   T   O   P**.

Word order 1 – STANDARD				
Subject	**Verb**	**Time**	**Object**	**Place**
Tim	stuurt	morgenochtend	een e-mail	naar Ellys kantoor.

The above example only has one Object (i.e. een e-mail). However, sentences can contain a **Direct Object** (a thing or inanimate object) and an **Indirect Object** (a person or animate object) in the same clause. In such cases, BOTH objects come BEFORE the Time Adverb. The Indirect Object PRECEDES the Direct Object:

Word Order 4 – DIRECT OBJECT and INDIRECT OBJECT					
Subject	**Verb**	**Indir. Obj.**	**Dir. Object**	**Time**	**Place**
Tim	stuurt	Elly	het formulier	morgenochtend	naar haar kantoor.

Examples of verbs that can take a Direct Object (*something*) AND Indirect Object (*somebody*) are:

iets bespreken met iemand	– *to discuss something with somebody*	iemand iets lenen	– *to lend something to somebody*
iemand iets doorgeven	– *to pass something on to somebody*	iemand iets mailen	– *to e-mail something to somebody*
iemand iets doorsturen	– *to forward something to somebody*	iemand iets presenteren	– *to present something to somebody*
iemand iets geven	– *to give something to somebody*	iemand iets sturen	– *to send something to somebody*
iemand iets laten weten	– *to let somebody know something*	iemand iets teruggeven	– *to give something back to somebody*
iemand iets laten zien	– *to show something to somebody*	iemand iets versturen	– *to send something to somebody*
		iemand iets vragen	– *to ask somebody something*

14F. The following sentences contain a Direct Object and an Indirect Object. Place the parts of the sentence in the correct word order according to Word Order 4. The first word of the sentence is indicated by a capital letter.

1. Kim / haar maandelijkse declaratieformulier / haar secretaresse / altijd vóór het einde van de maand / mailt

   ....

2. stuur / het document / Ik / vanmiddag vóór 16.00 uur / je.

   ....

3. haar collega's / laat / haar vakantiefoto's / Elly / zien / tijdens de lunchpauze

   ....

4. morgenmiddag / De klant / zijn beslissing / laat / weten / ons

   ....

5. Tim / morgen / zijn laptop / moet / zijn collega / teruggeven

   ....

6. de boodschap / Ik / meteen na de lunchpauze / zal / Tim / doorgeven

....

7. honderden e-mails / stuurt / haar manager / Zij / iedere dag

....

8. presenteren / gaan / Wij / het jaarverslag / maandagochtend / de klant

....

Word Order in a sentence with a Direct Object and Indirect Object as PRONOUNS

If the Direct Object and Indirect Object are BOTH PRONOUNS, the Direct Object PRECEDES the Indirect Object.

Word Order 5 – TWO PRONOUNS (Direct Object and Indirect Object)					
Subject	**Verb**	**Dir. Obj.**	**Ind. Obj.**	**Time**	**Place**
Tim	stuurt	het	haar	morgenochtend	naar haar kantoor.

14G. The following sentences contain a Direct Object and an Indirect Object as PRONOUNS. Place the parts of the sentence in the correct word order according to Word Order 5. The first word of the sentence is indicated by a capital letter.

1. mailt / haar / het / altijd vóór het einde van de maand / Kim

....

2. vanmiddag vóór 16.00 uur / Ik / je / het / stuur

....

3. hun / laat / ze / Zij / zien / tijdens de lunchpauze

....

4. ons / laat / morgenmiddag / het / Hij / weten

....

5. morgen / Jij / het / moet / mij / teruggeven

....

6. het / Ik / meteen na de lunchpauze / zal / haar / doorgeven

....

7. haar / Tim / vragen / het / gaat / na het werk

....

8. presenteren / gaan / Wij / het / maandagochtend / hun

....

Les vijftien
Preposities (1)

'**Prepositions**' tell us the position (place and time) of what we are talking about.

Listening exercise 15.1
In the following cellphone conversation, Tim is arranging where and when to pick up his colleague Carolien, so that they can drive together to a client in the World Trade Centre situated between Amsterdam and Schiphol.

Tim : Hallo, **met** Tim van den Oort.

Carolien : Hoi, Tim. **Met** Carolien.

Tim : Hé, Carolien. Ik zit nu **in** de auto en ik ben onderweg **naar** het station **toe**. Waar ben jij nu?

Carolien : Ik zit nu **in** de metro. **Over** tien minuten ben ik **op** station Amsterdam Amstel.

Tim : Goed zo. Nou, ik zit momenteel **in** de file, net **buiten** Utrecht. Volgens mij ben ik niet **vóór** 9.30 uur **bij** het station.

Carolien : O, nou .... dan zal ik intussen in de stationshal een kopje koffie gaan drinken.

Tim : Goed idee. Zullen we **om** 9.45 uur **voor** de ingang van het station afspreken?

Carolien : Waar zal ik wachten? **Binnen** of **buiten**?

Tim : **Buiten** is beter. **Om** de hoek van de ingang is er een bushalte. Als je **tegenover** de bushalte wacht, dan kun je meteen instappen. Dat kost minder tijd.

Carolien : Is goed.

Tim : Hoe laat is onze afspraak **met** de klant **in** het WTC?

Carolien : **Om** 10.30 uur. Komen wij **op** tijd **bij** de klant, denk je?

Tim : Ja, volgens mij wel. Zit het WTC **dichtbij** Amsterdam?

Carolien : Ja, ja. Het WTC zit **tussen** Amsterdam en Schiphol **in**. Volgens mij is het maar een kwartiertje rijden.

Tim : Dat gaat gemakkelijk lukken. Tot zo!

Carolien : Ja, tot zo!

There are no rules for learning prepositions and as many prepositions in Dutch are different in your language, you simply have to learn prepositions by heart. If in doubt, always consult a dictionary.

Prepositions of PLACE		
aan	*on*	aan de muur – *on the wall* aan de telefoon – *on the phone* aan het begin van de straat – *at the beginning of the street* aan het eind van de weg – *at the end of the road*
achter	*behind / at*	achter het stadhuis – *behind the Town Hall* achter de computer – *at the computer* achter mijn bureau – *at my desk*
beneden	*downstairs*	de receptie zit beneden – *Reception is downstairs*
bij	*at*	bij mij (thuis) – *at my place* bij mij op kantoor – *at my office* bij ons – *in my country* bij BME – *at BME / for BME*
binnen	*inside*	binnen – *inside* in de binnenstad – *in the city centre* binnenlands nieuws – *national news (in newspaper / tv news)*
boven	*upstairs / above*	boven – *upstairs* Zaandam ligt boven Amsterdam – *Zaandam is north of Amsterdam*
buiten	*outside*	buiten – *outside* buiten de stad – *out of town* in het buitenland – *abroad* buitenlands nieuws – *international news (in newspaper / tv news)*
dichtbij	*close by / near*	dichtbij Amsterdam – *near Amsterdam* dichtbij mijn werk – *close to my work*
door	*throughout*	door heel Nederland – *throughout Holland*
in	*in*	in Rotterdam – *in R'dam* in de buurt van Amsterdam – *in the neighbourhood of A'stam* in het noorden van Nederland – *in the north of Holland* in het zuiden van Nederland – *in the south of Holland* in het oosten van Nederland – *in the east of Holland* in het westen van Nederland – *in the west of Holland*
langs	*alongside*	langs de gracht – *alongside the inner–city canal* langs het kanaal – *alongside the major waterway*
met	*with*	met Tim – *(on telephone) Tim speaking.* met de trein / auto / fiets / metro – *by train/car/bike/metro*
naar (... toe*)	*to*	naar Den Haag – *to The Hague* Ik ga nu naar huis toe* – *I'm going home now. (*'toe' is optional)*
naast	*next to*	naast mij – *next to me / next door to my house*
om	*around*	om de hoek – *around the corner*
onder	*under*	onder de tafel – *under the table*
op	*on / at / in*	op de hoek – *on the corner* op het station – *at the station* op kantoor – *at / in the office* op de IT afdeling – *in the ITC department*
over	*via*	de trein gaat over Leiden – *the train travels via Leiden*
neer	*down*	Op / Neer – *up / down (lift button)*
tegen	*against*	tegen de muur – *against the wall*
tegenover	*opposite*	tegenover het station – *opposite the station*
tussen ... in	*inbetween*	tussen Amsterdam en Schiphol in – *inbetween A'dam and Schiphol*
uit	*from*	Ik kom uit Australië – *I come from Australia*
van	*from / by*	Nederlander van geboorte – *Dutch by birth*
via	*via*	Hij gaat via Utrecht naar A'dam toe – *He is going via Utrecht to A'dam.*
vlakbij	*close to / near*	vlakbij Amsterdam – *near A'dam* vlakbij mijn werk – *close to my work*
voor	*in front of*	voor het station – *in front of the station*

Prepositions of TIME

aan	*at*	aan het begin van de week – *at the beginning of the week*
		aan het eind van de maand – *at the end of the month*
binnen	*within*	binnen drie dagen – *within 3 days*
door	*throughout*	door de week – *on weekdays (i.e. not the weekend)*
in	*in / at*	in 2004 (in tweeduizend vier) – *in 2004*
		in het weekend – *at the weekend*
na	*after*	na het ontbijt – *after breakfast*
		na de lunch – *after lunch*
		na het avondeten – *after dinner*
		na enen / na tweeën / na achten – *after 1.00 / 2.00 / 8.00 o'clock*
om	*at / every*	om tien uur – *at 10 o'clock*
		om de twee weken – *every second week*
onder	*during*	onder het eten – *during dinner*
		onder het werk – *during work*
op	*on / at*	op maandag – *on Monday*
		op tijd – *on time*
		op het moment – *at the moment*
over	*past / in*	het is kwart over tien – *it is 10.15*
		over 30 minuten – *in 30 minutes*
		overdag – *during the day*
sinds	*since*	sinds 9.00 uur – *since 9.00 o'clock*
		sinds 1992 (negentien tweeënnegentig) – *since 1992*
tegen	*just before*	tegen 10.00 uur – *just before 10.00 o'clock*
tijdens	*during*	tijdens kantooruren – *during office hours*
tot	*until*	tot morgen – *until tomorrow / See you tomorrow!*
		uiterlijk tot vrijdag – *no later than Friday*
tussen	*between*	tussen 9.00 en 10.00 uur – *between 9 and 10 o'clock*
van	*from*	van 9.00 uur 's ochtends tot 5.00 uur 's middags – *from 9 to 5*
vanaf	*starting from*	vanaf maandag – *starting from Monday*
voor	*to*	het is kwart voor tien – *it is a quarter to ten*
vóór	*before*	vóór 10.00 uur – *before 10.00 o'clock*

Additional uses of Prepositions

aan	*on*	De televisie staat aan.
achteraf	*afterwards*	Moet ik vooraf of achteraf betalen?
achterom	*around the back*	De ingang is achterom.
achter de rug	*behind me*	Ik heb een drukke dag achter de rug.
af	*finished / completed*	Deze oefening heb ik nog niet af.
bij	*on*	Ik heb geen geld bij me.
op	*finished (none left)*	De koffie is op.
toe	*come on*	Toe. Loop wat sneller.
uit	*finished reading*	Ik heb de krant nog niet uit.
uit	*off*	Het licht staat uit.
vooraf	*beforehand*	Moet ik vooraf of achteraf betalen?
voor de boeg	*ahead*	Ik heb een drukke week voor de boeg.

15A. Fill in the correct Dutch translation for the preposition indicated in brackets.

1. Jeroen : Ik heb morgen .... (*at*) half tien een afspraak.
   Marja : Met wie heb je een afspraak?
1a. Jeroen : .... (*with*) een nieuwe klant.
    Marja : En waar is de afspraak?
1b. Jeroen : .... (*at*) de klant .... (*in*) kantoor................... (*in*) Den Haag.
    Marja : Nou, succes!
2. Ron : Waar woon jij?
2a. Paul : Ik woon .... (*behind*) het Centraal Station ....(*in*) Amsterdam-Noord. En jij?
    Ron : Ik woon in Nieuwegein.
    Paul : Waar ligt dat?
2b. Ron : .... (*in*) de buurt .... (*of*) Utrecht.
    Paul : En waar werk je?
2c. Ron : .... (*at*) BME in Amsterdam Amstel.
    Paul : Wat doe je voor werk?
2d. Ron : Ik ben manager .... (*in*) de auditing afdeling.
    Paul : Waar kom je vandaan?
2e. Ron : Ik kom .... (*from*) Amerika.
    Paul : Hoelang woon jij al in Nederland?
2f. Ron : Ik woon al 3 maanden .... (*in*) Nederland maar ik blijf hier 3 jaar.
3. Maik : Carolien, waar woon jij eigenlijk?
3a. Carolien : Ik woon .... (*in*) de binnenstad .... (*of*) Utrecht. Jij toch ook?
    Maik : Ja, maar niet in het centrum. Ik woon in de wijk 'Kanaleneiland'.
3b. Carolien : O, ja? Kanaleneiland ligt toch .... (*outside*) de stad?
3c. Maik : Ja, dat klopt. Ik woon daar heel graag. Het is daar heel rustig en er is veel natuur. Mijn woning staat .... (*alongside*) het Amsterdam-Rijnkanaal. En ik heb een heel mooi uitzicht.
    Carolien : O, ja? Wat leuk!
4. Toerist : Pardon, mevrouw. Mag ik u wat vragen? Bent u hier bekend?
   Maria : Ja. Zoekt u iets?
   Toerist : Ja, ik zoek een geldautomaat.
4a. Maria : O, die zit hier heel .... (*closeby*). U loopt tot .... (*at*) het eind van deze straat en .... (*on*) de hoek ziet u de Blokker. Daar gaat u rechts af.
    Toerist : En dan?
4b. Maria : Daarna gaat u links af en .... (*around*) de hoek ziet u een grote Albert Heijn. De geldautomaat zit daar................... (*next to*), ... (*inbetween*) de Albert Heijn en de apotheek .... U kunt het niet missen!
    Toerist : Hartelijk bedankt.
    Maria : Geen dank. Succes!
5. Andrea : (*telefoongesprek*) Hallo, met Andrea.

5a. *Daniël* : Dag, Andrea. .... (*speaking with*) Daniël.

Weet je hoe laat het is? Het is al kwart .... (*past*) tien. Wij moeten om kwart .... (*to*) elf bij de klant zijn.

5b. *Andrea* : Ja, dat weet ik, maar ik ben onderweg, hoor. Ik zit al een halfuur .... (*in*) de file.

5c. *Daniël* : Tja, daarom ga ik altijd .... (*by*) de trein. Nou ja, ik sta nu .... (*at*) station Amsterdam Amstel. Kom je me ophalen?

Andrea : Ja, hoor. Ik ben al onderweg. Waar spreken we af?

5d. *Daniël* : .... (*opposite*) het station is er een café, 'Café Stationszicht'. Ik zie je........................ (*in front of*) het café.

Andrea : Dat is goed. Tot zo.

Daniël : Schiet een beetje op, want we willen niet te laat komen.

Andrea : Ik doe mijn best.

Daniël : Dag!

6. *Alberto* : Goedemorgen, BME met Alberto Zanetti.

6a. *Elly* : Dag, Alberto. .... (*Speaking with*) Elly Smit.

Alberto : Hé, Elly. Alles goed?

Elly : Ja, hoor. Luister, ik bel om een afspraak te maken.

Alberto : Voor wanneer?

6b. *Elly* : Kun jij morgen .... (*at*) 10.00 uur?

6c. *Alberto* : Helaas niet. Ik kan wel .... (*after*) de lunch.

6d. *Elly* : Nee, dan kan ik niet. En overmorgen .... (*before*) de lunch? Kan dat?

Alberto : Ja, dat kan. Is 11.00 uur goed?

Elly : Ja, dat komt mij heel goed uit.

6e. *Alberto* : Afgesproken. Dan zien wij elkaar .... (*on*) woensdag 15 mei ....(*at*) 11.00 uur 's ochtends.

Elly : Is goed. Tot dan.

6f. *Alberto* : .... (*until*) woensdag. Bedankt voor het bellen.

Elly : Graag gedaan. Dag, Alberto.

7. *Maria* : Waar ligt Amsterdam?

7a. *Marco* : Amsterdam ligt .... (*in the west*) van Nederland.

Maria : Waar ligt Maastricht?

7b. *Marco* : Maastricht ligt .... (*in the south*) van Nederland.

Maria : Waar ligt Arnhem?

7c. *Marco* : Arnhem ligt .... (*in the east*) van Nederland.

Maria : Waar ligt Leeuwarden?

7d. *Marco* : Leeuwarden ligt .... (*in the north*) van Nederland

Listening exercise 15.2

To correct your answers to Exercise 15A, listen to the recorded mini-dialogues.

15B. Exercise 15A contains many useful phrases for making appointments on the telephone. Reread the mini-dialogues and fill in the translation you found.

Answering the telephone	
1.	*Hello, Tim van den Oort speaking.*
2.	*Good morning. BME Reception speaking.*
Purpose for your call	
3.	*I'm calling to make an appointment.*
Suggesting a time / day	
4.	*For when?*
5.	*Are you available at 10.00 o'clock?*
6.	*Is that possible?*
7.	*Is 11.00 o'clock okay?*
Confirmation	
8.	*Yes, that's possible*
9.	*No, I can't make it then.*
10.	*That suits me very well.*
11.	*Agreed.*
12.	*So, we will see each other at 9.00 o'clock.*
13.	*O.K.*
Finishing a telephone conversation	
14.	*See you tomorrow at 10.00 a.m.*
15.	*Thanks for calling.*

Listening exercise 15.3
To correct your answers to Exercise 15B, listen now to the recording.

Wist jij dat ...?

Did you know that as an employee in the Netherlands, your salary is paid directly into your bank account, usually monthly, to which you have access with a PIN card (Personal Identity Number), internet banking and telephone banking?

To open a bank account, you require the following:

- Valid ID (e.g. passport, or Dutch driving licence, or Identity Card, or Residence Permit)
- *Sofinummer* (taxation number)
- Address verification (e.g. extract from Municipal Register (*uittreksel bevolkingsregister*), lease agreement, payslip, telephone bill, gas/electricity bill, statement from your employer, etc.)
- Evidence of income (e.g. employment agreement, employment permit, payslips, etc.)

For more information, visit the following bank websites (many have English pages):

ABN AMRO	www.abnamro.nl
Rabobank	www.rabobank.nl
ING Bank	www.ingbank.nl
Postbank	www.postbank.nl
SNS Bank	www.snsbank.nl

Did you know that ...?

Source : http://nl.wikipedia.org/wiki/Bank_%28financi%C3%ABle_instelling%29

Les zestien
Negatie

'**Negation**' in Dutch uses two different words to make a sentence negative: '**niet**' and '**geen**' for which specific rules apply. Learn more about 'Negation' by reading the following dialogue between Tim and two colleagues.

Listening exercise 16.1
Tim is speaking with his French colleague, Pierre, and Australian colleague, Mark, about their experiences in Holland as expats.

Pierre	:	Zo, Tim. Hoe bevalt het tot nu toe in Nederland?
Tim	:	Heel goed. Ik vind het hier heel erg leuk.
Pierre	:	En op kantoor?
Tim	:	Het is wel even wennen. Het is hier heel anders dan bij ons in Canada.
Pierre	:	Natuurlijk is het hier anders. Wij werken op een internationaal kantoor. De werkprocedures zijn overal hetzelfde maar de Nederlandse bedrijfscultuur is anders dan onze eigen werkcultuur. Er zijn hier op kantoor ook ontzettend veel verschillende nationaliteiten. Daarom is het hier zo anders.
Tim	:	Dat klopt. Anders is **niet** beter of slechter, het is gewoon anders.
Pierre	:	Precies!
Tim	:	En jij, Maria? Hoe bevalt het jou hier in Nederland?
Maria	:	Het bevalt mij ook heel goed. Ik vind heel veel dingen in Nederland heel leuk.
Tim	:	Zoals?
Maria	:	Zoals de oude binnenstad. Ik kom **niet** uit Europa zoals Pierre, maar uit Australië. Daar hebben wij **geen** oude gebouwen en natuurlijk ook **geen** grachten.
Tim	:	Nee, dat is typisch Nederlands.
Maria	:	Hier in Nederland fietst iedereen. Daarom is er overal een fietspad. Ik vind fietsen ontzettend leuk en ook heel praktisch, vooral in de binnenstad. Maar in Australië zijn er **geen** fietspaden en bijna niemand heeft een fiets.
Tim	:	Dat is ook zo in Canada.
Maria	:	Pierre, heb jij een fiets of een auto?
Pierre	:	Ik heb **geen** fiets maar wel een leaseauto. Ik woon namelijk **niet** in Amsterdam maar in Abcoude. Het is daar **geen** probleem om mijn auto te parkeren. En jij, Tim?
Tim	:	Ik woon in de binnenstad van Amsterdam, en het is heel erg lastig om je auto te parkeren én het is ook heel duur.
Pierre	:	Vindt jouw vriendin het ook leuk in Amsterdam?
Tim	:	Ja, Chantal vindt het hier ook heel erg leuk. Zij werkt momenteel **niet**, dus heeft ze veel tijd om rond te reizen. Zij spreekt beter Nederlands dan ik en zij ontmoet heel veel leuke mensen. En jouw vriendin?
Pierre	:	Mijn vriendin spreekt **geen** Nederlands en ook **geen** Engels, dus vindt zij het **niet** gemakkelijk om nieuwe mensen te leren kennen.
Maria	:	Dat kan ik me voorstellen. De meeste Nederlanders spreken Engels, maar na een tijdje is het belangrijk om Nederlands te kunnen verstaan en spreken. Anders blijf je altijd een toerist.
Tim	:	Juist. De telefoonrekening, bankafschriften en andere post is allemaal in het Nederlands en ik vind het belangrijk dat ik genoeg Nederlands ken om mijn post te kunnen lezen.
Maria	:	Dat vind ik ook.
Pierre	:	Ja, ik ben het met jullie eens.

How to negate sentences in Dutch

'geen' is used:		
1a.	BEFORE a noun with the indefinite article 'een'	'Heb jij een fiets?' 'Nee, ik heb **geen** fiets.' 'Is dat een probleem?' 'Nee, dat is **geen** probleem.'
1b.	BEFORE a noun with no article (de / het / een)	'Spreekt hij Nederlands?' 'Nee, hij preekt **geen** Nederlands.' 'Heb jij morgen Nederlandse les?' 'Nee, morgen heb ik **geen** les.'
1c.	BEFORE plural nouns	'Heb jij broers en zussen?' 'Nee, ik heb **geen** broers en ook **geen** zussen.' 'Heb jij morgen veel afspraken?' 'Nee, morgen heb ik **geen** afspraken.'
'niet' is used in all other cases:		
2a.	BEFORE an adjective	'Vind jij koffie lekker?' 'Nee, ik vind koffie **niet** lekker.' 'Vind jij sporten leuk?' 'Nee, dat vind ik **niet** leuk.'
2b.	BEFORE a preposition	'Komt hij uit Amerika?' 'Nee, hij komt **niet** uit Amerika.' 'Hou jij van koken?' 'Nee, ik hou **niet** van koken.'
2c.	BEFORE the infinitive	'Kan zij fietsen?' 'Nee, zij kan **niet** fietsen.' 'Gaan jullie verhuizen?' 'Nee, wij gaan **niet** verhuizen.'
2d.	AFTER the time / place adverb	'Komen zij morgen?' 'Nee, zij komen morgen **niet**.' 'Werkt hij hier?' 'Nee, hij werkt hier **niet**.'
2e.	AFTER a definite object	'Verstaat u mij?' 'Nee, ik versta u **niet**.' 'Ken jij dat restaurant?' 'Nee, ik ken dat restaurant **niet**.'
2f.	AFTER a finite verb or at the end of the sentence	'Komen jullie ook?' 'Nee, wij komen **niet**.' 'En jij?' 'Nee, ik kom ook **niet**.'

Other negatives that follow the above rules		
(*something*) iets	**niets** (*nothing*)	'Wil je iets drinken?' 'Nee, ik hoef **niets**, dank je.'
(*somebody*) iemand	**niemand** (*nobody*)	'Ken jij iemand uit Rusland?' 'Nee, ik ken **niemand** uit Rusland.'
(*ever*) ooit	**nooit** (*never*)	'Ga jij ooit naar de bioscoop?' 'Nee, ik ga **nooit** naar de bioscoop.'
(*somewhere*) ergens	**nergens** (*nowhere*)	'Zie jij ergens mijn pen?' 'Nee, ik zie hem **nergens**.'

16A. Give a negative answer to the following questions.

1. Kom jij uit Nederland?   Nee, ...
2. Heb jij een eigen auto?   Nee, ...
3. Vind jij ijshockeyen leuk?   Nee, ...
4. Woon jij in het centrum van Den Haag?   Nee, ...
5. Spreek jij Swahili?   Nee, ...
6. Heb jij familie in IJsland?   Nee, ...
7. Ga jij naar het feestje?   Nee, ...
8. Ben jij ziek?   Nee, ...
9. Vind jij karnemelk lekker?   Nee, ...
10. Hebben wij morgen Nederlandse les?   Nee, ...
11. Kunnen zij morgen?   Nee, ...
12. Zie jij ergens mijn pen?   Nee, ...
13. Heb jij vanavond iets te doen?   Nee, ...
14. Is dat mogelijk?   Nee, ...
15. Ga jij ooit naar de kerk?   Nee, ...
16. Drink jij alcohol?   Nee, ...
17. Ken jij hem?   Nee, ...
18. Ken jij iemand uit Nieuw-Zeeland?   Nee, ...
19. Weet jij hoe hij heet?   Nee, ...
20. Is er iets aan de hand?   Nee, ...

Listening exercise 16.2
To check your answers to Exercise 16A, listen now to the above questions and correct answers.

16B. Write a logical question to the answers provided.

1. ....   Nee, ik heb dit weekend geen plannen.
2. ....   Nee, ik vind wodka niet lekker.
3. ....   Nee, hij heeft geen broers en ook geen zussen.
4. ....   Nee, zij spreken geen Nederlands.
5. ....   Nee, zij gaan donderdag niet naar Schiphol.
6. ....   Nee, hij gaat niet naar Rotterdam verhuizen.
7. ....   Nee, ik wil geen koffie, dank je wel.
8. ....   Nee, zij zijn niet getrouwd. Zij wonen samen.
9. ....   Nee, zij hebben geen kinderen.
10. ....   Nee, ik heb geen tijd om mijn huiswerk te maken.

Listening exercise 16.3
To check your answers to Exercise 16B, listen now to the above correct questions and answers.

Les zeventien
liggen / zitten / staan / zetten

In Dutch, **'liggen'** (*to lie*), **'zitten'** (*to sit*), **'staan'** (*to stand*) and **'hangen'** (*to hang*) are used to denote the position of an object (whereas in English 'is / are' are most often used).

liggen – used with objects in a horizontal position, and to denote the geographical position of a city/country.

Waar ligt mijn agenda? Hij ligt op jouw bureau.	*'Where is my appointment book?' 'It is on your desk.'*
Waar ligt Maastricht? Maastricht ligt in het zuiden van Nederland.	*'Where is Maasticht (situated)?' 'Maastricht is in the south of the Netherlands.'*

zitten – used with objects inside a small place, and to denote the location of a building/person.

Mijn autosleutels zitten in mijn jaszak.	*My car keys are in my jacket pocket.*
Ons kantoor zit tegenover het station.	*Our office is (located) opposite the train station.*
De geldautomaat zit tegenover het station.	*The ATM is opposite the train station.*
Ik zit in de file.	*I'm stuck in a traffic jam.*

staan – used with objects that stand upright in a vertical position.

Het Van Dale woordenboek staat in de boekenkast.	*The Van Dale dictionary is (upright) in the bookshelf.*
Het kopieerapparaat staat aan het eind van de gang.	*The photocopy machine is at the end of the corridor.*

hangen – used with objects that are hanging in a vertical position.

Mijn huissleutels hangen naast de voordeur.	*My house keys are (hanging) next to the front door.*
Het schilderij hangt aan de muur.	*The painting is (hanging) on the wall.*

In Dutch, **'leggen'** (*to lay down*), **'zetten'** (*to put down*), **'stoppen'** (*to insert*) and **'doen'** (*to do*) are used to denote the action of 'putting something somewhere'. The correct verb in Dutch depends on the size of the space into which the object is placed, the nature and position of the object.

leggen – used if the object is placed down horizontally.

Ik zal het verslag op jouw bureau leggen.	*I will put the report on your desk.*

zetten – used if the object is placed down vertically.

Hier is je koffie. Ik zet hem naast je telefoon.	*Here's your coffee. I will put it next to your phone.*

stoppen – used if the object is placed into a small place. This verb is often interchangeable with 'doen'.

Zal ik je wisselgeld in je portemonnee stoppen?	*Shall I put your change in your wallet/purse?*

doen – is a more general word and is used in most other contexts than those described above.

Ik doe nooit suiker in mijn koffie.	*I never put sugar in my coffee.*
Engelsen doen vaak melk in hun thee.	*English people often put milk in their tea.*

17A. Fill in the appropriate verb. Choose from **liggen / zitten / staan / hangen**.

1. Tim : Wat zoek je?
   Chantal : Ik zoek mijn fietssleutel.
1a. Tim : Je fietssleutel .... op het tafeltje in de gang.
   Chantal : Nee, daar ligt hij niet.
1b. Tim : Dan .... hij naast de voordeur.
   Chantal : O ja. Jij hebt gelijk. Ik zie hem al.
2. Toerist : Pardon, meneer, mag ik u wat vragen?
   Tim : Natuurlijk. Zegt u het maar.
   Toerist : Ik zoek een geldautomaat.
2a. Tim : O, er .... een geldautomaat hier vlakbij. Ziet u daarginds die blauwe auto?
   Toerist : Ja.
2b. Tim : Nou, die blauwe auto .... vóór de geldautomaat.
   Toerist : Dank u wel.
   Tim : Geen dank.
3. Elly : Zoek jij iets?
   Collega : Ja, mijn agenda. Ik zie hem nergens.
3a. Elly : Daar .... hij.
   Collega : Waar?
   Elly : Vóór je neus onder al die papieren.
   Collega : O ja. Wat stom van mij.
4. Tim : Ik heb een woordenboek nodig. Hebben wij hier ergens op kantoor een Van Dale Nederlands-Engels?
4a. Maik : Ja, in je computer .... een tweetalig woordenboek.
   Tim : Hebben wij nergens een harde kopie? Dat leest namelijk veel gemakkelijker.
4b. Maik : Ja, in de boekenkast van de secretaresse .... een kleine Van Dale.
   Tim : Bedankt, hoor.
5. Johan : Vanmiddag moeten wij naar onze nieuwe klant in Driebergen.
5a. Els : Waar .... dat?
5b. Johan : Achter Utrecht. Het kantoor van de klant .... tegenover het station, dus gaan wij met de trein.
   Els : Weet jij de weg?
5c. Johan : Nee, maar er .... een wegenatlas in mijn auto.
   Els : Prima, dan zal ik de weg wijzen.

Listening exercise 17.1
To check your answers to Exercise 17A, listen now to the recorded dialogue.

17B. Fill in the appropriate verb. Choose from **leggen / zetten / stoppen / doen / liggen / zitten / staan / hangen**.

1.	Tim	:	Bedankt voor het lenen van je auto, Elly.
	Elly	:	Geen probleem.
	Tim	:	Hier heb jij je autosleutels.
1a.	Elly	:	Kun jij ze even in mijn handtas ....
1b.	Tim	:	En waar .... jouw handtas?
1c.	Elly	:	Hij .... in de onderste la van mijn bureau.
2.	Paul	:	Zo, hier is je koffie. Waar wil jij hem hebben?
2a.	Ron	:	Kun jij hem op die lege tafel ....? Er .... belangrijke documenten op mijn bureau en ik wil ze niet vies maken.
	Paul	:	Alsjeblieft.
2b.	Ron	:	Ik .... de suiker– en melkzakjes ook op die tafel. Is dat goed?
	Paul	:	Dat is prima. Dank je.
3.	Maik	:	Van wie is deze portemonnee? Hij .... al de hele dag op deze tafel.
	Andrea	:	Hij is van mij.
3a.	Maik	:	Zal ik hem uit het oog van voorbijgangers weg ....?
	Andrea	:	Goed idee.
3b.	Maik	:	Zal ik hem in je bureaula ....? Of zal ik hem in je tas ....?
3c.	Andrea	:	Kun jij hem in mijn tas ....? Dank je.
4.	Tim	:	Vandaag is het de Internationale Dag van de Secretaresse. Dus heb ik iets voor je. Alsjeblieft.
4a.	Secretaresse	:	O, wat een mooie bloemen. Ik zal ze meteen in een vaas ....
	Tim	:	Ook heb ik een doos bonbons voor je.
4b.	Secretaresse	:	O, wat lekker. Ik zal ze meteen in mijn tas .... , anders eten mijn collega's ze allemaal op.
4c.	Tim	:	Waar ga jij de vaas ....?
4d.	Secretaresse	:	Ik .... hem op de vensterbank. Zo kan iedereen de bloemen zien.

Listening exercise 17.2
To check your answers to Exercise 17B, listen now to the recorded dialogue.

Wist jij dat ...?

Did you know that finding somewhere to live in the Netherlands is not easy given that the Netherlands is the most densely-populated country in Europe and space is scarce? There is, however, a website for expats in the Netherlands that can help you to orientate yourself as a newcomer to the Netherlands: **Expatica.nl** .

This English-language website provides an excellent source of information on all aspects of expat life in the Netherlands. **Expatica.nl** provides a Survivor's guide to living in the Netherlands, a Renter's guide to dealing with housing agencies in the Netherlands, it has a very useful section on 'Where to live' explaining the pro's and cons of living in popular neighbourhoods in major Dutch cities, and it arms you with vital information about your rights and obligations as a renter.

Did you know that ...?

Source: www.expatica.nl

Les achttien
Adverbia (2)

'**Adverbs of Frequency**' tell us how often something occurs.

Adverbs of frequency			
af en toe	*now and then*	in het weekend	*at / in the weekend*
als ik zin heb	*if / when I feel like it*	meestal	*usually, mostly*
altijd	*always*	momenteel	*currently*
bijna altijd / bijna nooit	*nearly always / hardly ever*	niet zo vaak	*not very often*
de ene keer ... de andere keer	*sometimes ... other times*	nooit	*never*
door de week	*during the week*	op werkdagen	*on weekdays*
één keer per week	*once a week*	overdag	*during the day*
een paar keer per week	*a few times a week*	regelmatig	*regularly*
iedere dag	*every day*	soms	*sometimes, occasionally*
iedere week	*every week*	tegenwoordig	*nowadays*
iedere maand	*every month*	vaak	*often*
ieder jaar *	*every year*	weleens	*ever ; sometimes*
		zelden	*seldom, rarely*

* Indefinite articles agree with the gender of the noun (see Lesson 26).

Listening exercise 18.1
In the following dialogue, Maik and Chantal talk about what Chantal does during the day while Tim is at work.

Maik : Chantal, jij werkt **momenteel** niet. Klopt dat?
Chantal : Ja, dat klopt.

Maik : Volgens Tim heb jij **overdag** veel vrije tijd. Wat doe jij **overdag** precies, terwijl Tim op zijn werk zit?
Chantal : Iedere dag is anders want ik doe heel veel verschillende dingen.

Maik : Vertel.
Chantal : Even kijken ... 's ochtends lees ik de krant want zo leer ik meer Nederlandse woorden en zo blijf ik op de hoogte van het nieuws in Nederland en in de wereld. Daarna sport ik of ik doe iets anders.

Maik : Maar jij vindt sporten toch niet zo leuk?
Chantal : Niet **altijd**, maar het is wel goed voor me. **Tegenwoordig** sport ik vrij veel: ik aerobic **twee keer per week** en daarnaast fitnes ik **één keer per week** samen met Tim.

Maik : En wat doe je nog meer?
Chantal : **Als ik zin heb**, ga ik **af en toe** in het Vondelpark hardlopen. Maar dat doe ik **niet zo vaak**. Hardlopen vind ik namelijk niet heel erg leuk, maar het is wel gezond.

Maik : En reis je veel rond?
Chantal : Ja, bijna **iedere week** ga ik met de trein naar een andere stad.

Maik : Zo leer je Nederland goed kennen, toch?
Chantal : Ja, dat klopt. Ik reis altijd na 9.00 uur 's ochtends want **in het weekend** en **door de week** krijg je na 9.00 uur **'s ochtends** met een NS–voordeelurenkaart 40 procent korting. Zo is reizen met de trein veel goedkoper!

Maik : En wat doe je 's avonds?
Chantal : Ik ben **meestal** vóór 19.00 uur 's avonds thuis, want dan komt Tim thuis van zijn werk. Zodat wij **door de week bijna altijd** gezellig samen eten.

Maik : Gaan jullie **weleens** uit eten?
Chantal : **Door de week** gaan wij **zelden** uit eten. Maar **in het weekend** gaan we **regelmatig** met vrienden uit eten.

Maik : Nou, zo te horen, heb jij een heel druk leven!
Chantal : Ja, dat klopt. Elke week is anders!

18A. Reread the introductory dialogue of this lesson and answer IN FULL the following questions by substituting and improvising where appropriate.

1. Werkt Chantal momenteel?
   ....
2. Heeft zij overdag veel vrije tijd?
   ....
3. Is iedere dag voor Chantal hetzelfde? Waarom?
   ....
   ....
4. Sport Chantal tegenwoordig veel?
   ....
5. Hoeveel keer per week gaat zij naar de sportschool?
   ....
6. Hoe vaak aerobict zij?
   ....
7. Hoe vaak fitnest zij en fitnest zij alleen?
   ....
8. Hoe vaak gaat zij hardlopen?
   ....
9. Reist zij veel rond?
   ....
10. Reist zij meestal vóór of na 9.00 uur 's ochtends? Waarom?
    ....
    ....
11. Komt zij meestal vóór 21.00 uur 's avonds thuis? Waarom?
    ....
    ....
12. Eten Tim en Chantal door de week altijd samen?
    ....
    ....
13. Gaan zij door de week weleens uit eten?
    ....
14. Gaan zij in het weekend weleens uit eten?
    ....
    ....
15. Is iedere week voor Chantal altijd hetzelfde?
    ....
    ....

18B. Now answer the following questions IN FULL about yourself by substituting and improvising where appropriate. The best way to practise what you have learned is by being creative in your answers!

1. Is iedere dag voor jou hetzelfde?
   ....
   ....
   ....

2. Sport jij? Wat doe jij voor sport? Hoe vaak?
   ....
   ....
   ....

3. Reis jij veel? Waar ga je meestal naartoe?
   ....
   ....
   ....

4. Hoe laat kom jij door de week meestal thuis?
   ....
   ....
   ....

5. Kook jij door de week altijd voor jezelf of ga jij door de week weleens uit eten?
   ....
   ....
   ....

6. Wat doe jij meestal in het weekend? Ga jij in het weekend weleens uit eten of met vrienden stappen?
   ....
   ....
   ....

7. Is ieder weekend voor jou altijd hetzelfde?
   ....
   ....
   ....

Les negentien
Modale verba (1)

'**Modal Verbs**' are verbs that change the mood of a sentence. The following seven modal verbs are used in everyday conversation. Regular modal verbs are '**moeten**', '**durven**' and '**hoeven**'. Irregular modal verbs are '**kunnen**', '**zullen**', '**mogen**' and '**willen**'. The regular and irregular forms are conjugated on the following page.

moeten (*must / have to*)	**kunnen** (*can / to be able*)	**zullen** (*shall / will*)	**mogen** (*may / to be allowed*)

	willen (*to want*)	**durven** (to *dare*)	**hoeven niet** (*to not be necessary / to not need*)	

The above modal verbs can be used as the main verb in a sentence, but more commonly, they are used in combination with other verbs. When this is the case, the additional verbs are placed in the infinitive form at the end of the clause.

Listening exercise 19.1
In the following dialogue, Tim is at the supermarket doing his weekly food shopping (*boodschappen doen*). The modal verb and its corresponding infinitive(s) are in **bold print**.

Kassière : Goedenavond, meneer. (*Kassière begint met scannen.*) Hebt u een bonuskaart of spaart u airmiles?

Tim : Alleen een bonuskaart. (*Hij geeft de bonuskaart aan de kassière.*) Alstublieft.

Kassière : Dank u wel.

Tim : Ik **wil** graag **pinnen**.

Kassière : Dat **kan**. U **hoeft** niet te **wachten**, meneer. U **kunt** alvast uw pinpas **doorhalen** en uw pincode **intoetsen**.

Tim : **Mag** ik ook 50 euro extra **pinnen**?

Kassière : Helaas niet. U **mag** niet meer dan € 20,00 **opnemen**.

Tim : Dan **wil** ik graag € 20,00 extra **opnemen**.

Kassière : Dat wordt € 58,23 bij elkaar.

Tim : O, pardon. **Mag** ik ook een tasje **hebben**?

Kassière : Dat is € 0,16 extra, meneer.

Tim : (*Tim betaalt het tasje met contant geld.*) Alstublieft.

Kassière : Dank u wel. Wilt u de kassabon?

Tim : Nee, dat **hoeft** niet. Dank u wel.

Kassière : Tot ziens, meneer.

Tim : Dag.

Modal verbs

All modal verbs are irregular <u>except</u> for '**moeten**', '**durven**' and '**hoeven**'.

moeten (*must, to have to*)	**kunnen** (*can, to be able*)	**zullen** (*shall / will*)	**mogen** (*may, to be allowed*)
ik moet	ik kan	ik zal	ik mag
jij moet u moet	jij kunt* u kunt	jij zult* u zult	jij mag u mag
hij moet zij moet het moet	hij kan zij kan het kan	hij zal zij zal het zal	hij mag zij mag het mag
wij moeten jullie moeten zij moeten	wij kunnen jullie kunnen zij kunnen	wij zullen jullie zullen zij zullen	wij mogen jullie mogen zij mogen
Example: Moet dat? Ik moet om 10 uur weg.	*Example*: Kan dat? Ja, dat kan. Nee, dat kan niet. Ik kan niet autorijden.	*Example*: Zal ik beginnen? Zullen wij pauzeren? Ik zal mijn best doen.	*Example*: Mag dat? Ja, dat mag. Nee, dat mag niet. Mag ik wat vragen?
willen (*to want*)	**willen graag** (*would like*)	**durven + te**** (*to dare*)	**hoeven niet/geen + te**** (*to not be necessary / to not need*)
ik wil	ik wil graag	ik durf	ik hoef niet
jij wilt* u wilt	jij wilt graag u wilt graag	jij durft u durft	jij hoeft niet u hoeft niet
hij wil zij wil het wil	hij wil graag zij wil graag het wil graag	hij durft zij durft het durft	hij hoeft niet zij hoeft niet het hoeft niet
wij willen jullie willen zij willen	wij willen graag jullie willen graag zij willen graag	wij durven jullie durven zij durven	wij hoeven niet jullie hoeven niet zij hoeven niet
Example: Ik wil naar huis (gaan). Wil jij iets drinken?	*Example*: Ik wil graag een biertje. Ik wil graag afrekenen.	*Example*: Durf jij dat? Ja, dat durf ik wel. Nee, dat durf ik niet. Dat durf ik niet te zeggen.**	*Example*: Dat hoeft niet. Ik hoef niks. Dat hoef je niet te doen.**

*   A variation on the conjugation of the '*jij*-form' with '*kunnen*', '*zullen*' and '*willen*' is also acceptable: '*jij kan*', '*jij zal*' and '*jij wil*'. In this course book, however, these variations will not be used.

**   For uses of '*durven + te*' and '*hoeven nie + te*', see Lesson 21.

19A. Conjugate the modal verbs accordingly.

1. Ronald : Wij hebben morgen om 11.00 uur een afspraak bij TPG maar ik .... (*moeten*) de afspraak verzetten.

   Luuk : Waarom?

1a. Ronald : Onze nieuwe manager .... (*willen*) ons spreken.

   Luuk : Bel jij de klant dan?

1b. Ronald : Ja, ik .... (*zullen*) hem meteen bellen.

   Luuk : Goed zo!

2. Elly : Ik ga koffie halen. .... (*Willen*) jij ook wat drinken?

   Johan : Lekker. Koffie graag.

   Elly : Met suiker en melk?

2a. Johan : Alleen melk. .... (*Kunnen*) jij ook een glas water voor me meenemen?

   Elly : Natuurlijk.

3. Secretaresse : Goedemorgen, Kim. Alles goed?

   Kim : Prima, en met jou?

   Secretaresse : Ja, goed, hoor.

   Kim : Trouwens, ik heb vanmiddag om 15.00 uur een dubbele afspraak: één afspraak hier op kantoor en één afspraak bij Crisco in Den Haag.

3a. Secretaresse : .... (*Zullen*) ik de afspraak hier op kantoor afzeggen?

   Kim : Nee, want het is een belangrijke afspraak met mijn projectteam.

3b. Secretaresse : Wat .... (*Zullen*) ik doen dan?

3c. Kim : .... (*Kunnen*) jij de afspraak op kantoor naar 13.00 uur verzetten?

3d. Secretaresse : .... (*Kunnen*) jij om 14.00 uur?

3e. Kim : Nee, want ik .... (*moeten*) om 14.45 uur bij de klant zijn.

   Secretaresse : Dat is goed. Ik regel het wel.

4. Collega : .... (*Zullen*) wij vanavond iets leuks gaan doen?

4a. Petra : Nee, vanavond kan ik niet. Het is vanavond koopavond en ik .... (*moeten*) naar de Bijenkorf gaan om een cadeau te kopen.

4b. Collega : Jammer. .... (*Kunnen*) jij morgenavond?

4c. Petra : Ja, morgenavond .... (*kunnen*) ik wel. Wat .... (*zullen*) we gaan doen?

   Collega : Ik heb zin om naar de bioscoop te gaan.

   Petra : Leuk. Weet jij misschien een leuke film?

4d. Collega : Ja, ik .... (*willen*) de nieuwe film van Mel Gibson zien.

4e. Petra : Prima. .... (*Zullen*) wij eerst ergens een hapje eten?

   Collega : Goed idee. Hoe laat spreken wij af?

   Petra : Om 18.30 uur bij mij?

   Collega : Is goed. Ik zie je morgenavond om 18.30 uur bij jou.

   Petra : Gezellig. Tot dan.

Listening exercise 19.2
To check your answers to Exercise 19A, listen now to the recorded mini-dialogues.

19B. In the following dialogue, Tim and his female colleague, Louise, have a bite to eat at a café, served by the 'ober' (*waiter*). Choose an appropriate modal verb (**willen / zullen / moeten / mogen**) and conjugate accordingly.

1. Ober : Goedemiddag. .... u iets bestellen?
2. Louise : Ja, graag. Ik .... graag een jus d'orange.
   Tim : En voor mij een koffie verkeerd.
   Ober : Anders nog iets?
3. Louise : Ja, wij .... ook iets eten. .... wij de menukaart zien?
4. Ober : Jazeker. Ik .... een menukaart halen.
   (Ober komt terug met een menukaart) Alstublieft, mevrouw.
   Louise : Dank u wel.
   Ober : Ik kom zo terug om de bestelling op te nemen.
   Ober : *(5 minuten later komt de ober terug. Louise en Tim zijn klaar om te bestellen)* En? Hebt u al een keuze gemaakt?
5. Louise : Ja. Ik .... graag een Griekse salade.
   Tim : En voor mij de lasagna.
6. Ober : En .... jullie misschien iets drinken?
   Louise : Voor mij een witte wijn.
7. Tim : En ik .... graag een rode wijn.
   (45 minuten later zijn Tim en Louise klaar met eten).
   Ober : Heeft het gesmaakt?
   Tim : Ja, het was heel lekker.
   Louise : Het was heerlijk.
8. Ober : Anders nog iets? .... u misschien een dessert of koffie?
9. Tim : Nee, hoor. .... ik afrekenen en ik .... ook de kassabon hebben, graag.
   Louise : Nee, nee, Tim. Deze keer trakteer ik.
   Ober : Dat wordt € 28,85 bij elkaar.
   Louise : *(Louise geeft de ober € 30)* Zo is het goed.
   Ober : Dank u wel, mevrouw. En een prettige dag nog.
   Louise : Van hetzelfde. Dag.
   Tim : Bedankt. Tot ziens.

Listening exercise 19.3
To check your answers to Exercise 19B, listen now to the recorded dialogue

Word order 3 – TWO VERBS (or more) in one clause					
Subject	Verb 1 Modal verb	Time	Object	Plaats	Verb 2 Infinitive
Ik	wil		graag		pinnen.
U	kunt	alvast	uw pincode		intoetsen.

19C. Complete the following sentences. Conjugate **Verb 1 to agree with the subject** and **place the infinitive(s) at the end of the clause** as in the above examples.

1. mogen bestellen   –   .... wij ....?
2. willen afrekenen   –   Ik .... graag ....
3. kunnen pinnen   –   .... ik hier ....?
4. moeten gaan   –   Marianne .... om 16.00 uur naar huis ....
5. zullen gaan doen   –   Wat .... wij dit weekend ....?
6. moeten verzetten   –   Ik .... onze afspraak helaas ....
7. zullen gaan   –   .... wij zaterdagavond uit eten ....?
8. willen spreken   –   Mijn manager .... met mij ....
9. kunnen komen   –   Tim en Chantal .... niet naar mijn feestje ....
10. moeten afzeggen   –   Wij .... de afspraak helaas ....
11. zullen gaan winkelen   –   .... wij zaterdagmiddag ....?
12. willen maken   –   Hij .... dit jaar een reis door Zuid–Amerika ....
13. mogen vragen   –   .... ik u wat ....?
14. moeten werken   –   .... jij aanstaande zaterdag ....?
15. willen nemen   –   Hij .... vrijdag en maandag vrij ....
16. mogen opnemen   –   Bij de supermarkt .... je maximaal € 20,00 extra ....
17. kunnen komen eten   –   Hij .... zaterdagavond niet bij mij ....
18. zullen drinken   –   .... wij eerst een kopje koffie ....?
19. willen drinken   –   .... jij misschien wat ....?
20. willen zien   –   Tim .... de nieuwe film van Tarantino ....

19D. Reread Exercise 19B and translate the following useful phrases. (The phrases are not in the same order as they appear in the dialogue and some answers you should still know from previous exercises.)

Waiter asks		
1.	....	*Would you like to order anything?*
2.	....	*Have you already made a choice?*
3.	....	*Would you perhaps like something to drink?*
4.	....	*Anything else?*
Ordering		
5.	....	*We would like to order.*
6.	....	*I would like a red wine.*
7.	....	*For me a white wine.*
Buying a round of drinks		
8.	....	*It's my shout (= I'm paying)*
Paying		
9.	....	*May I pay the bill, please?*
10.	....	*Keep the change.*
11.	....	*There you are. (Formal)*
12.	....	*There you are. (Informal)*
Thank you		
13.	....	*Thank you. (Formal)*
14.	....	*Thank you. (Informal)*
15.	....	*Thanks.*
You're welcome		
16.	....	*You're welcome. (Formal)*
17.	....	*You're welcome. (Informal)*

Listening exercise 19.4
To check your answers to Exercise 19D, listen now to the recording.

Wist jij dat ...?

Did you know that the English word '*Dutch*' comes from the old Germanic word '*theodisk*', meaning 'of the people' (the language spoken by common people who did not use Latin to communicate). *Theodisk* in modern German has become *Deutsch* (the German word for 'German') and in Dutch it has become *Duits* (German). *Theodisk* survives as *tedesco* ('German') in modern Italian.

The English word 'Dutch' has also changed with time. It was only in the early 1600s, with growing cultural contacts and the rise of an independent country, that the modern meaning arose to designate the people of the Netherlands or their language. Prior to this, the meaning was more general and could refer to any German-speaking area of the languages spoken in those areas (including current Germany, Austria, and Switzerland, as well as the Netherlands).

Did you know that ...?

Source : http://en.wikipedia.org/wiki/Dutch_language#Etymology_of_the_word_.22Dutch.22

Les twintig
Separabele verba

'**Separable verbs**' are extremely common in Dutch. Verbs such as '*opstaan*' (to get up), '*uitgaan*' (to go out), and '*thuiskomen*' (to come home) are examples of separable verbs in Dutch.

Separable verbs consist of two components: (1) a simple verb (e.g. *staan*, *gaan*, *komen*, etc.) and (2) a particle (e.g. *op*, *uit*, *thuis*, etc.). When used in 'Het Presens' (*Present Tense*), they are separated. The particle of a separable verb is ALWAYS placed at the end of the clause it belongs to and it is always stressed.

Listening exercise 20.1
The following dialogue is about Tim's daily routine and clearly illustrates how common separable verbs are in Dutch.

Maik	:	Tim, kun je iets over jouw dagelijkse routine vertellen?
Tim	:	Natuurlijk. Op werkdagen **gaat** de wekker om 7.00 uur **af**. Ik **sta** een kwartier later **op**, ik zet koffie en ik **maak** twee boterhammen **klaar**. Onder het ontbijt lees ik de krant en kijk ik naar het journaal.
Maik	:	En dan?
Tim	:	Na het ontbijt douche ik. Ik scheer me, ik strijk mijn kleren, en ik **kleed** me **aan**. Dan ben ik klaar om te vertrekken.
Maik	:	Hoe laat **ga** je de deur **uit**?
Tim	:	Om 8.30 uur fiets ik naar het station. Dat duurt ongeveer een kwartier. De trein vertrekt om 8.52 uur. Om 9.15 uur **kom** ik op kantoor **aan**.
Maik	:	En wat doe je 's ochtends op kantoor?
Tim	:	Eerst haal ik koffie en ik maak een praatje met mijn collega's. Daarna lees ik en beantwoord ik mijn e-mail. Dan heb ik vaak een vergadering of, als dat nodig is, **ga** ik bij een klant **langs**.
Maik	:	Hoe laat lunch je meestal?
Tim	:	Meestal lunch ik om 12.15 uur. Ik neem een halfuur lunchpauze.
Maik	:	En wat doe je 's middags?
Tim	:	Af en toe schrijf ik rapporten en vanwege het tijdverschil heb ik vaak aan het eind van de middag een conferencecall met klanten in Amerika en Canada.
Maik	:	Hoe laat ga je meestal naar huis?
Tim	:	Normaal gesproken ga ik om 17.00 uur naar huis. Na het werk ga ik sporten of ik **spreek** met vrienden **af**. Na het sporten **kom** ik om 19.00 uur **thuis**. Ik kook elke avond, ik lees de krant of ik **kijk televisie**. En tussen 23.00 en 24.00 uur ga ik naar bed.
Maik	:	En heb je ook in het weekend zo'n vol programma?
Tim	:	Nou, niet echt, nee. In het weekend **slaap** ik lekker **uit**. Op zaterdagochtend doe ik boodschappen. 's Middags **spreek** ik soms met een vriend **af**. En 's avonds ga ik af en toe stappen.
Maik	:	En op zondag?
Tim	:	Op zondagmiddag hockey ik. Daarna gaan wij met z'n allen naar de kroeg en op zondagavond **rust** ik lekker **uit**. Op zondagavond probeer ik vroeg naar bed te gaan, anders ben ik maandagochtend te moe.

Separable verbs

How do you recognise a Separable Verb from a simple verb? As you learned in Lesson 6, Standard Dutch word order follows the following sequence (**Subj Verb T O P**):

Word order 1 – STANDARD				
Subject	Verb	Time	Object	Place

Now look at some of the sentences taken from the dialogue:

Word order 6 – SEPARABLE VERBS in Het Presens					
Subj	Verb	T	O	P	Particle
De wekker	gaat	om 7.00 uur			af.
Ik	sta	een kwartier later			op.
Ik	maak		twee boterhammen		klaar.
Ik	kom	om 9.15 uur		op kantoor	aan.
Ik	kom	om zeven uur			thuis.
Ik	slaap	in het weekend	lekker		uit.

Because each sentence has a particle at the end of the clause, we know that it is part of the Separable Verb. Before you can look up a verb in the dictionary, you need to apply your knowledge of Dutch grammar. To look up the infinitive of a Separable Verb in a dictionary, you join the particle to the simple verb. The infinitive of the above sentences is as follows (the particle is <u>underlined</u> to indicate word stress or accent):

Sentence from dialogue	Infinitive	Translation
De wekker **gaat** om 7.00 uur **af**.	<u>af</u>gaan	– to go off
Ik **sta** een kwartier later **op**.	<u>op</u>staan	– to get up
Ik **maak** twee boterhammen **klaar**.	<u>klaar</u>maken	– to prepare
Om 9.15 uur **kom** ik op kantoor **aan**.	<u>aan</u>komen	– to arrive
Ik **kom** om zeven uur **thuis**.	<u>thuis</u>komen	– to get home
In het weekend **slaap** ik lekker **uit**.	<u>uit</u>slapen	– to sleep until late

The Dutch language has a rich vocabulary because of this concept of 'separable verbs'. This is illustrated by the following examples of the verb 'gaan'.

gaan – *to go*	
<u>aan</u>gaan	– *to concern, to enter into (contract)*
<u>af</u>gaan	– *to go off, to lose face, to find (easy/difficult)*
<u>binnen</u>gaan	– *to enter*
<u>door</u>gaan	– *to continue*
<u>in</u>gaan	– *to take effect (contract/regulation)*
<u>langs</u>gaan	– *to drop by*
<u>mee</u>gaan*	– *to go with, to accompany*
<u>na</u>gaan	– *to find out, to double-check*
<u>om</u>gaan	– *to deal with*
<u>onder</u>gaan	– *to set (sun)*
<u>op</u>gaan	– *to apply to, to rise (sun)*
<u>over</u>gaan	– *to be about, to change over to*
<u>tegen</u>gaan	– *to prevent*
<u>uit</u>gaan	– *to go out*
<u>voor</u>gaan	– *to go/come first, to lead the way*
* The preposition '*met*' becomes '*mee*' when used in a separable verb).	

Where other languages often require an expression consisting of several words, certain separable verbs in Dutch are translated by one separable verb.

afspreken – to arrange to meet

Wat spreken we af?	– What shall we agree to do?
Waar spreken we af?	– Where shall we (arrange to) meet?
Hoe laat spreken we af?	– What time shall we (arrange to) meet?

meevallen – to turn out better/easier than expected

'Hoe vind jij deze oefening?' 'Het valt mee.'	– It's not as difficult as I expected.
'Hoe vind jij deze oefening?' 'Het valt niet mee.'	– It's not that easy.

tegenvallen – to turn out worse/more difficult than expected

'Hoe vind jij deze oefening?' 'Het valt tegen.'	– It's more difficult than I expected.

20A. The following sentences have been taken from the introductory dialogue of this lesson. Fill in the infinitive of the separable verb for each sentence.

	Sentence from introductory dialogue	*Infinitive*	*Translation*
1.	Op werkdagen gaat de wekker om 7.00 uur af.	....	– to go off
2.	Ik sta een kwartier later op.	....	– to get up
3.	Ik maak twee boterhammen klaar.	....	– to prepare
4.	Hoe laat ga je de deur uit?	....	– to go out
5.	Om 9.15 uur kom ik op kantoor aan.	....	– to arrive
6.	Als dat nodig is, ga ik bij een klant langs.	....	– to drop by
7.	Ik spreek met vrienden af.	....	– to arrange to meet
8.	Na het sporten kom ik om 19.00 uur thuis.	....	– to get home
9.	In het weekend slaap ik lekker uit.	....	– to sleep late, to sleep in
10.	Op zondagavond rust ik lekker uit.	....	– to rest

Dictionary use

The dictionary only provides half the information you need. Verbs and expressions are indicated in the infinitive form, but you must apply your knowledge of conjugation and word order to be able to use them when speaking Dutch.

Let's look at the English expression '*to come home*'. The verb in this verbal phrase is '*come*', however, you will discover that the dictionary has many entries under this word. To narrow down your options, a better search would be achieved by looking up '*home*'. This word can be used in many contexts, that's why it is important to read the <u>entire entry</u> in order to make the right choice.

In the recommended *The New Routledge Dutch Dictionary* (ISBN: 041530041X), the entry reads as follows:

> **¹home** [hoom] *n* **1** huis[h], woning, verblijf[h], woonhuis[h]; **2** thuis[h]; geboorteland[h]: *arrive* (of: *get*) ~ thuiskomen; *leave* ~ het ouderlijk huis verlaten; *at* ~ bij ons thuis, in mijn geboortestreek; *be at* ~ thuis zijn; *make yourself at home* doe alsof je thuis bent.

After reading the relevant entry, you will discover that the translation for the phrasal verb '*to come home*' is '**thuiskomen**'. If you look up 'thuiskomen' in the Dutch section, you will discover that it is a separable verb.

NOTE: In its infinitive form, Dutch places the verb last (thuis*komen*), whereas English places it first (to *get* home). Another example is '*to watch* the news' = 'naar het journaal *kijken*' and '*to do* the food shopping' = 'boodschappen *doen*'.

20B. The introductory dialogue contains many useful separable verbs and expressions. Read the following sentences from the dialogue and fill in the Dutch **infinitive form of the separable verb or expression** indicated in English in the right-hand column.

	Sentence from introductory dialogue	Infinitive	Translation
1.	Ik zet koffie.	....	– to make coffee
2.	Onder het ontbijt lees ik de krant.	....	– to read the newspaper
3.	Onder het ontbijt kijk ik naar het journaal.	....	– to watch the news
4.	Na het ontbijt douche ik.	....	– to take a shower
5.	Ik scheer me.	zich scheren	– to shave (oneself)
6.	Ik strijk mijn kleren.	....	– to iron my clothes
7.	Ik kleed me aan.	zich aankleden	– to get dressed
8.	Dan ben ik klaar.	....	– to be ready
9.	Om half negen fiets ik naar het station.	....	– to cycle to the station
10.	Dat duurt ongeveer een kwartier.	....	– to last, to take (time)
11.	De trein vertrekt om 8.52 uur.	....	– to depart
12.	Eerst haal ik koffie.	....	– to go and get some coffee
13.	Ik maak een praatje met mijn collega's.	....	– to have a chat
14.	Daarna lees ik mijn e-mail.	....	– to read my e-mails
15.	Daarna beantwoord ik mijn e-mails.	....	– to answer my e-mails
16.	Dan heb ik vaak een vergadering.	....	– to have a meeting
17.	Meestal lunch ik om kwart over twaalf.	....	– to have lunch
18.	Ik neem een halfuur lunchpauze.	....	– to take a lunchbreak
19.	Af en toe schrijf ik rapporten.	....	– to write reports
20.	Normaal gesproken ga ik om 17.00 uur naar huis.	....	– to go home
21.	Ik kook elke avond.	....	– to cook
22.	Ik kijk televisie.	....	– to watch television
23.	En tussen 23.00 en 24.00 uur ga ik naar bed.	....	– to go to bed
24.	Zaterdagochtend doe ik boodschappen.	....	– to do the shopping
25.	's Avonds ga ik af en toe stappen.	....	– to go out (disco/bar)
26.	Op zondagmiddag hockey ik.	....	– to play hockey

27. Daarna gaan wij met z'n allen naar de kroeg.   ....   – to go to the pub

20C. Conjugate the verb(s) provided in brackets accordingly. Don't forget to conjugate the verb to agree with the subject and place the particle at the end of the clause!

1. opstaan (*to get up*) – Ik ....door de week om 7.00 uur ....
2. vrijnemen (*to take time off*) – Tim .... morgen ....
3. uitgaan (*to go out*) – Elly .... om 8.30 uur de deur................. .
4. aankomen (*to arrive*) – Tim en Elly .... vóór 9.30 uur op kantoor ....
5. meenemen (*to take along*) – Wij .... altijd onze boeken naar de les ....
6. uitslapen (*to sleep in*) – Ik .... altijd in het weekend ....
7. uitrusten (*to rest*) – Op zondagavond .... Tim meestal goed ....
8. afspreken (*to arrange to meet*) – Wat .... wij ....?

20D. When using modal verbs with a separable verb, the infinitive separable verb is placed at the end of the clause (see Lesson 19 Exercise 19C). Conjugate the modal verbs and place the separable verbs in the infinitive form at the end of the clause.

1. moeten opstaan – Ik ....door de week om 7.00 uur ....
2. willen vrijnemen – Tim .... morgen ....
3. moeten uitgaan – Elly .... om 8.30 uur de deur ...., anders komt zij te laat op kantoor aan.
4. mogen aankomen – Tim en Elly .... tussen 7.00 uur en 9.30 uur op kantoor .... , maar zij moeten wel elke dag tenminste 8 uur werken.
5. moeten meenemen – Wij .... altijd onze boeken naar de les ....
6. kunnen uitslapen – Ik .... nooit in het weekend .... , want op zaterdag squash ik om 8.00 uur en op zondag hockey ik om 9.00 uur.
7. willen uitrusten – Op zondagavond .... Tim altijd goed .... , anders is hij te moe voor de aankomende werkweek.
8. zullen afspreken – Wat .... wij ....?

20E. This exercise contains single verbs, separable verbs and modal verbs. Conjugate the verbs provided in brackets accordingly.

1. | **uitleggen** – *to explain* | **voorlezen** – *to read out loud* |
   |---|---|
   | **meelezen** – *to read along with you* | **invullen** – *to fill in* |
   | **opzoeken** – *to look up* | **nakijken** – *to check* |
   | **afmaken** – *to finish* | **het huiswerk opgeven** – *to give for homework* |

1a. *Leraar* : Ik .... nu .... (*uitleggen*) hoe je de volgende oefening moet maken. Iemand.................... eerst de tekst .... (*voorlezen*) en wij lezen mee. Dan .... je de antwoorden .... (*invullen*).

1b. *Cursist* : Mag ik woorden in het woordenboek .... (*opzoeken*)?

1c. *Leraar* : Als je wilt, ja. Wij .... samen de antwoorden .... (*nakijken*).

Cursist : En wanneer pauzeren we?

1d. *Leraar* : We .... eerst deze oefening .... (*afmaken*) en dan gaan we pauzeren. Daarna .... ik het huiswerk .... (*opgeven*). Zijn er nog vragen?

Cursist : Nee, hoor. Het is duidelijk.

Leraar : Goed zo. Je mag nu beginnen.

2. | **afgaan** – *to go off* | **opstaan** – *to get up* |
   |---|---|
   | **aankleden** – *to get dressed* | **aankomen** – *to arrive* |
   | **weggaan** – *to leave* | **thuiskomen** – *to get home* |

Elise : Anneke, kun jij me iets over je dagelijkse routine vertellen?

2a. *Anneke* : Ja, natuurlijk. De wekker .... om 7.00 uur .... (*afgaan*).

Elise : Word jij dan meteen wakker?

Anneke : Nee, hoor. Meestal hoor ik de wekker de eerste keer niet. Daarom gaat hij na vijf minuten nog een keer af.

2b. *Elise* : .... je dan meteen .... (*opstaan*)?

2c. *Anneke* : Meestal blijf ik een kwartiertje liggen. Ik ontbijt, ik douche, ik .... me .... (*aankleden*) en dan ga ik naar mijn werk.

2d. *Elise* : Hoe laat .... je op kantoor .... (*aankomen*)?

2e. *Anneke* : Om 8.00 uur. Om 18.00 uur .... ik weer .... (*weggaan*).

2f. *Elise* : Hoe laat .... je normaal gesproken .... (*thuiskomen*)?

Anneke : Rond 19.00 uur. Ik kook bijna elke avond voor mezelf. En om 23.00 uur ga ik naar bed.

3. | **invoeren** – *to insert* | **intoetsen** – *to key in* |
   |---|---|
   | **uitnemen** – *to take out* | **uitgeven** – *to spend* |

Tim : Kun jij mij uitleggen hoe de pinautomaat werkt?

3a.	Collega	:	Natuurlijk. Eerst .... jij je pinpas .... (*invoeren*). Dan .... jij je pincode .... (*intoetsen*). Daarna druk je op OK.
	Tim	:	En daarna?
3b.	Collega	:	Na de transactie .... jij je geld .... (*uitnemen*).
	Tim	:	En dan?
3c.	Collega	:	Vervolgens pak je de transactiebon en je geld en daarna kun jij je geld .... (*uitgeven*)!

4. **opbellen** – *to ring up* **uitkomen** – *to suit / to be convenient*
   terugbellen – *to ring back*

4a.	Ron	:	Ik ben vanavond pas om 22.00 uur thuis. Ik .... je dan .... (*opbellen*). Is dat goed?
4b.	Paul	:	Ja, dat is prima. Maar ik krijg vanavond bezoek dus bel me niet vóór 22.15 uur op. 22.30 uur .... mij beter .... (*uitkomen*).
4c.	Ron	:	Goed. Ik bel je om 22.30 uur op. Als je nog bezoek hebt, dan mag je me later .... (*terugbellen*).
	Paul	:	Tot hoe laat mag ik op z'n laatst bellen?
	Ron	:	Niet later dan 23.00 uur. Want dan lig ik al in bed!

5. **instappen** – *to get in / on (train/bus)* **uitstappen** – *to get out (train / bus)*
   overstappen – *to change (train / bus)*

	Kim	:	Ik heb vanmiddag een afspraak bij een klant in Hoofddorp. Hoe kom ik daar?
5a.	Nicole	:	Je.............................. op station Amsterdam Amstel de metro .... (*instappen*). Je gaat met de metro naar Duivendrecht en dan .... je .... (*overstappen*) op de trein.
5b.	Kim	:	Waar.......................... ik .... (*uitstappen*)?
	Nicole	:	Hoofddorp is de eindbestemming van de stoptrein, dus kun je het niet missen.
	Kim	:	Bedankt voor je hulp.
	Nicole	:	Geen dank.

6. **uitgaan** – *to go out* **zin hebben in iets** – *to look forward to something; to feel like*
   afspreken – *to arrange to meet / to agree on*

	Piet	:	Hé, Maaike. Alles goed?
	Maaike	:	Ja, hoor. En met jou?
6a.	Piet	:	Ook goed. Zeg, zullen we vanavond .... (*uitgaan*)?
6b.	Maaike	:	Leuk! Waar .... je zin in (*hebben*)?
	Piet	:	Zullen we naar de bioscoop gaan? In de Pathé-bioscoop draait er momenteel een heel goede film.
6c.	Maaike	:	Goed. Hoe laat zullen we .... (*afspreken*)?

	Piet	:	Nou, ik moet eerst pinnen maar de geldautomaat zit naast de bioscoop. Is 19.00 uur goed?
6d.	Maaike	:	Ja, prima. En waar .... we .... (*afspreken*)?
	Piet	:	Voor de bioscoop.
	Maaike	:	Dat is goed. Tot vanavond dan.
6e.	Piet	:	Gezellig. Ik .... er heel veel zin in (*hebben*).
	Maaike	:	Ik ook. Tot later!

7. **meenemen** – *to take along*   **afspreken** – *to arrange to meet*
   doorgaan – *to go ahead, to continue*

	Maik	:	Elly, jij bent komende zaterdag toch jarig?
	Elly	:	Dat klopt. Ik ga in het Vondelpark een picknick houden. Kom jij ook?
7a.	Maik	:	Heel graag. .... ik iets te eten en drinken .... (*zullen / meenemen*)?
7b.	Elly	:	Je .... geen eten .... te .... (*hoeven / meenemen*), maar iedereen .... wel een fles wijn of wat bier .... (*mogen / meenemen*).
7c.	Maik	:	En waar .... we allemaal .... (*afspreken*)?
	Elly	:	Bij het 'Blauwe Theehuis' in het midden van het park.
	Maik	:	En als het regent?
7d.	Elly	:	Dan .... de picknick gewoon .... (*doorgaan*), maar in plaats van buiten hou ik de picknick binnen. Daarom .... we in de buurt van het café 'Het Blauwe Theehuis' .... (*afspreken*), snap je?
	Maik	:	Ja, ik snap het. Wat een goed idee van jou! Jij denkt ook aan alles, hè? Trouwens, hoe oud word je?
	Elly	:	Dat is voor jou een vraag en voor mij een weet!

8. **uitkijken** – *to look forward*   **afhangen** – *to depend*
   meegaan – *to come along*   **nadenken** – *to think about*

	Klaas	:	Ha die, Janneke!
	Janneke	:	Hé, Klaas. Hoe is het?
	Klaas	:	Ja, goed hoor. En met jou?
8a.	Janneke	:	Ik ben hartstikke moe want ik heb een ontzettend drukke week achter de rug. Ik .... echt naar het weekend .... (*uitkijken*), zeg!
	Klaas	:	Dat kan ik me voorstellen.
	Janneke	:	Ga je dit weekend iets leuks doen?
8b.	Klaas	:	Dat .... ervan .... (*afhangen*). Als het mooi weer is, ga ik naar het strand. .... je .... (*meegaan*)?
8c.	Janneke	:	Ik zal erover .... (*nadenken*). Ik laat het je vanmiddag weten. Is dat goed?
	Klaas	:	Is goed.

Listening exercise 20.2

To check your answers to Exercise 20E, listen now to the recorded mini-dialogues.

Wist jij dat ... ?

Did you know that the website www.telefoonboek.nl is a searching tool for finding a residential telephone number (*telefoonboek*), business telephone numbers (*GoudenGids*), postcodes (*postcode*), railway timetable information (*spoorboekje*), road directions (*wegenkaart*), traffic information (*filekaart*), city location maps (*zoekplaats*), and addresses connected to telephone numbers (*zoeknummer*)?

Did you know that ... ?

Source: www.telefoonboek.nl

Les eenentwintig
te + infinitief

The structure of '**te**' + **infinitive** has four different functions.

Listening exercise 21.1
In the following dialogue between Tim and his Manager about Tim's Dutch course and his progress, the four functions of '*te + infinitive*' are illustrated.

Manager : Tim, hoe gaat het met je cursus Nederlands?
Tim : Ik vind het nog steeds moeilijk maar het gaat steeds beter. Ik **begin** steeds meer Nederlands **te** verstaan.

Manager : En zo te horen **begin** je het ook aardig **te** spreken. Niet **te** geloven!
Tim : Dank je. Ik doe mijn best. Ik **probeer** altijd mijn huiswerk **te** maken, maar soms lukt het niet. En dan is het heel moeilijk **om** de volgende les **te** volgen. Soms **vergeet** ik ook mijn cursusboek naar de les mee **te** nemen, en dan is het bijna onmogelijk **om** de les **te** volgen.

Manager : Wij zien zo'n cursus als een investering. **Door** altijd naar de les **te** gaan en **door** altijd je huiswerk **te** maken en **door** nooit je cursusboek **te** vergeten, is de cursus pas effectief.
Tim : Ik zie het ook als een investering in mijzelf. Ik vind het belangrijk **om** de taal goed **te** leren, want ik wil ook een beetje integreren. Anders blijf je een toerist, vind je niet?

Four structures with 'te' + infinitive

Structure 1	Connecting two verbs	Ik **begin** steeds meer Nederlands **te verstaan**.
Structure 2	Explaining purpose	Ik blijf vanavond op kantoor **om** een rapport **af te maken***.
Structure 3	Explaining method	**Door** altijd je huiswerk **te maken**, is de cursus pas effectief.
Structure 4	Exclamations	**Niet te geloven!**

Structure 1 – Connecting Verbs

Structure 1	Connecting verb	T O P	'te'	infinitive

Below is a list of common verbs which can be connected to a second verb. The connecting verb is placed at the beginning of the sentence and conjugated to agree with the subject. The second verb (in the infinitive form) is placed at the end of the clause and is ALWAYS preceded by '**te**' (when using a separable verb, the verb is split and '**te**' is placed in the middle).

Verb + 'te'	*Translation*	*Example*
beginnen te	– to begin to	Hij **begint** steeds meer Nederlands **te verstaan**.
beloven te	– to promise to	Ik **beloof** je vanmiddag **te bellen**.
durven te	– to dare to	Dat **durf** ik niet **te zeggen**.
niet hoeven te	– to not have to	Dat **hoeft** hij niet **te doen**.
hopen te	– to hope to	Ik **hoop** vóór vrijdag van haar **te horen**.
horen te	– should, supposed to	Hij **hoort** dat **te weten**.
proberen te	– to try to	Zij **probeert** altijd vóór de les haar huiswerk **te maken**.
schijnen te	– to seem to, to appear to	Parijs ken ik niet, maar het **schijnt** heel mooi **te zijn**.
vergeten te	– to forget to	Zij **vergeten** altijd hun cursusboek **mee te nemen**.

* If the infinitive is a separable verb (e.g. meenemen), it is split by 'te'.

The following four constructions translate as 'to be' + -ing and render the same meaning as 'aan het doen zijn' (see Lesson 8). However, these four constructions also describe a person's physical action (lying, walking, standing, sitting) whilst they are doing something.

liggen te	Hij **ligt te slapen**.
lopen te	Mijn manager **loopt** altijd **te klagen**.
staan te	Zij **staan** al een halfuur bij de koffieautomaat **te kletsen**.
zitten te	Ik **zit** televisie **te kijken**.

21A. Conjugate the connecting verb accordingly and add '**te**' + **infinitive** at the end of the clause.

1. Louise en Elly .... altijd in de koffiehoek .... (*staan / kletsen*).
2. Ik ken Nederland vrij goed, behalve de zuidelijke provincies. Zij .... heel anders .... dan de noordelijke provincies (*schijnen / zijn*).
3. Mijn collega .... al de hele ochtend .... (*zitten / bellen*).
4. Ik .... al drie dagen een klant in Hong Kong ...., maar zonder succes (*proberen / bereiken*).
5. .... je niet haar .... (*vergeten / terugbellen**)? Zij wil je dringend spreken.
6. Ik .... je dit weekend met jouw verhuizing .... (*beloven / helpen*).
7. Het .... (*beginnen / regenen*).
8. 's Ochtends en 's avonds .... mensen in de trein altijd de krant .... (*zitten / lezen*).
9. Ik .... het je bijna niet .... (*durven / vragen*), maar kun jij mij heel even helpen?
10. Ik zal .... niet .... mijn cursusboek naar de volgende les .... (*proberen / vergeten / meebrengen**).

21B. The two dialogues below illustrate Structure 1 in an office context. Conjugate the verbs and add '**te**' where necessary.

1. Dialogue between Tim and his secretary, who is extremely busy.

    Tim : Jij hebt het heel druk, hè?

    Secretaresse : Ja, dat klopt. Ik heb het ontzettend druk. Ik moet vóór twee uur nog heel veel doen.

    1a. *Tim* : Nou, ik .... het je bijna niet .... (*durven / vragen*), maar kun jij iets voor me doen?

    Secretaresse : Is het heel dringend?

    Tim : Ja. Ik wacht op een belangrijk telefoontje van een klant in Amerika, maar ik moet heel even naar mijn manager gaan om een probleem te bespreken.

    1b. *Secretaresse* : Oké. Zodra die klant belt, ... ik je hem meteen .... (*beloven / doorverbinden**).

    Tim : Dank je. Jij bent een engel.

2. Dialogue between Tim, who is on holiday in Spain, and his colleague Louise, who is in the office in Amsterdam.

    Louise : Goedemorgen, BME. Met Louise Cornelissen.

	Tim	:	Dag, Louise. Met Tim.
	Louise	:	Hoi, Tim. Bel jij vanuit Spanje? Hoe is het daar?
	Tim	:	Heel erg mooi en het weer is prachtig.
	Louise	:	Wat kan ik voor je doen?
	Tim	:	Ik wil iets weten over TPG. Zijn zij tevreden met het jaarverslag?
2a.	Louise	:	Dat weet ik niet. Maar ik .... vanmiddag van ze .... (hopen / horen).
	Tim	:	O. Nou, ik ben zo benieuwd.
	Louise	:	Moet ik je vanmiddag terugbellen?
2b.	Tim	:	Nee, je .... mij niet .... (hoeven / terugbellen*), maar je mag me wel even mailen.
	Louise	:	Dat zal ik doen.

Listening exercise 21.2
To check your answers to Exercise 21B, listen now to the recorded mini-dialogues.

Structure 2 – Explaining purpose

Structure 2	Clause 1	**om**	T O P	**te** + infinitive.
Example:	Ik blijf vanavond op kantoor	om	een rapport	af te maken*.

This sentence contains two clauses. The main clause is '*Ik blijf vanavond op kantoor*' and the subclause answers the question WAAROM? (Why?) or WAARVOOR? (Why?). The '**om ... te**' subclause describes the purpose or reason: '*om een rapport af te maken*'. It is equivalent to the English conjunction 'in order to'.

> * REMEMBER: If the infinitive is a separable verb, it is split by 'te'.

21C. Answer the following questions incorporating the prompts in your answer. Write each sentence IN FULL: it's good practice!

Example: Waarom volg jij een cursus Nederlands? (Nederlands leren)

Answer: *Ik volg een cursus Nederlands om Nederlands te leren.*

1. Waarom ga jij naar de supermarkt? (boodschappen doen)
   ....

2. Waarom blijf jij vanavond op kantoor? (een rapport afmaken)*
   ....

3. Waarom hebben jullie vanavond een vergadering? (een project bespreken)
   ....

4. Waarvoor gaan Tim en Chantal naar de kroeg? (met vrienden een biertje drinken)
   ....

5. Waarvoor gaat zij naar de makelaar? (een woning vinden)
   ....

6. Waarom gaan jullie naar IKEA? (nieuwe meubels kopen)
   ....

7. Waarvoor gaan zij naar de bioscoop? (de nieuwe film van Tarantino zien)
   ....

8. Waarom ga jij morgen naar de vreemdelingenpolitie? (mijn verblijfsvergunning verlengen)
   ....

9. Waarvoor moet Chantal naar het postkantoor? (postzegels kopen)
   ....

10. Waarvoor zet Tim de televisie aan? (naar het journaal kijken)
    ....

Listening exercise 21.3
To check your answers to Exercise 21C, listen now to the recorded mini-dialogues.

Structure 3 – Explaining method

Structure 3	Preposition	T O P	te + infinitive ,	Inversion of main clause
Example:	Door	altijd naar de les	te gaan,	is de cursus pas effectief.

This type of structure uses three different prepositions: '**door ... te**' (*by*)
                                                            '**zonder ... te**' (*without*)
                                                            '**in plaats van ... te**' (*instead of*).

* REMEMBER: If the infinitive is a separable verb, it is split by 'te'.

21D. Complete the following sentences by adding either of the above three prepositions.

1. .... (*hard werken*), kun jij je doel bereiken.
2. Wij mogen altijd bij onze manager binnenlopen .... (*kloppen*).
3. .... (*alle woorden in een woordenboek opzoeken**), kun je het woordenboek op je computer gebruiken. Dat is een goed alternatief en het kost minder tijd.
4. .... (*niet kletsen*) en .... (*doorwerken**), zul je vóór 5 uur al je werk af krijgen.

5. .... (*altijd klagen*), is het misschien beter om je problemen met je manager te bespreken.

6. De enige manier om af te vallen, is .... (*minder eten*) en .... (*meer sporten*).

7. .... (*regelmatig oefenen*), zul je het Nederlands nooit onder de knie krijgen.

8. .... (*veel oefenen*), leer je het Nederlands goed praten.

9. Bij ons op kantoor mag je niet roken. Mijn collega is een kettingroker. Hij vindt het bijna onmogelijk om 8 uur lang te werken .... (*roken*).

Listening exercise 21.4
To check your answers to Exercise 21D, listen now to the recorded mini-dialogues.

Structure 4 – Exclamations

Structure 4	Niet	te	geloven!

21E. Choosing from the exclamations below, fill in the appropriate response to the following statements. Each exclamatory response may only be used once.

Niet te geloven!	**Niet te eten!**	**Niet te betalen!**
Unbelievable.	*Inedible.*	*Unaffordable.*

Niet te tillen!	**Niet te harden!**	**Niet te drinken!**
Too heavy.	*Unbearably hot.*	*Undrinkable.*

Niet te lezen!	**Niet uit te houden!**	**Niet te doen!**
Illegible.	*Unendurable.*	*An impossible task.*

Response

1. Jij spreekt al na een paar lessen een beetje Nederlands. ....

2. Van Nederland naar Zuid–Spanje rijden zonder onderweg een paar keer te stoppen. Dat is......................................
   ....

3. De koffie uit de koffieautomaat bij ons op kantoor is hartstikke vies. Het is ....

4. Mijn manager schrijft erg slordig. Soms is zijn handschrift ....

5. In Saoedi–Arabië kan het soms boven de 50 graden worden. Dat is ....

6. Bij ons op kantoor is het eten in de kantine hartstikke slecht. Het is ....

7. Soms moet ik thuis werken en dan neem ik veel spullen mee: mijn laptop, mappen, dossiers en nog veel meer. Dan is mijn tas ....

8. Bij ons op kantoor mag je niet roken. Eén van mijn collega's is een kettingroker, dus voor hem is een hele dag op kantoor zonder te pauzeren om te roken ... .

9. Wij wonen in de binnenstad maar wij hebben geen parkeervergunning voor onze auto. Dus parkeer ik door de week mijn auto in de parkeergarage op kantoor, want je auto vijf dagen in de week in de binnenstad van Amsterdam parkeren is ... .

Listening exercise 21.5
To check your answers to Exercise 21E, listen now to the recorded mini-dialogues.

Wist jij dat ...?

Did you know that more and more expats are adding diversity to the Netherlands? According to the *Gemeente Amsterdam Dienst Onderzoek en Statistiek* (Amsterdam Research and Statistics Department), Amsterdam's expat community has grown since 1992 from 9,000 expats to over 100,000 expats.

A good way for expats to settle in is to begin building social networks. There are social clubs for nationals from a variety of countries. For more information, visit the following English-language websites:

Social clubs for expats
http://www.iamsterdam.com/living_learning/networking/clubs_for_nationals.

Sports and activity clubs for expats
http://www.iamsterdam.com/living_learning/networking/sports_activity

Cultural clubs for expats
http://www.iamsterdam.com/living_learning/networking/social_cultural

Women's groups
http://www.iamsterdam.com/living_learning/networking/women's_groups

Gay and Lesbian groups
http://www.iamsterdam.com/living_learning/networking/gay_lesbian_groups

Did you know that ...?

Source : http://www.iamsterdam.com/living_learning/networking

Les tweeëntwintig
Relatieve bijzinnen (1)

'**Relative clauses**' are clauses whose information relates to the main clause and gives extra information about that main clause. Relative clauses are introduced by a relative pronoun. The most common **relative pronoun** is '**dat**' (*that*). This lesson gives you practice using relative clauses in '**Het Presens**'.

Listening exercise 22.1
The following dialogue is between Tim and his colleague about a client they are about to finish working on.

| Kim | : | Zo, ik ben blij **dat** dit onze laatste dag bij deze klant is. |
| Tim | : | Ja, ik ook. Ik hoop **dat** de partner met ons werk tevreden is. |

| Kim | : | Dat hoop ik ook. Onze manager denkt **dat** de partner meer dan tevreden zal zijn. Morgen hebben zij een bespreking met de klant. |
| Tim | : | Willen zij **dat** wij erbij zijn? |

| Kim | : | Ik weet het niet, maar ik denk **dat** dat niet nodig zal zijn. |
| Tim | : | Normaal gesproken is dat niet nodig, maar ik vind **dat** iemand van ons team aanwezig moet zijn. |

| Kim | : | Maar de manager zegt **dat** hij verwacht **dat** alles morgen goed zal gaan. Hij voorziet geen problemen. Maak je geen zorgen, Tim. Ik beloof **dat** ik je op de hoogte zal houden. |
| Tim | : | Nou, ik ben benieuwd. |

A relative clause is not an independent sentence and it cannot stand on its own. It is subordinate to the main clause, which means that it is dependent on the main clause. In Dutch, the word order of subordinate clauses is different to the standard word order (**Subj   Verb 1   T O P   Verb 2/3**) in Dutch.

Word order 1 – STANDARD MAIN CLAUSE

	Subject	Verb 1	Time	Object	Plaats	Verb 2 / 3
a)	Hij	heeft	morgen	een afspraak	in Utrecht.	
b)	Hij	moet		onze afspraak		verzetten.

In a subordinate clause, **Verb 1** goes to the **end of the clause**. This is called subordination. Subordination is obligatory in a relative clause (**Subj   T O P   Verb 1/2/3**) in Dutch.

Word order 7 – SUBORDINATION

	Main clause	Subordinate clause				
			Subject	Time	Object	Place	Verbs 1 / 2 / 3
a)	Tim zegt	dat	hij	morgen	een afspraak	in Utrecht	heeft.
b)	Hij zegt	dat	hij		onze afspraak		moet verzetten.
c)	Hij zegt	dat	hij	vóór 7 uur			opstaat.*

* With subordination, the separable verb is joined back together.

NOTE: In a subordinate clause, the relative pronoun '**dat**' can never be omitted (as in English).
Inversion (Verb – Subject) is only possible in a main clause, NEVER in a subordinate clause.

More verbs that introduce a relative clause:

zeggen dat	–	*to say that*
denken dat	–	*to think that*
hopen dat	–	*to hope that*
willen dat	–	*to want to*
beloven dat	–	*to promise to*
zorgen dat	–	*to make sure that*
weten dat	–	*to know that*
vinden dat	–	*to be of the opinion that*
geloven dat	–	*to believe that*
verwachten dat	–	*to expect that*

Examples from the dialogue:

Independent sentence	*Relative clause with Subordination*
Dit is onze laatste dag bij deze klant.	Ik ben blij **dat** dit onze laatste dag bij deze klant <u>is</u>.
De partner is tevreden.	Ik hoop **dat** de partner tevreden <u>is</u>.
De partner zal meer dan tevreden zijn.	Hij denkt **dat** de partner meer dan tevreden <u>zal zijn</u>.
Dat zal niet nodig zijn.	Ik denk **dat** dat niet nodig <u>zal zijn</u>.
Iemand van ons team moet aanwezig zijn.	Ik vind **dat** iemand van ons team aanwezig <u>moet zijn</u>.
Alles zal morgen goed gaan.	Hij verwacht **dat** alles morgen goed <u>zal gaan</u>.
Ik zal je op de hoogte houden.	Ik beloof **dat** ik je op de hoogte <u>zal houden</u>.

22A. Change the following independent sentences into relative clauses. Subordination is obligatory in the relative clause.

1. Het wordt dit weekend mooi weer.

    Ik hoop **dat** ....

2. De volgende keer vergeet ik mijn agenda niet

    Ik zal zorgen **dat** ....

3. Zij gaan twee maanden op vakantie naar Afrika.

    Weet jij **dat** ....?

4. Zal hij op tijd komen?

    Denk jij **dat** ....?

5. Wij komen te laat.

    Schiet een beetje op. Ik wil niet dat ....

6. Vóór vrijdag betaal ik de telefoonrekening.

    Ik zal zorgen **dat** ....

7. Zijn vrouw vindt het geen goed idee.

    Hij vindt het een goed idee maar ik geloof **dat** ....

8. Ik zal voor de volgende les mijn huiswerk maken.

    Ik beloof **dat** ....

9. Mijn Nederlands wordt steeds beter.

    Iedereen vindt **dat** ....

Listening exercise 22.2
To check your answers to Exercise 22A, listen now to the recording.

More relative pronouns – Indirect Questions

The relative pronoun '**dat**' is not the only relative pronoun whereby subordination is obligatory. Do you remember the following interrogatives (question words) from Lesson 7?

Wat?	– What?	**Wat** is zijn adres?
Wat voor?	– What kind of ...?	**Wat voor** werk doen zij?
Waar?	– Where?	**Waar** werkt hij?
Waarom?	– Why?	**Waarom** werk jij bij BME?
Wie?	– Who?	**Wie** is hun manager?
Wanneer?	– When?	**Wanneer** begint de cursus?
Hoe?	– How?	**Hoe** heet hij?
Hoelang?	– How long?	**Hoelang** werken zij al bij BME?
Hoe laat?	– What time?	**Hoe laat** is het?
Hoeveel?	– How much?	**Hoeveel** kost het?
Hoe vaak?	– How often?	**Hoe vaak** sport hij?

When these question words are used in an indirect question, they function as subordinating pronouns and SUBORDINATION is obligatory.

22B. Change the following direct questions into indirect questions. The relative pronoun is indicated **in bold**. Remember to use Subordination in the relative clause.

> Example: Wat is zijn adres?
> Ik weet niet **wat** _zijn adres is._

1. Wat voor werk doet hij?
   Ik heb geen idee **wat voor** ....

2. Waar werken zij?
   Ik heb geen flauw idee **waar** ....

3. Waarom werk jij bij BME?
   Hij wil weten **waarom** ....

4. Wie is hun manager?
   Ik weet niet **wie** ....

5. Wanneer begint de cursus?
   Jij kunt beter de secretaresse vragen **wanneer** ....

6. Hoe heet zijn vrouw?
   Misschien weet zijn secretaresse **hoe** ....

7. Hoelang werkt Tim al bij BME?
   Weet jij toevallig **hoelang** ....?

8. Hoe laat is onze afspraak morgen in Rotterdam?
   Ik zal je vanmiddag per e-mail laten weten **hoe laat** ....
   ....

Listening exercise 22.3

To check your answers to Exercise 22B, listen now to the recording.

22C. Translate the following sentences.

1. I find it important that I speak a bit of Dutch.

   Ik vind het belangrijk dat ....
   ....

2. My colleagues like it that I am learning Dutch.

   Mijn collega's vinden het leuk dat ....
   ....

3. I think it's a pity that I am not allowed to do an intensive Dutch course. (*een cursus Nederlands volgen*)

   Ik vind het jammer dat ....
   ....

4. It is important that you can understand enough Dutch in order to be able to read your mail. (*je post lezen*)

   Het is belangrijk dat ....
   ....

5. How stupid of me that I don't have my appointment planner with me. (*bij zich hebben*)

   Wat stom van mij dat ....
   ....

6. I will make sure that I bring it with me to the next lesson. (*meebrengen*)

   Ik zal zorgen dat ....
   ....

7. I am not at all happy that I have to work overtime this evening. (*overwerken*)

   Ik ben helemaal niet blij dat ....
   ....

8. Do you think that my Dutch is improving? (*steeds beter worden*)

   Vind jij dat ....
   ....

9. It is clear to hear that your Dutch is progressing. (*vooruitgaan*)

   Het is duidelijk te horen dat ....
   ....

10. What a pity that you have to go home now. (*naar huis gaan*)

    Wat jammer dat ....
    ....

Les drieëntwintig
Conjuncties (1)

'**Conjunctions**' are words that join sentences (also called link words). This lesson focuses on practising conjunctions with '**Het Presens**'. There are two different types of conjunctions:

a) Co-ordinating conjunctions – Both main clauses follow standard Word Order 1 (no subordination).

en – *and* **maar** – *but* **want** – *because* **of** – *or*

b) Subordinating conjunctions – Subordination is obligatory in a subordinate clause as in Word Order 7.

aangezien – *considering*	**als** – *if / when*	**alsof** – *as if*	**doordat** – *due to the fact that*
hoewel – *although*	**mits** – *provided*	**nadat** – *after*	**of** – *whether*
omdat – *because*	**sinds** – *since*	**tenzij** – *unless*	**terwijl** – *while*
totdat – *until*	**voordat** – *before*	**wanneer** – *when*	**zodat** – *so that*
zodra – *as soon as*	**zolang** – *as long as*		

Listening exercise 23.1

In the following dialogue, Maik asks Tim about his experiences arranging a job in the Netherlands and making the necessary expat arrangements. Subordinating conjunctions are **in bold**.

Maik : Tim, jij werkt al langer dan viereneenhalf jaar bij BME. Waarom werk jij momenteel in Nederland?
Tim : **Omdat** BME een internationaal bedrijf is, is het gemakkelijk om binnen BME een baan in het buitenland te vinden. Canada is sterk georiënteerd op Amerika en daarom vind ik het een goede ervaring om een tijdje in Europa te wonen.

Maik : Vindt jouw vriendin Chantal dat ook?
Tim : Ja, haar familie komt oorspronkelijk uit Frankrijk, en zij wil dat wij ook een tijdje in Frankrijk wonen. **Als** je de taal niet spreekt, is het niet zo gemakkelijk om in een land zoals Frankrijk, Italië of Spanje werk te vinden.

Maik : Maar jullie wonen nu in Nederland. Waarom Nederland?
Tim : **Omdat** veel buitenlandse bedrijven een vestiging in Amsterdam hebben, kun je zonder veel problemen een baan vinden zonder dat je het Nederlands beheerst. Dat komt **doordat** de voertaal bij de meeste internationale bedrijven Engels is.

Maik : Is het gemakkelijk om vanuit het buitenland een baan in Nederland te vinden?
Tim : Ja, eigenlijk wel. Het kost alleen veel tijd **voordat** alles geregeld is.

Maik : Wat bedoel je precies?
Tim : Eerst moet je erachter komen **of** 'BME Nederland' mensen nodig heeft. Dat gaat het gemakkelijkst via internet. **Zodra** je een vacature vindt, kun je solliciteren. Onmiddellijk **nadat** jij je cv naar het kantoor in Nederland mailt, krijg je meestal een telefoontje van iemand op het internationale hoofdkantoor in Amsterdam. Het sollicitatiegesprek vindt dan plaats over de telefoon. **Mits** alles goed gaat, mag je meteen beginnen.

Maik : Gaat dat zó snel?
Tim : Nee, helaas niet. **Voordat** je naar Nederland mag komen, moet je bij de Nederlandse Ambassade een verblijfsvergunning en een werkvergunning aanvragen. **Als** je geluk hebt, zijn alle papieren binnen drie maanden in orde.

Maik : Voor mensen uit een EU-land gaat het wat gemakkelijker, denk ik.
Tim : Zeker. Maar **zodra** zij in Nederland aankomen, hebben zij in het begin dezelfde problemen als wij.

Maik : Zoals?
Tim : **Terwijl** je een appartement zoekt, en je gezondheidsverzekering, parkeervergunning en een leaseauto regelt, moet je gewoon werken.

Maik : Natuurlijk, daarvoor kom je toch naar Nederland?

a) **Co-ordinating conjunctions** – no inversion and no subordination in the main clause.

	Word order 1				Word order 1	
Subject	Verb	T O P	Co-ordinating Conjunction	Subject	Verb	T O P
BME	is	een internationaal bedrijf	**en**	BME	heeft	veel kantoren in Nederland.
Ik	volg	al 2 maanden een cursus Nederlands	**maar**	ik	spreek	het nog niet zo goed.
Ik	zoek	een baan bij een internationaal bedrijf	**want**	ik	spreek	5 talen.

b) **Subordinating conjunctions** – all verbs are placed at the end of the subordinate clause

	Word order 1			Word order 7		
	MAIN CLAUSE			SUBORDINATION		
Subject	Verb	T O P	Subordinating Conjunction	Subject	T O P	Verbs 1 / 2 / 3
Tim	werkt	in Nederland	**omdat**	hij	het een goede ervaring	vindt.

Why subordination? In Dutch, the word order of a clause tells us which clause is dependent on another clause. All relative clauses (see Lesson 22) and subordinating conjuction clauses (this lesson) follow Word Order 7. The different word order from a main clause highlights the fact that the subordinate clause is dependent on the main clause.

NOTE: In Dutch, the subordinate clause often precedes the main clause. In this case, both clauses are divided by a comma (,) and inversion in the main clause is OBLIGATORY.

Word Order 7						Word Order 2
SUBORDINATION						INVERSION
Subordinating conjunction	Subj	T	O	P	Verb(s) 1 / 2 / 3	Verb Subj T O P
Als	het	dit weekend			regent ,	blijf ik thuis.
Zodra	ik	's ochtends		op kantoor	aankom*,	haal ik meteen koffie.
Omdat	Tim	een paar jaar	met Chantal	in Europa	wil wonen ,	werkt hij nu in Nederland.

* With Subordination, separable verbs are joined back together and placed at the end of the subordinate clause.

23A. Fill in an appropriate conjunction in the sentences below. Each conjunction may only be used once.

> hoewel, mits, totdat, zolang, omdat, zodra, terwijl, zodat, of, nadat, voordat, sinds, tenzij, als, aangezien

1. .... je deze oefening kunt maken, moet je eerst de betekenis van bovenstaande woorden weten.
2. Ik weet niet .... hij vanmiddag naar de vergadering komt.
3. .... ik in Nederland woon, heb ik veel mensen leren kennen.
4. Ik ben te laat .... mijn fiets een lekke band heeft.
5. Je weet nooit hoe iets smaakt .... je het proeft.
6. .... ik in Nederland woon, volg ik een cursus Nederlands.
7. .... ik volgende week de hele week vrij heb, kom ik niet naar de volgende les.
8. .... het zaterdag regent, hou ik een picknick voor mijn verjaardag in het Vondelpark.
9. .... ik thuis ben, zal ik je bellen.
10. .... ik nog niet zo lang in Nederland woon, voel ik me hier thuis.
11. De vergadering gaat morgen door, ... het jaarverslag klaar is.
12. .... wij op hen wachten, kunnen wij een lekker kopje koffie drinken.
13. Je moet vaker de krant lezen .... je meer over de wereld weet.
14. .... jij deze oefening moeilijk vindt, dan moet je hem overdoen.
15. .... wij jouw antwoorden van deze oefening hebben gecorrigeerd, gaan wij pauzeren.

Listening exercise 23.2
To check your answers to Exercise 23A, listen now to the recording.

23B. Reread the introductory dialogue and answer the following questions. Start each answer with the subordinating conjunction provided. Write a full sentence i.e. Subordinate clause, then Main clause (with Inversion).

Example: Waarom is het gemakkelijk om binnen BME een baan in het buitenland te vinden?
Prompt (BME is een internationaal bedrijf.)

Omdat _BME een internationaal bedrijf is, is het gemakkelijk om binnen BME een baan in het buitenland te vinden._

1. *Maik* : Waarom is het niet zo gemakkelijk om in een land zoals Frankrijk, Italië of Spanje werk te vinden?

			(Je spreekt de taal niet.)
	Tim	:	**Als** ....

2. Maik : Waarom kun je zonder al te veel problemen een baan in Nederland vinden zonder dat je het Nederlands beheerst?
   (Veel buitenlandse bedrijven hebben een vestiging in Amsterdam.)
   Tim : **Omdat** ....

3. Maik : Hoe komt het dat de voertaal bij de meeste internationale bedrijven Engels is?
   (De meeste internationale bedrijven rapporteren aan het moederbedrijf in Amerika, Engeland of Australië.)
   Tim : **Omdat** ....

4. Maik : Hoe snel kun je solliciteren?
   (Je vindt een vacature.)
   Tim : **Zodra** ....

5. Maik : Wanneer krijg je meestal een telefoontje van iemand op het internationale hoofdkantoor in Amsterdam?
   (Je mailt je cv naar BME in Nederland.)
   Tim : **Nadat** ....

6. Maik : Op welke voorwaarde mag je onmiddellijk beginnen?
   (Alles gaat tijdens het sollicitatiegesprek goed.)
   Tim : **Als** ....

7. Maik : Wanneer moet je bij de Nederlandse Ambassade een verblijfsvergunning en een werkvergunning aanvragen?
   (Je komt naar Nederland.)
   Tim : **Voordat** ....

8. Maik : Duurt het slechts drie maanden voordat je papieren in orde zijn?
   (Je hebt veel geluk.)
   Tim : **Als** ....

9. Maik : Je moet gewoon werken terwijl je wat doet?
   (Je zoekt een appartement en regelt je gezondheidsverzekering, leasauto en parkeervergunning.)
   Tim : **Terwijl** ....

Listening exercise 23.3

To check your answers to Exercise 23B, listen now to the recording of the interview between Maik and Tim.

23C. Study Tim's version about his daily routine. Then complete the interview with Chantal by filling in her answers based on the text. Write each sentence in full.

Tim vertelt over zijn dagelijkse routine:

"Op werkdagen moet ik vroeg opstaan en daarom zet ik altijd de wekker. De wekker gaat om 7.00 uur af maar ik blijf meestal nog een kwartiertje liggen omdat ik altijd moe ben. Eerst ontbijt ik. Ik zet koffie en ik maak twee boterhammen klaar. Onder het ontbijt lees ik de krant en ik kijk naar het ochtendjournaal want ik vind het belangrijk om op de hoogte te blijven van wat er in de wereld gebeurt. Na het ontbijt douche ik. Ik strijk mijn kleren, ik föhn mijn haar, ik trek mijn kleren aan en dan ben ik klaar om te vertrekken. Om 8.30 uur ga ik de deur uit. Ik fiets naar het station en de trein vertrekt om 8.52 uur. Als de trein geen vertraging heeft, kom ik om 9.15 uur op kantoor aan. Eerst haal ik koffie en dan maak ik een praatje met mijn collega's. Daarna lees ik en beantwoord ik mijn e-mail. Dan heb ik vaak een vergadering en als het nodig is, ga ik bij een klant langs. Als ik geen lunchvergadering heb, lunch ik meestal om 12.15 uur in de kantine. Ik neem een halfuur lunchpauze. 's Middags schrijf ik rapporten en vaak heb ik vanwege het tijdverschil aan het eind van de middag een conferencecall met klanten in Amerika en Canada. Normaal gesproken ga ik om 17.00 uur naar huis maar soms moet ik overwerken om een deadline te halen. Na het werk sport ik of ik spreek met vrienden af: daarom ben ik nooit vóór 19.00 uur thuis. Ik kook elke avond, ik lees de krant of ik kijk tv. En tussen 23.00 en 24.00 uur ga ik naar bed."

1. *Maik* : Waarom zet Tim altijd de wekker?
   Chantal : **Omdat** ....
   ....

2. *Maik* : Waarom staat hij niet om 7.00 uur op?
   Chantal : **Hoewel** de wekker ....
   omdat ....

3. *Maik* : Waarom leest hij iedere ochtend de krant en kijkt hij naar het ochtendjournaal?
   Chantal : **Omdat** ....
   ....

4. *Maik* : Wat doet hij na het ontbijt voordat hij klaar is om naar zijn werk te gaan?
   Chantal : **Voordat** hij om 8.30 uur de deur ....
   ....

5. *Maik* : Op welke voorwaarde komt hij om 9.15 uur op kantoor aan?
   Chantal : **Als** ....
   ....

6. *Maik* : Wat doet hij als eerste als hij op kantoor aankomt?
   Chantal : **Zodra** ....
   ....

7. *Maik* : Luncht hij altijd om 12.15 uur in de kantine?
   Chantal : **Tenzij** ....
   ....

8. *Maik* : Waarom heeft hij vaak aan het eind van de middag een conferencecall met klanten in Amerika en Canada?

   Chantal : ....
   ....

9. *Maik* : In welk geval gaat hij niet om 17.00 uur naar huis?

   Chantal : **Als** .... ,
   anders ....

Listening exercise 23.4
To check your answers to Exercise 23C, listen now to the recording of the interview.

Wist jij dat ...?

Did you know that current bicycle figures estimate twice as many bicycles in the Netherlands as there are inhabitants?
The *fiets* (bicycle) is not only environmentally-friendly, a cheap and healthy means of transport, but as many Dutch cities are facing increasing traffic congestion problems, the *fiets* is also the most efficient way to get around. Major cities in the Netherlands even have bicycle taxis and some have water bicycles. Because the Dutch usually cycle to and from work, train stations provide a *fietsenstalling* (bicycle parking station) and it is also possible to hire a bike at most train stations at a minimal rate.

In the Netherlands, **legal requirements** also apply to the bicycle. For example, fines can be issued for cycling without front and rear lighting when it is dark, cycling through a red light, cycling under the influence of alcohol or being in possession of a stolen bicycle.
Your **bike must have** front and rear lights in good working order, a bell that can be heard up to 25 meters away, pedal reflectors, wheel reflectors and its brakes must be in good working order.
Parking your bike is also subject to legal requirements. Illegally-parked bikes may be removed or even confiscated by council officials.
Bike theft is high in major Dutch cities, so most people tend to buy second-hand bikes (ask your Dutch colleagues for some tips on where to buy an affordable second-hand bike!). To deter bicycle thieves, at least 2 **bicycle locks** are advisable and always lock your bike to a fixed object so that thieves cannot simply pick your bike up and carry it away under their arm. For useful tips on buying a bicycle lock, visit http://en.wikipedia.org/wiki/Bicycle_lock.

Did you know that ...?

Source: http://en.wikipedia.org/wiki/Bicycle
http://nl.wikipedia.org/wiki/Fiets

Les vierentwintig
Reflexieve verba

'**Reflexive verbs**' are verbs which have the same *subject* and *object* e.g. *I* wash *myself*. (as opposed to the verb 'to wash' in 'I wash my car' which is not reflexive because the subject and object do not refer to the same entity). The object required by reflexive verbs is called a 'reflexive pronoun' which stands directly after the verb.

Zich wassen – *to wash oneself*			
ik	was	me	– *I wash myself*
jij	wast	je	– *you wash yourself*
u	wast	zich	– *you wash yourself*
hij	wast	zich	– *he washes himself*
zij	wast	zich	– *she washes herself*
wij	wassen	ons	– *we wash ourselves*
jullie	wassen	je	– *you wash yourselves*
zij	wassen	zich	– *they wash themselves*

In Lesson 20, you encountered the following reflexive verbs: '*zich scheren*' (to shave oneself) / '*zich aankleden*'* (to get dressed). Tim says::

Na het ontbijt douche ik. Ik scheer me, ik strijk mijn kleren, en ik kleed me aan*.
Dan ben ik klaar om te vertrekken.

* NOTE: Some verbs are reflexive and separable (e.g. zich aankleden).

Listening exercise 24.1
In the following dialogue, Tim talks about his experiences with learning Dutch.
The reflexive verbs are **in bold**:

Maik : Tim, jij woont inmiddels al zes maanden in Nederland. Hoe bevalt het?

Tim : Het bevalt me hier heel erg goed. Ik **verveel me** geen seconde. Er zijn in Amsterdam zo ontzettend veel uitgaansmogelijkheden en via mijn werk leer ik veel nieuwe mensen kennen.

Maik : Zo te horen gaat het ook goed met je Nederlands.

Tim : Nou ja, ik kan **me verstaanbaar maken**, en dat vind ik al heel wat, hoor. Maar ik moet **me** nog altijd heel erg **inspannen** om steeds nieuwe woorden te leren. Als ik een vergadering in het Nederlands bijwoon, moet ik **me** heel goed **concentreren**, anders raak ik de draad kwijt.

Maik : Dat kan ik **me voorstellen**. Het Nederlands is zeker geen gemakkelijke taal.

Tim : Ik **vraag me af** hoe andere buitenlanders dat ervaren? Ik kan **me voorstellen** dat mijn Duitse collega's minder moeite hebben met het Nederlands omdat het Duits en het Nederlands veel op elkaar lijken.

Maik : Ja, maar iedereen spreekt al één taal vloeiend: zijn moedertaal. Als je een vreemde taal wilt leren, is het vaak een kwestie van inspanning en vooral motivatie. Het is een investering in jezelf; zo zie ik het!

Tim : Ja, dat begrijp ik. Maar ik kan **me** niet meer **herinneren** dat het mij ooit zoveel moeite heeft gekost om mijn moedertaal te leren.

In the infinitive form, a reflexive verb is always indicated in the 3rd person singular as '*zich*' + infinitive. However, in the dictionary, reflexive verbs are listed under the verb and not the reflexive pronoun '*zich*'.

The reflexive pronoun is always conjugated to agree with the subject, regardless of tense and word order.
In standard word order, the reflexive pronoun stands directly after the verb (in the same position as an Indirect Object).

Study the following sentence with the reflexive verb '**zich vervelen**' (*to be bored / to get bored*):

Word Order 4 – DIRECT OBJECT and INDIRECT OBJECT (Reflexive pronoun)					
Subject	**Verb**	**Reflexive Pronoun**	**T**	**Direct Object**	**P**
Ik	verveel	me	geen seconde	met mijn collega's	op kantoor.

Study the following examples in the various word orders you have learned in previous lessons:

	Word Order		*Example*
Lesson 6	STANDARD	:	Ik douche. **Ik scheer me**, ik strijk mijn kleren en **ik kleed me aan**.
Lesson 10	INVERSION	:	Eerst doucht hij. Daarna **scheert hij zich** en dan **kleedt hij zich aan**.
Lesson 19	with MODAL VERB	:	Dat kunnen wij ons heel goed **voorstellen**.
Lesson 20	with OM ... TE	:	's Ochtends heeft Chantal altijd één uur nodig om zich klaar te maken.
Lesson 23	SUBORDINATION	:	Voordat ik me aankleed, scheer ik me en ik strijk mijn kleren.

24A. Write the infinitive form of the reflexive verbs in the following sentences taken from the introductory dialogue.

		Infinitive	*Translation*
1.	Ik **verveel me** geen seconde.	zich vervelen	– to be/get bored
2.	Ik kan **me verstaanbaar maken**.	....	– to make oneself understood
3.	Ik moet **me** nog altijd heel erg **inspannen**.	....	– to make an effort
4.	Ik moet **me** heel goed **concentreren**.	....	– to concentrate
5.	Ik kan **me** dat **voorstellen**.	....	– to imagine
6.	Ik **vraag me af**.	....	– to wonder
7.	Ik kan **me** dat niet meer **herinneren**.	....	– to remember

24B. Conjugate the separable verbs in the following sentences. All verbs and reflexive pronouns must be conjugated to agree with the subject. Verbs marked with an asterisk (*) are also separable.

1. **zich vervelen** – *to be bored / to get bored*
   a. Ik verveel me geen seconde.
   b. Hij ....
   c. Wij ....

2. **zich voelen** – *to feel*
   a. Ik ....
   b. Andrea ....
   c. Zij voelen zich niet zo lekker.

3. **zich verstaanbaar maken** – *to make oneself understood*

a. Ik ....
b. Hij kan zich verstaanbaar maken.
c. Tim en Chantal ....

4. **zich omkleden*** – *to get changed*

a. Ik ga me eerst even omkleden.
b. Tim ....
c. Wij ....

5. **zich concentreren** – *to concentrate*

a. Ik ....
b. Elly ....
c. Zij moeten zich heel goed concentreren.

6. **zich ergeren aan** – *to become annoyed with*

a. Soms erger ik me aan mijn buren.
b. Soms .... hij ....
c. Soms .... wij ....

7. **zich voorstellen*** – *to imagine*

a. Dat .... ik ....
b. Dat .... Paul ....
c. Dat kunnen wij ons voorstellen.

8. **zich verslapen** – *to oversleep*

a. Ik ....
b. Silvia verslaapt zich nooit.
c. David en Kim ....

9. **zich afvragen*** – *to wonder*

a. Dat vraag ik me af.
b. Dat .... hij ....
c. Dat .... Ron en ik ....

10. **zich zorgen maken** – *to worry*

a. Ik ....
b. Mijn moeder maakt zich zorgen.
c. Mijn ouders ....

11. **zich herinneren** – *to remember*

a. Dat herinner ik me niet meer.
b. Dat .... Annemieke ....
c. Dat .... wij ....

12. **zich generen** – *to be(come) embarrassed*

a. Ik geneer me een beetje.
b. Jij ....
c. Jullie ....

24C. Formulate a question in the '*jij*-form' to the following answers.

1. .... dat nog?   Ja, dat herinner ik me nog.
2. .... daarover zorgen?   Ja, ik maak me daarover zorgen.
3. Kun jij ....?   Ja, ik kan me prima verstaanbaar maken.
4. Moet jij .... als jij Nederlands spreekt?'   Ja, ik moet me heel goed concentreren als ik Nederlands spreek.
5. Hoe ....?   Ik voel me hartstikke goed.
6. Kun jij ....?   Ja, dat kan ik me voorstellen.
7. Ga .... voor de volgende cursus ....?   Ja, ik ga me voor de volgende cursus inschrijven.
8. Hoeveel tijd heb jij nodig om ....?'   Ik heb maar 20 minuten nodig om me klaar te maken.

24D. Read the following text and then write an e-mail to your colleague conveying everything Tim says. You must change all the pronouns (ik → hij / mijn → zijn / mij → hem / me → zich / etc.).

Tim tells you:

Het bevalt me heel erg goed in Amsterdam. Ik verveel me geen seconde. Er zijn zo ontzettend veel uitgaansmogelijkheden in Amsterdam en via mijn werk leer ik veel nieuwe mensen kennen. Wat mijn Nederlands betreft, kan ik me prima verstaanbaar maken, en dat vind ik heel belangrijk. Maar ik moet me nog altijd heel erg inspannen om steeds nieuwe woorden te leren. Als ik een vergadering in het Nederlands bijwoon, moet ik me heel goed concentreren, anders raak ik de draad kwijt. Ik vraag me af hoe andere buitenlanders dat ervaren. Ik kan me voorstellen dat mijn Duitse collega's minder moeite hebben met het Nederlands omdat het Duits en het Nederlands veel op elkaar lijken. Maar ik vind het Nederlands een moeilijke taal. Ik kan me niet meer herinneren dat het mij ooit zoveel moeite heeft gekost om mijn moedertaal te leren.

You write about Tim:

Het bevalt hem heel erg goed in Amsterdam. Hij ....

24E. Conjugate the following reflexive verbs and reflexive pronouns accordingly.

1. Ik vind de Nederlandse les heel erg nuttig. Ik volg deze cursus nog niet zo lang maar ik kan .... nu al prima .... (*zich verstaanbaar maken*) bij de Albert Heijn en in een restaurant of café.

2. Elk jaar .... wij .... (*zich inschrijven*) voor een taalcursus. Dan gaan wij op vakantie naar dat land waar we de taal kunnen oefenen. Zo leer je een nieuwe cultuur en interessante mensen kennen.

3. Sinds hij in Nederland woont, ... hij .... geen seconde (*zich vervelen*). Er zijn in Amsterdam ontzettend veel uitgaansmogelijkheden en hij leert via zijn werk veel mensen kennen.

4. Deze oefening vind ik niet zo gemakkelijk. Ik moet .... goed .... om geen fouten te maken (*zich concentreren*).

5. Zij vindt haar nieuwe baan moeilijk. Zij moet .... heel hard .... om de nieuwe werkprocedures te leren (*zich inspannen*).

6. Wij .... op onze volgende vakantie (*zich verheugen*). Wij gaan voor de eerste keer naar Thailand. We gaan daar diepzeeduiken.

7. Hij .... niet lekker (*zich voelen*). Hij vindt het niet verstandig om naar zijn werk te gaan, dus .... hij .... en blijft hij lekker thuis (*zich ziek melden*).

8. Ik heb een goed geheugen voor gezichten maar niet voor namen. Als ik iemand ontmoet, ... ik .... (*zich herinneren*) zijn of haar naam nooit.

9. Wij wonen boven een kroeg en wij .... (*zich ergeren*) ontzettend aan de herrie, vooral 's avonds laat.

10. Ik sport elke avond. Na het werk ga ik meteen naar huis om .... te .... (*zich omkleden*) en dan ga ik rechtstreeks naar het fitnesscentrum. Na het sporten blijf ik soms om .... te .... (*zich ontspannen*) met een biertje aan de bar.

11. Nederlandstalige programma's vindt zij moeilijk om te volgen. Desondanks kan zij een Nederlandstalig programma voor 50 procent volgen als zij .... goed .... (*zich concentreren*).

Listening exercise 24.2
To check your answers to Exercise 24E, listen now to the recording.

24F. This exercise allows you to practise using reflexive verbs in the different sentence structures you have learned in previous lessons (Standard word order / Inversion / om ... te + infinitive / modal verbs + infinitive / subordination). Complete the following sentences, choosing an appropriate reflexive verb provided. You must conjugate the verb and reflexive pronoun and pay particular attention to correct word order.

1. **zich vervelen** – *to be bored / to get bored*
1a. Ik ....
1b. In Amsterdam zijn er te veel uitgaansmogelijkheden om .... te kunnen ....
1c. Ik ga dit weekend naar een feestje. Ik hoop dat ik .... daar niet zal ....

2. **zich inschrijven** – *to enrol*
2a. Ik .... voor de volgende cursus Nederlands ....
2b. Ik ga .... voor de volgende cursus Nederlands ....
2c. Ik hoop dat het niet te laat is om .... voor de volgende cursus Nederlands ....

3. **zich verstaanbaar maken** – *to make oneself understood*
3a. Ik kan .... in het Nederlands.
3b. Mijn Nederlands is goed genoeg om .... te kunnen ....
3c. Voordat iemand .... in een vreemde taal .... kan .... , moet hij een basis woordenschat van 500 woorden hebben.

4. **zich voelen** – *to feel*   **zich ziek melden** – *to report sick*   **zich beter melden** – *to report fit for work*
4a. Ik .... niet lekker en daarom blijf ik vandaag thuis.
4b. Als ik .... niet lekker .... , dan moet ik .... vóór 9.00 uur ....
....
4c. Zodra ik .... weer beter .... , zal ik ....

5. **zich aankleden** – *to get dressed*   **zich omkleden** – *to get changed*   **zich uitkleden** – *to get undressed*

5a. 's Ochtends na het douchen .... ik .... Na het werk .... ik
.... Voordat ik naar bed ga, ... ik ....

6. **zich verslapen** – *to oversleep*   **zich klaarmaken** – *to get ready*   **zich scheren** – *to shave*
zich aankleden – *to get dressed*
6a. Als ik .... 's ochtends .... , dan heb ik maar een kwartier de tijd om .... te
.... Eerst .... ik ...., daarna douche ik en dan
.... ik ....

Listening exercise 24.3
To check your answers to Exercise 24F, listen now to the recording.

Les vijfentwintig
De Imperatief

The '**Imperative**' is used for the following purposes:

Instructions (cashpoint, ATM machine, parking meter, photocopying machine, train ticket machine, etc.):

Voer uw pinpas in   **Toets uw pincode in**   **Neem uw geld uit**

Commands:

Stop!   **Kom binnen!**   **Let op!**

Advice, recommendations or wishing somebody something:

Eet smakelijk!

Schiet op!   *Doe Tim de groeten*!

Werk ze!   Maak je geen zorgen!   *Slaap lekker!*

Street signs and public notices:

Niet roken!   **Niet parkeren!**   **Hier melden!**

How to conjugate the Imperative

In Lesson 7, you learned that when the *jij*-form in Het Presens is inverted, the final '-t' is dropped. This form is also identical in form to the *ik*-form. The inverted *jij*-form is used to form the Imperative.

Infinitive	*'stam'*	*Imperative*
stoppen	stopp~~en~~	Stop!
binnenkomen *	*binnen*kom~~en~~	Kom binnen!

* Separable verbs are split.

25A. Complete the instructions for withdrawing money from a '*geldautomaat*' (ATM). Choose from the following infinitives and conjugate accordingly:

uitnemen* – *to take out* **intoetsen*** – *to key in* **wachten** – *to wait*
invoeren* – *to insert* **opbergen*** – *to store away* **maken** – *to make*
terugnemen* – *to take back* **drukken** – *to press* **selecteren** – *to select*

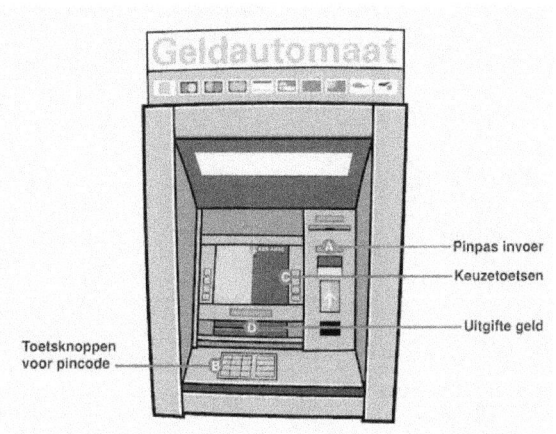

Stap 1 .... uw pinpas .... (**A**)

Stap 2 .... uw pincode .... (**B**)

Stap 3 .... uw keuze. .... op 'saldo' of 'geldopname'. (**C**)

Stap 4 Hoeveel wilt u opnemen? .... het gewenste bedrag. (**C**)

Stap 5 Wilt u een transactiebon? Druk op 'ja / nee'. (**C**)

Stap 6 .... uw pinpas .... (**A**) en .... op uw geld.

Stap 7 .... uw geld .... (**D**)

Stap 8 .... uw pinpas en geld goed ....

Listening exercise 25.1
To check your answers to Exercise 25A, listen now to the recording.

25B. Write the imperative form of the following verbs.

1.	ophouden (*to stop*)	Hou op!*	*Stop it!*
2.	oppassen (*to be careful*)	....	*Be careful!*
3.	weggaan (*to go away*)	....	*Go away!*
4.	opschieten (*to hurry up*)	....	*Hurry up!*
5.	uitkijken (*to watch out*)	....	*Watch out!*
6.	opletten (*to pay attention*)	....	*Note / Pay attention!*
7.	uitscheiden* (*to cut it out / knock it off*)	....	*Come off it!*
8.	doorgaan (*to go on, to continue*)	....	*Go on! Continue!*
9.	volhouden* (*to persist, keep going*)	....	*Hang on in there!*
10.	binnenkomen (*to enter*)	....	*Come in!*
11.	plaatsnemen (*to take a seat*)	....	*Take a seat!*
12.	je gang gaan (*to go ahead*)	....	*Go ahead!*
13.	maar pakken (*to take*)	....	*Help yourself!*
14.	Tim de groeten doen (*to say hello to Tim*)	....	*Say hello to Tim for me!*
15.	op het afstapje letten (*to mind your step*)	....	*Mind your step!*
16.	je mond houden* (*to shut up*)	....	*Shut up!*
17.	de deur dichtdoen (*to close the door*)	....	*Close the door!*
18.	het raam openzetten (*to open the window*)	....	*Open the window!*
19.	een keertje langskomen (*to drop by*)	....	*Drop by some time!*
20.	erover nadenken (*to think about it*)	....	*Just think about it!*
21.	er wat van maken (*to enjoy it*)	....	*Make the most of it!*
22.	geduld hebben (*to be patient*)	....	*Be patient!*
23.	maar zitten laten (*to forget it*)	....	*Forget it!*
24.	rustig aan doen (*to take it easy*)	....	*Take it easy!*
25.	alsof je thuis bent doen (*to feel at home*)	....	*Feel at home!*

* In spoken Dutch, most speakers usually omit the final '-d' when it is preceded by an '**ou**', '**ei**' or '**ij**' in the '*jij*-form' of the Imperative. For example: houden → Hou op! , rijden → Rij!, uitscheiden → Schei uit!!

Listening exercise 25.2
To check your answers to Exercise 25B, listen now to the recording.

25C. When using reflexive verbs in the imperative, the reflexive pronoun '*je*' <u>cannot</u> be omitted. Some of the following reflexive verbs are also separable*.

1. zich gedragen (*to behave*) ....*Gedraag je!*............ *Behave yourself!*
2. zich vasthouden* (*to hold tight*) .... *Hold tight!*
3. zich geen zorgen maken (*to worry*) .... *Don't worry!*
4. zich voorstellen* (*to imagine*) .... *Just imagine!*
5. zich niet zo druk maken (*to not get worked up*) .... *Don't get so worked up!*
6. zich niet zo opwinden* (*to stay cool*) .... *Stay cool!*
7. zich er niet mee bemoeien (*to not interfere*) .... *Don't interfere!*

25D. '*Laten*' is used to make suggestions. Complete the following suggestions.

1. Let's go! ....*Laten we gaan!*............
2. Let's begin! ....
3. Let's wait! ....
4. Let's ask him! ....
5. Let's go to Paris this weekend! ....
6. Let's look on the internet! ....
7. Let's try it! ....

25E. In **informal** Dutch, the imperative is used with the pronoun '*ze*' to wish people a good time while doing something. Complete the following wishes.

1. fitnessen (*to work out at the gym*) ....*Fitnes ze!*............ – *Have a good work out!*
2. werken (*to work*) .... – *Enjoy your work!*
3. slapen (*to sleep*) .... – *Sleep tight!*
4. eten (*to eat*) .... – *Enjoy your meal!*
5. sporten (*to do exercise*) .... – *Enjoy your exercise!*
6. fietsen (*to cycle*) .... – *Enjoy your bike ride!*
7. lunchen (*to have lunch*) .... – *Have a good lunch break!*

25F. The imperative of the verb '*zijn*' (to be) is '**Wees ....**'. It is always used with an adjective (see Lesson 13). The untranslateable word '*nou*' is usually added to it to make it sound more friendly. The negative form is '*Wees niet zo ...*'. Choose an adjective from the group below to complete the imperatives.

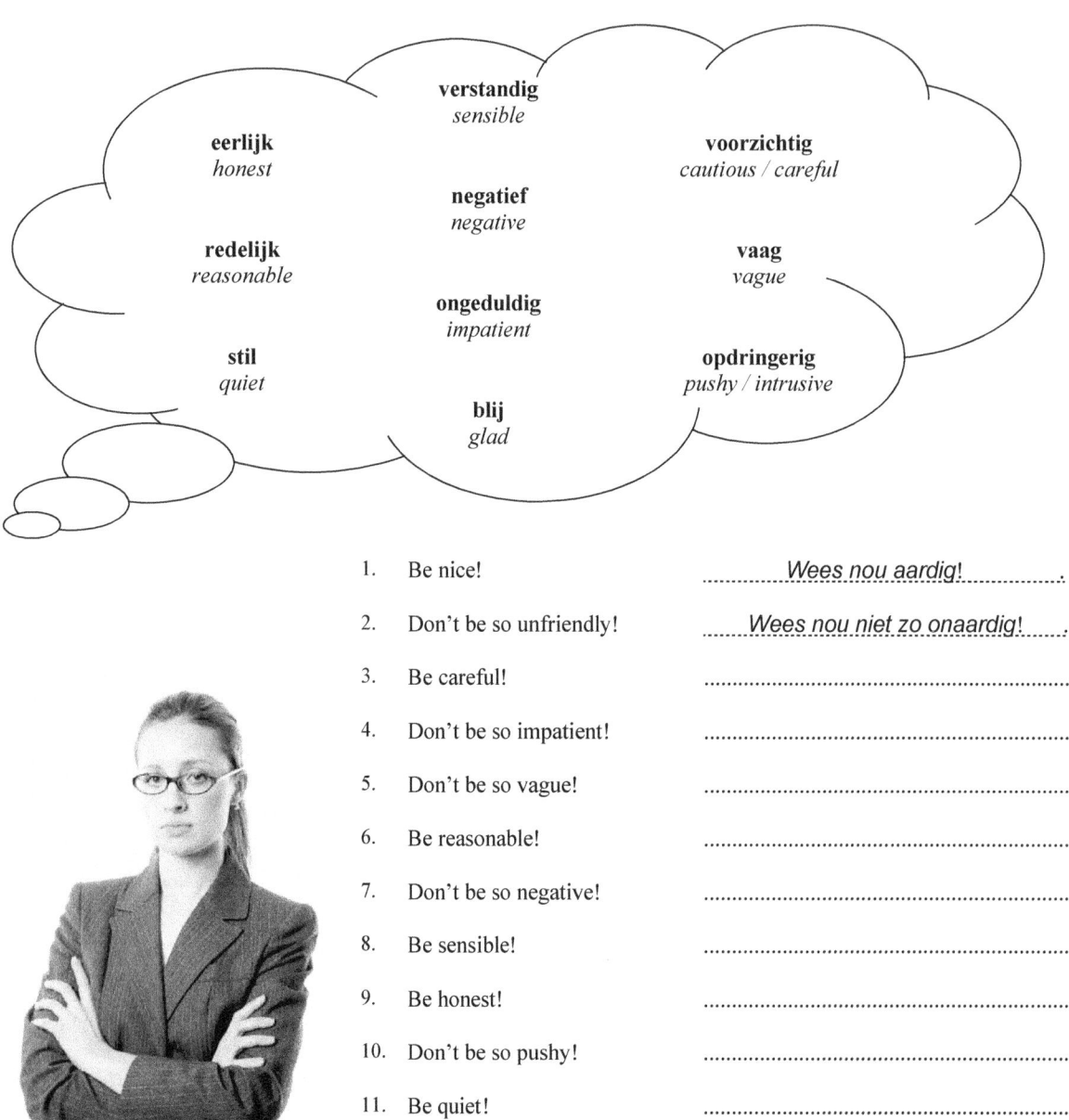

verstandig	sensible	
eerlijk	honest	
voorzichtig	cautious / careful	
negatief	negative	
redelijk	reasonable	
vaag	vague	
ongeduldig	impatient	
stil	quiet	
opdringerig	pushy / intrusive	
blij	glad	

1. Be nice! .... *Wees nou aardig!* ....
2. Don't be so unfriendly! .... *Wees nou niet zo onaardig!* ....
3. Be careful! ....
4. Don't be so impatient! ....
5. Don't be so vague! ....
6. Be reasonable! ....
7. Don't be so negative! ....
8. Be sensible! ....
9. Be honest! ....
10. Don't be so pushy! ....
11. Be quiet! ....
12. Be glad! ....

25G. Match the infinitive with the correct definition.

	DUWEN		NIET PARKEREN		HIER MELDEN
	FIETSERS OVERSTEKEN			TREKKEN	
NIET STOREN		BINNENLOPEN ZONDER KLOPPEN			NIET BETREDEN
	NIET AANRAKEN			2X BELLEN	

1. Het is verboden hier te parkeren. ....*Niet parkeren!*..........
2. Om de deur te openen, moet je hem niet duwen maar ....
3. Deze persoon wil niemand spreken. Hij wil rustig doorwerken. ....
4. Bezoekers aan een bedrijf doen dit altijd bij aankomst. ....
5. Het is verboden om met je hand aan de voorwerpen in het museum te komen. ....
6. Om de deur te openen, moet je hem niet trekken maar ... .
7. Het is verboden om op dit terrein te komen. ....
8. Fietsers moeten aan de andere kant van de weg fietsen. ....
9. Voor deze persoon moet je tweemaal op de deurbel drukken. ....
10. Het is niet nodig om te wachten. Je mag meteen binnenlopen. ....

25H. There are also many other signs in the street and shops which are not the imperative or infinitive, but nevertheless give important information. Match the sign with the correct definition.

	TE HUUR		UITRIT VRIJLATEN	
AANBIEDING		BEZET		LEEGVERKOOP
	UITVERKOOP		TE KOOP	
BREEKBAAR		VOL		BUITEN BEDRIJF
	GEEN TOEGANG		AFGEPRIJSD	

1. Dit product kun je tijdelijk voor een goede prijs kopen. Het is in de ... .*aanbieding*............
2. Het hotel heeft geen kamers meer. Het hotel zit ....
3. Iemand gebruikt deze wc. Deze wc is ....
4. De machine werkt momenteel niet. Hij is ....
5. Deze woning kun je huren. Hij is ... .
6. De prijs van dit product is lager dan normaal. Dit product is ... .
7. Tegen het einde van de winter en de zomer houden veel winkels een ... .
8. Deze woning kun je kopen. Hij staat ... .
9. Deze winkel wil alles verkopen. Zij houden een ... .
10. Een product dat van glas is, kun je gemakkelijk breken. Het is ... .
11. Je mag daar niet ingaan. ....
12. Je mag de uitrit van een garage niet blokkeren. Je moet de ... .

Wist jij dat ...?

In Lesson 13 Exercise D, you learned the Dutch words for numerous colours, one of which was '*oranje*' (orange). Did you know that this colour is probably the most popular colour in the Netherlands? But why is that?

Well, '*oranje*' is the colour attributed to the Dutch Royal House, which is officially called the '*Huis van Oranje-Nassau* (House of Orange-Nassau). Additionally, the colour '*oranje*' is associated with '*het oranje-gevoel*' (the Orange feeling), which is a clear way for the Dutch to express their patriotism at international sporting events. The most important 'orange' day of the year is 30th April, known as '*Koninginnedag*' (Queen's Day). On this national holiday, everybody wears something orange. But where does the colour orange come into it?

The Dutch word for '*oranje*' is the Dutch translation of the French place name 'Orange' which appears in the noble title *Sovereign Principality of Orange*. This former principality in France was inherited by the son of Count Hendrik III of Nassau (1483–1538), from his uncle. When son René died childless in 1544, he left his estates to his German cousin Willem of Nassau (1533–1584), who, as Prince Willem I, founded the Royal House of Orange-Nassau.

Visit the official royal website http://www.koninklijkhuis.nl/English/index.jsp to learn more about the history of the monarchy, and to view photos of royal palaces and royal family members. Although the colour '*oranje*' originally symbolized the Dutch Royal House, it is nowadays also very strongly associated with Dutch patriotism.

Did you know that ...?

Source : www.koninklijkhuis.nl/English/content.jsp?objectid=13347

Les zesentwintig
de / het

The Dutch definite articles '**de**' and '**het**' both mean '*the*' in Dutch ('**het**' also means '*it*'). As you progress, knowing the correct gender of a noun is essential for clear communication. In fact, most European languages (except English) distinguish the 'gender' of a noun by using a gender system:

	Masculine	Feminine	Neuter	Plural
Dutch	de	de	het	de
French	le	la	–	les
German	der	die	das	die
Italian	il / lo	la	–	i / gli / le
Spanish	el	la	–	los / las

How important is the correct gender in Dutch? Gender can change the form of an adjective, certain pronouns, and some nouns can be both '*de*' and '*het*' but the meaning is different. Therefore, gender in Dutch is not to be overlooked, particularly at a more advanced level.

Although most nouns are '*de*-words', many common nouns are '*het*-words' <u>for which there is NO rule</u>:

het bed – *bed*	het boek – *book*	het deel – *part, segment*
het ding – *thing*	het geld – *money*	het huis – *house*
het jaar – *year*	het kantoor – *office*	het land – *country*
het licht – *light*	het uur – *hour*	het water – *water*
het werk – *werk*	etc.	

Some nouns are <u>both '*de*' and '*het*'</u>, <u>but the meaning is different</u>:

de bal – *ball (to play with)*	het bal – *ball (dance)*	de blik – *glance, look*	het blik – *tin can*
de bos – *bunch (flowers)*	het bos – *forrest, woods*	de doek – *(piece of) cloth*	het doek – *film screen, canvas*
de hof – *courtyard*	het hof – *(legal) court*	de idee – *philosophical idea*	het idee – *plan, suggestion*
de pad – *toad (type of frog)*	het pad – *path*	de punt – *end of an object*	het punt – *issue, place*
de soort – *species*	het soort – *type*	de stof – *material*	het stof – *dust*
de veer – *feather, spring*	het veer – *ferry boat*	etc.	

There are NO rules why these nouns above and many other nouns are '*het*-words', therefore they must be learned by heart. The good news is that many of these words are used so often that learning them by heart is not too difficult.

However, there are of course rules for remembering the gender of many Dutch nouns. The following rules should be used as guidelines only, considering that most grammatical rules in any language have exceptions.

Guidelines for singular HET–words

NOTE: The following guidelines ONLY APPLY to SINGULAR nouns. All plural nouns are ALWAYS '*de*-words'):

a) **Nouns** with the following **suffixes**:

–aat	het resultaat – *result*	het klimaat – *climate*	het apparaat – *machine*
	Exception: de automaat – *automatic machine*		
–sel	het beginsel – *principle*	het deksel – *lid*	het verschijnsel – *symptom*
–isme	het toerisme – *tourism*	het socialisme – *socialism*	het anglicisme – *anglicism*
–ment	het mo<u>ment</u> – *moment*	het apparte<u>ment</u> – *apartment*	het docu<u>ment</u> – *document*
–um	het centrum – *city centre*	het museum – *museum*	het decennium – *decade*

b) **Nouns** that consist of two syllables starting with the following **prefixes**:

- **be-**
  - het bedrijf – *company*
  - het begrip – *concept*
  - het bedrag – *amount of money*
  - het beheer – *management*
  - het begin – *biginning*
  - het belang – *importance*

- **ge-**
  - het gebouw – *building*
  - het gevoel – *feeling*
  - het gesprek – *conversation*
  - het geval – *case, instance*
  - het gebied – *area*
  - het gevolg – *consequence*

- **ver-**
  - het verslag – *report*
  - het verband – *link*
  - het verschil – *difference*
  - het verbod – *prohibition*
  - het verkeer – *traffic*
  - het verhaal – *story*

  Exception: de verkoop – *sale*

- **ont-**
  - het ontbijt – *breakfast*
  - het ontslag – *resignation*
  - het ontwerp – *design*

c) **Many (but not all) words derived from Latin and Greek** (which resemble their English equivalents) e.g.:

- het accent – *accent*
- het café – *café*
- het formulier – *form*
- het nummer – *number*
- het probleem – *problem*
- het rapport – *report*
- het systeem – *system*
- het artikel – *article*
- het centrum – *city centre*
- het museum – *museum*
- het park – *park*
- het programma – *programme*
- het restaurant – *restaurant*
- het team – *team*
- het bureau – *office desk*
- het contract – *contract*
- het nieuws – *news*
- het plan – *plan*
- het project – *project*
- het station – *train station*
- etc.

Exception:
- de auto – *the car*
- de computer – *computer*
- de procedure – *procedure*
- de bioscoop – *the cinema*
- de film – *film, movie*
- de telefoon – *telephone*
- de collega – *colleague*
- de kilometer – *kilometer*
- de televisie – *television*   etc.

d) **Languages**:

- in het Nederlands – *in Dutch*
- in het Italiaans – *in Italian*
- in het Engels – *in English*
- in het Spaans – *in Spanish*
- in het Frans – *French*
- in het Duits – *in German*

e) **Points of the compass**:

- het noorden – *north*
- het oosten – *east*
- in het zuiden – *in the south*
- in het midden – *in the middle*
- uit het westen – *from the west*
- het zuidwesten – *south–west*

f) **Colours**:

- het rood – *red*
- het wit – *white*
- het zwart – *black*

g) **Metals**:

- het staal – *steal*
- het lood – *lead*
- het ijzer – *iron*
- het koper – *copper*
- het goud – *gold*
- het zilver – *silver*

h) **Diminutives** (–je / -tje):

- het jongetje – *little boy*
- het kopje – *cup*
- het meisje – *girl*

i) **Infinitives used as nouns**:

- het eten – *food, dinner*
- het leven – *life*
- het leren – *learning*

j) **Adjectives used as nouns**:

- het leuke – *the nice thing*
- het ergste – *the worst thing*
- het beste – *the best thing*
- het grappige – *the funny thing*
- het enige – *the only thing*
- het belachelijke – *the ridiculous thing*

Compound nouns

Compound nouns are two or more nouns joined together to denote one thing, in Dutch officially written as ONE WORD. The last noun in the compound noun determines the gender.

		Compound noun
Example: de televisie (*television*)	het programma (*programme*)	het televisieprogramma
het geld (*money*)	de automaat (*machine*)	de geldautomaat
het verblijf (*stay*)	de vergunning (*permit*)	de verblijfsvergunning

REMEMBER: If you are using a noun which does not fall under the above guidelines, then it is probably a '*de*-word'. There are always exceptions to every rule! If in doubt, consult a dictionary.

Demonstrative pronouns

The Dutch words for 'this', 'that', 'these' and 'those' are determined by the gender of the noun they refer to.

	dichtbij HIER	verweg DAAR
'**het**' singular noun	**dit** boek (*this book*)	**dat** boek (*that book*)
'**de**' singular noun	**deze** pen (*this pen*)	**die** pen (*that pen*)
plurals (*always 'de-words'*)	**deze** boeken / **deze** pennen (*these books / these pens*)	**die** boeken / **die** pennen (*those books / those pens*)

26A. Fill in the appropriate definite article (*de* / *het*) and demonstrative pronoun (*dit* / *dat* / *deze* / *die*). When pluralising the noun, adapt the spelling accordingly (as explained in Lesson 2).

Singular   *Plural*

1. .... bedrijf (*company*)   ....
   .... (*hier*)   .... (*hier*)
   .... (*daar*)   .... (*daar*)

Singular   *Plural*

2. .... man (*man*)   ....
   .... (*hier*)   .... (*hier*)
   .... (*daar*)   .... (*daar*)

Singular   *Plural*

3. .... verschil (*difference*)   ....
   .... (*hier*)   .... (*hier*)
   .... (*daar*)   .... (*daar*)

	Singular		Plural	
4.	.... resultaat (*result*)		....	
	.... (*hier*)		.... (*hier*)	
	.... (*daar*)		.... (*daar*)	

	Singular		Plural	
5.	.... vrouw (*woman*)		....	
	.... (*hier*)		.... (*hier*)	
	.... (*daar*)		.... (*daar*)	

	Singular		Plural	
6.	.... vergunning (*permit*)		....	
	.... (*hier*)		.... (*hier*)	
	.... (*daar*)		.... (*daar*)	

	Singular		Plural	
7.	.... kantoor (*office*)		....	
	.... (*hier*)		.... (*hier*)	
	.... (*daar*)		.... (*daar*)	

	Singular		Plural	
8.	.... vergadering (*meeting*)		....	
	.... (*hier*)		.... (*hier*)	
	.... (*daar*)		.... (*daar*)	

	Singular		Plural	
9.	.... gebouw (*building*)		....	
	.... (*hier*)		.... (*hier*)	
	.... (*daar*)		.... (*daar*)	

	Singular	Plural
10.	.... huis (*house*)	....
	.... (*hier*)	.... (*hier*)
	.... (*daar*)	.... (*daar*)

26B. Fill in the correct definite article '*de*' or '*het*'.

1. Op .... moment werk ik aan een grootschalig project voor een internationaal bedrijf. Ik moet vaak naar .... hoofdkantoor in Brussel reizen en ook naar .... verschillende kantoren in Engeland, Italië, Griekenland, Zweden, Duitsland en Frankrijk. Dat vind ik leuk want zo zie ik een beetje van andere Europese landen.

2. .... klimaat in Nederland is heel anders dan in mijn land van herkomst. Bij ons in Australië is het in .... zomer warmer en in de winter niet zo koud.

3. Ik zal je .... contract meteen mailen. Jij moet het ondertekenen en dan met .... post terugsturen.

4. Amsterdam is .... hoofdstad van Nederland. Het ligt in .... westen van Nederland.

5. 'Hoe zeg je 'Yes please' in .... Nederlands?' '................ juiste woord is 'graag'.

6. .... leren van een vreemde taal is niet altijd gemakkelijk. .... grammatica van .... Nederlands is heel anders dan mijn moedertaal. Daarom moet ik veel oefenen.

7. .... leuke aan mijn functie is dat het heel afwisselend is. .... enige probleem is dat ik het altijd druk heb.

8. Bij mooi weer lunch ik altijd in .... park dichtbij mijn werk. Bij slecht weer eet ik in .... bedrijfsrestaurant.

9. Tim en Chantal wonen op .... eerste verdieping van een appartement in .... centrum van Amsterdam.

10. Ik heb .... rapport nog niet af maar ik ben bijna klaar.

11. .... klant is heel tevreden met .... bedrijfsresultaat over .... afgelopen financiële jaar.

12. Voor veel landen in Europa is .... toerisme .... belangrijkste bron van inkomsten.

13. 'Wat is .... verschil tussen 'de bal' en 'het bal'?' 'Het antwoord vind je in .... woordenboek!'

14. Ken jij .... Van Gogh museum? Naast .... mooiste schilderijen van Van Gogh vind je daar ook andere kunstwerken uit .... Impressionisme.

15. .... kopieerapparaat is momenteel 'buiten bedrijf'. Met andere woorden, het werkt momenteel niet. Ik zal .... secretaresse vragen om .... monteur te bellen.

Listening exercise 26.1
To check your answers to Exercise 26B, listen now to the recording.

Possessive pronoun 'ons / onze' (*our*)

In Lesson 14 you learned possessive pronouns. You will have noticed that the possessive pronoun 'our' has two forms: '*ons*' and '*onze*' determined by the gender of the noun they refer to. All other possessive pronouns remain unchanged.

het-word singular	*de*-word singular	all plurals
ons huis	onze auto	onze huizen / onze auto's

26C. Fill in the correct form of the possessive pronoun '*ons*' or '*onze*'.

1. Op .... kantoor is de voertaal Engels.
2. .... manager is Amerikaan maar hij spreekt heel goed Nederlands want hij woont al 10 jaar in Amsterdam.
3. Bij veel bedrijven in Europa loopt het financiële jaar van 1 januari tot en met 31 december. Ik werk bij een Amerikaans bedrijf dus .... financiële jaar loopt van 1 juli tot en met 30 juni.
4. BME is een internationaal bedrijf. .... hoofdkantoor zit in Amsterdam, maar .... andere kantoren vind je over de hele wereld.
5. Mijn vrouw en ik zijn heel tevreden met .... huis in het centrum van Amsterdam. Wij vinden het heel gezellig en .... buren zijn heel aardig.

Two forms for 'it'

In Lesson 14 you learned that the pronoun for 'it' was '*het*'. This is certainly the case when you are referring to an abstract idea or object in the previous sentence as in the example 'Tim likes <u>living in Amsterdam</u>' → 'Tim likes *it*'. However, when '**it**' refers to a noun, there are two forms. Study the following table.

	Subject pronoun	**Object pronoun**	**Possessive pronoun**
Het huis is mooi.	**Het** is mooi.	Ik vind **het** mooi.	Ik vind **zijn** vorm mooi.
De auto is mooi.	**Hij** is mooi.	Ik vind **hem** mooi.	Ik vind **zijn** vorm mooi.
De huizen zijn mooi.	**Zij** zijn mooi.	Ik vind **ze** mooi.	Ik vind **hun** vorm mooi.

NOTE: The above illustrates that the pronouns used to refer to males (hij / hem / zijn) are also used to refer to '*de*-words' (both animate and inanimate objects).

26D. Fill in the correct pronoun (subject pronoun / object pronoun / possessive pronoun).

1. *Carolien* : Hoe vind je mijn nieuwe laptop?
   Tim : Ik vind .... heel compact. .... weegt bijna niets en .... geheugen is 120 GB.
   Carolien : Hoe duur was ....?
   Tim : Niet zo duur, hoor. .... is tweedehands.

2. *Carolien* : Heb jij nieuwe schoenen?
   Tim : Ja, hoe vind jij ....?
   Carolien : Ik vind .... heel mooi. Zitten .... lekker?
   Tim : Nog niet, maar ik moet .... nog een beetje inlopen.

3. *Maik* : Wat vind jij van Tim, onze nieuwe collega?
   Carolien : Ik vind .... heel aardig en .... is ook heel erg knap. Vind jij niet?
   Maik : Absoluut. Maar .... heeft al een vriendin, hoor.

4. *Carolien* : Hoe vind jij .... nieuwe softwareprogramma?
   Tim : .... is heel gebruiksvriendelijk.

5. *Carolien* : Wij hebben nieuwe computers op kantoor.
   Tim : En? Hoe vind jij ....?
   Carolien : .... zijn heel modern en heel snel.

Les zevenentwintig
Pluralis

The '**Plural form**' of most nouns is formed by simply adding '-en' and adapting the spelling accordingly (see Lesson 2)

Singular	Plural	Singular	Plural
de pen (*pen*)	de pennen	de afspraak (*appointment*)	de afspraken
het bedrijf (*company*)	de bedrijven	het kantoor (*office*)	de kantoren

However, not all plural nouns end in '-en'. Study the following exceptions:

Plural forms ending with '–s'

1a) Nouns ending in '**-e**, **-el**, **-en**, **-er**, **-em**, **-ie**':

het kopje (*cup*)	de kopjes
de tafel (*table*)	de tafels
het gegeven (*detail*)	de gegevens
de dokter (*doctor*)	de dokters
de bezem (*sweeping broom*)	de bezems
de instructie (*instruction*)	de instructies

1b) Most loan words (from French/Latin/Greek) if the stress is on the last syllable:

het café (*café*)	de cafés
het cadeau (*gift*)	de cadeaus
de tram (*tram*)	de trams
de telefoon (*telephone*)	de telefoons
het restaurant (*restaurant*)	de restaurants
de film (*film, movie*)	de films
de club (*club*)	de clubs

1c) Nouns ending in '**-a**, **-i**, **-o**, **-u**, **-y**' take **apostrophe s** if the last syllable is open:

de collega (*colleagues*)	de collega's
de taxi (*taxi*)	de taxi's
de auto (*car*)	de auto's
de paraplu (*umbrella*)	de paraplu's
de hobby (*hobby*)	de hobby's

Irregular plurals

2a) Dutch also has a number of irregular plural forms (as do all European languages including English) which any good dictionary will indicate. Common examples are:

de dag (*day*)	– de dagen	het museum (*museum*)	– de musea
het ei (*egg*)	– de eieren	het pad (*path*)	– de paden
het lid (*member*)	– de leden	de stad (*city*)	– de steden
het glas (*drinking glass*)	– de glazen	het verslag (*report*)	– de verslagen
het kind (*child*)	– de kinderen	de weg (*road*)	– de wegen

2b) Nouns ending in the suffix '–heid' become '–heden':

de mogelijkheid (*possiblitiy*)	de mogelijkheden
de bezienswaardigheid (*tourist attraction*)	de bezienswaardigheden
de verantwoordelijkheid (*responsibility*)	de verantwoordelijkheden

27A. In the following exercise, the singular noun has been provided in brackets. Fill in the correct plural form. Some are regular, some are irregular.

1. **Eropuit in Nederland** (*Out and about in Holland*)

De vier grootste .... (*stad*) in Nederland zijn Amsterdam, Den Haag, Rotterdam en Utrecht. Dit gebied heet 'De Randstad' en het is het meest dichtbevolkt. Dat merk je vooral in de hoofdstad, Amsterdam. Wat je het meest opvalt als toerist, is het verkeer: je ziet overal .... (*voetganger*), fietsers, ... (*auto*) en .... (*tram*). Ook buiten de stad zie je veel verkeer, vooral op de .... (*snelweg*).

De binnenstad van Amsterdam heeft ontzettend veel .... (*restaurant*), cafés en .... (*kroeg*). Als het mooi weer is, zie je altijd mensen buiten op de vele .... (*terrasje*) zitten. Daarom vind ik Amsterdam zo gezellig.

Hoewel Amsterdam veel bezienswaardigheden heeft, bieden Rotterdam en Den Haag de toerist ook ontzettend veel .... (*mogelijkheid*). Er zijn veel .... (*museum*), veel kunstgalerieën, honderden restaurants, veel .... (*bioscoop*), nachtclubs en .... (*disco*).

2. **Ons multiculturele kantoor**

Omdat ons kantoor het Europese hoofdkantoor is, zijn er veel buitenlandse .... (*collega*) op de vele .... (*afdeling*). Op mijn afdeling hebben wij twaalf verschillende .... (*nationaliteit*). Dus zijn de culturele .... (*verschil*) nogal groot. Aangezien de voertaal Engels is, moeten wij alle .... (*verslag*) in het Engels schrijven. Omdat Engels mijn moedertaal is, is dat voor mij geen probleem. Hoewel mijn buitenlandse .... (*medewerker*) zich allemaal prima verstaanbaar kunnen maken in het Engels, vinden zij schrijven in het Engels moeilijker dan spreken. Dat kan ik me heel goed voorstellen. Ik moet er niet aan denken om al mijn .... (*rapport*) in het Nederlands te moeten schrijven. De .... (*secretaresse*) vinden schrijven in het Engels ook best moeilijk. Daarom helpen wij elkaar allemaal: ik help ze met hun Engels en zij helpen mij met mijn Nederlands.

Listening exercise 27.1
To check your answers to Exercise 27A, listen now to the recording.

Wist jij dat ...?

Did you know that the Netherlands is one of the few countries in the world where its national capital and its legislative capital are not in the same city?

Amsterdam became the capital city of the Netherlands for the simple fact that during the 17th Century, Amsterdam's Golden Age, the city was the richest city in Europe. Ships sailed from Amsterdam to North America, Africa and present-day Indonesia and Brazil and formed the basis of a worldwide trading network. Amsterdam's merchants had the biggest share in the VOC Dutch East India Company and the WIC Dutch West India Company. These companies acquired the overseas possessions which formed the seeds of the later Dutch colonies. Amsterdam was the most important point for the trans-shipment of goods in Europe and it was the leading financial centre of the world. Amsterdam's stock exchange was the first to trade continuously.

The Netherlands Constitution provides Amsterdam as capital city of the Netherlands, where the head of the Dutch monarchy is sworn in.

Den Haag (The Hague), it's official name being **'s Gravenhage**, on the other hand, has been the legislative capital of the Netherlands since 1584. It hosts the Upper House and Lower House of parliament, called the *Eerste Kamer* and the *Tweede Kamer*. Also Queen Beatrix resides and works in The Hague. Most foreign embassies and government ministries are located in this city, as well as the Supreme Court and many lobby organisations.

Did you know that ...?

Source : http://en.wikipedia.org/wiki/

Les achtentwintig
Declinatie

'**Declension**' (*also known as 'flexion'*) is when an '-e' is added to an adjective if it precedes a noun. In the following example paragraph, the adjectives in front of the noun are declenched.

"Ik werk op het internationale hoofdkantoor in Amsterdam Amstel. Omdat ons kantoor het Europese hoofdkantoor is, zijn er veel buitenlandse collega's op de vele afdelingen. Op onze afdeling hebben wij twaalf verschillende nationaliteiten. Dus zijn de culturele verschillen nogal groot."

When declenching an adjective, the spelling rules (see Lesson 2) must be applied:

Example: internationaal (*long vowel*) → een internationale afdeling (*drop a vowel to keep the vowel long*)

druk (*short vowel*) → een drukke dag (*double the consonant to keep the vowel short*)

officieel (*long vowel*) → de officiële taal (*'ieel' becomes 'iële' when declenched*)

The characteristic '-e' is <u>always added to the adjective after definite articles</u> (de / het / dit / dat / die / deze / etc) and pronouns. However, an '-e' is not added to the adjective in the following cases:

No declension

Rules a) to h) ONLY APPLY FOR SINGULAR '*het*-words':

a) After the indefinite article '**een**' (*a / one*)
    BME is een internationaal bedrijf.

b) After the indefinite article '**geen**' (*no / not any*)
    Er is geen wit papier meer. Het is op.

c) After the indefinite article '**zo'n**' (*such a*)
    Zij hebben zo'n mooi huis.

d) After the indefinite article '**veel**' (*much*)
    Ik heb nooit veel contant geld op zak.

e) After the indefinite article '**weinig**' (*little / not very much*)
    In de krant van vandaag staat weinig interessant nieuws.

f) When there is **no article**
    Goed idee!

The following words agree with the gender of the noun

g) The personal pronoun '**onze**' (used with *de*-words and plurals) changes to '**ons**' in front of a singular '*het*-word'. After '*ons*' and '*onze*', the adjective is always declenched.
    Op ons internationale kantoor is de voertaal Engels.

h) The indefinite articles '**iedere / elke / welke**' (*every / each / which*) change to '**ieder / elk / welk**' before a singular 'het-word'. After 'ieder / elk / welk', the adjective is always declenched.
    Ieder kantoor heeft een parkeergarage met minimaal 200 parkeerplaatsen.
    Elk bedrijf in Nederland moet zich registreren bij de Kamer van Koophandel.
    Bij welk internationale bedrijf werkt zij?

28A. Fill in the correct definite article / adjective / plural form.

Example:	Definite article	*het*	*interessante*	boek
	Indefinite article	*een*	*interessant*	boek
	Plural	*de*	*interessante*	*boeken*

1.
Definite article	....	....	kantoor
Indefinite article	een	....	kantoor
Plural	de	internationale	....

2.
Definite article	....	....	collega
Indefinite article	een	....	collega
Plural	de	buitenlandse	....

3.
Definite article	....	....	land
Indefinite article	een	....	land
Plural	de	democratische	....

4.
Definite article	....	....	afdeling
Indefinite article	een	....	afdeling
Plural	de	productieve	....

5.
Definite article	....	....	afspraak
Indefinite article	een	....	afspraak
Plural	de	belangrijke	....

6.
Definite article	....	....	verschil
Indefinite article	een	....	verschil
Plural	de	culturele	....

7.
Definite article	....	....	gelegenheid
Indefinite article	een	....	gelegenheid
Plural	de	goede	....

8.
Definite article	....	....	formulier
Indefinite article	een	....	formulier
Plural	de	ingewikkelde	....

9.
Definite article	....	....	café
Indefinite article	een	....	café
Plural	de	gezellige	....

10.	Definite article	....	....	baan
	Indefinite article	een	....	baan
	Plural	de	afwisselende	....
11.	Definite article	....	....	film
	Indefinite article	een	....	film
	Plural	de	spannende	....
12.	Definite article	....	....	resultaat
	Indefinite article	een	....	resultaat
	Plural	de	slechte	....
13.	Definite article	....	....	televisieprogramma
	Indefinite article	een	....	televisieprogramma
	Plural	de	nagesynchroniseerde	....
14.	Definite article	....	....	telefoon
	Indefinite article	een	....	telefoon
	Plural	de	mobiele	....
15	Definite article	....	....	verslag
	Indefinite article	een	....	verslag
	Plural	de	lange	....
16.	Definite article	....	....	feestje
	Indefinite article	een	....	feestje
	Plural	de	leuke	....
17.	Definite article	....	....	bedrijf
	Indefinite article	een	....	bedrijf
	Plural	de	Nederlandse	....
18.	Definite article	....	....	oefening
	Indefinite article	een	....	oefening
	Plural	de	nuttige	....

28B. Declench the adjective where applicable. Pay attention to the spelling of the adjective and the gender of the noun it precedes. Consult a dictionary if necessary.

Feiten over Nederland

Vergeleken met andere .... (*Europees*) landen, is Nederland een relatief........................ (*klein*) land. Met een bevolking van zo'n zestien miljoen, is Nederland ook één van de .... (*dichtstbevolkt*) westerse landen. Officieel wonen er 424 mensen per........................ (*vierkant*) kilometer. Vooral binnen de Randstad (Amsterdam, Den Haag, Rotterdam en Utrecht) wonen de.. (*meest*) mensen.

Amsterdam is de hoofdstad van Nederland, en Den Haag is de .... (*politiek*) hoofdstad van Nederland. De .... (*officieel*) naam van Den Haag is eigenlijk 's Gravenhage maar iedereen zegt meestal gewoon Den Haag.

De naam 'Nederland' bestaat uit twee woorden. Het eerste woord 'neder' is een .... (*oud*) woord voor 'laag', en het tweede woord is 'land'. In veel .... (*Europees*) talen is deze naam dan ook letterlijk vertaald. De Fransen noemen ons land 'Pays–Bas' (landen + laag) en de Duitsers zeggen 'Niederlande'. De Italianen mogen kiezen uit 'Paesi Bassi' (landen + laag) of 'Olanda' en de Spanjaarden ook uit 'Países Bajos' (landen + laag) of 'Holanda'.

Dat laatste woord lijkt op de Nederlandse naam 'Holland', maar weinig buitenlanders weten dat Holland maar een .... (*klein*) deel van Nederland is, namelijk een provincie.

Nederland bestaat uit twaalf provincies en .... (*elk*) provincie heeft een provinciehoofdstad:

	Provincie	*Hoofdstad*
1.	Noord-Holland	Haarlem
2.	Zuid-Holland	Den Haag
3.	Zeeland	Middelburg
4.	Noord–Brabant	Den Bosch
5.	Utrecht	Utrecht
6.	Flevoland	Lelystad
7.	Friesland	Leeuwarden
8.	Groningen	Groningen
9.	Drenthe	Assen
10.	Overijssel	Zwolle
11.	Gelderland	Arnhem
12.	Limburg	Maastricht

Nederland heeft twee .... (*officieel*) talen: het Nederlands en het Fries. Daarom hebben ze in de provincie Friesland .... (*tweetalig*) verkeersborden. Omdat Nederland veel .... (*verschillend*) immigrantengroepen heeft, spreken veel mensen naast het Nederlands ook hun eigen taal: het Turks, het Marokkaans, het Surinaams, het Papiaments, en nog veel .... (*ander*) talen. Zo kun je zeggen dat Nederland een .... (*multicultureel*) land is.

Listening exercise 28.1
To correct your answers to Ex. 28B, listen to the recording.

Les negenentwintig
Comparatief en Superlatief

The '**Comparative**' and '**Superlative**' are two different forms of adjectives (see Lesson 13) used to compare two or more things.

Example:	Dit gebouw is **groot**.	– *This building is **big**.*
Comparative	Dit gebouw is **groter** dan dat gebouw.	– *This building is **bigger** than that building.*
Superlative	Dit gebouw is het **grootste** gebouw in de omgeving.	– *This building is the **biggest** in the area.*

ADJECTIVE	COMPARATIVE	SUPERLATIVE
Regular		
groot (*big*)	gro**ter** dan	groot**st**
goedkoop (*cheap*)	goedkop**er** dan	goedkoop**st**
leuk (*nice*)	leuk**er** dan	leuk**st**
interessant (*interesting*)	interessant**er** dan	interessant**st**

NOTE: If an adjective ends in '-r', the comparative become '-der':

lekker (*tasty*)	lekker**der** dan	lekker**st**
ver (*far*)	ver**der** dan	ver**st**
raar (*odd, strange*)	raar**der** dan	raar**st**
duur (*expensive*)	duur**der** dan	duur**st**

Irregular		
goed (*good*)	beter dan	best
veel (*many*)	meer dan	meest
weinig (*little amount*)	minder dan	minst
graag (*gladly*)	liever dan	liefst
dichtbij (*closeby*)	dichterbij dan	dichtstbij
moe (*tired*)	vermoeider dan	vermoeidst

even + adjective + 'als' (*as .. as*) **'niet zo' + adjective + als** (*not as ... as*)

Ik ben **even** oud **als** mijn collega. — *I am as old as my colleague.*
Ik ben **niet zo** getalenteerd **als** hij*. — *I am not as talented as him.*

* The subject pronoun (ik / jij / u / hij / zij / wij / jullie / zij) is used when the second term of comparison is a personal pronoun.

more and more   'steeds' + comparatief

Het wordt **steeds** warm**er**. — *It's getting warmer and warmer.*
Jouw Nederlands wordt **steeds** beter. — *Your Dutch is improving.*
Alles wordt tegenwoordig **steeds** duur**der**. — *Nowadays everything is getting more and more expensive.*

Comparatives and Superlatives have the same grammatical function as adjectives. Therefore, when they are placed in front of a noun, the comparative or superlative must be declenched (see Lesson 28) depending on the gender of the noun it precedes. If they are NOT placed in front of a noun, they remain unchanged (no '-e').

29A. Fill in the correct comparative form of the underlined adjective. Modify the spelling accordingly.

1. Mijn leaseauto is niet zo groot. Zijn leaseauto is .... *groter* ....
2. Mijn collega's werken hard maar ik werk ....
3. Zij wonen dichtbij het Vondelpark maar wij wonen ....
4. Madrid is mooi maar Barcelona vind ik ....
5. Onze computers zijn snel maar hun computers zijn ....
6. Ik vind zijn plan goed maar mijn plan is ....
7. Vandaag is het koud maar morgen wordt het ....
8. Deze stoel zit lekker maar die stoel daar zit ....
9. Zij vindt kunst interessant maar ik vind geschiedenis ....
10. In mijn vrije tijd lees ik graag maar ik luister .... naar muziek.

29B. Fill in the correct comparative form of the adjective indicated in brackets and replace the compared object with the correct subject personal pronoun (see Lesson 14).

1. Ik ben 28 jaar oud. Mijn broer is 24. Hij is .... *jonger* .... (*younger*) dan .... *ik* .....
2. Jij sport twee keer in de week. Ik sport vijf keer in de week. Ik ben .... (*sportier*) dan ....
3. Hij staat om 8.00 uur op. Zij staat om 6.30 uur op. Zij staat .... (*earlier*) op dan ....
4. Jullie wonen hier al 3 maanden en kennen weinig mensen. Wij wonen hier al 3 jaar en kennen heel erg veel mensen. Jullie wonen hier .... (*short*) dan .... en wij kennen veel .... (*more*) mensen dan ....
5. Zij spreekt goed Engels. Jij spreekt het niet goed. Zij spreekt Engels .... (*better*) dan ....
6. Wij reizen één keer per maand naar het buitenland. Zij reizen drie keer per maand naar het buitenland. Wij reizen .... (*less*) vaak per maand naar het buitenland dan ....

29C. Fill in the comparative form of the adjective. Each comparative form must be declenched according to the gender of the noun it precedes (see Lesson 28).

1. Mijn leasauto is te groot voor mij. Ik wil een .... *kleinere* .... (*smaller*) leaseauto.
2. Hun appartement is te duur. Zij zoeken een .... (*cheaper*) appartement in dezelfde buurt.
3. Hij heeft een slechte dag achter de rug. Maar zij heeft een .... (*worse*) dag achter de rug.
4. Ik heb een drukke baan, maar mijn vrouw heeft een .... (*busier*) baan dan ik want zij is huisvrouw en zorgt voor onze drie kinderen tussen één en vier jaar oud.
5. Deze oefening is te gemakkelijk. Ik wil een .... (*more difficult*) oefening maken.

29D. Fill in the correct superlative form of the adjective. Declench the superlative accordingly. Finally, fill in the answer to each question (if you do not know the answer, google it).

1. Welke provincie is de _____vlakste_____ (*flat*) provincie van Nederland? _____Friesland_____.
2. Welke provincie is de .... (*greenest*) provincie van Nederland? ....
3. Welke provincie heeft de .... (*highest*) heuvels van Nederland? ....
4. Welke stad is de .... (*largest*) stad van Nederland? ....
5. Welke stad is volgens jou de ....(*most beautiful*) stad van Nederland? ....
6. Welk land is het .... (*most densly-populated*) land in Europa? ....
7. Welk land is het .... (*smallest*) land van Europa? ....
8. Welke taal is de .... (*most popular*) taal ter wereld? ....
9. Welke rivier is de .... (*most well-known*) in Amsterdam? ....
10. Welk land is het .... (*richest*) land ter wereld? ....
11. Welke dag is de .... (*shortest*) van het jaar in Nederland? ....
12. Welke dag is de .... (*longest*) van het jaar in Nederland? ....

29E. Complete the following sentences by using one of the following comparative structures: '**even ..... als**' or '**niet zo ....als**'.

1. Tim is 1 meter 85 lang. Zijn collega is 1 meter 88 lang. Tim is _____niet zo lang als_____ zijn collega.
2. Mijn bureau is rommeliger dan jouw bureau. Jouw bureau........................ mijn bureau.
3. Wij betalen € 500 huur per maand. Zij betalen ook € 500. Zij betalen ....wij.
4. Zij is zenuwachtiger dan hij. Hij is ....zij.
5. Tim is 26 jaar oud en Chantal ook. Zij is .... hij.
6. B.T.W. in Nederland is momenteel 19 procent. In Engeland is V.A.T. 17,5 %. In Engeland is V.A.T. dus .... B.T.W in Nederland.

29F. Fill in the correct form of the adjective provided. Use '**steeds + comparitive**'.

1. In het noordelijk halfrond worden de dagen vanaf 21 december .... (*longer and longer*). Vanaf 21 juni worden de dagen weer .... (*shorter and shorter*). In het zuidelijk halfrond is dat andersom. Met andere woorden, als het in Nederland winter is, is het zomer in Australië.
2. Dankzij de moderne technologie wordt het dagelijks leven niet alleen .... (*more and more simple*) maar ook .... (*increasingly faster*).
3. De communicatie met elkaar wordt .... (*easier and easier*) omdat .... (*more and more*) mensen toegang krijgen tot e-mail.
4. Omdat het verkeersprobleem .... (*bigger and bigger*) wordt, gaan .... (*less and less*) mensen met de auto naar hun werk.
5. Ik begin .... (*more and more often*)Nederlands met mijn collega's te praten. En zij zeggen dat mijn Nederlands .... (*better and better*) wordt.

Wist jij dat ...?

Did you know that Amsterdam derived its name from the dam built on the river Amstel in the 13th Century? Originally called *Amsteldam*, it later became the capital Amsterdam.

De Dam (Dam Square) is the most important attraction in Amsterdam. Situated on the square are four significant sites:

- *Het Koninklijk Paleis* (The Royal Palace) – until 1808 this building served as the City Hall, then from 1808 – 1815 as Napoleon's empirial palace, and finally since 1815 it has been the Royal Palace of the Royal House of Orange;
- *De Nieuwe Kerk* (The New Church) – built in the 15th Century;
- *Het Nationaal Monument* (The National Monument) – revealed on 4th May 1956. Nowadays, on 4th May of each year, war victims are commemorated. This day of mourning, called *Dodenherdenkingsdag* (Commemoration Day of the Dead) includes 2 minutes silence from 8.00 - 8.02 pm throughout the entire country;
- Madam Tussaud's Wax Museum.

Did you know that ...?

Source : http://nl.wikipedia.org/wiki/Dam_%28Amsterdam%29

Les dertig
Adverbia (3)

'**Adverbs of Quantity**' are used to quantify volume, time and distance. Study the following examples.

Hoeveel?			
weinig vrije tijd	– little / not a lot of* free time	een **beetje** Nederlands	– a bit of* Dutch
genoeg geld	– enough money	een **paar** problemen	– a few problems
veel werk	– much / a lot of* work	een **aantal** redenen	– a number of reasons
zoveel keuzes	– so many choices	een **heleboel** fouten	– a lot of mistakes
te veel vragen	– too many questions	een **hoop** rekeningen	– a heap of bills
tijd **zat** (*informal*)	– plenty of* time	een **groep** vrienden	– a group of friends

Weight and volume remain singular when preceded by a numeral:		Physical objects do NOT remain singular when preceded by a numeral:	
1 **liter** melk	– 1 liter of milk	een **kopje** koffie	– a cup of coffee
1,5 (anderhalve) **liter** wijn	– 1½ liters of milk	een **glas** rode wijn	– a glass of red wine
2 **liter** cola	– 2 liters of milk	een **fles** witte wijn	– a bottle of white wine
5 **kilo** aardappelen	– 5 kilos of potatoes	een **stuk** appeltaart	– a piece of apple pie
1 **ons** (100 gram) snoep	– 100 grams of sweets	een **zak** chips	– a bag of crisps
2 **ons** (200 gram) ham	– 200 grams of ham	een **schaaltje** pinda's	– a bowl of peanuts
een **half pond** aardbeien	– 250 grams of strawberries	een **portie** patat	– a portion of fries
een **pond** tomaten	– 500 grams of tomatoes	een **tas** vol boodschappen	– a bag full of groceries

Hoelang?			
The following time nouns remain singular when preceded by a numeral:		These time nouns do NOT remain singular when preceded by a numeral:	
1 **kwartier** / 3 **kwartier**	– 15 min. / 45 min.	1 **minuut** / 10 **minuten**	– one min. / ten mins.
1 **uur** / 2 **uur**	– one hour / two hours	1 **dag** / 14 **dagen**	– one day / fortnight
1 **jaar** / 5 **jaar**	– one year / five years	1 **week** / 2 **weken**	– one week / two weeks
BUT vele jaren	– many years	1 **maand** / 6 **maanden**	– one month / six months

Hoe vaak?			
The noun '**keer**' (time) remains singular when preceded by a numeral:			
1 **keer** per dag	– once a day	4 **keer** per jaar	– four times a year
2 **keer** per week	– twice a week	BUT vele keren	– many times
een paar **keer** per week	– a few times a week		

Hoe ver?			
Distance nouns remain singular when preceded by a numeral:			
1 **centimeter**	– one centimeter	5 **kilometer**	– five kilometers
2 **meter**	– two meters	1500 **kilometer**	– fifteen hundred kms
3 **vierkante meter**	– 3 m^2		

* The word 'of' is not translated in Dutch.

30A. Complete the sentences. Choose from '**weinig / genoeg / veel / zoveel / te veel / zat**'.

1. .... mensen gaan met de auto naar hun werk. Daarom zijn er tijdens de ochtendspits en avondspits .... files op de snelwegen. Dat is ook de reden waarom er tegenwoordig ontzettend .... ongelukken zijn.
2. Er zijn .... hotels in Amsterdam, dus is het voor toeristen niet moeilijk om een hotel te vinden.
3. Hij drinkt .... koffie omdat hij het niet echt lekker vindt.
4. Wij hoeven ons niet te haasten. De vergadering begint pas over 45 minuten. Wij hebben tijd ....
5. Zij maakt haar huiswerk nooit, daarom maakt zij .... fouten. Mijn Nederlands daarentegen wordt steeds beter. Ik maak nu .... fouten.

30B. Complete the following dialogue in a café. Tim orders for the entire group of colleagues. Choose the appropriate singular or plural form of '**kopje(s) / glas (glazen) / fles(sen) / stuk(s) / schaaltje(s) / portie(s)**'.

1. Ober : Zegt u het maar.
   Tim : Wij willen graag vier........................... (*cups of*) koffie en drie .... (*pieces of*) appeltaart.
2. Ober : Met of zonder slagroom?
   Tim : Twee met slagroom en één zonder. En mogen wij ook vier .... (*glasses of*) water?
3. Ober : Spa rood of spa blauw?
   Tim : Een .... (*glass of*) spa rood en drie .... (*glasses of*) kraanwater.
4. Ober : Verder nog iets?
   Tim : Ja. Verder willen wij één .... (*glass of*) witte wijn, twee........................... (*glasses of*) rode wijn, één .... (*portion of*) bitterballen met mosterd en twee .... (*portions of*) nachos met saus.
5. Ober : Willen jullie ook misschien wat pinda's erbij?
   Tim : Ja, en twee .... (*bowls of*) pinda's ook.

30C. Describe the flying time and route for the following destinations.

Example: *Hoelang duurt de vlucht van Amsterdam naar Málaga in Zuid-Spanje en waar moet je overstappen?*
<u>*De kortste reistijd van Amsterdam naar Málaga duurt in totaal 3 uur en 25 minuten. Je hoeft niet over te stappen.*</u>

1. Hoelang duurt de vlucht van Amsterdam naar New York?
   De kortste reistijd ....

   De langste reistijd ....

Amsterdam - Schiphol (AMS) Naar New York NY - John F. Kennedy Intl (NYC).								
dinsdag, augustus 10, 2004 - maandag, augustus 16, 2004								
Dagen	Vertrek	om	Aank./ trans.	om	Vlucht	Uitg. door	St op	Reis- tijd
Directe vluchten:								
- 2 3 - 5 6 -	AMS	19:25	JFK	21:15	KL643	KL	0	7:50
1 2 3 4 5 6 7	AMS	14:15	JFK	16:15	KL641	KL	0	8:00

2. Hoelang duurt de vlucht van Amsterdam naar Kaapstad in Zuid–Afrika en moet je overstappen?
   De kortste reistijd ....

   De langste reistijd ....

Amsterdam - Schiphol (AMS) Naar Cape Town - Intl (CPT).								
dinsdag, augustus 10, 2004 - maandag, augustus 16, 2004								
Dagen	Vertrek	om	Aank./ trans.	om	Vlucht	Uitg. door	St op	Reis- tijd
Directe vluchten:								
1 2 3 - 5 6 -	AMS	10:25	CPT	22:00	KL597	KL	0	11:35
Aansluitingen met één transfer:								
- 2 - - - - -	AMS	20:40	NBO	06:10+1	KQ117	KQ	0	15:30
	NBO	07:25+1	CPT	12:10+1	KQ464	KQ	0	

   1=ma, 2=di, 3=wo, 4=do, 5=vr, 6=za, 7=zo.
   -1=Aankomst vorige dag. , +1=Aankomst volgende dag. , +2=Aankomst 2 dagen later.

3. Hoelang duurt de vlucht van Amsterdam naar Sydney in Australië en moet je overstappen?
   De kortste reistijd ....

   De langste reistijd ....

Amsterdam - Schiphol (AMS) Naar Sydney - Kingsford Smith (SYD).								
dinsdag, augustus 10, 2004 - maandag, augustus 16, 2004								
Dagen	Vertrek	om	Aank./ trans.	om	Vlucht	Uitg. door	St op	Reis- tijd
Aansluitingen met één transfer:								
- 2 3 - 5 6 7	AMS	12:00	KUL	06:25+1	KL4103	MH	0	23:35
	KUL	09:45+1	SYD	19:35+1	KL4231	MH	0	
1 - 3 - 5 6 7	AMS	19:45	KUL	13:35+1	KL807	KL	0	26:50
	KUL	20:45+1	SYD	06:35+2	KL4217	MH	0	
1 2 3 4 5 6 7	AMS	12:00	KUL	06:25+1	KL4103	MH	0	34:35
	KUL	20:45+1	SYD	06:35+2	KL4217	MH	0	

   1=ma, 2=di, 3=wo, 4=do, 5=vr, 6=za, 7=zo.
   -1=Aankomst vorige dag. , +1=Aankomst volgende dag. , +2=Aankomst 2 dagen later.

Wist jij dat ...?

Did you know that the Dutch spelling system has been reformed no less than 6 times since the first official spelling was published in 1804?

The most recent reform was in 1995. The everyday authority on Dutch spelling, unofficially known as '*het Groene Boekje*' (the Little Green Book), is revised every ten years. The latest edition of this book was released in 2005 and contains revised spelling rules. These rules are compulsory for government publications and schools. However, a group of major Dutch newspapers and publishers decided to boycott the '*Nieuwe Spelling*' (New Spelling) and not follow all of the spelling reforms.

'*Dutch for English-speaking Expats*' adheres to the spelling guidelines set out in '*het Groene Boekje*' which has been the official spelling in the Netherlands since 1st August, 2006.

Did you know that ...?

Source : http://en.wikipedia.org/wiki/Dutch_spelling

Les eenendertig
Relatieve bijzinnen (2)

'**Relative clauses**' provide extra information about the main clause. In Lesson 22, you learned to use relative clauses introduced by '**dat**' (*that*). However, relative clauses can also 'define' **who / what / that which** we are talking about. This lesson gives you more practice using relative clauses in '**Het Presens**'.

In the following sentences, the relative clause is underlined:

When a relative clause refers to:	*Relative pronoun*	*Example*
'*de*-word'	**die**	De man **die** naast de koffieautomaat staat, is mijn manager.
'*het*-word'	**dat**	Het boek **dat** op de tafel ligt, is van mij.
plural nouns	**die**	De mannen **die** naast de koffieautomaat staan, zijn mijn collega's. De boeken **die** op de tafel liggen, zijn van mij.
person(s) + verb + fixed preposition	met **wie** voor **wie** naast **wie** etc.	De collega **met wie** ik samenwerk, is heel aardig. De mensen **naast wie** wij wonen, zijn allebei expats. De secretaresse **over wie** jullie roddelen, is mijn vriendin.
thing(s) + verb + fixed preposition	**waar**naar **waar**in **waar**mee* **waar**op **waar**uit etc.	De televisieprogramma's **waarnaar** zij altijd kijkt, vind ik erg saai. Het ding **waarin** je eten klaarmaakt, heet een koekepan. Het apparaat **waarmee*** je foto's maakt, heet een fototoestel. * The preposition '*met*' (with) changes to '*mee*' when combined with the relative pronoun '*waar*' (which)
referring to a whole clause	**wat**	Hij komt altijd te laat, **wat** ik erg vervelend vind.
indefinite articles: **alles** **iets** **niets** **veel**	**wat** **wat** **wat** **wat**	**Alles wat** ik over computers weet, komt uit een boek.

In all relative clauses, SUBORDINATION is obligatory.

Word order 7 – SUBORDINATION						
	Subordination in Relative Clause					
Main Clause	**Rel. Pronoun**	**Subject Rel. Clause**	**Time**	**Object**	**Place**	**Verb(s) 1 / 2 / 3**
Tim zegt	dat	hij	morgen	een afspraak	in Utrecht	heeft.

31A. Complete the definition for each profession: 'A (*professional*) **is somebody who** .....' . Remember to apply the correct word order to the relative clause.

een dokter	Hij repareert fietsen.
een leraar	Hij geneest zieke mensen.
een fietsenmaker	Hij werkt bij de politie.
een politicus	Hij geeft les.
een tandarts	Hij bakt en verkoopt brood en gebak.
een politieagent	Hij verkoopt of verhuurt huizen en appartementen.
een bakker	Hij werkt in de politiek.
een manager	Hij lost problemen met je gebit op.
een makelaar	Hij werkt met cijfers.
een boekhouder	Hij geeft leiding aan een groep medewerkers.

1. Een dokter is iemand **die** *zieke mensen geneest* .
2. Een leraar is iemand **die** ....
3. Een fietsenmaker is iemand **die** ....
4. Een politicus is iemand **die** ....
5. Een tandarts is iemand **die** ....
6. Een politieagent is iemand **die** ....
7. Een bakker is iemand **die** ....
8. Een manager is iemand **die** ....
9. Een makelaar is iemand **die** ....
10. Een boekhouder is iemand **die** ....

Listening exercise 31.1
To check your answers to Exercise 31A, listen now to the recording.

31B. Answer the following questions according to your pesonal situation. Write all answers IN FULL.

Example: Ken jij iemand die uit IJsland komt?
Nee, ik ken niemand die uit IJsland komt .

1. Ken jij iemand die meer dan vier talen spreekt?
   ....

2. Ken jij iemand die heel sportief is?
   ....

3. Ken jij iemand die uit Zuid–Afrika komt?
   ....

4. Ken jij iemand die internet nooit gebruikt?
   ....

5. Ken jij iemand die meer dan vijf kinderen heeft?
   ....

6. Ken jij iemand die een instrument kan spelen?
   ....

31C. Make one sentence from two. The relative clause must start with the relative pronouns '**die**' or '**dat**' depending on the gender of the noun it refers to.

1. (Ik heb een collega. Hij spreekt zes talen.)
   ....

2. (Wij hebben veel vrienden. Zij komen uit het buitenland.)
   ....

3. (Tim werkt op het hoofdkantoor van BME. Het kantoor zit tegenover Station Amsterdam Amstel.)
   ....

4. (Zij zoeken een woning in de binnenstad van Amsterdam. De woning is niet te duur.)
   ....

5. (Zij werkt in een team. Het team bestaat voor een groot deel uit expats.)
   ....

6. (Ik moet drie rapporten schrijven. De rapporten moeten vóór vrijdag klaar zijn.)
   ....

7. (Wij hebben veel huiswerk. Het huiswerk gaat mij veel tijd kosten.)
   ....

Listening exercise 31.2
To check your answerw to Exercise 31C, listen now to the recording.

When the relative clause is in the middle of the main clause, a comma (,) separates the relative clause from the rest of the main clause and INVERSION is <u>obligatory</u> in the remaining relative clause.

Word order 7 – SUBORDINATION						
Subject of Main Clause	Relative Clause					Inversion Rest of Main Clause
	Rel. Pronoun	Time	Object	Place	Verbs 1 / 2 / 3 ,	
De man	die			naast de koffieautomaat	staat ,	is mijn manager.

31D. Make one sentence from two. The relative clause (*indicated in italics in brackets*) must be placed in the middle of the main clause. Follow the word order above.

   Example: De man is mijn manager. (*De man staat naast de koffieautomaat.*)
   ....*De man die naast de koffieautomaat staat, is mijn manager.*...........

1. De rivier heet de Amstel. (*De rivier loopt door Amsterdam.*)
   ....

2. De kamer is erg klein. (*De kamer deel ik met drie andere collega's.*)
   ....

3. Het café geeft heel veel geluidsoverlast. (*Het café zit onder mijn appartement.*)
    ....

4. De cursus Nederlands is erg goed. (*Ik volg momenteel een cursus Nederlands.*)
    ....

5. Het huiswerk is gemakkelijk. (*Het huiswerk moeten wij voor de volgende les maken.*)
    ....

6. Je verblijfsvergunning moet je elk jaar verlengen. (*Jij hebt een verblijfsvergunning nodig om in Nederland te mogen wonen.*)
    ....

Listening exercise 31.3
To check your answers to Exercise 31D, listen now to the recording.

31E. Make one sentence from two. The relative clause must go in the middle of the sentence, and must start with the underlined **preposition + wie** (e.g. voor wie / met wie / over wie / etc.)

   Example: De man is mijn manager. Zij staat met mijn manager te praten.

   .... *De man met wie zij staat te praten, is mijn manager* ....

1. De manager is erg sympathiek. Ik werk voor die manager.
    De manager ....

2. Mijn vriend komt uit Italië. Ik woon al vijf jaar met mijn vriend samen.
    Mijn vriend ....

3. De collega is een goede vriend van mij. Jullie roddelen over die collega.
    De collega ....

4. Mijn grootouders wonen in Australië. Ik heb een sterke band met mijn grootouders.
    Mijn grootouders ....

5. De mensen komen uit Marokko. Wij wonen naast die mensen.
    De mensen ....

6. Hun manager heeft een functie met veel verantwoordelijkheden. Zij hebben veel respect voor die manager.
    Hun manager ....

31F. Describe the function of the following objects. Choose the appropriate definition from the right-hand box. The relative clause must start with **waar** + **preposition** (e.g. waarmee / waarop / waarin / etc.).

~~een koffiezetapparaat~~	In dit boek noteer jij je afspraken.
een televisie	~~Met dit apparaat zet je koffie.~~
een agenda	Met dit apparaat kun je een gesprek voeren met iemand die ergens anders is.
een telefoon	Met dit apparaat maak je foto's.
een magnetron	In dit boek kun je de betekenis van woorden opzoeken.
een woordenboek	Met dit apparaat kun je sommen berekenen.
een mobiele telefoon	Met dit kleine apparaat kun je via antennes bijna overal bellen.
een rekenmachine	In dit boek kun je informatie over mensen, dieren en dingen opzoeken.
een fototoestel	Met dit apparaat kun je naar uitzendingen kijken.
een encyclopedie	In dit apparaat kun je maaltijden opwarmen.

1. Een koffiezetapparaat is iets *waarmee* je koffie zet* .
2. Een televisie is iets ....
3. Een agenda is iets ....
4. Een telefoon is iets ....
5. Een magnetron is iets ....
6. Een woordenboek is iets ....
7. Een mobiele telefoon is iets ....
8. Een rekenmachine is iets ....
9. Een fototoestel is iets ....
10. Een encyclopedie is iets ....

Listening exercise 31.4
To check your answers to Exercise 31F, listen now to the recording.

31G. Make one sentence from two. The relative clause must go in the middle of the sentence, and must start with **waar** + **preposition** (e.g. waarmee / waarop / waarin / etc.).

Example: Het boek is erg goed. (Ik leer Nederlands <u>met</u> dat boek).
   Het boek waarmee* ik Nederlands leer, is erg goed.

1. De televisieprogramma's zijn erg saai. (Mijn vriendin kijkt altijd <u>naar</u> die programma's.)
   De televisieprogramma's ....
2. De formulieren zijn erg ingewikkeld. (<u>Met</u> die formulieren vraag je een verblijfsvergunning aan.)
   De formulieren ....
3. Het woordenboek is speciaal voor buitenlanders die Nederlands als tweede taal leren. (<u>In</u> dat woordenboek zoek ik altijd nieuwe woorden op.)
   Het woordenboek ....
4. Het examen is erg belangrijk voor mijn toekomst als auditor. (<u>Op</u> dat examen bereid ik me momenteel voor.)

Het examen ....

5. Het boek heet 'Het meisje met de parel' van Tracey Chevalier. (Ik ben momenteel bezig met dat boek.)

   Het boek ....

6. Het ding heet een 'koekepan'. (In dat ding maak je eten klaar.)

   Het ding ....

31H. Make one sentence from two by changing the sentence in italics and in brackets into a relative clause. The relative clause must start with the relative pronoun **wat**.

   Example: (Hij komt altijd te laat. *Dat vind ik erg vervelend.*)
   ....*Hij komt altijd te laat, wat ik erg vervelend vind.*..

1. Mijn manager en ik kunnen goed met elkaar opschieten. Volgende maand loopt zijn contract af. (Hij gaat naar Amerika terug. *Dat vind ik erg jammer.*)

   Hij gaat naar Amerika terug, ...

2. (Mijn ouders komen volgende maand naar Nederland. *Dat vind ik erg leuk.*)

   Mijn ouders komen volgende maand naar Nederland, ...

3. (Bij ons op kantoor zijn er veel verschillende nationaliteiten. *Dat creëert een internationale sfeer.*)

   Bij ons op kantoor zijn er veel verschillende nationaliteiten, ...
   ....

4. Om je verblijfsvergunning te verlengen, moet je persoonlijk naar de vreemdelingenpolitie. (Maar de vreemdelingenpolitie is in het weekend gesloten. *Dat vind ik erg vervelend.*)

   Maar de vreemdelingenpolitie is in het weekend gesloten, ...

5. (De woordvolgorde in het Nederlands is heel anders dan in mijn moedertaal. *Dat maakt het Nederlands een moeilijke taal.*)

   De woordvolgorde in het Nederlands is heel anders dan in mijn moedertaal, ...
   ....

31I. Rephrase the following sentences using the relative clause starting with an **indefinite article + wat**.

   Example: Ik weet alles over computers.
              Er is niets wat ik niet over computers weet...

1. Ik moet nog veel over mijn vak leren.

   Er is nog veel ....

2. Ik wil het Anne Frankhuis in Amsterdam heel graag zien.

   Iets ....

3. Je hebt dit boek nodig om een eenvoudig gesprek in het Nederlands te kunnen voeren.

   Met dit boek leer je alles ....
   ....

Les tweeëndertig
Het Perfectum (1)

'**Het Perfectum**' is used in Dutch to talk about actions and events that finished in the past. To illustrate this, the dialogue from Lesson 20 has been rewritten in 'Het Perfectum' (**in bold print** in the introductory dialogue below). 'Het Perfectum' will then be broken down into six lessons (Lessons 32 / 33 / 34 / 35 / 36 / 37).

Listening exercise 32.1
Maik asks Tim about his day yesterday.

Maik : Tim, kun je me iets over jouw dag gisteren vertellen?

Tim : Natuurlijk. De wekker is om 7.00 uur **afgegaan**. Ik ben een kwartier later **opgestaan**, ik heb koffie **gezet** en ik heb twee boterhammen **gegeten**. Onder het ontbijt heb ik de krant **gelezen** en naar het journaal **gekeken**.

Maik : En toen?

Tim : Na het ontbijt heb ik **gedoucht**. Ik heb me **geschoren**, ik heb mijn kleren **gestreken**, en ik heb me **aangekleed**. Daarna was ik klaar om te vertrekken.

Maik : Hoe laat ben je de deur **uitgegaan**?

Tim : Om half negen ben ik naar het station **gefietst**. De trein is om 8.52 uur **vertrokken**. Om 9.15 uur ben ik op kantoor **aangekomen**.

Maik : En wat heb je 's ochtends op kantoor **gedaan**?

Tim : Eerst heb ik koffie **gehaald** en daarna heb ik met mijn collega's een praatje **gemaakt**. Daarna heb ik mijn e-mail **gelezen** en **beantwoord**. Toen heb ik een vergadering **gehad** en ik ben bij een klant **langsgegaan**.

Maik : Hoe laat heb je **geluncht**?

Tim : Om 12.15 uur. Ik heb een halfuur lunchpauze **genomen**.

Maik : En wat heb je 's middags **gedaan**?

Tim : Ik heb een rapport **geschreven** en aan het eind van de middag heb ik een conferencecall met een klant in Amerika **gehad**.

Maik : Hoe laat ben je naar huis **gegaan**?

Tim : Om 17.00 uur. Na het werk heb ik een uurtje **gesport**. Na het sporten ben ik naar huis **gegaan**. Ik ben om 19.00 uur **thuisgekomen**. Ik heb **gekookt** en een beetje televisie **gekeken**. Tussen 23.00 en 24.00 uur ben ik naar bed **gegaan**.

Maik : En heb je in het weekend iets leuks **gedaan**?

Tim : Nou, niets bijzonders, hoor. Ik heb vooral lekker **uitgeslapen**. Op zaterdagochtend heb ik boodschappen **gedaan**. 's Middags heb ik met een vriend **afgesproken**. En 's avonds ben ik **gaan stappen**.

Maik : En op zondag?

Tim : Op zondagmiddag heb ik **gehockeyd**. Daarna zijn wij met z'n allen naar de kroeg **gegaan** en op zondagavond heb ik lekker **uitgerust**.

Talking about the past in Dutch

'Het Perfectum' is used in Dutch to talk about actions and events that finished in the past. 'Het Perfectum' consists of two verbs: an auxiliary verb ('*hebben*' or '*zijn*') and the past participle which is placed at the end of the clause. The auxiliary verb agrees with the subject but the past participle NEVER changes as in other European languages.

The past participle for regular verbs follows a simple pattern. The '*stam*' (verb root) is determined by dropping the final '-en'. The last letter of this '*stam*' (BEFORE you change the spelling) determines whether the past participle ends with a '**-d**' or '**-t**'. After you have determined the correct ending, the spelling is adapted in accordance with the rules you learned in Lesson 2.

Regular verbs

Formation: 'ge'+ stam + 'd'

Infinitive	Stam	'hebben' + Past Participle
wonen (*to live*)	won~~en~~	ik heb **gewoond**
zeggen (*to say*)	zegg~~en~~	jij hebt **gezegd**
vragen (*to ask*)	vrag~~en~~	u hebt **gevraagd**
halen (*to go and get*)	hal~~en~~	hij heeft **gehaald**
regenen (*to rain*)	regen~~en~~	het heeft **geregend**
leren (*to learn*)	ler~~en~~	wij hebben **geleerd**
studeren (*to study*)	studer~~en~~	jullie hebben **gestudeerd**
proberen (*to try*)	prober~~en~~	zij hebben **geprobeerd**
reizen (*to travel*)	reiz~~en~~	zij heeft **gereisd**

Formation: 'ge' + stam + 't'

If the '*stam*' (taken from the infinitve by dropping the '-en') ends with a
-t,-k,-f,-s,-ch,-p, the past participle ends with a '-t'.
To remember this rule, Dutch children learn the word **'T KoFSCHiP**.
After determining whether the past participle ends with a '-d' or '-t',
the spelling rules are applied to the '*stam*'.

werken (*to work*)	werk~~en~~	ik heb gewerkt
maken (*to make*)	mak~~en~~	jij hebt gemaakt
lunchen (*to have lunch*)	lunch~~en~~	zij heeft geluncht
douchen (*to shower*)	douch~~en~~	zij hebben gedoucht
sporten (*to do sports*)	sport~~en~~	wij hebben gesport

Separable Regular Verbs

Separable verbs are conjugated according to the '*stam*'. The particle and past participle are joined together and written as one word.

klaarmaken (*to prepare*)	mak~~en~~	ik heb klaargemaakt
invullen (*to fill in*)	vull~~en~~	hij heeft ingevuld
uitrusten (*to relax*)	rust~~en~~	wij hebben uitgerust

Regular Verbs with a prefix ('ge-, be-, ver-, ont-, her-')*

* The past participle does NOT take 'ge-'.

gebruiken *(to use)*	gebruik~~en~~	ik heb gebruikt
beantwoorden *(to reply)*	beantwoord~~en~~	jij hebt beantwoord
vertellen *(to tell)*	vertell~~en~~	hij heeft verteld
verbazen *(to surprise)*	verbaz~~en~~	dat heeft mij verbaasd
ontmoeten *(to meet)*	ontmoet~~en~~	zij heeft ontmoet
herhalen *(to repeat)*	herhal~~en~~	zij hebben herhaald

32A. Complete the table of the following regular verbs (some of which are separable or have a prefix).

	Infinitive	Meaning	'stam'	hebben + past participle
1.	studeren	– to study	studeren	Ik heb gestudeerd
2.	wonen	– to live (reside)		Jij
3.	werken	– to work		Hij
4.	mailen	– to send an e-mail		Wij
5.	oefenen	– to practise		Jullie
6.	lunchen	– to have lunch		Zij
7.	maken	– to do / to make		Ik
8.	wachten	– to wait		Jij
9.	regenen	– to rain		Het
10.	sturen	– to send		Hij
11.	willen	– to want to		Wij
12.	kopiëren	– to photocopy		Jullie
13.	zetten	– to place down		Zij
14.	solliciteren	– to apply for a job		Ik
15.	gebruiken	– to use		Jij
16.	veranderen	– to change		Hij
17.	vertellen	– to tell		Wij
18.	beloven	– to promise		Zij
19.	herhalen	– to repeat		Ik
20.	ontmoeten	– to meet		U
21.	herkennen	– to recognise		Hij
22.	invullen	– to fill in		Zij
23.	uitleggen	– to explain		Wij
24.	aanvragen	– to request		Ik
25.	afmaken	– to complete, finish		Jij
26.	inrichten	– to furnish (a room)		Hij
27.	indienen	– to submit		Wij
28.	klaarmaken	– to prepare		Zij
29.	meemaken	– to experience		Ik
30.	ophalen	– to pick up		Hij
31.	bijwonen	– to attend		Wij
32.	opruimen	– to tidy up		Zij
33.	rondreizen	– to travel around		Ik
34.	schoonmaken	– to clean		Jullie
35.	voorbereiden	– to prepare		Hij

When using 'Het Perfectum', the past participle stands at the end of the clause.

Word order 3 – TWO VERBS in one clause

Subject	Verb 1 Auxiliary verb	Time	Object	Plaats	Verb 2 Past Participle
Ik	heb	gisteren	een e-mail	naar de klant	gestuurd.
Tim	heeft	4 jaar	als auditor	bij BME in Toronto	gewerkt.
Tim en Chantal	hebben	vorig jaar	veel nieuwe mensen	in Nederland	ontmoet.

32B. Learn the past participle of the verbs in Exercise 32A by heart, then complete the exercise below by conjugating the auxiliary verb ('*hebben*') and the past participle of the infinitive indicated in brackets.

1. Ik heb in totaal zes jaar aan de universiteit .... (*studeren*). Daarna heb ik zes maanden in Azië .... (*rondreizen*). Ik heb daar ook een tijdje .... (*werken*). In die tijd heb ik veel leuke mensen .... (*ontmoeten*) en veel leuke dingen .... (*meemaken*).

2. Tim heeft eerst vier jaar bij BME in Toronto gewerkt. Op een gegeven moment heeft hij .... (*solliciteren*) naar een functie in Nederland. BME heeft voor hem een werkvergunning .... (*aanvragen*). Tim heeft zelf ontzettend veel formulieren .... (*invullen*), allerlei documenten .... (*kopiëren*) en alles bij de Nederlandse Ambassade in Canada .... (*indienen*). Na drie maanden heeft hij zijn visum ontvangen.

3. Afgelopen weekend hebben wij thuis veel gedaan. Wij hebben de woonkamer .... (*schilderen*) en met nieuwe meubels .... (*inrichten*). Ook hebben wij het hele huis .... (*opruimen*) en .... (*schoonmaken*). Ons huis is nu als nieuw!

4. Gistermiddag heeft het heel hard .... (*regenen*), maar gelukkig heeft mijn vriend mij van mijn werk .... (*ophalen*).

5. Paul heeft de les van vandaag wel .... (*voorbereiden*) en het nieuwe vocabulaire van buiten .... (*leren*), maar hij heeft de oefeningen niet .... (*maken*). Met andere woorden, hij heeft maar de helft van zijn huiswerk af.

6. Zij wil stoppen met roken, maar zij heeft het nog niet .... (*afleren*).

7. Ik heb gisteren mijn eerste vergadering in het Nederlands .... (*bijwonen*). Het was moeilijk maar ik heb bijna het hele gesprek zonder al te veel problemen .... (*volgen*). Na afloop heb ik met een van mijn collega's .... (*lunchen*), en zij heeft gelukkig een paar moeilijke dingen voor mij .... (*herhalen*) en ook .... (*uitleggen*).

Listening exercise 32.2
To check your answers to Exercise 32B, listen now to the recording.

Wist jij dat ...?

Did you know that many of today's famous place names derive from Dutch place names or words? For example:

New York (USA)	Formerly named 'New Amsterdam'
Brooklyn (USA)	Named after the Dutch town 'Breukelen'
Harlem (USA)	Named after the Dutch city 'Haarlem'
Long Island (USA)	Translated from the Dutch name '*t Lange Eylandt* (Long Island)
Rhode Island (USA)	Translated from the Dutch name '*t Roode Eylandt* (Red Island)
Coney Island (USA)	Translated from the Dutch name '*Coneyn Eylandt*' (Rabbit Island)
Tasmania (Australia)	Named in 1853 after the Dutch discoverer Abel Tasman
Western Australia (Australia)	Formerly named 'New Holland' by the Dutch discoverer Abel Tasman
New Zealand (New Zealand)	Named by the Dutch discoverer Abel Tasman, after the Dutch province of Zeeland
Indonesia (Indonesia)	Formerly named 'Dutch East Indies'
Jakarta (Indonesia)	Formerly named 'Batavia' (Latin name for population living in the Netherlands during Roman times)
Papua New Guinea	Formerly named 'Dutch New Guinea'
Cape Town (South Africa)	Founded by the Dutch governor Jan van Riebeeck, the English name is a translation of the Dutch name 'Kaapstad'.

Did you know that ...?

Source: www.answers.com

Les drieëndertig
Het Perfectum (2)

Not all verbs in '**Het Perfectum**' follow the regular rules explained in Lesson 32. Many verbs have an IRREGULAR past participle (as in all European languages including English). As they do not follow the regular rules of conjugation, they must simply be learned by heart (for an extensive list, see Bijlage 3). Separable verbs and verbs with a prefix (ge-, be-, ver-, ont-, her-) are conjugated the same as the base verb.

IRREGULAR VERBS

aanbieden (*to offer*)	hebben **aangeboden**
aannemen (*to accept / to hire*)	hebben **aangenomen**
begrijpen (*to comprehend*)	hebben **begrepen**
bespreken (*to discuss*)	hebben **besproken**
bezoeken (*to visit*)	hebben **bezocht**
bieden (*to offer*)	hebben **geboden**
breken (*to break*)	hebben **gebroken**
brengen (*to bring*)	hebben **gebracht**
denken (*to think*)	hebben **gedacht**
doen (*to do*)	hebben **gedaan**
doorbrengen (*to spend time*)	hebben **doorgebracht**
dragen (*to carry, to wear*)	hebben **gedragen**
drinken (*to drink*)	hebben **gedronken**
ervaren (*to experience*)	hebben **ervaren**
eten (*to eat*)	hebben **gegeten**
genieten (*to enjoy*)	hebben **genoten**
geven (*to give*)	hebben **gegeven**
hebben (*to have*)	hebben **gehad**
helpen (*to help*)	hebben **geholpen**
houden (*to hold / keep*)	hebben **gehouden**
kiezen (*to choose*)	hebben **gekozen**
kijken (*to look / to watch*)	hebben **gekeken**
kopen (*to buy*)	hebben **gekocht**
krijgen (*to get, receive*)	hebben **gekregen**
lachen (*to laugh*)	hebben **gelachen**
laten (*to let*)	hebben **gelaten**
lezen (*to read*)	hebben **gelezen**
nemen (*to take*)	hebben **genomen**
ontbijten (*to have breakfast*)	hebben **ontbeten**
ontvangen (*to receive*)	hebben **ontvangen**
schrijven (*to write*)	hebben **geschreven**
slapen (*to sleep*)	hebben **geslapen**
spreken (*to speak*)	hebben **gesproken**
staan (*to stand*)	hebben **gestaan**
stelen (*to steal*)	hebben **gestolen**
trekken (*to pull*)	hebben **getrokken**
verkopen (*to sell*)	hebben **verkocht**
verliezen (*to lose*)	hebben **verloren**
verstaan (*to understand*)	hebben **verstaan**
vinden (*to find*)	hebben **gevonden**
wassen (*to wash*)	hebben **gewassen**
weten (*to know something*)	hebben **geweten**
zien (*to see*)	hebben **gezien**
zitten (*to sit*)	hebben **gezeten**
zoeken (*to look for*)	hebben **gezocht**

33A. Learn by heart the irregular past participles of the verbs on the first page of this lesson. Then fill in the past participle of the infinitive provided in brackets.

1. Na het afstuderen heb ik meteen gesolliciteerd naar een functie bij BME. Gelukkig hebben ze me die functie .... (*aanbieden*). Natuurlijk heb ik die functie ook .... (*aannemen*).
2. Gisteren heb ik het rapport eindelijk .... (*afkrijgen*).
3. Sinds ik in Nederland ben, heb ik weinig musea .... (*bezoeken*).
4. Chantal volgt momenteel een cursus inlineskaten. Zij kan het nog niet zo goed en valt vaak. Gelukkig heeft zij nog niets .... (*breken*).
5. Wat voor opleiding heb jij .... (*doen*)?
6. Wij zijn vorige week naar een Japans restaurant gegaan. Wij hebben teriyaki en sushi .... (*eten*). Het was heerlijk. Ik heb te veel sake .... (*drinken*) en vrienden hebben mij .... (*thuisbrengen*).
7. Zij heeft afgelopen weekend een verjaardagsfeest .... (*geven*). Het was erg leuk. Ik heb heel erg .... (*genieten*).
8. Ik heb het de laatste tijd erg druk gehad. Daarom heb ik geen tijd .... (*hebben*) om je terug te bellen. Het spijt me.
9. Wij hebben gisteravond die nieuwe comedy van John Cleese .... (*zien*). Wij hebben ontzettend .... (*lachen*).
10. Ik heb .... (*kiezen*) om in Nederland te werken vanwege zijn centrale ligging. Zo kun je gemakkelijk weekendreisjes maken naar de meeste Europese steden.
11. Ik heb mijn huiswerk gemaakt maar ik heb mijn boeken thuis .... (*laten*).
12. BME heeft afgelopen november een nationaal congres .... (*houden*). Alle medewerkers waren aanwezig.
13. Na het sporten gisteravond heb ik voor mezelf gekookt en een beetje tv .... (*kijken*).
14. Ik heb de instructies zorgvuldig .... (*lezen*) maar ik begrijp ze niet.
15. Ik heb gisteren mijn portemonnee in de kroeg .... (*verliezen*). Natuurlijk heb ik ook meteen al mijn bankpasjes en creditkaarten geblokkeerd.
16. Wij hebben onze laatste wintervakantie in Zwitserland .... (*doorbrengen*). De Alpen waren prachtig. Ik heb meer dan 300 foto's .... (*nemen*)!
17. Ik heb vanochtend niet .... (*ontbijten*) en vanmiddag ook niet geluncht. Ik sterf van de honger.
18. Ik heb drie maanden geleden mijn werkvergunning aangevraagd maar ik heb hem nog steeds niet .... (*ontvangen*).
19. Gisteren heeft hij meer dan 200 e-mails .... (*schrijven*). Verder heeft hij niets gedaan.
20. Ik heb vannacht niet zo goed .... (*slapen*) en daarom ben ik nu best wel moe.
21. Wij hebben met onze manager .... (*spreken*) en hij heeft onze vorderingen met het project met de directeur .... (*bespreken*).
22. Ik heb heel veel geluk .... (*hebben*), zeg. Ik heb vannacht mijn fiets niet op slot gezet en hij heeft de hele nacht buiten .... (*staan*). Gelukkig heeft niemand hem .... (*stelen*).

23. Ik heb afgelopen maandag mijn eerste vergadering in het Nederlands bijgewoond. Hoewel iedereen heel snel aan het praten was, heb ik bijna iedereen .... (*verstaan*) en de globale strekking van het gesprek .... (*begrijpen*).
24. Ik heb vijftien maanden geleden mijn leaseauto gekregen. Sindsdien heb ik hem nog nooit .... (*wassen*).
25. Tim heeft in Toronto op school .... (*zitten*).
26. Zij hebben heel lang .... (*zoeken*) naar een betaalbare woning in het centrum. Na drie jaar hebben zij eindelijk hun droomhuis .... (*vinden*). Hun ouders hebben hen .... (*helpen*) met de hypotheek.

Listening exercise 33.1
To check your answers to Exercise 33A, listen now to the recording.

Les vierendertig
Het Perfectum (3)

When using '**Het Perfectum**', not all past participles are conjugated with the auxiliary verb '*hebben*'. Instead, many regular and irregular verbs take the auxiliary verb '*zijn*'.

VERBS with AUXILIARY 'ZIJN'

The general rule is that verbs of 'motion / change' (*although there are of course exceptions*)
are conjugated with the auxiliary verb '**zijn**'.
The past participle NEVER changes.

REGULAR VERBS

afstuderen (*to graduate*)	zijn **afgestudeerd**
gebeuren (*to happen*)	zijn **gebeurd**
fietsen (*to cycle*)	zijn **gefietst**
lukken (*to succeed, to manage*)	zijn **gelukt**
opgroeien (*to grow up*)	zijn **opgegroeid**
stoppen (*to stop*)	zijn **gestopt**
verhuizen (*to move house*)	zijn **verhuisd**

IRREGULAR VERBS

aankomen (*to arrive*)	zijn **aangekomen**
beginnen (*to begin*)	zijn **begonnen**
blijven (*to stay*)	zijn **gebleven**
gaan (*to go*)	zijn **gegaan**
geboren (*to be born*)	zijn **geboren**
komen (*to come*)	zijn **gekomen**
opstaan (*to get up*)	zijn **opgestaan**
sterven (*to die*)	zijn **gestorven**
rijden (*to drive*)	zijn **gereden**
thuiskomen (*to get home*)	zijn **thuisgekomen**
vertrekken (*to leave, depart*)	zijn **vertrokken**
vallen (*to fall*)	zijn **gevallen**
vergeten (*to forget*)	zijn **vergeten**
vliegen (*to fly*)	zijn **gevlogen**
weggaan (*to leave, go away*)	zijn **weggegaan**
worden (*to become*)	zijn **geworden**
zijn (*to be*)	zijn **geweest**

ADDITIONAL INFORMATION

Change in meaning when conjugted with 'hebben' or 'zijn'

Some verbs can be conjugated with BOTH auxiliary verbs.

Ik <u>ben</u> **naar** het centrum gefietst. (*direction*)   – *I cycled to the city centre.*
Ik <u>heb</u> **2 uur** gefietst. (*duration*)   – *I cycled for 2 hours.*

34A. Study the first page of this lesson and then conjugate the auxiliary verb ('*zijn*') and past participle of the infinitive in brackets accordingly.

1. Ik heb accounting aan de Universiteit van Toronto gestudeerd en ik ……………… in 1995 ……………… (*afstuderen*).
2. Kijk naar al die mensen! Ik zie ook de politie en een ambulance. Volgens mij ……………… er een ongeluk ……………… (*gebeuren*).
3. Vanochtend was het ontzettend mooi weer dus ……………… ik naar mijn werk ……………… (*fietsen*).
4. Het ……………… mij ……………… (*lukken*) om het rapport op tijd af te krijgen.
5. Tim en Chantal ……………… zes maanden geleden uit Canada naar Nederland ……………… (*verhuizen*).
6. Vanochtend had de trein vertraging en Tim ……………… 30 minuten te laat op kantoor ……………… (*aankomen*).
7. Ik ……………… vier maanden geleden met deze cursus Nederlands ……………… (*beginnen*).
8. Tim en Chantal hebben afgelopen weekend niets bijzonders gedaan. Zij ……………… gewoon ……………… (*thuisblijven*).
9. Gisteren waren wij al om 16.00 uur klaar met ons werk, dus ……………… wij gewoon naar huis ……………… (*gaan*).
10. Wanneer ……………… jij naar Nederland ……………… (*komen*)?
11. Ik ……………… gisterochtend heel vroeg ……………… (*opstaan*) omdat ik een ontzettend drukke dag voor de boeg had.
12. Afgelopen donderdag ging ik naar een klant maar ik ……………… verkeerd ……………… (*rijden*) en uiteindelijk ben ik twee uur te laat bij de klant aangekomen.
13. Tijdens de Tweede Wereldoorlog ……………… miljoenen mensen ……………… (*sterven*).
14. Wij zijn afgelopen zaterdag gaan stappen. Wij ……………… om vijf uur 's ochtends pas ……………… (*thuiskomen*).
15. Het vliegtuig ……………… met een vertraging van anderhalf uur ……………… (*vertrekken*). Daarom heeft de zakenman zijn aansluiting in Kuala Lumpur gemist.
16. Chantal volgt momenteel een cursus inlineskaten en zij ……………… tijdens de laatste les ……………… (*vallen*). Gelukkig heeft zij niets gebroken.
17. Ik ben twee keer naar Zuid-Spanje geweest. De eerste keer ben ik met de auto gegaan, maar dat heeft drie dagen geduurd. Daarom ……………… ik de tweede keer ……………… (*vliegen*). Dat heeft maar drie uur geduurd!
18. Gisteren heb ik vier vergaderingen gehad. Na de laatste vergadering was er een borrel. Maar ik ben niet voor de borrel gebleven. Ik ……………… meteen ……………… (*weggaan*).
19. Hij ……………… vorig jaar 28 ……………… (*worden*).
20. Ik ……………… vorig jaar op vakantie in China ……………… (*zijn*).
21. Het spijt me dat ik laat kom, maar mijn vergadering ……………… helaas ……………… (*uitlopen*).

Listening exercise 34.1
To check your answers to Exercise 34A, listen now to the recording.

34B. The following dialogue is in the form of a 'sollicitatiegesprek' (job interview). It contains both regular and irregular verbs, conjugated either with the auxiliary verb 'hebben' or 'zijn'. Revise Lessons 32/33/34 and then complete the 'sollicitatiegesprek' accordingly.

	Interviewer	:	Welkom bij BME, meneer Van den Oort. Om eventjes te beginnen, kunt u misschien iets over uw achtergrond vertellen en dan uw opleiding en werkervaring?
	Tim	:	Natuurlijk.
	Interviewer	:	Waar bent u geboren?
1.	Tim	:	Ik .... in Canada .... (*geboren*), in een kleine stad in het westen van Canada. Na mijn geboorte .... wij naar Toronto .... (*verhuizen*). Daar .... ik .... (*opgroeien*).
	Interviewer	:	Waar hebt u op school gezeten?
2.	Tim	:	Ik .... in Toronto op een christelijke middelbare school .... (*zitten*).
	Interviewer	:	En welke vakken hebt u gedaan?
3.	Tim	:	Ik .... Engels, Frans, wiskunde, scheikunde, natuurkunde, aardrijkskunde en geschiedenis .... (*doen*). Gelukkig had ik goede cijfers gehaald zodat ik naar de universiteit kon gaan.
	Interviewer	:	Wat hebt u aan de universiteit gestudeerd?
4.	Tim	:	Ik .... accounting .... (*studeren*).
5.	Interviewer	:	Hoelang .... die opleiding .... (*duren*)?
6.	Tim	:	Officieel vier jaar maar ik .... zes jaar erover .... (*doen*).
	Interviewer	:	Wanneer bent u afgestudeerd?
7.	Tim	:	Ik .... in 1998 .... (*afstuderen*).
8.	Interviewer	:	.... u meteen na het afstuderen werk .... (*vinden*)?
9.	Tim	:	Nee, ik .... eerst drie maanden in Zuid–Amerika .... (*rondreizen*) en daarna .... ik .... (*solliciteren*) naar een functie bij BME in Canada.
10.	Interviewer	:	Hoelang .... u in Canada .... (*werken*) voordat u naar Nederland .... (*komen*)?
11.	Tim	:	Ik heb vier jaar in Toronto gewerkt en daarna .... ik naar Nederland .... (*verhuizen*). Sinds vorig jaar september werk ik hier op het hoofdkantoor in Amsterdam.
	Interviewer	:	En hoe vindt u Nederland?
12.	Tim	:	Nederland is een bijzonder land. Ik .... al veel steden en bezienswaardigheden .... (*bezoeken*). Het is misschien een klein land maar er zijn ontzettend veel mooie plekken en dingen te zien.

Listening exercise 34.2
To check your answers to Exercise 34B, listen now to the recorded 'sollicitatiegesprek'.

34C. Follow the guidelines in Exercise 33B to complete the questions a colleague asks you about yourself. Consult your dictionary if necessary. Write complete sentences.

1. Collega : Waar ben je geboren en opgegroeid?
   Ik : ....
   ....

2. Collega : Waar heb jij op school gezeten?
   Ik : ....
   ....

3. Collega : Welke vakken heb jij in het laatste jaar op de middelbare school gedaan?
   Ik : ....
   ....
   ....
   ....

4. Collega : Wat was jouw lievelingsvak op de middelbare school? Waarom?
   Ik : ....
   ....

5. Collega : Wat voor studie heb jij gedaan?
   Ik : ....
   ....

6. Collega : Hoelang heeft die opleiding geduurd?
   Ik : ....

7. Collega : Wanneer ben je met die opleiding begonnen en wanneer ben jij afgestudeerd?
   Ik : ....
   ....
   ....
   ....

8. Collega : Heb je meteen na het afstuderen werk gevonden?
   Ik : ....
   ....
   ....
   ....

9. *Collega* : Wat voor werk heb jij buiten Nederland gedaan?

   Ik : ....

   ....

   ....

   ....

10. *Collega* : Hoelang heb jij buiten Nederland gewerkt voordat je naar Nederland bent verhuisd?

    Ik : ....

    ....

    ....

    ....

Wist jij dat ...?

Did you know that VanDorp Educatief, the publisher of '*Dutch for English-speaking Expats*', also runs an additional website: www.nederlandsalstweedetaal.nl ? This Dutch/English site offers extensive information, course materials and learning aids for NT2, which stands for *Nederlands als Tweede Taal* (Dutch as a second/foreign language). Visit this site to order NT2 course books, language learning and practice software, online access to language building tools and tests, language learning puzzles and quizzes, information on the Netherlands and FAQs about the NT2 community web and other useful NT2 links.

VanDorp Educatief not only offers foreign language course books and bilingual dictionaries for expats, but also specialist books in English and Dutch on emigrating (including books on emigrating with children), children's books on the expat experience, useful books on working and living abroad, and buying real estate abroad. For the complete range of books on offer, visit www.emigratieboek.nl.

Did you know that ...?

Source: www.vandorp-educatief.nl
www.emigratieboek.nl
www.nederlandsalstweedetaal.nl

Les vijfendertig
Het Perfectum (4)

All reflexive verbs in '**Het Perfectum**' (Regular and Irregular) are conjugated with the auxiliary verb '*hebben*'. The reflexive pronoun always agrees with the subject (see Lesson 24).

35A. The following reflexive verbs are in 'Het Presens'. Convert them into 'Het Perfectum' as in the example.

Reflexive verbs in 'Het Perfectum'

1. **zich vergissen** – *to be mistaken*
   Presens   : Misschien vergis jij je.
   Perfectum : *Misschien heb jij je vergist.*

2. **zich afvragen** – *to wonder*
   Presens   : Zij vraagt zich af.
   Perfectum : ....

3. **zich bedenken** – *to change one's mind*
   Presens   : Ik bedenk me.
   Perfectum : ....

4. **zich verslapen** – *to oversleep*
   Presens   : Hij verslaapt zich.
   Perfectum : ....

5. **zich vervelen** – *to be(come) bored*
   Presens   : Wij vervelen ons.
   Perfectum : ....

6. **zich omkleden** – *to get changed*
   Presens   : Zij kleedt zich om.
   Perfectum : ....

7. **zich zorgen maken** – *to be(come) worried*
   Presens   : Ik maak me zorgen.
   Perfectum : ....

8. **zich ergeren** – *to be(come) annoyed*
   Presens   : Erger jij je niet aan al die herrie?
   Perfectum : ....

9. **zich houden aan de regels** – *to respect the rules*
   Presens   : Jullie houden je niet aan de regels.
   Perfectum : ....

10. **zich verontschuldigen** – *to apologise*
    Presens   : Hij verontschuldigt zich voor zijn onaardige opmerking.
    Perfectum : ....

11. **zich vermaken** – *to enjoy onself*
    Presens   : Ik vermaak me ontzettend.
    Perfectum : ....

35B. Tim and a colleague talk about their summer holiday last year. Conjugate the appropriate auxiliary verb ('*hebben*' or '*zijn*') and past participle of the infinitives indicated in brackets.

	Collega	:	En, heb jij al plannen voor de komende zomervakantie?
	Tim	:	Nee, eigenlijk niet.
1.	*Collega*	:	Waar .... jij vorig jaar op vakantie .... (*zijn*)?
	Tim	:	Vorig jaar .... ik wel .... (*vrijnemen*) maar ik .... niet .... (*weggaan*). Ik .... drie weken lekker .... (*thuisblijven*).
2.	*Collega*	:	.... jij .... niet .... (*zich vervelen*)?
	Tim	:	Helemaal niet. Vorig jaar .... wij zo'n prachtige zomer .... (*hebben*), weet je nog? En mijn vriendin en ik .... hier in Nederland prima .... (*zich vermaken*), hoor.
3.	*Collega*	:	Wat .... je zoal .... (*doen*)?
	Tim	:	Heel weinig. Eigenlijk .... ik .... drie weken lang gewoon lekker .... (*zich ontspannen*).
4.	*Collega*	:	Maar heb jij nou helemaal niets gedaan of ben jij nergens naartoe geweest?
	Tim	:	Natuurlijk wel. Wij zijn een weekje in Zeeland geweest. Daar .... wij veel .... (*fietsen*) en vooral lekker op het strand .... (*liggen*).
5.	*Collega*	:	Nou, ik kan me niet voorstellen dat jij .... niet .... (*zich vervelen*).
	Tim	:	En jij? Waar ben jij op vakantie geweest?
6.	*Collega*	:	Nou, ik ben wat avontuurlijker ingesteld dan jij, geloof ik. Ik .... vanuit Nederland helemaal naar Santiago de Compostela in Spanje .... (*lopen*)!
	Tim	:	Jij bent gek! Noem je dat nou een vakantie?
	Collega	:	Het klinkt misschien gek, maar zo'n uitdaging geeft heel veel voldoening, hoor.
	Tim	:	Ja, dat kan ik me voorstellen. Als jij het tenminste overleeft!

Listening exercise 35.1
To check your answers to Exercise 35B, listen now to the recorded dialogue.

Les zesendertig
Het Perfectum (5)

When a sentence has two or more verbs in 'Het Presens', the verbs are not conjugated in '**Het Perfectum**' (no 'ge + *stam* + d/t'). The modal verb and main verb remain in the infinitive form and are placed at the end of the clause. The auxiliary verb '*hebben*' or '*zijn*' is <u>determined by the first infinitive</u>.

Word order 8 – MULTIPLE INFINITIVES in one clause						
Subject	Verb 1	Time	Object	Place	Verb 2	Verb 3
	hebben / zijn				infinitive	infinitive

By way of example, compare the following sentences in 'Het Presens' and 'Het Perfectum':

Multiple infinitives

Presens
Ik ga stappen.
Tim gaat boodschappen doen.

Wij kunnen hem niet bereiken.
Chantal moet hem terugbellen.
Zij moeten 30 minuten op de bus wachten.
Ik laat mijn haar knippen.
Hij laat zijn fiets repareren.
Wij laten hun onze vakantiefoto's zien.
Tim en Chantal leren veel mensen kennen.

Perfectum
Ik ben gaan stappen.
Tim is boodschappen gaan doen.

Wij hebben hem niet kunnen bereiken.
Chantal heeft hem moeten terugbellen.
Zij hebben 30 minuten op de bus moeten wachten.
Ik heb mijn haar laten knippen.
Hij heeft zijn fiets laten repareren.
Wij hebben hun onze vakantiefoto's laten zien.
Tim en Chantal hebben veel mensen leren kennen.

36A. The following sentences are in 'Het Presens'. Convert these sentences into 'Het Perfectum' as illustrated in the examples above.

1. Presens : Zij gaan fietsen.
   Perfectum : ....

2. Presens : Wij kunnen onze paspoorten niet vinden.
   Perfectum : ....

3. Presens : Hij moet zijn auto laten repareren.
   Perfectum : ....

4. Presens : Zij moeten vóór de maandafsluiting alle rapporten afkrijgen.
   Perfectum : ....

5. Presens : Ik bel haar drie keer maar ik kan haar niet bereiken. (Convert BOTH clauses!!)
   Perfectum : ....

6. Presens : Ga jij in het weekend winkelen?
   Perfectum : ....

7. Presens : Zij hoort haar manager daarover praten.
   Perfectum : ....

8. Presens : Hij moet zijn computer opnieuw laten installeren.
   Perfectum : ....

9. Presens   : Tijdens mijn reis naar Thailand leer ik veel leuke mensen kennen.
    Perfectum : ....

10. Presens   : Zie jij het ongeluk gebeuren?
    Perfectum : ....

11. Presens   : Tijdens het examen mogen de kandidaten niet praten.
    Perfectum : ....

12. Presens   : Chantal laat haar haar knippen.
    Perfectum : ....

13. Presens   : Tim kan het verslag niet op tijd afmaken.
    Perfectum : ....

14. Presens   : Wij willen onze woning laten verbouwen.
    Perfectum : ....

15. Presens   : Ik laat me naar BME in Nederland overplaatsen.
    Perfectum : ....

16. Presens   : Hij moet langer op zijn werk blijven om het rapport af te maken.
    Perfectum : ....

17. Presens   : Ik leer in Hawaï diepzeeduiken.
    Perfectum : ....

18. Presens   : Ik laat het rapport aan mijn manager zien.
    Perfectum : ....

19. Presens   : Hij heeft een probleem maar zijn manager kan hem niet helpen.
    Perfectum : ....

20. Presens   : Vanwege vertraging moeten de reizigers lang op de trein wachten.
    Perfectum : ....

Listening exercise 36.1
To check your answers to Exercise 36A, listen now to the recorded sentences converted into 'Het Perfectum'.

Wist jij dat ...?

Did you know that the surface area of the Netherlands is 41,526 km^2 of which only 33,883 km^2 is land? On 1st January 2006, the Netherlands had a population of 16.34 million, which means that its population density of 482 people per km^2 (water surface area not taken into account) makes the Netherlands one of the most densely populated countries in the world.
In comparison, the Netherlands fits 220 times in United States of America, 185 times in Australia, and 13 times in France.
The ethnic origins of Dutch citizens are very diverse: 80.8% Dutch, 5.6% other European (including 2.4% German), 2.4% Indonesian (mainly Moluccan), 2.2% Turkish, 2.0% Surinamese, 1.9% Moroccan, 0.8% Antillean and Aruban, and 4.2% other.

Did you know that ...?

Source: www.cbs.nl

Les zevenendertig
Het Perfectum (6)

In Lesson 20, you learned to use separable verbs in 'Het Presens' and in Lessons 32 – 36 in '**Het Perfectum**'. However, Dutch also has INSEPARABLE VERBS. Although these inseparable verbs contain a particle, the particle and verb are NEVER separated. The accent (underlined below) is ALWAYS on the verb and NOT on the particle as in separable verbs. In 'Het Perfectum', inseparable verbs are not conjugated with the characteristic 'ge-' as in separable verbs.

Inseparable verbs

Inseparable verbs can be either regular or irregular.
The following list contains examples of some common inseparable verbs in Dutch.

Infinitive	Presens	Perfectum
aanvaarden (*to accept*)	Ik aanvaard.	Ik heb aanvaard.
doorgronden (*to fathom*)	Ik doorgrond.	Ik heb doorgrond.
mislukken (*to fail*)	Het mislukt.	Het is mislukt.
onderbreken (*to interrupt*)	Ik onderbreek.	Ik heb onderbroken.
onderhandelen (*to negotiate*)	Ik onderhandel.	Ik heb onderhandeld.
onderhouden (*to entertain, maintain*)	Ik onderhoud.	Ik heb onderhouden.
ondernemen (*to undertake*)	Ik onderneem.	Ik heb ondernomen.
onderschatten (*to underestimate*)	Ik onderschat.	Ik heb onderschat.
onderscheiden (*to differentiate*)	Ik onderscheid.	Ik heb onderscheiden.
ondertekenen (*to sign*)	Ik onderteken.	Ik heb ondertekend.
ondervinden (*to experience*)	Ik ondervind.	Ik heb ondervonden.
onderzoeken (*to research*)	Ik onderzoek.	Ik heb onderzocht.
overdrijven (*to exaggerate*)	Ik overdrijf.	Ik heb overdreven.
overleven (*to survive*)	Ik overleef.	Ik heb overleefd.
overlijden (*to pass away, to die*)	Hij overlijdt.	Hij is overleden.
overnachten (*to spend the night*)	Ik overnacht.	Ik heb overnacht.
overschatten (*to overestimate*)	Ik overschat.	Ik heb overschat.
overtuigen (*to convince*)	Ik overtuig.	Ik heb overtuigd.
overwegen (*to consider*)	Ik overweeg.	Ik heb overwogen.
voorspellen (*to predict*)	Ik voorspel.	Ik heb voorspeld.
voorzien (*to forsee, to provide*)	Ik voorzie.	Ik heb voorzien.
weerleggen (*to refute*)	Ik weerleg.	Ik heb weerlegd.
weerstaan (*to resist*)	Ik weersta.	Ik heb weerstaan.

Both inseparable and separable
Some verbs are both but the accent and conjugation changes the meaning.

Infinitive	Presens	Perfectum
doorlopen (*to work through*)	Ik doorloop.	Ik heb doorlopen.
doorlopen (*to continue walking*)	Ik loop door.	Ik ben doorgelopen.
ondergaan (*to undergo*)	Ik onderga.	Ik heb ondergaan.
ondergaan (*to set*)	De zon gaat onder.	De zon is ondergegaan.
overkomen (*to happen to*)	Het overkomt me.	Zoiets is me nog nooit overkomen.
overkomen (*to come over/across*)	Hij komt arrogant over.	Hij is arrogant overgekomen.
overleggen (*to confer*)	Ik overleg.	Ik heb overlegd.
overleggen (*to hand over*)	Ik leg over.	Ik heb overgelegd.
voorkomen (*to avoid, to prevent*)	Ik voorkom.	Ik heb voorkomen.
voorkomen (*to occur*)	Het komt voor.	Het is voorgekomen.

37A. Convert the following sentences from 'Het Presens' into 'Het Perfectum' (for sentences with multiple infinitives 'Het Perfectum', see Lesson 36). Some verbs are separable, others are inseparable.

1. Presens : Wij kopen een huis in Haarlem. Wij onderhandelen lang over de prijs.
   Perfectum : ....
   ....

2. Presens : De eigenaars aanvaarden ons bod. Wij ondertekenen op maandag het contract.
   Perfectum : ....
   ....

3. Presens : Ik onderschat hoeveel tijd en geld het kost om ons nieuwe huis te verbouwen.
   Perfectum : ....
   ....

4. Presens : Veel problemen tijdens de verbouwing kunnen wij niet voorzien.
   Perfectum : ....
   ....

5. Presens : Zij ondergaat een zware operatie aan haar knie.
   Perfectum : ....

6. Presens : Voordat ik de klant kan bellen, overleg ik eerst met mijn manager.
   Perfectum : ....
   ....

7. Presens : Ik kan mijn manager niet overtuigen.
   Perfectum : ....

8. Presens : Zoiets overkomt mij nooit.
   Perfectum : ....

9. Presens : Zij onderbreken twee keer hun reis naar Seville. Zij overnachten in Parijs en ook in Barcelona.
   Perfectum : ....
   ....

10. Presens : Hij biedt mij een stuk chocoladetaart aan. Ik kan de verleiding niet weerstaan.
    Perfectum : ....
    ....

11. Presens : Hij steelt het geld niet, maar hij kan zijn onschuld ook niet bewijzen.
    Perfectum : ....
    ....

12. Presens : Ik voorkom kleine foutjes in mijn huiswerk door mijn antwoorden twee keer te controleren.
    Perfectum : ....
    ....

Listening exercise 37.1
To check your answers to Exercise 37A, listen now to the recorded sentences converted into 'Het Perfectum'.

Les achtendertig
Adverbia (4)

The following '**Adverbs of Time**' are used with 'Het Perfectum' to talk about actions or events that finished in the past.

Adverbs of time used with 'Het Perfectum'			
gisteren	– yesterday	vorige week*	– last week
gisterochtend	– yesterday morning	vorige maand*	– last month
gistermiddag	– yesterday afternoon	vorig jaar*	– last year
gisteravond	– yesterday evening	3 jaar geleden	– 3 years ago
afgelopen maandag	– last Monday	afgelopen lente	– last spring
afgelopen week	– last week	afgelopen zomer	– last summer
afgelopen weekend	– last weekend	afgelopen herfst	– last autumn
		afgelopen winter	– last winter
toen	– then		
in die periode	– at that period of time	* Adjectives agree with the gender of the noun (see Lesson 26).	
daarna	– after that		

38A. Convert the following sentences from 'Het Presens' into 'Het Perfectum'. Don't forget to change the underlined adverb of time.

1. Presens : Ik ga <u>vandaag</u> met de fiets naar mijn werk.
   Perfectum : *Ik ben **gisteren** met de fiets naar mijn werk gegaan.*

2. Presens : <u>Vanmiddag</u> gaat hij met de auto naar Den Haag om een klant te bezoeken.
   Perfectum : ....

3. Presens : Wij hebben <u>vanavond</u> een eetafspraak met vrienden uit Canada.
   Perfectum : ....

4. Presens : Ik neem <u>deze week</u> vrij maar ik doe niets speciaals.
   Perfectum : ....

5. Presens : Zij vliegt <u>dit weekend</u> met haar vriend naar Parijs.
   Perfectum : ....

6. Presens : <u>Deze maand</u> moeten zij veel overwerken.
   Perfectum : ....

7. Presens : <u>Dit jaar</u> brengt hij zijn zomervakantie op het Griekse eiland Santorini door.
   Perfectum : ....

8. Presens : Hij gaat <u>over twee jaar</u> naar Amerika terug.
   Perfectum : ....

Additional adverbs of time used with 'Het Perfectum'

In Lessons 32 – 37 you learned that 'Het Perfectum' is used to talk about actions and events in the past that are NOT related to the present. They are FINISHED.

      Example: Ik <u>heb</u> drie jaar in New York <u>gewoond</u>. – *I lived in New York for 3 years.*

This sentence in Dutch means that you no longer live in New York. If you still live there, you use 'Het Presens' (see Lesson 6) as in the following example.

      Example: Ik <u>woon</u> al drie jaar in New York. – *I have been living in New York for 3 years.*

In Dutch, 'Het Perfectum' can also be used with the following adverbs when talking about the RESULT of an UNFINISHED action (as in English!):

ooit	– *ever*	Ben jij **ooit** in China geweest?
nog nooit	– *never*	Nee, ik ben **nog nooit** in China geweest.
nog niet	– *not yet*	Ik heb mijn huiswerk **nog niet** afgemaakt.
nog geen	– *not any*	Ik heb deze week **nog geen** tijd gehad.
vandaag	– *today*	Heb jij Tim **vandaag** al gesproken?
al	– *already*	Heb jij Tim vandaag **al** gesproken?
al lang	– *for a long time*	Nee, ik heb hem **al lang** niet meer gezien.
net	– *just*	Hij is **net** weggegaan.
de laatste tijd	– *recently*	Nee, ik heb **de laatste tijd** niets van hem gehoord.
deze week	– *this week*	**Deze week** hebben zij vaak moeten overwerken.
deze maand	– *this month*	Wij zijn **deze maand** vaak uitgeweest.
dit jaar	– *this year*	**Dit jaar** is hij al vijf keer op zakenreis in het buitenland geweest.
sinds	– *since*	**Sinds** vorige week dinsdag is hij niet meer op kantoor geweest.

38B. Translate the Adverb of Time indicated in brackets.

1. 'Heeft Elly al een nieuwe baan gevonden?'

    'Nee, zij heeft .... (*not any*) nieuwe baan gevonden.'

2. 'Heb jij Tim .... (*already*) teruggebeld?'

    'Nee, ik heb hem .... (*not yet*) teruggebeld.'

3. Wij zijn .... (*this year*) al drie keer verhuisd.

4. Hij is de aardigste manager met wie ik .... (*ever*) heb samengewerkt.

5. .... (*This month*) heb ik bijna elke avond moeten overwerken.

6. 'Zijn jouw ouders .... (*ever*) bij jou op bezoek in Nederland geweest?'

    'Nee, mijn ouders zijn .... (*never*) in Nederland geweest.'

7. Kim en David gaan ontzettend vaak naar de bioscoop. Zij zijn .... (*this week*) al drie keer geweest.

8. 'Ik ben op zoek naar onze manager. Heb jij hem vandaag nog gezien?'

    'Ja, ik heb hem .... (*just*) gesproken. Hij zit op zijn kamer.'

Listening exercise 38.1
To check your answers to Exercise 38B, listen now to the recording.

Wist jij dat ...?

Did you know that Dutch is the native tongue of approximately 24 million people (2005) throughout the world? Within the European Union, Dutch is 7th on the list of largest number of speakers. On a worldwide scale, Dutch is spoken in the Netherlands, the Flemish northern half of Belgium (Flanders), Suriname (South America), Aruba, the Netherlands Antilles (Caribbean island group), French-Flanders in Northern France, and in parts of Germany. Dutch is also used in historical documents in South Africa and Indonesia.

Dutch is one of the world languages that has produced another language while still being a living language itself. *Afrikaans*, a language spoken in South Africa and Namibia, is derived primarily from 17th century Dutch dialects, and mutual intelligibility between modern Dutch and Afrikaans still exists.

Dutch has more French loan words than German, but much fewer than English. The number of English loan words in Dutch is substantial and steadily increasing, especially on the streets and in some professions. New loan words are almost never pronounced as the original English word, or are spelled differently, and/or the meaning is slightly different. Like English, Dutch also has words of Greek and Latin origin. There are also some German loan words, like *überhaupt* and *sowieso*.

In 2005, Dutch was taught in 40 countries at approximately 220 universities by 500 teachers of Dutch.

Did you know that ...?

Source : http://en.wikipedia.org/wiki/Dutch_language#Writing_system

Les negenendertig
Conjuncties (2)

'**Conjunctions**' are words that join sentences. This lesson focuses on practising Conjunctions with Het Perfectum. Subordination is obligatory in subordinating conjunctional clauses (see Lesson 23) and relative clauses (see Lessons 22 and 31), whereby all verbs must stand at to the end of the clause. Examples are abundant in the following dialogue between Tim and his colleague, Elly.

Listening exercise 39.1
Tim fills his colleague Elly in on the progress of a project.

Elly : Hoi, Tim. Zo, jij ziet er vanochtend moe uit, zeg. Heb jij vannacht niet zo goed geslapen of zo?
Tim : Nou, **omdat** ik gisteren een verslag heb moeten afmaken, ben ik pas heel laat thuisgekomen.

Elly : En waarom heb je vanochtend niet lekker uitgeslapen?
Tim : **Aangezien** de deadline voor het project gisteren was en wij nog niet alles af hebben, ben ik vanochtend om 5.30 uur opgestaan **zodat** ik vandaag meer tijd heb om alles af te krijgen. Mijn manager is gisteren heel pissig geworden **omdat** hij aan het eind van de dag heeft ontdekt dat hij het project niet heeft kunnen aftekenen.

Elly : Dus hebben jullie niet alles afgekregen?
Tim : Helaas niet. Al vanaf het begin hebben wij zoveel problemen gehad. De klant is de afgelopen vijf weken met vakantie geweest en wij hebben tot het laatste moment moeten wachten **totdat** hij van vakantie is teruggekomen. **Zolang** hij is weggeweest, hebben wij niets kunnen doen.

Elly : Dus hebben jullie maar heel weinig tijd gehad om de nodige informatie van de klant te krijgen.
Tim : Juist. In plaats van de normale zes weken, hebben wij alles in slechts één week moeten afronden.

Elly : Wat belachelijk!
Tim : Zeg dat wel. Ik baal als een stekker.

Word order of a main clause in 'Het Perfectum'
Study two example sentences from the dialogue above in 'Het Perfectum' in standard word order:

Word order 3 – TWO VERBS in one clause					
Subject	Verb 1	Time	Object	Plaats	Verb 2 / 3
Ik	heb	gisteren	een verslag	op kantoor	moeten afmaken.
Ik	ben	pas heel laat			thuisgekomen.

When converted into a subordinate clause starting with a **subordinating conjunction** (e.g. omdat / zodat / nadat / voordat / tenzij / totdat / aangezien / etc.), observe how the word order in BOTH clauses changes:

Word Order 7						Word Order 2
SUBORDINATION						INVERSION
Subordinating conjunction	Subj	T	O	P	Verb(s) 1 / 2 / 3	Verb Subj T O P
Omdat	ik	gisteren	een verslag	op kantoor	heb moeten afmaken,	ben ik pas laat thuisgekomen.

39A. Combine the following sentences starting with the prompted subordinating conjunction as in the example.

1. Ik heb gisteren een verslag op kantoor moeten afmaken. Ik ben pas heel laat thuisgekomen.
   Omdat ik gisteren een verslag op kantoor heb moeten afmaken, ben ik pas heel laat thuisgekomen.

2. Zij heeft gisteren tot 23.30 uur overgewerkt. Zij is vanochtend om 6.30 uur op kantoor aangekomen.
   Hoewel ....
   ....

3. Wij hebben afgelopen week niet alles afgekregen. Onze manager is heel pissig geworden.
   Omdat ....
   ....

4. Hij heeft zijn aanvraagformulier voor verlenging van zijn verblijfsvergunning kunnen indienen. Hij heeft een kopie van zijn arbeidsovereenkomst moeten maken.
   Voordat ....
   ....

5. Wij hebben vóór de maandafsluiting niet alles afgekregen. Onze manager heeft het project kunnen aftekenen.
   Omdat ....
   ....

6. Ik heb de nodige formulieren ingevuld. Ik heb mijn aanvraag voor verlenging van mijn verblijfsvergunning ingediend.
   Nadat ....
   ....

7. Hij heeft anderhalve maand geleden ontslag genomen. Hij is aan geen enkel nieuw project begonnen.
   Sinds ....
   ....

8. Je hebt je werkvergunning ontvangen. Je mag officieel niet werken.
   Totdat ....
   ....

9. Zij hebben hun huiswerk niet gemaakt. Zij hebben de les niet optimaal kunnen volgen.
   Omdat ....
   ....

10. Wij hebben Les 23 niet goed geleerd. Wij hebben Les 39 niet zo gemakkelijk gevonden.
    Aangezien ....
    ....

11. Je hebt deze conjuncties van buiten geleerd. Jij zult de volgende lessen erg moeilijk vinden.
    Totdat ....
    ....

39B. The following sentences have been taken from Lessons 32 – 37. Convert the sentences from 'Het Presens' into 'Het Perfectum'. Don't forget to change the Adverb of Time if present (see Lesson 38) and to use the correct auxiliary verb '*hebben*' or '*zijn*'(see Lessons 32 – 37). Then convert each sentence into a subordinate clause and make up a suitable ending.

1. *Presens* : Ik sta vanochtend vroeger dan normaal op.
a) *Perfectum* : <u>Ik ben gisterochtend vroeger dan normaal opgestaan.</u>
b) *Subordinate* : **Omdat ik gisterochtend vroeger dan normaal ben opgestaan, ben ik heel vroeg op kantoor aangekomen waardoor ik heel veel heb kunnen doen.**

2. *Presens* : Zij gaat aanstaande zaterdag met twee vriendinnen winkelen.
a) *Perfectum* : ....
b) *Subordinate* : **Omdat** ....

3. *Presens* : Mijn vriend haalt me vanmiddag van mijn werk op.
a) *Perfectum* : ....
b) *Subordinate* : **Omdat** ....

4. *Presens* : Tijdens hun reis dit jaar naar Thailand leren zij veel leuke mensen kennen.
a) *Perfectum* : ....
b) *Subordinate* : **Omdat** ....

5. *Presens* : Ik moet vanavond overwerken.
a) *Perfectum* : ....
b) *Subordinate* : **Omdat** ....

6. *Presens* : Ik laat me over zes maanden naar BME in Nederland overplaatsen.
a) *Perfectum* : ....
b) *Subordinate* : **Omdat** ....

7. *Presens* : Tim moet volgende week zijn computer opnieuw laten installeren.
a) *Perfectum* : ....
b) *Subordinate* : **Omdat** ....

8. *Presens* : Mijn ouders zijn nooit in Nederland.
a) *Perfectum* : ....
b) *Subordinate* : **Omdat** ....

9. *Presens* : Tim neemt nu die nieuwe functie niet aan.
a) *Perfectum* : ....
b) *Subordinate* : **Omdat** ....

10. *Presens* : Sinds maandag heeft zij geen tijd om de klant terug te bellen.
a) *Perfectum* : ....
b) *Subordinate* : **Omdat** ....

11. *Presens* : Mijn vriend wil altijd in een ander land werken.
a) *Perfectum* : ....
b) *Subordinate* : **Omdat** ....

12. *Presens* : Het vliegtuig vertrekt met een vertraging van 25 minuten.
a) *Perfectum* : ....

b)	*Subordinate*	:	**Omdat** ....
13.	*Presens*	:	Zij besteden te weinig tijd aan hun huiswerk.
a)	*Perfectum*	:	....
b)	*Subordinate*	:	**Omdat** ....
14.	*Presens*	:	Wij richten aanstaande zomer onze woonkamer met nieuwe meubels in.
a)	*Perfectum*	:	....
b)	*Subordinate*	:	**Omdat** ....
15.	*Presens*	:	Hij vraagt zijn verblijfsvergunning niet op tijd aan.
a)	*Perfectum*	:	....
b)	*Subordinate*	:	**Omdat** ....
16.	*Presens*	:	Ik bedenk me op het laatste moment.
a)	*Perfectum*	:	....
b)	*Subordinate*	:	**Omdat** ....
17.	*Presens*	:	Mijn collega verslaapt zich.
a)	*Perfectum*	:	....
b)	*Subordinate*	:	**Omdat** ....
18.	*Presens*	:	Wij ondertekenen het contract van onze nieuwe huurwoning nog niet.
a)	*Perfectum*	:	....
b)	*Subordinate*	:	**Omdat** ....
19.	*Presens*	:	De deelnemers onderschatten de studielast van de cursus.
a)	*Perfectum*	:	....
b)	*Subordinate*	:	**Omdat** ....
20.	*Presens*	:	Vanwege al die herrie kan ik me niet concentreren.
a)	*Perfectum*	:	....
b)	*Subordinate*	:	**Omdat** ....

Listening exercise 39.2
To check your answers to Exercise 39B, listen now to the sentence in 'Het Perfectum' and the Subordinate sentence. The ending of each Subordinate sentence is a suggestion only.

Les veertig
Relatieve bijzinnen (3)

'**Relative clauses**' were explained in Lessons 22 ('**dat**') and 31 ('**die**', '**dat**', '**waar**' and '**wie**'), whereby subordination is obligatory. This lesson gives you more practice using relative clauses in '**Het Perfectum**'.

40A. In the following sentences, you must fill in the correct definite article ('*de*' / '*het*') and complete the sentences as in the example. The relative pronoun must agree with the gender of the sentence object (*die / dat / waar / wie*). The verbs below may only be used once and you must use them in '**Het Perfectum**' (with the correct auxiliary verb '*hebben*' or '*zijn*'). Each sentence must contain the word '*ooit*' (*ever*).

lezen	**leren**	**reizen in**
to read	*to learn*	*to travel in*
samenwerken met	**hebben**	**spreken met**
to work together with	*to have*	*to speak with*
krijgen	~~eten~~	**gebruiken**
to get / receive	*to eat*	*to use*
horen	**zien**	**proeven**
to hear	*to see*	*to taste*
schrijven	**tegenkomen**	**wonen in**
to write	*to come across*	*to live in*

1. Dit is *de* lekkerste appeltaart *die ik ooit heb gegeten.*
2. Dit is .... spannendste boek ....
3. Dat zijn .... hoogste gebouwen ....
4. Dat is .... slechtste koffie ....
5. Dat is .... verschrikkelijkste muziek ....
6. Dat is .... overzichtelijkste verslag ....
7. Dat is .... leukste vakantie ....
8. Dit is .... duurste cadeau ....
9. Het Nederlands is .... moeilijkste taal ....
10. Mijn laptop is .... meest geavanceerde computer ....
11. Dit is .... mooiste huis ....
12. Hij is .... slimste collega ....
13. Dat is .... knapste man ....
14. Dat is .... meest interessante vrouw ....
15. .... hogesnelheidstrein (TGV) van Amsterdam naar Parijs is de snelste trein ....
....

Listening exercise 40.1
To check your answers to Exercise 40A, listen now to the recording.

Les eenenveertig
Het Perfectum (7)

In Lessons 32 – 40, you learned the rudiments of '**Het Perfectum**'. Now it's time to combine all these lessons into a homogenous context. In this lesson, you will practise talking in 'Het Perfectum' in everyday dialogues about last weekend and past holidays.

41A. Fill in the correct auxiliary verb ('*hebben*' or '*zijn*') and past participle of the infinitive prompted in brackets.

    Maik : En, hoe was je weekend?

    Tim   : Hartstikke leuk, hoor.

1. Maik : Wat .... jij allemaal .... (*doen*)?

2. Tim : Mijn ouders .... een weekje in Nederland .... (*zijn*) en Chantal en ik .... hun Amsterdam en omgeving .... (*laten zien*).

3. Maik : Waar .... jullie allemaal .... (*zijn*)?

4. Tim : Door de week .... Chantal ze naar het Rijksmuseum en het Van Gogh Museum .... (*meenemen*). Zij .... een rondvaart door de Amsterdamse grachten .... (*maken*) en zij .... in de Kalverstraat .... (*winkelen*).

5. Maik : En wat .... jullie samen in het weekend .... (*doen*)?

6. Tim : Het was zo'n mooi weer, dat wij met de fiets naar Marken en Volendam .... (*gaan*).

7. Maik : Zo, jullie .... jouw ouders echt de toeristische route .... (*laten zien*), hè?

8. Tim : Sterker nog, in Volendam .... wij naar een fotowinkel .... (*zijn*) waar wij ons in klederdracht .... (*laten fotograferen*). Hartstikke toeristisch, maar ook hartstikke lachen, hoor.

9. Maik : Zo, jij bent Nederlandser dan de gemiddelde Nederlander aan het worden, Tim. Sinds jij hier woont, ... jij overal .... (*zijn*).

10. Tim : Nederland is namelijk zo anders dan waar ik vandaan kom. En ik geniet ontzettend van alles wat anders is. Trouwens, ... jij afgelopen weekend iets leuks .... (*doen*)?

11. Maik : Nee, joh. Ik .... helemaal niets bijzonders .... (*doen*). Ik heb een heel rustig weekend achter de rug. Ik .... niet .... (*uitgaan*), ik .... geen afspraken .... (*hebben*), ik .... niet eens iets interessants op televisie .... (*kijken*).

    Tim   : Wat sneu voor je!

Listening exercise 41.1
To check your answers to Exercise 41A, listen now to the recorded dialogue.

41B. Vocabulary is just as important as grammar. To be able to participate in a conversation, you need to also know the right verbs. The following table contains those verbs used in Lessons 32 – 40. Complete the table by filling in the Dutch infinitive and then the Perfectum (auxiliary verb + past participle).

	Infinitive	Translation	Presens	Perfectum
1.		to offer	ik bied ... aan	ik
2.		to get dressed	ik kleed me aan	jij
3.		to arrive	ik kom aan	hij
4.		to accept	ik neem ... aan	wij
5.		to accept	ik aanvaard	ik
6.		to find out	ik achterhaal	jij
7.		to graduate	ik studeer ... af	hij
8.		to wonder	ik vraag me af	wij
9.		to answer	ik beantwoord	ik
10.		to change your mind	ik bedenk me	jij
11.		to begin	ik begin	hij
12.		to comprehend	ik begrijp	wij
13.		to discuss	ik bespreek	ik
14.		to visit	ik bezoek	jij
15.		to stay	ik blijf	hij
16.		to break	ik breek	wij
17.		to bring	ik breng	ik
18.		to think	ik denk	jij
19.		to do	ik doe	hij
20.		to spend (time)	ik breng ... door	wij
21.		to drink	ik drink	ik
22.		to last, to take (time)	het duurt	het
23.		to dare	ik durf	hij
24.		to get annoyed	ik erger me	wij
25.		to experience	ik ervaar	ik
26.		to eat	ik eet	jij
27.		to cycle	ik fiets	hij
28.		to go	ik ga	wij
29.		to happen	het gebeurt	het
30.		to be born	– –	ik
31.		to use	ik gebruik	hij
32.		to enjoy	ik geniet	wij
33.		to give	ik geef	ik
34.		to fetch / go and get	ik haal	jij
35.		to have	ik heb	hij
36.		to repeat	ik herhaal	wij
37.		to hear	ik hoor	ik
38.		to hold	ik hou	jij
39.		to fill in (a form)	ik vul ... in	hij
40.		to know (person/place)	ik ken	wij
41.		to choose	ik kies	ik
42.		to look	ik kijk	jij
43.		to prepare	ik maak ... klaar	hij
44.		to come	ik kom	wij
45.		to buy	ik koop	ik
46.		to get	ik krijg	jij
47.		to be able to /can	ik kan	hij
48.		to laugh	ik lach	wij
49.		to let/allow/have done	ik laat	ik
50.		to lay (something down)	ik leg	jij
51.		to learn	ik leer	hij

52.		to read	ik lees	wij
53.		to lie (down)	ik lig	ik
54.		to stay (sleep over)	ik logeer	jij
55.		to listen	ik luister	wij
56.		to succeed	het lukt	het
57.		to have lunch	ik lunch	ik
58.		to make/do	ik maak	jij
59.		to have to	ik moet	hij
60.		to be allowed to / may	ik mag	wij
61.		to take	ik neem	ik
62.		to get changed	ik kleed me om	jij
63.		to interrupt	ik onderbreek	hij
64.		to undergo	ik onderga	wij
65.		to negotiate	ik onderhandel	ik
66.		to entertain / to maintain	ik onderhoud	jij
67.		to undertake	ik onderneem	hij
68.		to underestimate	ik onderschat	wij
69.		to sign	ik onderteken	ik
70.		to experience	ik ondervind	jij
71.		to have breakfast	ik ontbijt	hij
72.		to meet	ik ontmoet	wij
73.		to receive	ik ontvang	ik
74.		to grow up	ik groei ... op	jij
75.		to get up/get out of bed	ik sta ... op	hij
76.		to exaggerate	ik overdrijf	wij
77.		to happen to	het overkomt me	het
78.		to come across	ik kom ... over	ik
79.		to confer	ik overleg	hij
80.		to survive	ik overleef	wij
81.		to pass away	hij overlijdt	hij
82.		to spend the night	ik overnacht	jij
83.		to consider	ik overweeg	ik
84.		to try	ik probeer	wij
85.		to rain	het regent	het
86.		to look around	ik kijk ... rond	ik
87.		to write	ik schrijf	hij
88.		to sleep	ik slaap	wij
89.		to speak	ik spreek	ik
90.		to steal	ik steel	jij
91.		to die	ik sterf	hij
92.		to study	ik studeer	wij
93.		to stay at home	ik blijf ... thuis	ik
94.		to get home	ik kom ... thuis	jij
95.		to pull	ik trek	hij
96.		to go out	ik ga ... uit	wij
97.		to get undressed	ik kleed me uit	ik
98.		to fall	ik val	jij
99.		to surprise	het verbaast me	het
100.		to forget	ik vergeet	wij
101.		to be mistaken	ik vergis me	ik
102.		to move house	ik verhuis	jij
103.		to explore (city)	ik verken	hij
104.		to sell	ik verkoop	wij
105.		to lose	ik verlies	ik
106.		to oversleep	ik verslaap me	jij
107.		to understand	ik versta	hij
108.		to tell	ik vertel	wij

109.		to leave/depart	ik vertrek	ik
110.		to be/get bored	ik verveel me	jij
111.		to find	ik vind	hij
112.		to follow / to do (course)	ik volg	wij
113.		to prevent	ik voorkom	ik
114.		to occur	het komt ... voor	het
115.		to predict	ik voorspel	hij
116.		to foresee	ik voorzie	wij
117.		to ask	ik vraag	ik
118.		to wash (oneself)	ik was	jij
119.		to leave	ik ga ... weg	hij
120.		to work	ik werk	wij
121.		to know (something)	ik weet	ik
122.		want to	ik wil	jij
123.		to work	ik woon	hij
124.		to become	ik word	wij
125.		to say	ik zeg	ik
126.		to place (something down)	ik zet	jij
127.		to see	ik zie	hij
128.		to be	ik ben	wij
129.		to sit	ik zit	ik
130.		to look for	ik zoek	jij

Asking about the past and giving short responses

Dialogue exercises 41A and 41C (to follow) both contain many of the following short questions, which are useful when asking about somebody's previous weekend or holiday. These questions are not in 'Het Perfectum' but in another past tense used in Dutch, called 'Het Imperfectum' (see Lessons 44 – 47). However, to complete the remaining exercises in Lesson 41, you can use any of the questions and responses in 'Het Imperfectum' below when talking about a previous weekend or holiday.

Listening exercise 41.2
Listen to each question and response and repeat after the speaker.

Short questions and responses

	Question		The following responses are interchangeable:	
1.	Hoe was je weekend?	*How was your weekend?*	Hartstikke leuk.	*Really good.*
			Heel erg leuk.	*Really good.*
			Niets bijzonders.	*Nothing special.*
			Een beetje saai.	*A bit boring.*
2.	Hoe was je vakantie?	*How was your holiday?*	Fantastisch.	*Fantastic.*
			Te gek. (*informal*)	*Great.*
			Een ramp.	*A disaster.*
			Een nachtmerrie.	*A nightmare.*
3.	Hoe vond je het?	*What did you think of it?*	Ontzettend leuk.	*Really good.*
			Gaaf. (*informal*)	*Cool.*
			Heel interessant.	*Very interesting.*
			Het viel ontzettend tegen.	*Worse than I expected.*
4.	Hoe ging het?	*How did it go?*	Heel goed.	*Very well.*
			Het ging wel.	*It went O.K.*
			Het ging niet zo goed.	*It didn't go all that well.*
			Het was zwaar.	*It was tough.*
5.	Hoe was het eten?	*How was the food?*	Heerlijk.	*Delicious.*
			Heel erg lekker.	*Really nice.*
			Het was om van te smullen.	*Finger lickin' good.*
			Matig.	*Average.*
			Vies.	*Disgusting.*
6.	Hoe was de sfeer?	*How was the atmosphere?*	Reuze gezellig.	*Really good.*
			Heel romantisch.	*Very romantic.*
			Te lawaaierig.	*Too noisy.*
7.	Was het duur?	*Was it expensive?*	Belachelijk duur.	*Ridiculously expensive.*
			Het viel mee.	*Not that bad.*
			Helemaal niet.	*Not at all.*
			Heel goedkoop.	*Very cheap.*
8.	Hoe was het weer?	*How was the weather?*	Prachtig.	*Wonderful.*
			Regenachtig.	*Rainy spells.*
			Snikheet.	*Way too hot.*
			IJskoud.	*Freezing.*
9.	Hoe vond je het hotel?	*How was the hotel?*	Heel chic.	*Very classy.*
			Heel ruim.	*Very spacious.*
			Niet zo mooi.	*Not very nice.*
			Heel toeristisch.	*Very touristic.*

41C. Write a dialogue between you and a colleague about last weekend. Use Exercise 41A as a model and the following vocabulary if appropriate. Consult a dictionary if necessary. Be creative!

Useful vocabulary

Dutch	English	Grammar notes and example sentences
iets leuks doen	to do something nice	iets + adjective + **s**
niets interessants doen	to not do anything interesting	niets + adjective + **s**
weinig bijzonders doen	to not do anything special	weinig + adjective + **s**
niet zoveel doen	to not do much	Ik heb niet zoveel gedaan.
een druk weekend achter de rug hebben	to have had a busy weekend	Ik heb een druk weekend achter de rug.
uitgaan	to go out	Ben jij uitgeweest*?
naar de kroeg gaan	to go to the pub	Ik ben naar de kroeg geweest.
naar een café gaan	to go to a café	Wij zijn naar een café geweest.
naar de bioscoop gaan	to go to the cinema	Ik ben naar de bioscoop geweest.
naar een feestje gaan	to go to a party	Wij zijn naar een feestje geweest.
naar een verjaardag gaan	to go to a birthday	Ik ben naar een verjaardag geweest.
uit eten gaan	to go out for dinner	Only the verb 'gaan' is conjugated:
met vrienden uit eten gaan	to go out for dinner with friends	e.g. Ik ben met vrienden uit eten geweest.*
een hapje eten	to have a bite to eat (light meal)	Wij hebben in een café een hapje gegeten.
boodschappen doen	to do the shopping (food)	Ik heb boodschappen gedaan.
winkelen	to shop (clothes/shoes/etc.)	Ik heb gewinkeld.
kleren kopen	to buy clothes	Ik heb kleren gekocht.
schoenen kopen	to buy shoes	Ik heb schoenen gekocht.
gaan winkelen	to go shopping (clothes/shoes/etc.)	Multiple infinitives (see Les 36):
gaan stappen	to go out on the town	Ik ben gaan stappen.
gaan sporten	to do physical exercise	Wij zijn gaan sporten.
pannenkoeken eten	to eat pancakes	Wij hebben pannenkoeken gegeten.
poffertjes eten	to eat poffertjes (small thick pancakes)	Ik heb poffertjes gegeten.
een ijsje eten	to eat an ice-cream	Wij hebben een ijsje gegeten.
bij vrienden op bezoek gaan	to visit friends	Wij zijn bij vrienden op bezoek geweest.
bij iemand op de koffie gaan	to have coffee at somebody's place	Ik ben bij Tim op de koffie geweest.
bij iemand een etentje hebben	to have dinner at friends' place	Wij hebben bij Tim een etentje gehad.
thuisblijven	to stay at home	Ik ben thuisgebleven.
een dvd huren	to hire a DVD	Wij hebben een dvd gehuurd.
een video kijken	to watch a video	Ik heb een video gekeken.
televisie kijken	to watch television	Wij hebben televisie gekeken.
voor vrienden koken	to cook for friends	Ik heb voor vrienden gekookt.
een afspraak hebben	to have a date	Wij hebben heel veel afspraken gehad.
een etentje hebben	to have a dinner date	Ik heb een etentje gehad.
een weekendje weggaan	to go away for the weekend	Wij zijn een weekendje weggeweest.
een lang weekend in Parijs doorbrengen	to spend a long weekend in Paris	Ik heb een lang weekend in Parijs doorgebracht.
foto's maken	to take photos	Wij hebben honderden foto's gemaakt.

* As 'Het Perfectum' is used to talk about a finished result in the past, although the past participle of 'gaan' is 'gegaan', this implies that the person is still there and not here now taking part in the conversation. Therefore, to clearly express that the action of 'gaan' is finished, the past participle 'geweest' (infinitive is 'zijn') is used. It is understood that the person has 'gone and come back'.

Dialogue 1 – Afgelopen weekend

41D. The following dialogue takes places between Maik and his colleague, Anna. Fill in the auxiliary verbs ('*hebben*' or '*zijn*') and the past participle of the verbs prompted in brackets.

	Tim	:	Dag, Anna. Wat zie je er mooi bruin uit, zeg. Ben je net terug van vakantie of zo?
1.	Anna	:	Ja, wij .... gisteravond .... (*terugkomen*).
2.	Tim	:	Waar .... je .... (*zijn*)?
3.	Anna	:	Zoals gebruikelijk .... wij onze zomervakantie in Italië .... (*doorbrengen*). We zijn er helemaal weg van en daarom gaan wij er al jaren heen. Ook dit jaar dus.
4.	Tim	:	Hoelang .... je er .... (*zijn*)?
5.	Anna	:	Omdat wij er al jaren komen, hebben wij er veel vrienden. Meestal brengen wij de eerste drie weken op het platteland door, ergens in Toscane of Umbrië, en daarna tien dagen of zo bij vrienden en kennissen op bezoek in Milaan. En jij? Ben .... al met vakantie .... (*zijn*)?
	Tim	:	Ja, ook in Italië toevallig.
6.	Anna	:	Waar .... je allemaal .... (*zijn*)?
7.	Tim	:	Ik .... in totaal vijf weken weg .... (*zijn*). De eerste drie weken in Florence en de laatste twee weken aan de oostkust van Sardinië, ongeveer ter hoogte van Rome.
8.	Anna	:	Ja, ik ken Sardinië goed. En wat .... jij in Florence .... (*doen*)?
9.	Tim	:	Ik .... er een cursus Italiaans .... (*volgen*). 's Ochtends hadden we les van 9 tot 12 uur, en 's middags hadden wij vrij om de stad te verkennen. Het is een prachtige stad met een prachtige architectuur en natuurlijk een interessante geschiedenis.
10.	Anna	:	En wat .... je zoal .... (*zien*)? Florence heeft natuurlijk ontzettend veel musea: het museum met de beroemde werken van Michelangelo, Gli Uffizi en nog veel meer.
11.	Tim	:	Nou, ik .... weinig musea .... (*bezoeken*) omdat er genoeg te zien valt in de stad zelf. Ik .... veel .... (*wandelen*) en natuurlijk ook elke dag een terrasje .... (*pakken*). In Italië kun je urenlang naar mensen zitten kijken.
12.	Anna	:	In wat voor accommodatie .... je .... (*verblijven*)?
13.	Tim	:	Ik .... een studio .... (*huren*). Alleen de keuken .... ik met drie andere mensen .... (*moeten delen*). Het was ideaal. Ik .... elke dag met de bus naar het taleninstituut .... (*gaan*). Ik .... in de locale supermarkt boodschappen .... (*doen*), ik .... voor mezelf .... (*koken*) en in het weekend .... ik naar zee .... (*gaan*). Net zoals de Italianen. Ik .... ontzettend .... (*genieten*).
	Anna	:	Het klinkt ontzettend leuk. En je Italiaans? Kun je het al een beetje spreken?
	Tim	:	Nou, ja. Drie weken is niet lang genoeg om een taal te leren. Maar oefening baart kunst, dus volgend jaar ga ik er weer naartoe!
	Anna	:	Gelijk heb je!

Listening exercise 41.3

To check your answers to Exercise 41D, listen now to the recorded dialogue.

41E. Write a dialogue between you and a colleague about a previous holiday. The following vocabulary will be useful. Consult a dictionary if necessary. Be creative!

Useful vocabulary

Dutch	English	Grammar notes and example sentences
eerst	– *first (of all)*	Inversion applies after these adverbs when they
daarna	– *after that*	are at the front of a sentence (see Lesson 10).
toen	– *then*	
op vakantie gaan	– *to go on holiday*	Wij zijn vorig jaar op vakantie in Italië geweest.
naar het buitenland gaan	– *to go abroad*	Ik ben naar het buitenland geweest*.
in Nederland blijven	– *to stay in the Netherlands*	Wij zijn in Nederland gebleven.
thuisblijven	– *to stay at home*	Ik ben thuisgebleven.
met het vliegtuig gaan	– *to go by plane*	Hoe ben jij gegaan**? Met het vliegtuig?
met de bus gaan	– *to go by bus*	Ik ben met de bus naar Frankrijk gegaan.
met de auto gaan	– *to go by car*	Wij zijn met de auto naar Spanje gegaan.
bij vrienden logeren	– *to stay with friends*	Ik heb bij vrienden gelogeerd.
bij kennissen logeren	– *to stay with acquaintances*	Wij hebben bij kennissen gelogeerd.
in een hotel slapen	– *to sleep at a hotel*	Ik heb in een hotel geslapen.
in een hotel verblijven	– *to stay at a hotel*	Wij hebben in een hotel verbleven.
in een jeugdherberg slapen	– *to stay at a youth hostel*	Ik heb in een jeugdherberg geslapen.
op een camping zijn	– *to stay at a camp site*	Wij zijn op een camping geweest.
rondkijken	– *to look around*	Ik heb in het centrum rondgekeken.
de stad verkennen	– *to explore the city*	Wij hebben de stad verkend.
de omgeving verkennen	– *to explore the surroundings*	Ik heb de omgeving met de auto verkend.
een museum bezoeken	– *to visit a museum*	Wij hebben het Rijksmuseum bezocht.
musea bezoeken	– *to visit museums*	Ik heb veel musea bezocht.
naar een tentoonstelling gaan	– *to go to an exhibition*	Wij zijn naar een tentoonstelling geweest.
een terrasje pakken	– *to sit at a sidewalk café*	Ik heb iedere avond een terrasje gepakt.
naar mensen zitten kijken	– *to watch people*	Wij hebben de hele middag naar mensen zitten kijken.
uit eten gaan	– *to go out for dinner*	Ik ben heel vaak uit eten geweest.
zelf koken	– *to cook yourself*	Wij hebben op de camping zelf gekookt.
kamperen	– *to camp*	Ik heb gekampeerd.
skiën	– *to ski*	Wij hebben de hele dag geskied.
fietsen	– *to cycle*	Vanwege het mooie weer heb ik veel gefietst.
wandelen	– *to walk*	Wij hebben de hele dag gewandeld.
zwemmen	– *to swim*	Ik heb in de zee gezwommen.
in de zon liggen	– *to lie in the sun*	Wij hebben in de zon gelegen.
naar het strand gaan	– *to do to the beach*	Ik ben iedere dag naar het strand gegaan.
op het strand liggen	– *to lie on the beach*	Wij hebben 's ochtends op het strand gelegen.
rondtoeren	– *to drive around*	Ik heb rondgetoerd.
een dagtocht maken	– *to make a day trip*	Wij hebben met de fiets dagtochten gemaakt.
de omliggende dorpen bezoeken	– *to visit the surrounding villages*	Ik heb dc omliggende dorpen bezocht.
in het centrum rondwandelen	– *to walk around the town centre*	Wij hebben in het centrum rondgewandeld.
foto's maken	– *to take photos*	Ik heb honderden foto's gemaakt.
veel slapen	– *to sleep a lot*	Wij hebben vooral veel geslapen.
een cursus Italiaans volgen	– *to do an Italian course*	Ik heb in Florence een cursus Italiaans gevolgd.

* As 'Het Perfectum' is used to talk about a finished result in the past, although the past participle of 'gaan' is 'gegaan', this implies that the person is still there and not here now taking part in the conversation. Therefore, to clearly express that the action of 'gaan' is finished, the past participle 'geweest' (infinitive is 'zijn') is used. It is understood that the person has 'gone and come back'.

** The past participle 'gegaan' is used in this context, because you are focusing on the journey from A to B.

Dialogue 2 – Mijn laatste vakantie

Les tweeënveertig
Preposities (2)

'**Prepositions**' tell us the position (place and time) of what we are talking about, which you learned in Lesson 15. Prepositions are also used in combination with verbs which gives them a specific meaning (e.g. to look forward **to** something) or with adjectives (to be good **at** something). The preposition which gives a verb or adjective a specific meaning is called a 'fixed preposition' (**in bold**) which is placed in front of the object, as illustrated in the following dialogue.

Listening exercise 42.1
Tim and Chantal discuss their plans for the coming weekend.

Tim	:	Zo, ik ben ontzettend blij dat het vrijdag is. Ik kijk **naar** het weekend uit, zeg.
Chantal	:	Ja, daar kijk ik ook **naar** uit.
Tim	:	Wat zullen we dit weekend gaan doen?
Chantal	:	Ik weet het niet.
Tim	:	Nou, ik heb een ontzettend drukke week achter de rug, dus heb ik zin **in** een rustig weekend.
Chantal	:	Nee, hè. Daar heb ik helemaal geen zin **in**.
Tim	:	Waar heb jij dan zin **in**?
Chantal	:	Ik wil iets spannends doen. Zullen we een weekendje weg naar Londen?
Tim	:	Ja, daar ben jij gek **op**, hè? De beest uithangen om al je energie kwijt te raken. Maar mijn probleem is dat ik na zo'n drukke week niet zoveel energie heb. Ik heb het momenteel zo druk **met** mijn werk, dat weet je.
Chantal	:	Waar heb je het dan zo druk **mee**?
Tim	:	Ik werk momenteel **aan** een grootschalig project en het is de bedoeling dat wij volgende week woensdag alles af hebben.
Chantal	:	Gaat dat lukken, denk je?
Tim	:	Volgens mij niet. Wij moeten nog veel doen, dus de deadline halen we nooit. Maar goed, waar hadden wij het ook al weer **over**?
Chantal	:	Wij hadden het **over** dit weekend. Als jij niets wilt ondernemen wat te veel energie kost, waar denk je dan **aan**?
Tim	:	Wat vind je van het strand? Volgens het weerbericht wordt het morgen schitterend weer.
Chantal	:	Oké, dat lijkt mij een goed plan. Waar zullen wij naartoe?
Tim	:	Zullen we naar Scheveningen?
Chantal	:	Nee, daar hou ik niet **van**. Het is daar altijd stervensdruk. Ik ga liever naar Zandvoort aan Zee.
Tim	:	En zondag blijven we thuis en doen we lekker niks. Afgesproken?
Chantal	:	Dat hangt er**van** af, schat.

Adjective + fixed preposition + object (a thing, not a person)

Infinitive form	Translation	Example sentence
goed zijn **in** iets	– to be good at something	Ik ben heel goed **in** talen.
slecht zijn **in** iets	– to be bad at something	Jij bent heel slecht **in** namen onthouden.
waardeloos zijn **in** iets	– to be worthless at something	Ik ben waardeloos **in** wiskunde.
benieuwd zijn **naar** iets	– to be curious about something	Hij is erg benieuwd **naar** de uitslag van zijn examen.
gek zijn **op** iets	– to be crazy about something	Zij is gek **op** chocola.
onder de indruk zijn **van** iets	– to be impressed by something	Hij is erg onder de indruk **van** mijn Nederlands.
trots zijn **op** iets	– to be proud of something	Wij zijn heel trots **op** onze nieuwe woning.
beroemd zijn **om** iets	– to be famous for something	Amsterdam is beroemd **om** zijn grachten.
blij zijn **met** iets	– to be happy with something	Ik ben heel blij **met** mijn nieuwe auto.
geïnteresseerd zijn **in** iets	– to be interested in something	Jij bent heel erg geïnteresseerd **in** auto's.
bang zijn **voor** iets	– to be afraid of something	Zij is bang **voor** grote honden.
zeker zijn **van** iets	– to be sure of something	Zij is niet zeker **van** haar antwoord.

How to use fixed prepositions in questions and short answers

In the following example, Maik asks Tim what he is good at:

goed zijn **in** iets   – to be good at something

Maik	: Waar ben jij goed **in**?	–	*What are you good at?*
Tim	: Ik ben goed in talen.	–	*I'm good at languages.*
Maik	: Daar ben ik ook goed **in**.	–	*I'm good at that too.*

When combined with a fixed preposition, the following changes occur:

Incorrect		Correct	Example
'wat' + fixed preposition	→	**'waar'** + fixed preposition	Waarin? Waarvoor? Waarmee?
'dat' + fixed preposition	→	**'daar'** + fixed preposition	daarvoor / daaruit / daarop
'het' + fixed preposition	→	**'er'** + fixed preposition	erin / ertegen / ernaar / ervan
'dit' + fixed preposition	→	**'hier'** + fixed preposition	hierbij / hieruit / hieronder

Although these words are often joined to the fixed preposition to form one word, in spoken Dutch, they are more commonly split. Study the following examples:

Incorrect		Correct	More common
~~WAT ben jij goed IN~~	→	Waarin ben jij goed?	Waar ben jij goed in?
~~Ik ben ook goed IN DAT.~~	→	Daarin ben ik ook goed.	Daar ben ik ook goed in.
~~WAT ben jij blij MET?~~	→	Waarmee* ben jij blij?	Waar ben jij blij mee*?
~~Ik ben blij MET DAT.~~	→	Daarmee* ben ik ook blij.	Daar ben ik ook blij mee*.

* '*met*' changes to '*mee*'

42A. Follow the example to form a mini-dialogue. Fill in your personal preference for each answer.

1. goed zijn **in** iets — *to be good at something*
   Tim : Waar ben jij goed **in?**
   Ik : Ik ben goed **in** talen.
   Tim : Daar ben ik ook goed **in.**

2. slecht zijn **in** iets — *to be bad at something*
   Tim : ....
   Ik : ....
   Tim : ....

3. onder de indruk zijn **van** iets — *to be impressed by something*
   Tim : ....
   Ik : ....
   Tim : ....

4. gek zijn **op** iets — *to be crazy about something*
   Tim : ....
   Ik : ....
   Tim : ....

5. waardeloos zijn **in** iets — *to be very bad at something*
   Tim : ....
   Ik : ....
   Tim : ....

6. bang zijn **voor** iets — *to be afraid of something*
   Tim : ....
   Ik : ....
   Tim : ....

7. blij zijn **met*** iets — *to be happy with something*
   Tim : ....
   Ik : ....
   Tim : ....

8. optimistisch zijn **over** iets — *to be optimistic about something*
   Tim : ....
   Ik : ....
   Tim : ....

9. pessimistisch zijn **over** iets — *to be pessimistic about something*
   Tim : ....
   Ik : ....
   Tim : ....

10. **financieel afhankelijk zijn van iets** – *to be financially dependent on something*

    Tim : ....
    Ik   : ....
    Tim : ....

11. **enthousiast zijn over iets** – *to be enthusiastic about something*

    Tim : ....
    Ik   : ....
    Tim : ....

12. **zenuwachtig zijn over iets** – *to be nervous about something*

    Tim : ....
    Ik   : ....
    Tim : ....

13. **tevreden zijn over iets** – *to be satisfied with something*

    Tim : ....
    Ik   : ....
    Tim : ....

14. **geïnteresseerd zijn in iets** – *to be interested in something*

    Tim : ....
    Ik   : ....
    Tim : ....

Verb + fixed preposition (a thing, not a person)

Infinitive form	*Translation*	*Example sentence*
praten **over** iets	– to talk about something	Zij praten **over** hun volgende zomervakantie.
een hekel hebben **aan** iets	– to hate something	Ik heb een hekel **aan** roken.
stikken **van** iets	– to be full of something	Haar huiswerk stikt **van** de fouten.
geven **om** iets	– to care for something	Wij geven niet **om** mooie kleren.
uitkijken **naar** iets	– to look forward to something	Ik kijk **naar** het weekend uit.
opzien **tegen** iets	– to dread something	Hij ziet **tegen** het gesprek met zijn manager op.
antwoord geven **op** iets	– to answer something	Hij geeft geen antwoord **op** mijn vraag.
feliciteren **met** iets	– to congratulate with	Hij feliciteert mij **met** mijn verjaardag.

42B. Follow the example to form a mini-dialogue. Fill in your personal preference for each answer. Fill in an affirmative AND negative short answer, as in the example (for uses of '*niet*' and '*geen*' see Lesson 16).

1. **trek hebben in iets** – *to feel like eating something*

    Tim : *Waar heb jij trek **in**?*
    Ik   : *Ik heb trek **in** een stuk pizza.*
    Tim : *Daar heb ik ook trek **in**.*   (OF)   *Daar heb ik geen trek **in**.*

2. **uitkijken naar** iets – *to look forward to something*
   - Tim : ......Waar kijk jij **naar** uit?......
   - Ik : ......Ik kijk **naar** de zomer uit.......
   - Tim : ......Daar kijk ik ook **naar** uit.............(OF)........Daar kijk ik niet **naar** uit.........

3. **zin hebben in** iets – *to feel like something*
   - Tim : ....
   - Ik : ....
   - Tim : ....(OF)............

4. **houden van** iets – *to be very fond of something, to love something*
   - Tim : ....
   - Ik : ....
   - Tim : ....(OF)............

5. **werken aan** iets – *to work on something*
   - Tim : ....
   - Ik : ....
   - Tim : ....(OF)............

6. **kijken naar** iets – *to look at something*
   - Tim : ....
   - Ik : ....
   - Tim : ....(OF)............

7. **denken aan** iets – *to think of something*
   - Tim : ....
   - Ik : ....
   - Tim : ....(OF)............

8. **genieten van** iets – *to enjoy something*
   - Tim : ....
   - Ik : ....
   - Tim : ....(OF)............

9. **twijfelen aan** iets – *to be doubtful of something*
   - Tim : ....
   - Ik : ....
   - Tim : ....(OF)............

10. **uitkijken naar** iets – *to look forward to something*
    - Tim : ....
    - Ik : ....
    - Tim : ....(OF)............

11. **nadenken over** iets – *to consider / think about something*
    - Tim : ....
    - Ik : ....

| | Tim | : | .... (OF) .... |

12. opzien **tegen** iets   – *to dread something*

   Tim : ....
   Ik : ....
   Tim : .... (OF) ....

13. zich zorgen maken **over** iets   – *to worry about something*

   Tim : ....
   Ik : ....
   Tim : .... (OF) ....

14. moe worden **van** iets   – *to become tired by something*

   Tim : ....
   Ik : ....
   Tim : .... (OF) ....

Adjective + fixed preposition + person

Infinitive form	*Translation*	*Example sentence*
trots zijn **op** iemand	– *to be proud of somebody*	Wij zijn heel trots **op** onze kinderen.
jaloers zijn **op** iemand	– *to be jealous of somebody*	Jullie zijn jaloers **op** jullie collega's.
boos zijn **op** iemand	– *to be angry with somebody*	Mijn manager is heel boos **op** mij.
verliefd zijn **op** iemand	– *to be in love with somebody*	Zij is verliefd **op** haar manager.
lijken **op** iemand	– *to ressemble somebody*	Hij lijkt **op** zijn vader.
verantwoordelijk zijn **voor** iemand	– *to responsible for somebody*	Ik ben verantwoordelijk **voor** mijn team.
getrouwd zijn **met** iemand	– *to be married to somebody*	Hij is getrouwd **met** Silvia.
aarden **naar** iemand	– *to take after somebody*	Zij aardt **naar** haar moeder.

If the object is a person, the construction uses the pronoun '**wie**' (NOT '*waar*' / '*daar*' / '*hier*').

   trots zijn **op** iemand   – *to be proud of somebody*
   Maik : **Op wie** ben jij trots?   – <u>Who are you proud of?</u>
   Tim : Ik ben trots op mijn ouders.   – *I'm proud of my parents.*

When a <u>fixed preposition</u> refers to a person(s), the following changes occur:

Incorrect		*Correct*	*Answer*
~~WIE ben jij trots OP?~~	→	OP WIE ben jij trots?	Ik ben trots OP mijn ouders.

42C. Follow the example to form a mini-dialogue. Fill in your personal preference for each answer.

1. verantwoordelijk zijn **voor** iemand   – *to be responsible for somebody*
   Tim : .... is jouw manager ....?
   Ik : Hij is ....

2. **lijken op** iemand – *to ressemble somebody*
   Tim : .... lijk jij het meest? Op je moeder of op je vader?
   Ik : Ik ....

3. **aarden naar** iemand – *to take after somebody (in terms of character)*
   Tim : .... aard jij het meest? Naar je moeder of naar je vader?
   Ik : Ik ....

4. **boos zijn op** iemand – *to be angry with somebody*
   Tim : .... ben jij ooit heel erg boos geweest?
   Ik : Ik ....

5. **getrouwd zijn met** iemand – *to be married to somebody*
   Tim : .... is jouw manager getrouwd?
   Ik : Hij ....

6. **trots zijn op** iemand – *to be proud of somebody*
   Tim : .... ben jij heel trots?
   Ik : Ik ....

7. **verliefd zijn op** iemand – *to be in love with somebody*
   Tim : .... ben jij ooit heel erg verliefd geweest?
   Ik : Ik ....

8. **jaloers zijn op** iemand – *to be jealous of somebody*
   Tim : .... ben jij ooit jaloers geweest?
   Ik : Ik ....

Wist jij dat ...?

Did you know that almost half of the population in the Netherlands resides within the urban agglomeration called the '*Randstad*' (literally 'Fringe City')? The boundaries of this agglomeration are marked by the country's four largest cities: Amsterdam, The Hague, Rotterdam and Utrecht.

Did you know that ...?

Source : http://en.wikipedia.org/wiki/Randstad

Les drieënveertig
Er (1)

The Dutch particle '**er**' has many different functions. To learn its different uses, it will be broken down into eight sections. In this lesson, the first five uses will be practised. (The last three uses will be explained in Lesson 52).

Uses of the particle 'er'		
Use 1	:	Used with a verb to introduce the subject
Use 2	:	Used with quantity
Use 3	:	Used to refer to a place previously-mentioned
Use 4	:	Used with a preposition
Use 5	:	Used in certain idiomatic expressions
Use 6	:	Used in questions with '*wie*' and '*wat*'
Use 7	:	Used as a subject in passive sentences.
Use 8	:	Used to introduce the object of a sentence when it is a relative clause

Listening exercise 43.1
Maik asks Tim about his recent holiday in Italy, which demonstrates the various uses of the word '**er**' (**in bold**).

Maik : Hoi, Tim. Zo, jij ziet **er** mooi bruin uit, zeg. Ben je net terug van vakantie of zo?

Tim : Ja, Chantal en ik zijn met vakantie in Italië geweest. Het was geweldig.

Maik : Italië schijnt heel mooi te zijn. Zelf ben ik **er** nooit geweest.

Tim : Nou, het is absoluut aan te bevelen. Wij hebben **er** in totaal drie weken doorgebracht maar dat was veel te kort. **Er** zijn zoveel prachtige steden en dorpen te zien. Om maar te zwijgen over het prachtige landschap.

Maik : Waar zijn jullie allemaal geweest?

Tim : Wij zijn voornamelijk in Toscane en Umbrië geweest. Het was **er** adembenemend mooi. Echt waar.

Maik : Zijn jullie ook in Florence geweest?

Tim : Ja, en ook veel van de bekendste steden **er**omheen: Pisa, Prato, Siena en ook Perugia.

Maik : En jullie volgende vakantie? Zijn jullie al bezig met plannen maken voor de volgende vakantie?

Tim : Ja, wij zijn **er** al mee bezig. Wij zijn van plan om volgend jaar weer naar Italië te gaan. En ik kijk **er** nu al naar uit.

Maik : Hou **er**over op, alsjeblieft. Het is om **er** jaloers op te worden.

Tim : Nou, Maik. Ik ga **er**vandoor. Tot de volgende keer!

Maik : Tot kijk!

Tim : Doeg!

Use 1 – 'ER' with the verb 'zijn'

This structure is identical to the English structure 'There is / There are'.

Er is een goed restaurant hier in de buurt. — *There is a good restaurant close by.*
Dit restaurant is heel rustig. **Er zijn** weinig mensen. — *This restaurant is very quiet. There are not many people.*

43A. Fill in '**er is**' or '**er zijn**' where appropriate. Some sentences require inversion.

1. .... weinig kans dat ik vandaag het verslag afkrijg.
2. .... een pinautomaat hier in de buurt?
3. .... zeven mensen in ons gezin: mijn ouders, mijn oudere zus, mijn tweelingzus, mijn twee broertjes en ik.
4. Omdat de meeste mensen tegenwoordig een mobiele telefoon bezitten, ... weinig telefooncellen op straat.
5. '............................ nog koffie?' 'Ja. .... nog een beetje koffie. Wil jij nog een kopje?'
6. Hoeveel mensen .... in jouw Nederlandse cursus?
7. .... telefoon voor je.
8. In Amsterdam .... ontzettend veel uitgaansmogelijkheden.
9. '............................ vanavond iets interessants op televisie?' 'Ja, ... twee leuke programma's op tv.'
10. .... zeven dagen in een week: m............................, d............................, w............................, d............................, v............................, z............................ en z............................ .

In the same way that '*er is*' and '*er zijn*' introduce the subject of a sentence, Dutch can do this with other verbs also, especially with verbs which denote location and position (*staan / liggen / lopen / zitten*). The subject must always be indefinite (*een / geen / iemand / niemand / iets / niets / veel / weinig / etc.*) and the verb must always agree with the subject (underlined in the examples below):

Er staat <u>iemand</u> buiten te wachten. — *There is somebody standing outside waiting.*
Er lopen <u>veel mensen</u> op straat. — *There are a lot of people walking on the street.*

43B. Use '**er**' and an appropriate verb (prompted in brackets which you must translate) to introduce the subject in each of the following sentences or questions.

1. .... veel mensen in het park. (*to walk*)
2. .... twee mensen op me in mijn kamer. (*to wait*)
3. .... iets in mijn schoen. (*to sit*)
4. .... een prachtig schilderij aan de muur. (*to hang*)
5. .... veel expats bij jullie op kantoor? (*to work*)
6. .... geld op tafel. (*to lie*)
7. Hoeveel klanten .... naar de kerstborrel? (*to come*)
8. .... iedere dag veel auto–ongelukken. (*to happen*)
9. .... iets in je haar. (*to sit*)
10. .... iets uit je tas. (*to fall*)
11. .... suiker in mijn koffie? Nee, ... geen suiker in. (*to sit*)

Use 2 – 'ER' with quantity

When talking about the quantity of the object of a sentence, 'er' is used to substitute the object so as to avoid repetition.

    'Heb jij een auto?' 'Ja, ik heb **er** zelfs twee.'   – *Yes, I even have two (of them).*
    'Zijn er veel restaurants in Amsterdam?' 'Ja, er zijn **er** veel.'   – *Yes, there are many (of them)*
    'Hebben jullie huisdieren?' 'Nee, wij hebben **er** geen.'   – *No, I don't have any (of them)*

NOTE: The particle 'er' is placed directly AFTER the verb.

43C. Give answers to the following questions substituting the object with 'er' as in the examples above.

1. Hoeveel fietsen heb jij? ....
2. Heb jij huisdieren? ....
3. Zijn er veel expat collega's op jouw kantoor? ....
4. Hoeveel e-mailberichten ontvang jij per dag? ....
5. Hoeveel sms'jes krijg jij per dag? ....
6. Hoeveel talen spreek jij? ....
7. Hoeveel broers en zussen heb jij in totaal? ....
8. Hoeveel neven en nichten heb jij in totaal? ....
9. Heb jij veel Nederlandstalige kennissen? ....
10. Hoeveel Nederlandse vrienden heb jij? ....

Use 3 – 'ER' to refer to a place previously-mentioned

When talking about a place, 'er' is used to substitute the place already mentioned to avoid repetition. It is the unstressed form of '*daar*'.

    'Ben jij ooit in Italië geweest?' 'Nee, ik ben **er** nooit geweest.'   – *No, I have never been (there).*
    'Ga jij weleens naar de bioscoop?' 'Ja, ik ga **er** vaak naartoe.'   – *Yes, I often go (there).*

43D. Fill in an appropriate answer to the following questions following the examples above.

1. Ga jij weleens naar de bioscoop? ....
2. Ga jij weleens naar het fitnesscentrum? ....
3. Ben jij ooit in Australië geweest? ....
4. Hoe vaak ga jij naar jouw land van herkomst? ....
5. Hoe vaak ben jij dit jaar naar jouw land van herkomst geweest? ....

Use 4 – 'ER' with a fixed preposition

This structure is identical to the structure you learned in Lesson 42:

goed zijn **in** iets – *to be good at something*
Maik : **Waar** ben jij goed **in**? – *What are you good at?*
Tim : Ik ben goed in talen. – *I'm good at languages.*
Maik : **Daar** ben ik ook goed **in**. – *I'm good at that too.*

NOTE: '**Daar**' + preposition is used for emphasis. '*Daar*' (= that) is used to refer back to what has just been mentioned and usually stands at the beginning of your short answer. This creates cohesion between sentences. The identical structure is used with 'er' + fixed preposition. The particle '**er**' (= it) is also a clear reference to what was just mentioned, but it is less emphatic.

Incorrect		**Correct**	*Example*
'*het*' + fixed preposition	→	'**er**' + fixed preposition	erin / ertegen / ernaar / ervan

Study the following examples and note that '**er**' comes directly after the verb in a short response:

'ER' when used with 'Het Presens'

Full sentence	*Short responses*	
Ik ben **voor** softdrugs.	Ik ben **ervoor**.	Ik ben **er** helemaal niet **voor**.
Hij is **tegen** roken.	Hij is **ertegen**.	Hij is **er** absoluut **tegen**.
Zij kijkt **naar** het weekend uit.	Zij kijkt **ernaar** uit.	Zij kijkt **er** ook ontzettend **naar** uit.
Wij zijn bezig **met*** het verslag.	Wij zijn **ermee** bezig.	Wij zijn **er** nog steeds **mee** bezig.
Het hangt **van** het weer af.	Het hangt **ervan** af.	Het hangt **er** niet van **af**.

* '*met*' changes to '*mee*' when used with '*er*', '*daar*', '*hier*' en '*waar*'.

43E. For each of the following mini-dialogues, your response has been prompted in brackets. However, it is more common not to give a full answer but rather to give a short response. Rephrase each response by substituting the object (underlined) with an 'er + preposition' construction.

1. uitkijken **naar** iets – *to look forward to something*

    Tim : Kijk jij naar de zomervakantie uit?

    Ik : (*Ja, ik kijk naar de zomervakantie uit.*) Ja, ik kijk **ernaar** uit.

2. bezig zijn **met** iets – *to be busy with something*

    Tim : Ben jij nog steeds met het rapport bezig?

    Ik : (*Wij zijn nog bezig met* het rapport.*) Wij zijn **er** nog **mee** bezig.

3. zin hebben **in** iets – *to feel like something / to look forward to something*

    Tim : Ik heb zo'n zin in het weekend!

    Ik : (*Ik heb ook zin in het weekend.*) ....

4. wennen **aan** iets – *to get used to something*

    Tim : Hoelang duurt het om aan het koude weer hier in Nederland te wennen?

    Ik : (*Je went heel snel aan het koude weer.*) ....

5. **vinden van** iets – *to find (to your liking) / to think of something*

    Tim : Is dat jouw nieuwe auto?

    Ik : (*Ja, wat vind jij van mijn nieuwe auto?*) ....

6. **niets vinden aan** iets – *to not think very highly of something / to not like something*

    Tim : Wat vind jij van de nieuwe film van Tarantino?

    Ik : (*Ik vind niets aan die nieuwe film.*) ....

7. **opzien tegen** iets – *to dread something / to not look forward to something*

    Tim : Ziet zij tegen haar examen op?

    Ik : (*Ja, zij ziet tegen haar examen op.*) ....

8. **gek worden van** iets – *to drive you crazy*

    Tim : Word jij ook niet gek van al die herrie buiten?

    Ik : (*Ja, ik word ook gek van die herrie buiten.*) ....

9. **blij zijn met** iets – *to be happy with something*

    Tim : Zijn zij blij met de uitslag van de toets?

    Ik : (*Ja, zij zijn heel blij met de uitslag van de toets.*) ....

10. **tevreden zijn over** iets – *to be satisfied with something*

    Tim : Is hij tevreden over zijn functioneringsevaluatie?

    Ik : (*Nee, hij is niet zo tevreden over de evaluatie.*) ....

11. **nadenken over** iets – *to think about something*

    Tim : Wat vinden zij van ons voorstel?

    Ik : (*Zij willen nog over het voorstel nadenken.*) ....

12. **heenzijn over** iets – *to be over something*

    Tim : Is zij al over de schok heen?

    Ik : (*Nee, zij is nog niet over de schok heen.*) ....

13. **beginnen met** iets – *to start something*

    Tim : Wanneer beginnen zij met de nieuwe cursus?

    Ik : (*Zij beginnen morgen met de nieuwe cursus.*) ....

14. **komen op** iets – *to come to mind / to think of something*

    Tim : Weet jij wat het juiste woord is voor 'please' in het Nederlands?

    Ik : (*Ja, maar ik kom nu even niet op het juiste woord.*) ....

15. **last hebben van** iets – *to be bothered by something, to find a nuisance*

    Tim : Hebben jullie geen last van de herrie van jullie bovenburen?

    Ik : (*Nee, wij hebben geen last van de herrie.*) ....

16. **iets begrijpen van** iets – *to comprehend/understand something about something*

    Tim : Begrijp jij nou zijn verhaal over wat er is gebeurd?

    Ik : (*Nee, ik begrijp niets van zijn verhaal.*) ....

17. **iets snappen van** iets – *to get something (informal expression for 'begrijpen')*

    Tim : Heb jij de instructies nou gelezen?

    Ik : (*Ja, maar ik snap niets van de instructies.*) ....

18. **rekenen op iets** – *to count on something*
    Tim : Ik moet zaterdag werken, maar ik kom wel naar je feest, hoor!
    Ik : (*Ik reken op je komst.*)

19. **moeite hebben met iets** – *to have difficulty with something*
    Tim : Ik heb veel moeite met onregelmatige werkwoorden. Heb jij dat ook niet?
    Ik : (*Ja, ik heb ook veel moeite met onregelmatige werkwoorden.*)

20. **houden van iets** – *to really like something*
    Tim : Kook jij graag?
    Ik : (*Nee, ik hou niet van koken.*)

21. **gek zijn op iets** – *to be crazy about something*
    Tim : Mijn vriendin is gek op chocola.
    Ik : (*Ik ben ook gek op chocola.*)

22. **belangstelling hebben voor iets** – *to be interested in something*
    Tim : Gaat de vervolgcursus Nederlands nog door?
    Ik : (*Ja, want er zijn genoeg mensen die belangstelling voor een vervolgcursus hebben.*)

23. **te maken hebben met iets** – *to have to do with something*
    Tim : Blijf jij hier in Nederland als jouw vriendin naar Canada teruggaat?
    Ik : (*Dat heeft niets te maken met mijn beslissing.*)

24. **bezig zijn met iets** – *to be busy with something*
    Tim : Heb jij de krant al uit?
    Ik : (*Nee, ik ben nog steeds met de krant bezig.*)

Listening exercise 43.2
To check your answers to Exercise 43E, listen now to the recorded mini-dialogues.

Use 4a – 'ER' with a fixed preposition when used with 'Het Perfectum'

'Er' when used with 'Het Perfectum'

Full sentence	Short response
Ik ben lang **met** het verslag bezig geweest.	Ik ben **er** lang **mee** bezig geweest.
Ik heb lang **naar** de zomervakantie uitgekeken.	Ik heb **er** lang **naar** uitgekeken*.
Ik ben niet **aan** mijn huiswerk toegekomen.	Ik ben **er** niet **aan** toegekomen*.

Note: The fixed preposition is placed in front of the past participle

* The stress of the sentence never lies on the fixed preposition. The stress always lies on the particle of the separable verb.

43F. For each of the following mini-dialogues, your response has been prompted in brackets. Rephrase each response by substituting the object (underlined) with an 'er + preposition' construction.

1. gewend zijn **aan** iets – *to be used to something, to be accustomed to something*

   Tim : En, zijn jullie al aan het koude weer gewend?

   Ik : (Nee, wij zijn nog niet gewend aan <u>het koude weer</u>.) ....

2. tijd hebben **voor** iets – *to have time for something*

   Tim : Heb jij je huiswerk gemaakt?

   Ik : (Nee, ik heb geen tijd voor <u>mijn huiswerk</u> gehad.) ....

3. toekomen **aan** iets – *to get around to doing something / to find the time to do something*

   Tim : Heeft hij zijn huiswerk af?

   Ik : (Nee, hij is niet aan de <u>laatste drie oefeningen</u> toegekomen.) ....

4. doen **over** iets – *to take (time)*

   Tim : Hoelang heb jij over <u>de reis naar Zuid-Spanje</u> gedaan?

   Ik : (Ik heb 28 uur over <u>de reis</u> gedaan.) ....

5. wachten **op** iets – *to wait for something*

   Tim : Hoelang heeft zij op <u>de vertraagde trein</u> moeten wachten.

   Ik : (Zij heeft 40 minuten op <u>de trein</u> moeten wachten.) ....

Use 5 – 'ER' in certain idiomatic expressions

A number of idiomatic expressions which can be found in your dictionary contain the word '**er**'. In such idiomatic expressions, the particle '**er**' doesn't actually mean anything nor does it refer back to a previously-mentioned object or place as in the above exercises.

For example:

eruitzien – *to look (appear)*

Zo, jij **ziet er** mooi bruin **uit**, zeg.	– *Wow, you look nice and tanned.*
Zij **ziet er** niet **uit**.	– *She looks terrible.*
De handleiding **ziet er** heel ingewikkeld **uit**.	– *The manual looks very complicated.*
Het **ziet er** niet zo moeilijk **uit**.	– *It doesn't look all that difficult.*
Jij **ziet er uit** alsof je te weinig hebt geslapen.	– *You look as if you have had very little sleep.*

Miscellaneous

Ik ga ervandoor.	– *I'm leaving. / I'm heading off.*
Dat zit er niet in.	– *There's little chance of that.*
Ik kom er niet uit.	– *I'm not making much progress with this.*
Het zit er voor vandaag weer op.	– *That's the end of another workday.*
Hij is er slecht aan toe.	– *He's in a bad way (after an accident).*
Ik ben er langzamerhand aan toe.	– *I could really do with one after all that.*

Les vierenveertig
Het Imperfectum

'**Het Imperfectum**' is the second past tense in Dutch (besides 'Het Perfectum'). 'Het Imperfectum' is used in Dutch to talk about a period of time in the past that was unfinished (and was still going on) at that specific time in the past.

Listening exercise 44.1

Maik and Tim use 'Het Imperfectum' (**in bold**) to talk about the period in Tim's life when he was still living in Canada (before he arrived in the Netherlands).

Maik : De laatste keer dat ik jou **sprak**, **vertelde** je dat jij zes maanden geleden naar Nederland was verhuisd. Waar **woonde** je voordat je naar Nederland **kwam**?

Tim : Voordat ik naar Nederland **kwam**, **werkte** ik bij BME in Toronto. Daarom **was** het vrij gemakkelijk voor mij om in Nederland te komen werken. Ik **hoefde** alleen intern een nieuwe functie te zoeken. Toen ik **hoorde** dat er een aantal vacatures bij BME in Amsterdam **was**, heb ik intern gesolliciteerd. Ik **werd** naar het hoofdkantoor in Amsterdam Amstel overgeplaatst en daarom **was** het niet zo'n probleem om een werkvergunning te regelen.

Maik : En waar ken jij je vriendin Chantal eigenlijk van?

Tim : Ik **leerde** haar op de universiteit in Toronto kennen. Wij **studeerden** op dezelfde faculteit en wij **kwamen** elkaar heel vaak in de kantine tegen. Van het één **kwam** het ander en na zes maanden **gingen** wij samenwonen. Daarom is zij met mij naar Nederland meegekomen.

'Het Imperfectum' – Conjugation of REGULAR VERBS

To form the 'Imperfectum' of regular verbs, the '*stam*' of the regular verb is added to the ending '–de(n)'.		If the '*stam*' ends with a letter in **'t k(o)fsch(i)p**, the ending becomes '-te(n)'.	
wonen – *to live*		**werken** – *to work*	
ik / jij / u / hij / zij / het	woon**de**	ik / jij / u / hij / zij / het	werk**te**
wij / jullie / zij	woon**den**	wij / jullie / zij	werk**ten**
verhuizen – *to move house*		**praten** – *to talk, to chat*	
ik / jij / u / hij / zij / het	verhuis**de**	ik / jij / u / hij / zij / het	praat**te**
wij / jullie / zij	verhuis**den**	wij / jullie / zij	praat**ten**
uitleggen – *to explain*		**afmaken** – *to complete*	
ik / jij / u / hij / zij / het	leg**de** ... uit	ik / jij / u / hij / zij / het	maak**te** ... af
wij / jullie / zij	leg**den** ... uit	wij / jullie / zij	maak**ten** ... af

NOTE: Separable verbs are 'separated' as in 'Het Presens'. In subordinate clauses, they are likewise joined back together and placed at the end of the subordinate clause.

44A. The following selection of REGULAR VERBS contains simple verbs, verbs with a prefix and separable verbs. Conjugate them into the singular and plural forms of 'Het Imperfectum'.

1.	studeren	_studeerde / studeerden_	15.	ontmoeten	....
2.	volgen	....	16.	invullen	....
3.	praten	....	17.	inleveren	....
4.	leren	....	18.	afmaken	....
5.	lunchen	....	19.	opruimen	....
6.	gebruiken	....	20.	opgroeien	....
7.	wonen	....	21.	afstuderen	....
8.	proberen	....	22.	voorbereiden	....
9.	werken	....	23.	rondreizen	....
10.	halen	....	24.	klaarmaken	....
11.	zetten	....	25.	ophalen	....
12.	willen	....	26.	afwachten	....
13.	vertellen	....	27.	herkennen	....
14.	veranderen	....	28.	samenwonen	....

44B. Conjugate the following REGULAR verbs into 'Het Imperfectum'.

1. Voordat ik naar Nederland kwam, ... (*wonen*) ik in Toronto en .... (*werken*) ik bij BME.

2. In die periode .... (*horen*) ik van een collega dat er op het hoofdkantoor in Amsterdam een vacature was.

3. Aangezien ik altijd in het buitenland had willen wonen, ... (*solliciteren*) ik meteen.

4. Na vier weken .... (*bellen*) het hoofdkantoor in Amsterdam om mij een baan aan te bieden.

5. Maar ik wist niet zeker of mijn vriendin met mij .... (*willen*) meegaan.

6. Na een paar lange gesprekken over onze relatie en onze toekomst samen, ... (*reageren*) zij heel enthousiast op de verhuizing naar Nederland.

7. De verhuizing voor haar was niet zonder risico's omdat zij een hoge functie had en dus goed .... (*verdienen*).

8. Nu wonen wij al zes maanden in Amsterdam. In het begin was het zeker niet gemakkelijk, maar na een tijdje .... (*leren*) ik de stad beter kennen en ik .... (*ontmoeten*) steeds meer mensen dus nu gaat het beter.

Listening exercise 44.2
To check your answers to Exercise 44B, listen now to the recording.

44C. The following list contains frequently-used IRREGULAR VERBS. Complete the list by filling in the singular or plural form. Spelling rules (see Lesson 2) must be applied. For an <u>extensive list of irregular verbs</u> in 'Het Imperfectum', see Bijlage 3.

		'HET IMPERFECTUM' – Irregular Verbs	
		ik / jij / u / hij / zij / het	wij / jullie / zij
1.	beginnen (*to begin*)	....	begonnen
2.	begrijpen (*to comprehend*)	begreep	....
3.	besluiten (*to decide*)	....	besloten
4.	bieden (*to offer*)	bood	....
5.	blijven (*to stay*)	....	bleven
6.	breken (*to break*)	brak *	....
7.	brengen (*to bring*)	....	brachten
8.	denken (*to think*)	dacht	....
9.	doen (*to do*)	....	deden
10.	dragen (*to wear / carry*)	droeg	....
11.	drinken (*to drink*)	....	dronken
12.	eten (*to eat*)	at *	....
13.	gaan (*to go*)	....	gingen
14.	geven (*to give*)	gaf *	....
15.	hebben (*to have*)	....	hadden
16.	helpen (*to help*)	hielp	....
17.	houden (*to hold / keep*)	....	hielden
18.	kiezen (*to choose*)	koos	....
19.	kijken (*to look/watch*)	....	keken
20.	komen (*to come*)	kwam *	....
21.	kopen (*to buy*)	....	kochten
22.	krijgen (*to get*)	kreeg	....
23.	laten (*to let*)	....	lieten
24.	lezen (*to read*)	las *	....
25.	liggen (*to lie down*)	....	lagen *
26.	lopen (*to walk*)	liep	....
27.	nemen (*to take*)	....	namen *
28.	ontvangen (*to receive*)	ontving	....
29.	rijden (*to drive*)	....	reden
30.	schrijven (*to write*)	schreef	....
31.	slapen (*to sleep*)	....	sliepen
32.	spreken (*to speak*)	sprak *	....
33.	staan (*to stand*)	....	stonden
34.	trekken (*to pull*)	trok	....

35. vergeten (*to forget*)	....	vergaten *
36. verliezen (*to lose*)	verloor	....
37. vinden (*to find*)	....	vonden
38. vliegen (*to fly*)	vloog	....
39. vragen (*to ask*)	....	vroegen
40. weten (*to know something*)	wist	....
41. worden (*to become*)	....	werden
42. zien (*to see*)	zag *	....
43. zeggen (*to say*)	zei	zeiden
44. zijn (*to be*)	....	waren **
45. zitten (*to sit*)	zat *	....
46. zoeken (*to look for*)	....	zochten

* These verbs have a short vowel in the singular and a long vowel in the plural.

** The double-irregular form of '*zijn*' can be found in the introductory dialogue.

When to use 'Het Imperfectum'

'**Het Imperfectum**' is used to talk about an unfinished period of time in the past from a perspective in the past (unlike 'Het Perfectum' which talks about the finished past from the perspective in the present – see Lesson 47). The time setting is usually introduced by a phrase starting with the subordinating conjunction '*toen*' (when). Any other information relating to this same period is also in 'Het Imperfectum'.

'Het Imperfectum' is OBLIGATORY when using the following subordinating conjunction:

toen (*when*) Toen ik nog in Canada woonde, werkte ik ook bij BME.
Toen hij in Nederland aankwam*, sprak hij nog geen woord Nederlands.

'Het Imperfectum' is also OBLIGATORY with the following Adverbs of Time:

vroeger (*a long time ago*) Vroeger tenniste ik heel veel, maar nu tennis ik helemaal niet meer.

in die periode (*in that period of time*) In die periode werkte ik veel over.

'Het Imperfectum' is often used with other subordinating conjunctions:

terwijl (*while*) Terwijl ik studeerde, had ik een bijbaantje.
voordat (*before*) Voordat ik naar Nederland kwam, woonde ik in Toronto.
nadat (*after*) Meteen nadat ik in Nederland aankwam*, begon ik Nederlands te leren.

'Het Imperfectum' is also often used with the following frequently-used verbs:

zijn (**was** / **waren**) Hij dacht dat ik Australiër was.
hebben (**had** / **hadden**) Ik dacht dat ik mijn portemonnee bij me had.
weten (**wist** / **wisten**) Ik wist niet dat hij uit Canada kwam.
denken (**dacht** / **dachten**) Zij dachten dat wij dat wisten.
zeggen (**zei** / **zeiden**) Hij zei dat hij om 18.00 uur thuis zou zijn.
zien (**zag** / **zagen**) Ik zag haar de straat oversteken.

'Het Imperfectum' is also often used with modal verbs:

zullen (**zou** / **zouden**) Hij zei dat hij om 18.00 uur thuis zou zijn.
moeten (**moest** / **moesten**) Zij zeiden dat zij vóór 22.00 uur thuis moesten zijn.
willen (**wilde** / **wilden**) Jij zei dat jij vandaag thuis wilde blijven.
mogen (**mocht** / **mochten**) Wij mochten vandaag vroeger naar huis gaan.
kunnen (**kon** / **konden**) Ik kon hem niet bereiken.
durven (**durfde** / **durfden**) Ik durfde hem niet zo laat op te bellen.
hoeven (**hoefde** / **hoefden**) Hoefden jullie vandaag niet over te werken?

* In subordinate clauses, separable verbs in 'Het Imperfectum' are joined back together at the end of the clause.

44D. The following sentences describe an expat's experience six months ago at the beginning of his stay in the Netherlands. Conjugate the following IRREGULAR verbs into '**Het Imperfectum**'.

1. Toen ik met mijn Nederlandse cursus .... (*beginnen*), woonde ik nog niet zo lang in Nederland.
2. In het begin .... (*zijn*) het niet zo gemakkelijk voor mij.
3. Ik .... (*begrijpen*) niet hoe de afspraakcultuur werkte en daarom was het moeilijk om mensen te leren kennen.
4. Dus .... (*besluiten*) ik de taal te gaan leren. Door de taal te leren, begrijp je de mensen vaak beter.
5. Nadat ik naar mijn huidige functie solliciteerde, ... de manager van Personeelszaken mij de volgende dag een baan .... (*aanbieden*).
6. Toen ik nog niet zo lang in Nederland woonde, ... ik in het weekend niet vaak .... (*uitgaan*) omdat ik weinig mensen kende.
7. In die tijd .... ik heel veel tijd alleen .... (*doorbrengen*).
8. In het weekend .... ik .... (*thuisblijven*). Ik .... (*lezen*) veel, ik .... veel .... (*tv kijken*) of ik maakte veel fietstochten om Nederland een beetje te leren kennen.
9. Na een tijdje leerde ik steeds meer collega's en andere mensen kennen en op een gegeven moment .... (*zitten*) mijn weekends vol afspraken.

44E. In this exercise, Tim talks about his life before he came to the Netherlands. Conjugate the verbs into '**Het Imperfectum**'.

1. Toen ik nog in Canada .... (*wonen*), was mijn leven heel anders dan nu.
2. Omdat ik toen al bij BME .... (*werken*), was ik de bedrijfscultuur bij BME al gewend. Maar toch is die in Canada anders dan in Nederland.
3. In Canada .... (*hebben*) ik andere taken en andere verantwoordelijkheden.
4. De werkhouding van mijn collega's .... (*zijn*) ook heel anders dan hier.
5. Net vóór mijn vertrek naar Nederland .... (*maken*) ik promotie waardoor ik meer .... (*verdienen*).
6. In die periode .... (*wonen*) Chantal en ik in een groot appartement met uitzicht op een park.
7. Wij .... (*hebben*) heel veel woonruimte: drie slaapkamers, een mooie woonkamer met grote ramen, een keuken met de modernste keukenapparaten, een badkamer met douche én ligbad, en een prachtig balkon op het zuiden.
8. Drie maanden later .... (*besluiten*) wij naar Nederland te verhuizen. Eén week na onze aankomst in Nederland begon ik op het hoofdkantoor in Amsterdam Amstel.
9. In het begin .... (*kosten*) het me veel moeite om aan het leven in Nederland te wennen.
10. Het was ook de eerste keer voor mij dat ik in een land woonde waar ik de taal niet .... (*spreken*).
11. Hoewel de voertaal op kantoor Engels is, ... (*vinden*) ik het noodzakelijk voor mijn eigen integratieproces dat ik genoeg Nederlands .... (*beheersen*) om deel te nemen aan een eenvoudig gesprek in het Nederlands.
12. Ik had toen het gevoel dat ik me anders altijd een toerist .... (*zullen*) voelen. En dat .... (*willen*) ik niet.

13. Daarom .... (*beginnen*) ik meteen met een cursus Nederlands.

14. In het begin .... (*denken*) ik dat ik me hier nooit thuis zou voelen, maar ik .... (*ontdekken*) dat dat van mijn eigen houding .... (*afhangen*). Natuurlijk is alles hier anders: niet beter en ook niet slechter dan thuis. Gewoon anders!

Listening exercise 44.3
To check your answers to Exercise 44E, listen now to the recording.

44F. Conjugate the following REGULAR and IRREGULAR verbs into '**Het Imperfectum**'.

Diologue 1 – Elly and Tim talk about what they watched on television last night.

    Elly : Heb jij gisteravond televisie gekeken?

    Tim : Ja, ik heb een film van de regisseur Paul Verhoeven gezien.

1. Elly : Hoe .... die film (*heten*)?

2. Tim : Dat weet ik niet meer maar het .... (*zijn*) een heel spannende film.

3. Elly : Waar .... (*gaan*) het over?

4. Tim : Het ging over een knappe schrijfster die wordt verdacht van een aantal mysterieuze moorden, die lijken op de moorden uit haar boeken. De hoofdrechercheur valt langzaam maar zeker voor haar charmes en hij beseft niet dat hij in een web van leugens, intriges en wellust terechtkomt. De film .... (*worden*) een echte kassakraker begin jaren '90.

    Elly : O, die film ken ik. Is dat niet de film 'Basic Instinct' van de Nederlandse regisseur Paul Verhoeven?

5. Tim : Ja, dat klopt. Maar ik .... (*denken*) dat 'Basic Instinct' van een Amerikaanse regisseur was.

    Elly : Nee, nee. Paul Verhoeven is Nederlander maar hij werkt al jaren in Amerika.

6. Tim : O, dat .... (*weten*) ik niet.

Diologue 2 – Maik and Maria talk about a serious accident involving a car and a cyclist.

    Maik : Vanochtend is er een ernstig auto–ongeluk gebeurd.

1. Maria : Dat weet ik. Ik heb het gezien. Ik .... (*zitten*) namelijk op de fiets en .... (*willen*) net oversteken toen er een auto de hoek om .... (*komen*) scheuren.

    Maik : En toen?

2. Maria : Een fietser .... (*zien*) die auto niet en .... (*doorfietsen*). De auto .... (*rijden*) zo hard dat hij niet op tijd .... (*kunnen*) remmen. Zo is het ongeluk gebeurd.

3. Maik : .... (*Zijn*) de politie er vroeg bij?

4. Maria : Geen tien minuten later. En kort daarna .... de ambulance er

		.... (aankomen).
Maik	:	Zo zie je dat je op de fiets heel goed moet opletten. Het is niet verstandig om ervan uit te gaan dat je als fietser altijd voorrang hebt.
Maria	:	Zelfs als jij als fietser voorrang hebt, kun je beter goed uitkijken. Je weet maar nooit!

Listening exercise 44.4
To check your answers to Exercise 44F, listen now to the recorded dialogues.

44G. Compare '*vroeger*' (before) with '*tegenwoordig*' (nowadays) by conjugating the verbs as in the example.

Example: Vroeger .... ik iedere zaterdag, maar nu .... ik helemaal niet meer. (*hockeyen*)
Vroeger   *hockeyde*   ik iedere zaterdag, maar nu   *hockey*   ik helemaal niet meer.

1. Vroeger .... ik veel, maar tegenwoordig .... ik helemaal niet meer. (*tennissen*)
2. Vroeger .... ik veel, maar sinds ik fulltime werk, ... ik amper. (*lezen*)
3. Vroeger .... ik heel goed, maar aangezien ik nu niet regelmatig oefen, ... ik helemaal niet meer zo goed. (*dansen*)
4. Vroeger .... ik heel gemakkelijk, maar tegenwoordig..................... ik veel moeizamer. (*leren*)
5. Vroeger .... ik altijd naar popmuziek, maar de laatste tijd .... ik er niet meer naar. (*luisteren*)
6. 'En jij? Wat .... jij vroeger wel maar tegenwoordig niet meer?' 'Vroeger .... maar tegenwoordig ....

In Lesson 8 you learned to express an action being carried out at this moment. This same structure is used with '**Het Imperfectum**' to express an action that was being carried out at a specific moment in the past. All of these structures are IRREGULAR.

IMPERFECTUM

'zijn' ..'aan het' + infinitive	– Toen ik Tim zag, **was** hij een rapport aan het schrijven.
	– Toen ik langsliep, **waren** zij het rapport aan het bespreken.
'zitten' ....'te' + infinitive	– Toen ik thuiskwam, **zat** zij op de bank een boek te lezen.
	– Toen ik ze zag, **zaten** zij aan hun bureau hun lunch op te eten.
'staan' .... 'te' + infinitive	– Toen ik haar kamer binnenliep, **stond** zij naar buiten te kijken.
	– Toen ik ze zag, **stonden** zij op de gang te praten.
'liggen' ... ...'te' + infinitive	– Toen ik hem opbelde, **lag** hij in bed een boek te lezen.
	– Toen hij ons opbelde, **lagen** wij in bed televisie te kijken.
'lopen' .... 'te' + infinitive	– Toen ik de secretaresse zag, **liep** zij haar manager te zoeken.
	– Vroeger **liepen** zij de hele dag te klagen.

44H. Use one of the five structures above to translate the following sentences.

Example: When I saw Tim, he was speaking to a client on the phone.
Toen ik Tim zag, zat hij met een klant te bellen.

1. When I saw the secretary, she was fetching (going to get) coffee.
   ....
   ....

2. When I walked into Tim's room, he was sitting at his desk eating his lunch.

   ....
   ....

3. When I saw my manager, he was walking around looking for his secretary.

   ....
   ....

4. When I saw Tim and his colleagues, they were standing in the coffee corner drinking coffee.

   ....
   ....

5. When we entered the conference room, they were discussing their next project.

   ....
   ....

   When they saw us, we were standing at the window looking at the accident.

   ....
   ....

7. When I saw you, you were walking in the corridor talking to a good–looking guy.

   ....
   ....

Wist jij dat ...?

The capital city of the Netherlands is Amsterdam and the legislative capital is The Hague. But did you know that the Netherlands is also divided into 12 provinces? Each province has a capital city:

Province	*Capital city*
Noord-Holland	Haarlem
Zuid-Holland	Den Haag
Zeeland	Middelburg
Noord-Brabant	Den Bosch
Utrecht	Utrecht
Flevoland	Lelystad
Friesland	Leeuwarden
Groningen	Groningen
Drenthe	Assen
Overijssel	Zwolle
Gelderland	Arnhem
Limburg	Maastricht

The youngest province, Flevoland, is actually a 'polder', the word that refers to a piece of land surrounded by dykes that has been drained and reclaimed from the sea. Works started in 1950, but Flevoland was not officially established until 1986.

Did you know that ...?

Source : http://en.wikipedia.org/wiki/Flevoland

Les vijfenveertig
Relatieve bijzinnen (4)

'**Relative clauses**' are part of everyday conversation. Before you attempt the following exercises on '**Relative clauses in Het Imperfectum**', we recommend you review Lessons 22 and 31 (Relative clauses in Het Presens), and Les 40 (Relative clauses in Het Perfectum) in which you learned that Subordination applies to all relative clauses. After revising, complete the following exercises using 'Het Imperfectum'.

45A. Make one sentence from two. The relative clause must start with the relative pronouns '**die**' or '**dat**' depending on the gender of the noun it refers to. Convert all verbs into 'Het Imperfectum' and add the Adverb of Time '**toen**' in the appropriate clause in your answer.

    Example: (Ik heb een collega. Hij spreekt zes talen.)
                              Ik had toen een collega die zes talen sprak.

1. (Wij hebben veel vrienden. Zij komen uit het buitenland.)
   ....

2. (Zij zoeken een woning in de binnenstad van Amsterdam. De woning is niet te duur.)
   ....

3. (Zij werkt in een team. Het team bestaat voor een groot deel uit expats.)
   ....

4. (Tim werkt op het hoofdkantoor van BME. Het kantoor zit tegenover Station Amsterdam Amstel.)
   ....

5. (Ik moet een rapport schrijven. Het rapport moet vóór vrijdag klaar zijn.)
   ....

45B. Make one sentence from two. The relative clause must be placed in the middle of the main clause. Convert all verbs into 'Het Imperfectum' and add the Adverb of Time '**toen**' in the appropriate clause in your answer.

1. De kamer is erg klein. (De kamer deel ik met drie andere collega's.)
   ....

2. Het verslag zit vol fouten. (Hij laat mij een verslag zien.)
   ....

3. De cursus Nederlands vind ik erg goed. (Ik volg een cursus Nederlands.)
   ....

4. Het café geeft heel veel geluidsoverlast. (Het café zit onder mijn appartement.)
   ....

5. De formulieren zijn lang en ingewikkeld. (Ik moet elk jaar die formulieren voor mijn verblijfsvergunning invullen.)
   ....
   ....

45C. Make one sentence from two. The relative clause must go in the middle of the sentence, and must start with the underlined **preposition + wie** (e.g. voor wie / met wie / over wie / etc.). Convert all verbs into 'Het Imperfectum' and add the Adverb of Time '**toen**' in the appropriate clause in your answer.

1. De manager is erg sympathiek. Ik werk <u>voor</u> die manager.

   De manager ....

   ....

2. Mijn vriend komt uit Italië. Ik woon al vijf jaar <u>met</u> mijn vriend samen.

   Mijn vriend ....

   ....

3. Mijn grootouders wonen in Australië. Ik heb een sterke band <u>met</u> mijn grootouders.

   Mijn grootouders ....

   ....

4. De mensen komen uit Marokko. Wij wonen <u>naast</u> die mensen.

   De mensen ....

   ....

5. Hun manager heeft een functie met veel verantwoordelijkheden. Zij hebben veel respect <u>voor</u> die manager.

   Hun manager ....

   ....

45D. Make one sentence from two. The relative clause must go in the middle of the sentence, and must start with **waar + preposition** (e.g. waarmee / waarop / waarin / etc.). Convert all verbs into 'Het Imperfectum' and add the Adverb of Time '**toen**' in the appropriate clause in your answer.

1. De televisieprogramma's zijn erg saai. (Mijn vriendin kijkt altijd <u>naar</u> die programma's.)

   De televisieprogramma's ....

   ....

2. De formulieren zijn erg ingewikkeld. (<u>Met</u> die formulieren moet je een verblijfsvergunning aanvragen.)

   De formulieren ....

   ....

3. Het examen is erg belangrijk. (<u>Op</u> dat examen bereid ik me voor.)

   Het examen ....

   ....

4. Het boek heet 'Het meisje met de parel' van Tracey Chevalier. (Ik ben bezig <u>met</u> dat boek.)

   Het boek ....

   ....

5. Die fiets heb ik eigenlijk van een vriend geleend. (<u>Met</u> die fiets ga ik altijd naar mijn werk.)

   Die fiets ....

   ....

Les zesenveertig
Conjuncties (3)

'**Conjunctions**' are words that join sentences (also called link words). This lesson focuses on practising **Conjunctions with 'Het Imperfectum'.** Before doing so, first review Lesson 23 (Conjuctions with Het Presens) and Lesson 39 (Conjunctions with Het Perfectum) in which you learned about subordinating conjunctions that introduce a subordinate clause whereby Subordination is OBLIGATORY.

Listening exercise 46.1
In the following dialogue, Maik and Tim are talking about Tim's first day back at work after his summer holiday.

Maik : Zo, Tim. Jij ziet er lekker ontspannen uit. Heb je er weer zin in na zo'n lange vakantie?

Tim : Tja, vijf weken vakantie lijkt misschien lang, maar het lukte me pas in de laatste twee weken om me echt goed te ontspannen en van de vakantie te genieten.

Maik : **Toen** ik je op jouw laatste werkdag vóór je vakantie zag, zag je er uit **alsof** je aan vakantie toe was.

Tim : Nou en of. Net **voordat** ik op vakantie ging, was ik heel gestrest. Ik wilde vóór mijn vertrek alles netjes afronden **zodat** ik geen werkachterstand zou oplopen. Ik had toen niet eens tijd om met jullie in de kantine te lunchen. **Terwijl** ik in die laatste week een belangrijk verslag op de computer afmaakte, at ik mijn lunch achter mijn bureau op. Ook had ik het heel druk met de voorbereidingen op ons volgende project, weet je nog?

Maik : Ja, dat weet ik nog heel goed!

Tim : **Terwijl** ik me vanochtend aankleedde, dacht ik aan alles wat ik vandaag moest doen. Alleen bij de gedachte al kreeg ik weer die spanning in mijn nek en schouders die ik vóór de vakantie had.

Maik : Maar jij hoeft helemaal niets te doen, joh. **Terwijl** jij op vakantie was, zaten wij ons hier op kantoor uit te sloven.

Tim : O ja, dat klopt. Onze manager zei toen dat alles klaar moest zijn **zodat** we meteen na de vakantieperiode konden beginnen met het nieuwe project.

Maik : Ja, daarom!

Subordination
In Subordinate clauses, the separable verb is joined back together and placed at the end of the subordinate clause. This is clearly illustrated in an example taken from the above dialogue:

Word Order 7						Word Order 2
SUBORDINATION						INVERSION
Subordinate conjunction	Subj	T	O	P	Verb(s) 1 / 2 / 3	Verb Subj T O P
Terwijl	Tim	toen	het verslag	op de computer	afmaakte* ,	at hij zijn lunch op.

46A. Convert the following sentences from 'Het Presens' into '**Het Imperfectum**'.

1. Terwijl Chantal 's ochtends koffie zet, douche ik.
   ....
   ....

2. Terwijl wij allemaal heel hard werken, is onze manager op vakantie.
   ....
   ....

3. Terwijl ik mijn huiswerk maak, kijk ik televisie.
   ....

4. Omdat mijn collega's heel hard aan het praten zijn, kan ik me niet concentreren.
   ....
   ....

5. Terwijl de leraar de oefening uitlegt, maken de studenten aantekeningen.
   ....
   ....

6. Aangezien hij Het Imperfectum van de meestegebruikte onregelmatige werkwoorden niet kent, helpt zijn vriend hem met zijn huiswerk.
   ....
   ....

7. Nadat zij thuiskomen, kleden zij zich om en gaan zij uit eten.
   ....
   ....

8. Zodra ik haar zie, weet ik dat er iets aan de hand is.
   ....

9. Aangezien drie collega's ziek zijn, is er weinig kans dat zij het werk zullen afkrijgen.
   ....
   ....

10. Er zijn twee goede films op televisie, dus moet ik kiezen welke ik wil zien.
    ....
    ....

11. Hoewel wij er de hele dag mee bezig zijn, lukt het ons niet om het rapport af te krijgen.
    ....
    ....

12. Voordat hij naar huis fietst, pleegt hij een paar telefoontjes.
    ....

Listening exercise 46.2
To check your answers to Exercise 46A, listen now to the recording.

46B. In this exercise, you are going to practise talking about your own experiences and you will need to combine everything you learned in Lessons 44 – 46. Use '**Het Imperfectum**' to answer the following questions. Be creative and practise using conjunctions. Give as many details as possible.

Woonsituatie

1. Toen je opgroeide, woonde je in de stad, in een dorp of op het platteland?
   ....
   ....
   ....

2. In wat voor woonruimte woonde je toen? (kamer / huis / appartement / wat voor kamers / enzovoorts.)
   ....
   ....
   ....

3. Had je een eigen slaapkamer of moest je hem delen?
   ....
   ....
   ....
   ....

4. Wat is het verschil met hoe je nu woont? (groter / kleiner / mooier / rustigere omgeving / enz.)
   ....
   ....
   ....

Werksituatie

5. Wat was jouw eerste baan na het afstuderen?
   ....
   ....
   ....
   ....

6. Wat was je functie en wat waren je verantwoordelijkheden / taken?
   ....
   ....
   ....
   ....
   ....

7. Wat vond je leuk aan die functie? Wat vond je niet leuk aan die functie? Waarom?
   ....
   ....
   ....

....
....

8. Waarom besloot je toen van baan te veranderen?
....
....
....
....
....

Wist jij dat ...?

Did you know that the Dutch language is part of the Germanic language family, as are English, Frisian, modern German, Danish, Swedish, and Norwegian?
Their direct line of descent is clearly illustrated by the following table:

English	*Dutch*	*German*
house	huis	Haus
town	tuin	Zaun
day	dag	Tag
eat	eten	essen
yesterday	gisteren	gestern
give	geven	geben
mother	moeder	Mutter

Although vocabulary is similar, Dutch grammar is closer to German grammar than English grammar.

Did you know that ...?

Source : http://en.wikipedia.org/wiki/Dutch_language

Les zevenenveertig
Perfectum versus Imperfectum

In Dutch, there are two tenses used to talk about the past: '**Het Perfectum**' (see Lessons 32 – 37) and '**Het Imperfectum**' (see Lessons 44 – 46). Below you will find an overview of the general guidelines on when to use both tenses and also how to combine them.

Het Perfectum
Places emphasis on the RESULT of what you did in the past
from the perspective in the present:

a) The emphasis is on WHAT you did (result) and not 'when' you were doing it:

'Wat heb je gisteren gedaan?' 'Ik ben naar het strand geweest.'

'Waar ben jij geboren?' 'Ik ben in Canada geboren en opgegroeid.'

'Ik heb in totaal zes jaar bij mijn vorige werkgever gewerkt.'

Het Imperfectum
Places emphasis on the ACTION you were doing at a specific time in the past
from the perspective in the past:

a) a situation in the past that was still going on and continued (unfinished at that time):

'Toen ik nog in Canada woonde, werkte ik bij BME in Toronto.'

b) an historical event or situation:

'In 1815 werd Nederland een koninkrijk. Willem I, Prins van Oranje–Nassau, was de eerste koning van dit koninkrijk, waarvan ook België en Luxemburg deel uitmaakten.'

c) a series of subsequent actions in the past at that moment of speaking:

'Hij kwam binnen, ging op de bank zitten, zette de televisie aan, en begon te zappen..'

d) a habit in the past:

'Vroeger tenniste ik heel veel, maar tegenwoordig tennis ik helemaal niet meer.'

COMBINING BOTH TENSES IN ONE CONTEXT

'**Het Perfectum**' gives the listener information about a fact in the past from a present perspective.
It introduces an occurrence and provides general information on the finished result of the past action.

'**Het Imperfectum**' gives the listener a description of the details about the occurrence from a past perspective.

Example 1: Ik ben gisteren in Rotterdam geweest. Het regende daar, maar ik vond dat niet erg omdat ik toch musea ging bezoeken.

Example 2: Ik ben in Halifax geboren maar in Toronto opgegroeid. Ik woonde in een dorp in de buurt van Toronto. Op mijn 25ste verhuisde ik naar Montreal waar ik vijf jaar werkte totdat ik naar Nederland kwam.

47A. In the following groups, the same sentence has been written in 'Het Perfectum' and the other in 'Het Imperfectum', however only one of them is correct. Tick (✓) the correct sentence.

1. a) Ik <u>was</u> in 1967 in Australië <u>geboren</u>. ☐ Goed ☐ Fout
   b) Ik <u>ben</u> in 1967 in Australië <u>geboren</u>. ☐ Goed ☐ Fout

2. a) Waar <u>heb</u> jij in 1990 <u>gewoond</u>? ☐ Goed ☐ Fout
   b) Waar <u>woonde</u> jij in 1990? ☐ Goed ☐ Fout

3. a) Hoelang <u>heb</u> jij daar in totaal <u>gewoond</u>? ☐ Goed ☐ Fout
   b) Hoelang <u>woonde</u> jij daar in totaal? ☐ Goed ☐ Fout

4. a) Van juni 1992 tot september 2004 <u>heb</u> ik in Utrecht <u>gewoond</u>. ☐ Goed ☐ Fout
   b) Van juni 1992 tot september 2004 <u>woonde</u> ik in Utrecht. ☐ Goed ☐ Fout

5. a) Toen ik in Utrecht woonde, <u>werkte</u> ik in Amsterdam. ☐ Goed ☐ Fout
   b) Toen ik in Utrecht heb gewoond, <u>heb</u> ik in Amsterdam <u>gewerkt</u>. ☐ Goed ☐ Fout

6. a) 'Wat deed jij vannacht om 2.00 uur?' 'Ik <u>sliep</u>.' ☐ Goed ☐ Fout
   b) 'Wat deed jij vannacht om 2.00 uur?' 'Ik <u>heb geslapen</u>.' ☐ Goed ☐ Fout

7. a) Toen ik vanochtend opstond, <u>heeft</u> het <u>geregend</u>. ☐ Goed ☐ Fout
   b) Toen ik vanochtend opstond, <u>regende</u> het. ☐ Goed ☐ Fout

8. a) '<u>Was</u> jij ooit in China?' 'Nee, ik <u>was</u> er nog nooit.' ☐ Goed ☐ Fout
   b) '<u>Ben</u> jij ooit in China <u>geweest</u>?' 'Nee, ik <u>ben</u> er nog nooit <u>geweest</u>.' ☐ Goed ☐ Fout

9. a) Gisteravond heb ik je gebeld, maar jij <u>was</u> niet thuis. ☐ Goed ☐ Fout
   b) Gisteravond heb ik je gebeld, maar jij <u>bent</u> niet thuis <u>geweest</u>. ☐ Goed ☐ Fout

10. a) Afgelopen zaterdag ben ik naar een feestje geweest. Elly <u>is</u> er ook <u>geweest</u>. Zij <u>heeft</u> een mooie jurk aan <u>gehad</u> met hoge hakken. Zij <u>heeft</u> er heel mooi <u>uitgezien</u>. ☐ Goed ☐ Fout
    b) Afgelopen zaterdag ben ik naar een feestje geweest. Elly <u>was</u> er ook. Zij <u>had</u> een mooie jurk aan met hoge hakken. Zij <u>zag</u> er heel mooi uit. ☐ Goed ☐ Fout

11. a) Vroeger tenniste ik heel veel, maar ik <u>stopte</u> drie jaar geleden vanwege een blessure. ☐ Goed ☐ Fout
    b) Vroeger tenniste ik heel veel, maar ik <u>ben</u> drie jaar geleden vanwege een blessure <u>gestopt</u>. ☐ Goed ☐ Fout

12. a) De trein is op spoor 2a binnengekomen en Karin <u>is uitgestapt</u>. Twee vrienden van haar, Ron en Paul, <u>hebben</u> op haar <u>staan wachten</u>. ☐ Goed ☐ Fout
    b) De trein is op spoor 2a binnengekomen en Karin <u>is uitgestapt</u>. Twee vrienden van haar, Ron en Paul, <u>stonden</u> op haar te wachten. ☐ Goed ☐ Fout.

13. a) Chantal <u>heeft</u> vorige week haar pols <u>gebroken</u>. Zij was de woonkamer aan het schilderen toen zij van de ladder <u>viel</u>. ☐ Goed ☐ Fout
    b) Chantal <u>brak</u> vorige week haar pols. Zij was de woonkamer aan het schilderen toen zij van de ladder <u>viel</u>. ☐ Goed ☐ Fout

14. a) Gisteren liep Elly over straat toen zij ineens Maik <u>tegenkwam</u>. Hij was onderweg naar het station om de trein te halen en had een zware koffer bij zich. Zij <u>stopten</u> om even met elkaar te praten. ☐ Goed ☐ Fout
    b) Gisteren liep Elly over straat toen zij ineens Maik <u>is tegengekomen</u>. Hij was onderweg naar het station om de trein te halen en had een zware koffer bij zich. Zij <u>zijn gestopt</u> om even met elkaar te praten. ☐ Goed ☐ Fout

Les achtenveertig
Het Plusquamperfectum

'**Het Plusquamperfectum**' is used in Dutch to talk about something in the past which PRECEDED a more recent past action / event. The 'Plusquamperfectum' consists of the auxiliary verb in 'Het Imperfectum' ('*had / hadden*' or '*was / waren*') + past participle, as illustrated in the following dialogue.

Listening exercise 48.1
Maik and Tim talk about last weekend and refer back to what happened prior to last weekend.

Maik : En, heb je in het weekend iets leuks gedaan?

Tim : Jawel. Chantal en ik zijn op zaterdagavond naar de bioscoop geweest.

Maik : En welke film hebben jullie gezien.

Tim : Chantal wilde heel graag die nieuwe film van Tarantino zien. Maar ik **had gehoord** dat het geen goede film was en daarom had ik geen zin om hem te zien.

Maik : Van wie **had** je **gehoord** dat het geen goede film was?

Tim : Dat **had** ik in de krant **gelezen**.

Maik : Nou ja, je moet niet alles geloven wat je leest.

Tim : Dat **had** Chantal ook al **gezegd**, dus **was** ik **meegegaan**.

Maik : En heb je er nou spijt van gekregen?

Tim : Integendeel. Ik vond hem waanzinnig goed. En dat **had** ik nou niet **verwacht**. Je **had moeten meegaan**, man!

Maik : Nou, dat klinkt in ieder geval leuker dan wat ik in het weekend heb gedaan.

Tim : O? **Had** jij anders **willen meegaan**? Jij **had** best **mogen meegaan**, hoor.

Maik : **Had** ik maar **geweten** dat jullie naar de bioscoop gingen, dan **was** ik zeker **meegegaan**!

Tim : Nou, ik zal de volgende keer aan je denken!

In the above dialogue, '**Het Plusquamperfectum**' is used to talk about what had happened PRIOR TO the recent past action (i.e. before last weekend).

Tim talks about the recent past event (*last weekend*) using 'Het Perfectum' and 'Het Imperfectum':	'Wij zijn naar de bioscoop geweest. Chantal wilde heel graag die nieuwe film van Tarantino zien.'	
He uses ' Het Plusquamperfectum' to talk about what had happened prior to this recent past event (*before last weekend*):	'Ik <u>had gehoord</u> dat het geen goede film was.'	(See Exercises A/B/C)
Maik's last sentence also makes use of 'Het Plusquamperfectum' to express a hypothetical situation in the past:	'<u>Had</u> ik maar <u>geweten</u> dat jullie naar de bioscoop gingen, dan <u>was</u> ik zeker <u>meegegaan</u>!'	(See Exercise D)

Some more examples:

> 'Het Plusquamperfectum' consists of the auxiliary verb **'had / hadden'** + **past participle**.

Example 1: Tim en Chantal hebben afgelopen zondagmiddag in het Vondelpark gepicknickt. Toen zij aankwamen, was het gras nog nat omdat het die ochtend had geregend.

(*Tim and Chantal had a picnic in the Vondelpark last Sunday afternoon. When they arrived, the grass was still wet because it had rained that morning.*)

> Certain verbs take the auxiliary verb **'was / waren'** + **past participle**.

Example 2: Elise is vorige week naar een feestje gegaan. Tim is ook naar het feestje gegaan, maar zij hebben elkaar niet gezien. Elise is om 23.00 uur naar huis gegaan en Tim is pas om 23.30 uur op het feestje aangekomen.
Toen Tim aankwam, was Elise er niet. Zij was al naar huis gegaan.

(*When Tim arrived, Elise wasn't there. She had already gone home.*)

48A. Convert the following sentences below into one tense BEFORE the original tense:

If the sentence is in:	**Convert it into:**
Presens →	Imperfectum
Perfectum →	Plusquamperfectum
Imperfectum →	Plusquamperfectum

1. Zij hebben geen honger want zij hebben al gegeten.
   ....

2. De man naast mij in het vliegtuig is heel zenuwachtig want hij heeft nooit eerder gevlogen.
   ....

3. Ik ben heel erg moe want ik heb niet goed geslapen.
   ....

4. Ik vind de les niet zo gemakkelijk omdat ik me niet goed heb voorbereid.
   ....

5. Zij ziet er heel bruin uit. Zij is namelijk net van vakantie teruggekomen.
   ....

6. Ik kan mijn manager niet vinden. Volgens zijn secretaresse is hij al naar huis gegaan.
   ....

7. Mijn collega wil mijn laptop lenen want hij heeft zijn laptop thuis laten liggen.
   ....

8. Hij heeft de trein gemist omdat hij te laat op het station is gekomen.
   ....

48B. Complete the sentences by filling in the definite article ('*de / het*'), relative pronoun ('*die / dat*') and conjugating a suitable verb in '**Het Plusquamperfectum**' as in the example. Each infinitive below may be used only ONCE. Start each sentence with '*Tot dan toe ...*' (Up till then)' and in the second clause add '*ooit*' (ever). You may find this exercise easier if you first of all revise Lessons 31 and 40.

spreken met		leren		reizen in
	samenwerken met		eten	
tegenkomen		zien		proeven
	schrijven		lezen	
horen		wonen in		hebben
	krijgen		gebruiken	

1. Tot dan toe was dat __de__ lekkerste appeltaart __die ik ooit had gegeten.__

2. Tot dan toe was dat .... spannendste boek ....

3. Tot dan toe waren dat .... hoogste gebouwen ....

4. Tot dan toe was dat .... slechtste koffie ....

5. Tot dan toe was dat .... verschrikkelijkste muziek ....

6. Tot dan toe was dat .... overzichtelijkste verslag ....

7. Tot dan toe was dat .... leukste vakantie ....

8. Tot dan toe was dat .... duurste cadeau ....

9. Tot dan toe was .... Chinees de moeilijkste taal ....

10. Tot dan toe was die computer .... meest geavanceerde computer ....

11. Tot dan toe was dat .... mooiste huis ....

12. Tot dan toe was hij .... slimste collega ....

13. Tot dan toe was hij .... knapste man ....

14. Tot dan toe was zij .... meest interessante vrouw ....

15. Tot dan toe was de hogesnelheidstrein (TGV) van Amsterdam naar Parijs .... snelste trein ....

....

Listening exercise 48.2
To check your answers to Exercise 48B, listen now to the recording.

Het Plusquamperfectum with Multiple Verbs

'Het Plusquamperfectum' is frequently combined with modal verbs, in which case, the auxiliary verb is always '*had / hadden*' and the accompanying verbs are all in the infinitive form. Using Multiple Infinitives was introduced in Lesson 36 with Het Perfectum, however, Word Order 8 also applies to 'Het Plusquamperfectum'.

Modal verbs in 'Het Plusquamperfectum'

had(den) **moeten** doen	should have done
had(den) **kunnen** doen	could (might) have done / would have been able to do
had(den) **willen** doen	would have wanted to do
had(den) **durven** doen	would have dared to do
had(den) **niet hoeven** doen	need not have done

Study the examples from the introductory dialogue:

Je had moeten meegaan.	*You should have gone (with us)*
Je had mogen meegaan, hoor.	*You would have been welcome to go (with us).*
Had je anders willen meegaan?	*Would you have wanted to go (with us)?*

In spoken Dutch, it is more common to split the separable verb by inserting the modal verb.

Je had mee moeten gaan.	*You should have gone (with us)*
Je had mee mogen gaan, hoor.	*You would have been welcome to go (with us).*
Had je anders mee willen gaan?	*Would you have wanted to go (with us)?*

When '*gaan*' is used in the infinitive it is usually implicit, therefore it can be omitted. In that case, the modal verb must be in the past participle form.

Je had mee gemoeten.	*You should have gone (with us)*
Je had mee gemogen, hoor.	*You would have been welcome to go (with us).*
Had je anders mee gewild?	*Would you have wanted to go (with us)?*

When the verb '*doen*' is implicit, it can also be omitted.

'Ik heb een cadeau voor je!' 'O, wat aardig, maar dat had niet gehoeven!'	*'I have a gift for you!' 'Oh, how kind. You shouldn't have!'*

48C. Translate the following sentences.

1. You should have told me that earlier! (*eerder vertellen*)
   ....

2. I would never have dared to say such a thing! (*zoiets zeggen*)
   ....

3. He might have finished the report on time if he had asked me for help! (*afkrijgen / om hulp vragen*)
   ....
   ....

4. You should have discussed that first with your manager! (*bespreken*)
   ....
   ....

5. You could have come if you had wanted to! (*meekomen*)
   ....

Use of 'Het Plusquamperfectum' to express a hypothetical situation in the past

'Het Plusquamperfectum' is also used to express a hypothetical situation in the past, as illustrated in the introductory dialogue. Such exclamations contain the interjection '*maar*' (meaning here 'just' or 'only') which serves to emphasise the exclamation. It precedes the Adverb of Time, fixed preposition or negative (*niet / geen*). Study the following examples:

> Example: If only I had known. (*weten*)
> *Had ik dat maar geweten!*

> Example: If only we had arrived on time. (*aankomen*)
> *Waren wij maar op tijd aangekomen!*

48D. Translate the hypothetical situations using the prompts in brackets following the above examples.

1. If only I hadn't eaten so much chocolate! (*chocola eten*)

2. If only I hadn't drunk so much wine! (*wijn drinken*)

3. If only you had called me! (*bellen*)

4. If only you had asked me! (*vragen*)

5. If only I had met him three months earlier! (*drie maanden eerder ontmoeten*)

6. If only you had invited them! (*uitnodigen*)

7. If only we had taken an earlier train! (*één trein eerder nemen*)

8. If only you had warned me! (*waarschuwen*)

9. If only we had asked Tim and Chantal along (*meevragen*)

10. If only I had arrived on time! (*op tijd aankomen*)

11. If only I had started this course earlier (*eerder met deze cursus beginnen*)

12. If only we had flown with a different airline! (*met een andere luchtvaartmaatschappij vliegen*)

13. If only I had spent more time on my homework! (*tijd aan mijn huiswerk besteden*)

Listening exercise 48.3
To check your answers to Exercise 48D, listen now to the recording.

Les negenenveertig
De Conditionalis

'**De Conditionalis**' is used to express a conditional situation or hypothetical situation. They are usually introduced by the subordinating conjunction '**als**' (*if*).

Hypothetical situation 1 – 'Probable'

'Het Presens' is used to talk about a probable situation <u>that might happen in the future</u>.
The subordinate clause is introduced by '*als*' and both clauses are in 'Het Presens'.

Waarschijnlijk

a) **Als** ik mijn huiswerk goed **leer**, dan **maak** ik tijdens de volgende les minder fouten.

b) **Als** het aankomend weekend mooi weer **is**, dan **ga** ik naar het strand.

Hypothetical situation 2 – 'Improbable'

'Het Imperfectum' is used to talk about an improbable situation or condition <u>that will probably not happen</u>. The subordinate clause is introduced by '*als*' and the verb is in 'Het Imperfectum' which goes to the end of this clause. In the main clause, '*zou(den)*' (= would) is accompanied by an infinitive.

Onwaarschijnlijk

a) **Als** ik vóór elke les mijn huiswerk goed **leerde**, dan **zou** ik minder fouten **maken**.

b) **Als** het nu mooi weer **was**, dan **zou** ik naar het strand **gaan**.

Hypothetical situation 3 – 'Impossible'

'Het Plusquamperfectum' is used to talk about a situation or condition in the past, therefore <u>it did not happen</u>, but you hypothesise about 'What would have happened if ....?'
BOTH clauses are in 'Het Plusquamperfectum'.

Onmogelijk

a) **Als** ik mijn huiswerk goed **had geleerd**, dan **had** ik minder fouten **gemaakt**.

b) **Als** het afgelopen weekend mooi weer **was geweest**, dan **was** ik naar het strand **gegaan**.

49A. Following '**Structure 1 – Probable**', complete the hypothetical sentences below using your own imagination.

1. Als het dit weekend mooi weer is, dan ....
   ....

2. Als ik vanavond niet te moe ben, dan ....
   ....

3. Als mijn contract niet wordt verlengd, dan ....
   ....

4. Als ik bij mijn huidige werkgever wegga, dan ....
   ....

5. Als de bank ons geen hypotheek verstrekt, dan ....
   ....

6. Als ik aan mijn Nederlands blijf werken, dan ....
   ....

7. Als mijn vriend/vriendin mij vanavond niet kan ophalen, dan...
   ....

8. Als de vergadering niet uitloopt, dan ....
   ....

9. Als ik tijd heb, dan ....
   ....

10. Als ik hem vóór vijf uur niet kan bereiken, dan ....
    ....

11. Als ik het met mijn vriend(in) uitmaak, dan ....
    ....

12. Als ik één miljoen euro win, dan ....
    ....

NOTE: Correct this exercise before completing Exercises 49B and 49C.

49B. Now repeat the same exercise as Exercise 49A but this time convert your sentences into 'Improbable' conditional situations following '**Structure 2 – Improbable**'. Conjugate the infinitives prompted in brackets accordingly.

1. Als het dit weekend mooi weer .... (*zijn*), dan ....
   ....

2. Als ik vanavond niet zo moe .... (*zijn*), dan ....
   ....

3. Als mijn contract niet .... (*worden*) verlengd, dan ....
   ....

4. Als ik bij mijn huidige werkgever ....(*weggaan*), dan ....
   ....

5. Als de bank ons geen hypotheek .... (*verstrekken*), dan ....
   ....

6. Als ik aan mijn Nederlands .... (*blijven*) werken, dan ....
   ....

7. Als mijn vriend/vriendin mij vanavond niet .... (*kunnen*) ophalen, dan...
   ....

8. Als de vergadering niet .... (*uitlopen*), dan ....
   ....

9. Als ik tijd .... (*hebben*), dan ....
   ....

10. Als ik hem vóór vijf uur niet .... (*kunnen*) bereiken, dan ....
    ....

11. Als ik het met mijn vriend(in) .... (*uitmaken*), dan ....
    ....

12. Als ik één miljoen euro .... (*winnen*), dan ....
    ....

NOTE: Correct this exercise before completing Exercise 49C.

49C. Now repeat the same exercise as Exercise 49B but this time convert your sentences into 'Impossible' conditional situations following '**Structure 3 – Impossible**'. Conjugate the infinitives prompted in brackets accordingly. Both clauses must be in 'Het Plusquamperfectum'.

1. Als het afgelopen weekend mooi weer .... (*zijn*), dan ....
   ....

2. Als ik gisteravond niet zo moe .... (*zijn*), dan ....
   ....

3. Als mijn contract niet .... (*verlengen*), dan ....
   ....

4. Als ik bij BME .... (*weggaan*), dan ....
   ....

5. Als de bank ons geen hypotheek .... (*verstrekken*), dan ....
   ....

6. Als ik aan mijn Nederlands .... (*blijven*) werken, dan ....
   ....

7. Als mijn vriend/vriendin mij gisteravond niet .... (*kunnen*) ophalen, dan...........................
   ....

8. Als de vergadering niet .... (*uitlopen*), dan ....
   ....

9. Als ik gisteren tijd .... (*hebben*), dan ....
   ....

10. Als ik hem gisteren vóór vijf uur niet .... (*kunnen*) bereiken, dan...........................
    ....

11. Als ik het vorig jaar met mijn vriend(in) .... (*uitmaken*), dan ....
    ....

12. Als ik één miljoen euro .... (*winnen*), dan...........................
    ....

Les vijftig
Zou(den)

'**Zou**' (*singular*) and '**zouden**' (*plural*) are the Imperfectum of 'zullen'. '*Zou(den)*' + infinitive(s) is also used to express the following situations (in addition to using '*zou(den)*' to express improbable conditional sentences, as in Lesson 49):

Friendly request	Zou jij iets voor mij willen doen?	–	*Would you mind doing something for me?*
	Zou u mij kunnen zeggen hoe laat het is?	–	*Could you tell me what time it is, please?*
Polite question	Zou ik u wat mogen vragen?	–	*May I ask you something?*
	Zou u mij misschien kunnen helpen?	–	*Could you help me, please?*
Wish	Ik zou weleens willen weten wat zo'n huis kost.	–	*I wouldn't mind knowing how much a house like that costs.*
	Ik zou best wel wat meer tijd aan mijn Nederlands willen besteden.	–	*I would actually like to spend more time on my Dutch.*
Suggestion	Als ik jou was, zou ik nog even wachten.	–	*If I were you, I would wait a little longer.*
	Jullie zouden eigenlijk meer tijd aan je huiswerk moeten besteden.	–	*You all should spend more time on your homework.*
	Jij ziet er hartstikke moe uit. Je zou wat vroeger naar bed moeten gaan.	–	*You look really tired. You should go to bed earlier.*
Reproach	Dat zou jij beter moeten weten!	–	*You should know better!*
Doubt	Tim ziet er slecht uit. Zou hij ziek zijn?	–	*Tim doesn't look well. Could he be sick?*
	De televisie doet het niet. Zou het aan de kabel kunnen liggen?	–	*The TV isn't working. Could there be a problem with the cable?*
	Hoe laat zou het zijn?	–	*I wonder what time it is?*
Judgement	Zoiets zou ik nooit zeggen.	–	*I would never say such a thing.*
	Dat zou ik nooit hebben gedaan.	–	*I would never have done that.*
Past intention	Hij zou mij toch* terugbellen?	–	*He was going to call me back, wasn't he?*
	Jij zou toch* boodschappen doen?	–	*You were going to do the shopping, weren't you?.*

* The word '*toch*' translates as a question tag : Right?/ Aren't you?/ Weren't you?/ Didn't you?/ Haven't you? etc.

50A. Make the following questions more polite by adding '**zou(den) ... + infinitive(s)**'.

1. Kunt u mij helpen?
   ....

2. Mag ik bestellen?
   ....

3. Kunt u mij zeggen waar de dichtstbijzijnde geldautomaat zit?
   ....

4. Mag ik u wat vragen?
   ....

5. Kunt u hem een boodschap doorgeven?
   ....

6. De batterij van mijn mobieltje is op. Mag ik eventjes uw mobiele telefoon gebruiken?
   ....

50B. Express your wish in response to the following situations.

1. Als jij moest verhuizen, waar zou je dan naartoe verhuizen?
   Als ik ....

2. Als jij niet meer hoefde te werken, wat zou jij dan willen doen?
   Als ik ....

3. Als jij een totaal ander beroep moest kiezen, wat zou jij dan willen worden?
   Als ik ....

4. Als jij een andere voornaam moest kiezen, hoe zou jij dan willen heten?
   Als ik ....

5. Als jij een andere taal moest leren, welke taal zou dat dan zijn?
   Als ik ....

50C. Use '*zou*' to give the following suggestions. Start each reply with '**Als ik jou / jullie was, zou ik ... + infinitive**'.

1. Jouw collega heeft kiespijn. Wat raad je hem aan?
   ....

2. De auto van jouw collega is gestolen. Wat raad je haar aan?
   ....

3. De buren van jouw collega maken 's nachts te veel herrie. Wat raad je hem aan?
   ....

4. Jouw collega voelt zich niet lekker. Wat raad je haar aan?
   ....

5. Een collega en haar man willen jouw land bezoeken. Welke plaatsen raad je hun aan?
   ....

50D. Express your doubt about the following situations beginning with '**Zou(den) ....+ infintive**'?'

1. Het is 21.00 uur op vrijdagavond. Misschien is de supermarkt nog open?
   ....

2. Het is 18.00 uur en jij wilt een vriendenstel thuis opbellen. Misschien zijn zij al thuis?
   ....

3. Het is 10.00 uur op maandagochtend en de secretaresse is er nog niet. Misschien is zij ziek?
   ....

4. Jouw mobiele telefoon doet het niet. Misschien is de batterij op?
   ....

5. Jij wilt je moeder iets typisch Nederlands cadeaugeven. Misschien vindt zij een Delfts Blauw bord mooi?
   ....

50E. Express your understanding of a past intention by responding with '**Jij zou ...... toch + infinitive**'.

1. Jij en een vriend zijn van plan om een weekje naar Ibiza te gaan. Uit het gesprek had je begrepen dat hij alles zou regelen. De volgende keer dat je hem spreekt, ontdek je dat hij nog niets geregeld heeft. Wat zeg je tegen hem?
   ....

2. Jij en een vriendin hebben afgesproken om uit eten te gaan. Zij zou het restaurant bellen om een tafel te reserveren maar bij aankomst ontdekken jullie dat er geen reservering is. Zij had begrepen dat jij het restaurant zou bellen. Wat zeg jij tegen haar?
   ....

3. Een collega belooft je vóór 12.00 uur terug te bellen. Aan het eind van de dag besluit je niet langer te wachten en jej belt hem terug. Hij had begrepen dat je hem zou terugbellen. Wat zegt hij tegen jou?
   ....

4. Jij en een vriend willen voor weinig geld een weekendje weg. Je spreekt met hem af dat hij alles op internet uitzoekt. Jij belt hem later op en vraagt hoe het ermee zit, maar hij heeft nog geen stappen ondernomen. Hij had begrepen dat je alles zou uitzoeken. Wat zegt hij tegen jou?
   ....

Useful idiomatic responses with 'zou'

The following expressions are very common responses and should be learned by heart.

Dat zou niet mogen.	– *That shouldn't be allowed.*
Dat zou ik niet durven.	– *I wouldn't dare do such a thing.*
Dat zou ik niet durven zeggen.	– *I wouldn't know for certain.*
Dat zou ik niet willen.	– *I wouldn't want that anyway.*
Dat zou jij willen.	– *You wish!*
Dat zou ik niet kunnen.	– *I couldn't do that.*
Dat zou ik willen kunnen.	– *I wish I was able do that.*
Dat zou je hem moeten vragen.	– *Maybe you should ask him that.*

Wist jij dat ... ?

Did you know that the Dutch were the first Europeans to discover Australia? Willem Janszoon arrived at the northern point of Queensland in 1606, followed by Dirk Hartog who arrived at the coast of Western Australia (formerly known as New Holland) in 1616, being the second European to reach Australia. Abel Tasman then explored Tasmania (originally Van Dieman's Land, but was later re-named in Tasman's honour) and New Zealand (named after the Dutch province Zeeland) in 1643.
Although many people think that the Englishman, Captain James Cook, discovered Australia, he is acclaimed with settling Australia as an English penal colony in 1788.

Did you know that ... ?

Source : http://en.wikipedia.org/wiki/Category:Dutch_explorers

Les eenenvijftig
Het Passivum

'**Het Passivum**' is used in passive sentences to place emphasis on the 'action that is being carried out' instead of the person (subject) carrying out that action. 'Het Passivum' is used in everyday situations:

(*In a shop*)	'Wordt u al geholpen?'	–	*Are you being served?*
	'Ja, ik word al geholpen.'	–	*Yes, I'm being served.*
	'Nee, ik word nog niet geholpen.'	–	*No, I'm not being served yet.'*
(*Sign in a window*)	'Fietsen worden verwijderd.'	–	*Bicycles will be removed.*

'Het Passivum' is formed from the auxiliary verb '*worden*' + the Past Participle of the main verb. Compare the following Active and Passive sentences.

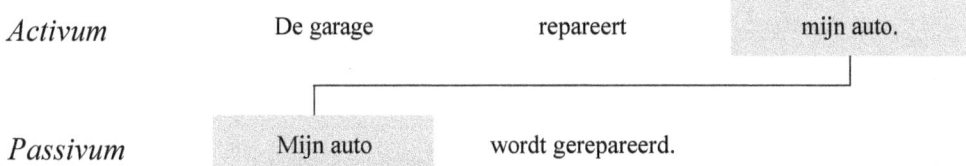

Activum   De garage   repareert   mijn auto.

Passivum   Mijn auto   wordt gerepareerd.

In the passive sentence, the subject and verb are given emphasis. As it is less important 'who' performs the action, it is omitted, although it is also possible to say 'Mijn auto wordt <u>door de garage</u> gerepareerd.' (*My car is being/will be repaired <u>by the car repair garage</u>*.)

Study 'Het Passivum' in the tenses you have learned so far.

Activum presens		**Passivum presens**
De garage repareert mijn auto.	→	Mijn auto **wordt gerepareerd**.
Activum imperfectum		**Passivum imperfectum**
De garage repareerde mijn auto.	→	Mijn auto **werd gerepareerd**.
Activum perfectum		**Passivum perfectum**
De garage heeft mijn auto gerepareerd.	→	Mijn auto **is gerepareerd**.*
Activum plusquamperfectum		**Passivum plusquamperfectum**
De garage had mijn auto gerepareerd.	→	Mijn auto **was gerepareerd**.*
Activum futurum		**Passivum futurum**
De garage zal mijn auto repareren.	→	Mijn auto **zal worden gerepareerd**.
Activum conditionalis		**Passivum conditionalis**
De garage zou mijn auto repareren.	→	Mijn auto **zou worden gerepareerd**.
		* The auxiliary verb '*worden*' is omitted in the Passief Perfectum and Plusquamperfectum.

51A. Follow the prompts and answer IN FULL the following questions in '**Het Passivum Presens**'.

1. Hoe vaak wordt jullie kantoor schoongemaakt? (*dagelijks*)
   ....

2. Waar wordt er gevoetbald? (*in de meeste landen*)
   ....

3. Waar wordt glas van gemaakt? (*van water en zand*)
   ....

4. Waardoor worden de meeste auto–ongelukken veroorzaakt? (*door ongeduldig rijgedrag*)
   ....

5. Hoe laat wordt de parkeergarage gesloten? (*om 23.30 uur*)
   ....

6. Wordt alcohol aan iedereen verkocht? (*nee, niet aan minderjarigen*)
   ....

7. Onder welke omstandigheden wordt het openluchtconcert geannuleerd? (*bij slecht weer*)
   ....

8. Welk liedje wordt op verjaardagen in Nederland gezongen? (*'Lang zal hij/zij leven.'*)
   ....

51B. Follow the prompts in brackets and answer IN FULL the following questions in '**Het Passivum Perfectum**'.

1. Wanneer en door wie is de telefoon uitgevonden? (*in 1857 door de Italiaan Antonio Meucci*)
   ....

2. Wanneer en door wie is de telefoon gepatenteerd? (*in 1876 door de Schot Alexander Graham Bell*)
   ....

3. Wanneer en door wie is Australië ontdekt? (*in 1606 door de Nederlander Willem Janszoon*)
   ....

4. Wanneer en door wie is Australië gekoloniseerd? (*in 1788 door de Engelsen*)
   ....

5. Wanneer en door wie is het eerste kleurentelevisieprogramma uitgezonden? (*in 1953 door de Amerikanen*)
   ....

6. Wanneer zijn de meeste grachtenpanden in Amsterdam gebouwd? (*in de zeventiende eeuw*)
   ....

7. Wanneer en door wie is Zuid–Amerika ontdekt? (*in 1498 door de Italiaan Christoffel Columbus*)
   ....

8. Wanneer is de naam Europese Gemeenschap veranderd in Europese Unie? (*in 1992*)
   ....

9. Wanneer is Nederland tijdens de Tweede Wereldoorlog van de Nazi's bevrijd? (*op 5 mei 1945*)
   ....

51C. Complete the following sentences in '**Het Passivum Imperfectum**'.

1. De laatste keer dat mijn auto .... (*repareren*), kostte de reparatie € 1.800,-- .
   Een week later had ik een auto–ongeluk en mijn auto .... door de verzekering totalloss
   .... (*verklaren*). Wat is het leven toch onvoorspelbaar!

2. Vóór het computertijdperk .... alles met de hand .... (*schrijven*).
   Tegenwoordig is de computer niet meer weg te denken. Als auditor zou ik zonder computer niet kunnen werken.

3. Jonge huisvrouwen kunnen zich moeilijk voorstellen dat het huishouden vroeger met de hand ....
   .... (*doen*). Stel je voor: een leven zonder wasmachine, wasdroger, magnetron,
   stofzuiger, en zelfs een föhn. Onvoorstelbaar!

4. Toen mijn vader vijf was, overleden zijn ouders. Daarom .... hij door zijn grootouders
   .... (*grootbrengen*).

5. Wegens een treinongeluk .... het treinverkeer aanzienlijk .... (*ontregelen*).
   Aan de treinreizigers .... (*adviseren*) om gebruik te maken van de bus of
   metro.

51D. Follow the example to describe the function of each of the following objects.

   Example: Een pan is een voorwerp   *waarin eten wordt klaargemaakt.*
              Een wasmachine is een huishoudelijk artikel   *waarin kleren worden gewassen.*

1. Een afwasmachine is een huishoudelijk artikel waarin ....
2. Een wasdroger is een huishoudelijk artikel waarin ....
3. Een stofzuiger is een huishoudelijk artikel waarmee ....
4. Een magnetron is een keukenapparaat waarin ....
5. Een fornuis is een toestel waarop ....

51E. As you learned in Lesson 31, the relative pronoun '*waar*' and the 'fixed preposition' are usually split in spoken Dutch. The fixed preposition is placed in front of the verbs. Follow the examples.

   Example: Een pan is een voorwerp   *waar eten **in** wordt klaargemaakt.*
              Een wasmachine is een huishoudelijk artikel   *waar kleren **in** worden gewassen.*

1. Een afwasmachine is een huishoudelijk artikel waar ....
2. Een wasdroger is een huishoudelijk artikel waar ....
3. Een stofzuiger is een huishoudelijk artikel waar ....
4. Een magnetron is een keukenapparaat waar ....
5. Een fornuis is een toestel waar ....

Now study '**Het Passivum**' in the tenses you have learned with the addition of a modal verb.

Activum presens		**Passivum presens with modal verb**
De garage moet mijn auto repareren.	→	Mijn auto moet worden gerepareerd.
Activum imperfectum		**Passivum imperfectum with modal verb**
De garage moest mijn auto repareren.	→	Mijn auto moest worden gerepareerd.
Activum perfectum		**Passivum perfectum with modal verb**
De garage heeft mijn auto moeten repareren.		(*Not applicable*)
Activum plusquamperfectum		**Passivum plusquamperfectum with modal verb**
De garage had mijn auto moeten repareren.	→	Mijn auto had moeten worden gerepareerd.
Activum futurum		**Passivum futurum with modal verb**
De garage zal mijn auto moeten repareren.	→	Mijn auto zal moeten worden gerepareerd.
Activum conditionalis		**Passivum conditionalis with modal verb**
De garage zou mijn auto moeten repareren.	→	Mijn auto zou moeten worden gerepareerd.

51F. Conjugate the sentences into '**Het Passivum**'. The tense depends on each individual context.

1. Mijn horloge is kapot. Hij .... (*moeten / maken*).

2. Omdat de garage niet over de juiste onderdelen beschikt, ... mijn auto ....
   .... (*niet kunnen / repareren*).

3. Om te controleren of je auto geschikt is voor het verkeer, ... hij ....
   .... (*elk jaar / moeten / keuren*). Officieel heet dat een apk-keuring.

4. Na vier jaar op hetzelfde kantoor ....
   .... (*ik / naar een ander kantoor / willen / overplaatsen*).

5. Als ik vóór het eind van de maand mijn vliegticket niet heb betaald, dan ....
   .... (*mijn boeking / automatisch / zullen / annuleren*).

6. Als roken en fastfood zo schadelijk zijn voor de gezondheid, dan ....
   .... (*zouden / moeten / verbieden*).

7. De onregelmatige werkwoorden .... (*regelmatig / moeten / oefenen*),
   anders .... (*nooit / goed / zullen / leren*).

Wist jij dat ...?

Did you know that approximately 40% of the Netherlands lies below sea level? But from which point is height measured in the Netherlands?

To measure below and above sea level, the *Normaal Amsterdams Peil – NAP* (Amsterdam Ordnance Datum) is used. Dating back to 1684 and corrected in 1894, this reference point was based on the average summer flood water level (high tide) of the IJ River which flows behind Amsterdam's train station, *Amsterdam Centraal*. The NAP is physically realised by a benchmark in brass situated under *De Dam* (Dam Square) in Amsterdam.

The lowest point in the Netherlands lies 6.76 meters below NAP in Nieuwerkerk aan den IJssel in the province Zuid-Holland.

The highest point lies 322 meters above NAP in Vaals, in the southern province of Limburg, where the borders of the Netherlands, Belgium and Germany come together, hence the popular name *Drielandenpunt* (Three Country Point).

Did you know that ...?

Source : http://nl.wikipedia.org/wiki/Normaal_Amsterdams_Peil

Les tweeënvijftig
Er (2)

This lesson focuses on the remaining three uses of '**er**' (see Lesson 43 to refresh your memory on the first five uses).

Uses of the word 'ER'
Use 6 : Used in questions with '*wie*' and '*wat*', etc.
Use 7 : Used as the subject in passive sentences.
Use 8 : Used to introduce the object of a sentence when it is a relative clause.

Use 6 – 'ER' in questions with '*wat*' / '*wie*' / '*hoeveel*' / '*wat voor (een)*' / '*welk(e)*'

When these interrogatives are used in a question with an <u>indefinite subject</u>, '**er**' is obligatory:

'Kijk, een ongeluk!' 'Wat is er gebeurd?'	– 'Look, an accident.' 'What has happened?'
Wie gaat er vanmiddag naar het overleg?	– Who's going to the informal meeting this afternoon?
Hoeveel mensen wachten er in de rij?	– How many people are there waiting in the queue?
Wat voor een auto staat er voor de ingang?	– What kind of car is there standing in front of the entrance?
Welke rapporten liggen er op de tafel?	– Which reports are there lying on the table?

52A. Match the questions all containing '**er**' in Column X with the correct translation in Column Y.

Kolom X

1. Wat is er gebeurd?
2. Wat is er aan de hand?
3. Wat staat er in de krant van vandaag?
4. Wie zit er bij jou op de kamer op kantoor?
5. Welke secretaresses zitten er in de kamer naast de jouwe?
6. Wat valt er qua uitgaan in Amsterdam te doen?
7. Wie heeft er gebeld?
8. Wie gaat er mee?

Kolom Y

A. *What is there to do in Amsterdam in terms of nightlife?*
B. *Who's coming along with me/us?*
C. *Which secretaries sit in the room next to yours?*
D. *What's the matter? / What's wrong?*
E. *Who rang?*
F. *What's in today's newspaper?*
G. *What happened?*
H. *Who do you share your office with?*

1	2	3	4	5	6	7	8

Use 7 – 'ER' as the subject in a passive sentence

In passive sentences (see Lesson 51), there is sometimes NO grammatical subject. In such cases, '**er** + *worden*' introduces the past participle which acts as a subject. Such sentences in Dutch can often be translated in other European languages, however, in English these sentences must be rephrased.

> Er wordt geklopt. — *There's somebody knocking at the door.*
> Er mag hier niet worden gerookt. — *Smoking is not allowed here.*

52B. Match the following English sentences in Column X with the correct translation with Column Y.

Kolom X

1. *Cycling is not very popular in my country.*
2. *Only English is spoken in our office.*
3. *This book covers a lot of useful grammar.*
4. *We work really hard in the months of January and February.*
5. *The doorbell / telephone is ringing.*
6. *A lot of people jog in that park.*
7. *People are always complaining about the weather in those countries where it often rains.*
8. *Partying continued on to late in the night.*

Kolom Y

A. Er wordt gebeld.
B. Er werd tot laat in de nacht gefeest.
C. Er wordt veel geklaagd over het weer in landen waar het vaak regent.
D. Er wordt bij ons op kantoor alleen Engels gesproken.
E. Er wordt in mijn land niet veel gefietst.
F. Er wordt veel nuttige grammatica in dit boek behandeld.
G. Er wordt in dat park veel gejogd.
H. Er wordt bij ons in de maanden januari en februari hard gewerkt.

1	2	3	4	5	6	7	8

Use 8 – 'ER + fixed preposition' to introduce the object of a sentence when it is a relative clause

When a main clause contains a verb with a fixed preposition (see Lesson 42) and the object of that main clause is a relative clause, '**er** + *fixed preposition*' is obligatory in the main clause. It serves to introduce the relative clause which usually starts with '*dat*', '*om ... te*', or a subordinating conjunction. Subordination is obligatory in relative and subordinate clauses.

Ik zie ertegen op **dat** ik zaterdag moet overwerken.	– *I'm not looking forward to <u>working overtime this Saturday.</u>*
Ik ben eraan gewend **om** veel over **te** werken.	– *I'm used to <u>doing a lot of overtime</u>.*
Ik heb er een hekel aan **wanneer** mensen in de trein zitten te bellen.	– *I hate it <u>when people use their cell phones in the train</u>.*

52C. Read the Dutch sentence in Column X and match it with the correct translation in Column Y.

Kolom X

1. Ik heb er geen zin in om vanavond uit te gaan.
2. Ik denk erover om een paar jaar in Australië te gaan werken.
3. Ik zie ertegen op om volgende maand te verhuizen.
4. Ik ben er niet aan gewend om zo hard te werken.
5. Het ziet ernaar uit dat wij de deadline niet gaan halen.
6. Ik heb er geen moeite mee om af en toe in het weekend te werken.
7. Ik reken erop dat jullie op tijd komen.
8. Ik ben er trots op dat ik deze cursus heb volgehouden.
9. Ik kijk ernaar uit om met Kerst naar huis te gaan.

Kolom Y

A. *I'm proud that I have kept up with this course.*
B. *It looks as if we are not going to meet the deadline.*
C. *I'm not looking forward to moving house next month.*
D. *I don't feel like going out tonight.*
E. *I'm looking forward to going home for Christmas.*
F. *I'm thinking about going to work in Australia for a few years.*
G. *I'm counting on you all arriving on time.*
H. *I'm not used to (accustomed to) working so hard.*
I. *I have no problem with working now and then at the weekends.*

1	2	3	4	5	6	7	8	9

52D. This aspect of using '**er** + fixed preposition' to introduce the object of a sentence when it is a relative clause is quite difficult, therefore, it's time to practise some more. Read the Dutch sentence in Column X and match it with the correct translation in Column Y.

Kolom X

1. Ik ben er niet aan toegekomen om al het huiswerk te maken.
2. Ik hou er niet van als collega's mij vragen stellen over mijn privéleven.
3. Ik wil er wel mee doorgaan maar ik weet niet of ik er de komende maanden tijd voor zal hebben.
4. Ik had er nooit aan gedacht om het zo te doen.
5. Ik heb er een hekel aan als mensen een sigaret opsteken terwijl ik nog zit te eten.
6. Ik word er gek van wanneer mensen mij nietszeggende e-mails sturen.
7. Een manager is ervoor verantwoordelijk dat zijn teamleden de nodige werkzaamheden correct uitvoeren.
8. Een manager moet ervoor zorgen dat alle nodige controles op tijd worden uitgevoerd.
9. Ik ben ervan overtuigd dat de enige manier om een vreemde taal goed te leren is door veel te oefenen.

Kolom Y

A. *It drives me crazy when people send me meaningless electronic messages.*
B. *I don't like my colleagues asking me questions about my private life.*
C. *A manager must ensure that the necessary checks are carried out on time.*
D. *I didn't get around to doing my homework.*
E. *I want to continue but I don't know if I will have the time in the coming months.*
F. *I'm convinced that the only way to learn a foreign language is by practising a lot.*
G. *I had never thought of doing it that way.*
H. *A manager is responsible for his team members carrying out the necessary work correctly.*
I. *I hate it when people light up a cigarette while I'm still eating.*

1	2	3	4	5	6	7	8	9

52E. Translate the following sentences into Dutch. Each translation must contain an '**er** + fixed preposition' construction in the main clause to introduce the object as a relative clause.

1. I'm proud that I have kept up with this course.

   ....
   ....

2. It looks as if we are not going to meet the deadline.

   ....
   ....

3. I'm not looking forward to moving house next month.

   ....
   ....

4. I don't feel like going out tonight.

   ....
   ....

5. I'm looking forward to going home for Christmas.

   ....
   ....

6. I'm thinking about going to work in Australia for a few years.

   ....
   ....

7. I'm counting on you all arriving on time.

   ....
   ....

8. I'm not used to (accustomed to) working so hard.

   ....
   ....

9. I have no problem with working now and then at the weekends.

   ....
   ....

Listening exercise 52.1
To check your answers to Exercise 52E, listen now to the recording.

52F. Translate the following sentences into Dutch. Each translation must contain an '**er** + fixed preposition' construction in the main clause to introduce the object as a relative clause.

1. It drives me crazy when people send me meaningless electronic messages.

   ....
   ....

2. I don't like my colleagues asking me questions about my private life.

   ....
   ....

3. A manager must ensure that the necessary checks are carried out on time.

   ....
   ....

4. I didn't get around to doing my homework.

   ....
   ....

5. I want to continue (with it) but I don't know if I will have the time in the coming months.

   ....
   ....

6. I'm convinced that the only way to learn a foreign language is by practising a lot.

   ....
   ....

7. I had never thought of doing it that way.

   ....
   ....

8. A manager is responsible for his team members carrying out the necessary work correctly.

   ....
   ....

9. I hate it when people light up a cigarette while I'm still eating.

   ....
   ....

Listening exercise 52.2
To check your answers to Exercise 52F, listen now to the recording.

Les drieënvijftig
Het Possessivum

'**Het Possessivum**' is used to indicate possession, in other words, what belongs to someone or something. In Lesson 14 you learned the possessive pronouns (*mijn / jouw / zijn / haar / onze / ons / jullie / hen / hun*). However, there are other ways of indicating possession commonly used in spoken Dutch.

A response to the question "*Van wie is die auto die daar staat?*" (Whose car is that standing over there?) could be:

Question: "*Van wie is die auto die daar staat?*"

a)	Dat is de auto van Tim. – *That is Tim's car.*	Dat is de auto van Elly.	–	*That is Elly's car.*
b)	Dat is Tim zijn auto. – *That is Tim's car.*	Dat is Elly haar* auto.	–	*That is Elly's car.*
c)	Dat is Tims auto. – *That is Tim's car.*	Dat is Elly's** auto.	–	*That is Elly's car.*

* In this structure, (haar) can also be shortened to (d'r).
** If the name ends with a vowel sound, apostrophe s (**'s**) is used e.g. Elise's auto, Elly's auto, Marco's auto.

Instead of repeating the person's name, the possessive can be used independently:

Question: "*Is die auto die daar staat van Tim of van Elly?*"

d)	Hij (de auto) is **van hem**. – *It is his.*	Hij is **van haar**.	–	*It is hers.*
e)	Dat is **zijn** auto. – *That is his car.*	Dat is **haar** auto.	–	*That is her car.*
f)	Dat is **de zijne**. – *That is his.*	Dat is **de hare**.	–	*That is hers.*

Demonstrative pronouns '*die*' ('that' for *de*-words) and '*dat*' ('that' for *het*-words) can also be used to refer back to the subject previously-mentioned:

g)	**Mijn manager** is al lang in Nederland; **die van jou** ook?	– ... yours too?
h)	**Mijn paspoort** ligt op tafel, maar **dat van jou** zie ik niet.	– ... but I don't see yours.
i)	**Mijn spullen** liggen op tafel; maar **die van jou** zie ik niet.	– ... but I don't see yours.

An overview of the possible ways to indicate possession

Subject		van + object pronoun		Possessive pronoun		Attributive use of pronouns	
						'*de*-word'	'*het*-word'
ik	→	Die auto is **van mij**.	→	Dat is **mijn** auto.	→	Dat is **de mijne**.	Dat is **het mijne**.
jij	→	Die auto is **van jou**.	→	Dat is **jouw** auto.	→	Dat is **de jouwe**.	Dat is **het jouwe**.
u	→	Die auto is **van u**.	→	Dat is **uw** auto.	→	Dat is **de uwe**.	Dat is **het uwe**.
hij	→	Die auto is **van hem**.	→	Dat is **zijn** auto.	→	Dat is **de zijne**.	Dat is **het zijne**.
zij	→	Die auto is **van haar**.	→	Dat is **haar** auto.	→	Dat is **de hare**.	Dat is **het hare**.
wij	→	Die auto is **van ons**.	→	Dat is **onze** auto.	→	Dat is **de onze**.	Dat is **het onze**.
jullie	→	Die auto is **van jullie**.	→	Dat is **jullie** auto.	→	—	—
zij	→	Die auto is **van hen**.	→	Dat is **hun** auto.	→	Dat is **de hunne**.	Dat is **het hunne**.

53A. Complete the two different ways to say who the following objects belong to.

	Fill in 'deze' or 'dit'	*Fill in 'die' or 'dat'*	*Fill in name as in (c)*
1.	Van wie is .... agenda?	.... is van Tim.	Dat is .... agenda.
2.	Van wie is .... schrijfblok?	.... is van Maik.	Dat is .... schrijfblok.
3.	Van wie zijn .... spullen?	.... zijn van Elly.	Dat zijn .... spullen.
4.	Van wie is .... verslag?	.... is van Paul.	Dat is .... verslag.
5.	Van wie is .... auto?	.... is van Marco.	Dat is .... auto.
6.	Van wie is .... woordenboek?	.... is van Elise.	Dat is .... woordenboek.
7.	Van wie zijn .... autosleutels?	.... zijn van Ron.	Dat zijn .... autosleutels.
8.	Van wie is .... geld?	.... is van José.	Dat is .... geld.

53B. Fill in the correct possessive pronoun (*mijn / jouw / uw / zijn / haar / onze / ons / jullie / hun*).

1. Sinds ik in Nederland woon, zijn .... ouders al twee keer bij mij op bezoek geweest.
2. Sinds wij in Nederland wonen, heeft Chantal .... ouders niet meer gezien.
3. Wij moeten .... verblijfsvergunning verlengen voordat hij eind september verloopt.
4. Wij hebben twee jaar geleden .... huis gekocht toen de huizenmarkt nog betaalbaar was.
5. Bezoekers kunnen .... auto gratis in de parkeergarage parkeren.
6. Bij vertrek moet u .... bezoekerspas bij de receptie inleveren.
7. Zonder identiteitsbewijs kan hij .... bankpas bij de bank niet activeren.
8. Hebben jullie .... declaratieformulieren al ingeleverd? Zo niet, dan moeten jullie dat uiterlijk op vrijdag doen.

53C. Complete the following sentences using '**van + the object pronoun**' (*mij/jou/u/hem/haar/ons/jullie/hen*).

1. Ik ben afgelopen zaterdag met een vriend .... naar de bioscoop geweest.
2. Tim heeft voor komende zaterdag met een vriend .... afgesproken.
3. Zij zijn afgelopen zomer met een vriendenstel .... naar de Griekse Eilanden op vakantie geweest.
4. Zij is gisteravond met collega's .... uit eten geweest.
5. Pardon, mevrouw. Is deze portemonnee misschien ....?
6. Wij gaan dit jaar op wintersport met vrienden ....
7. Wie zijn die mensen in jouw auto? Zijn dat kennissen .... of zo?
8. Kennen jullie die mensen die met Chantal staan te praten? Zijn dat vrienden ....?

53D. Replace the underlined words with a demonstrative pronoun as in Examples g/h/i. The demonstrative pronouns ('*die / dat*') must agree with the subject.

1. Heb jij je pen al gevonden? <u>De mijne</u> heb ik al.   ....die van mij.............
2. Onze woning is twee keer zo groot als <u>de hunne</u>.   ....
3. Mijn woordenboek heeft meer woorden dan <u>het zijne</u>.   ....

4. Haar declaratieformulier heeft zij al ingeleverd. Heb jij het jouwe al ingeleverd? ....
5. Zijn spullen liggen in de hoek van de kamer. Waar liggen de hare? ....
6. Jullie huur is veel lager dan de onze. ....
7. Mijn schrijfblok ligt in mijn bureaula. Waar ligt het jouwe? ....

53E. Fill in the correct possessive pronoun used attributively. Remember that the definite articles ('*de / het*') must agree with the gender of the word it replaces, as illustrated in the overview on the first page of this lesson.

1. Ik heb mijn portemonnee in mijn tas, maar waar is de jouwe ? (*jouw portemonnee*)
2. Ik heb geen woordenboek bij me. Mag ik .... lenen? (*jouw woordenboek*)
3. Zijn spullen liggen op de grond. Waar liggen ....? (*haar spullen*)
4. Jouw autosleutels liggen op de tafel, maar waar zijn ....? (*mijn autosleutels*)
5. Ons appartement is veel kleiner dan .... (*hun appartement*)
6. Hun huur is veel hoger dan .... (*onze huur*)
7. Hier ligt zijn schrijfblok, maar waar ligt ....? (*mijn schrijfblok*)
8. Mijn declaratieformulier heb ik al ingevuld. Heb jij .... al ingevuld? (*jouw declaratieformulier*)

Wist jij dat ... ?

Did you know that the current borders of the Netherlands have only been in existence since 1839? Although many languages refer to *Nederland* (the Netherlands, literally meaning 'Low Lands') as *Holland*, this is actually incorrect. Two of the 12 provinces of the Netherlands bear the name *Holland* and are both situated on the west coast of the Netherlands: *Noord-Holland* (North Holland province) and *Zuid-Holland* (South Holland province).

Nederland is the European part of the *Koninkrijk der Nederlanden* (Kingdom of the Netherlands), which also includes the Caribbean island group The Dutch Antilles (Bonaire, Curaçao, Sint Maarten, Saba and Sint Eustatius) and Aruba.

Did you know that ... ?

Source : http http://en.wikipedia.org/wiki/Netherlands

Les vierenvijftig
Modale verba (2)

In Lesson 19, the '**Modal Verbs**' **moeten, willen, kunnen, mogen, zullen, durven, hoeven** were introduced. However, their uses are more extensive. These modal verbs are also used to express 'doubt, certainty, wishes, possibility and probability'.

moeten

obligation	Ik moet dit weekend mijn huiswerk maken.
necessity	Planten moet je water geven, anders gaan ze dood.
advice	Jij moet niet zo negatief zijn!
want / wish	Moet je een kopje koffie? (*This use is very informal*)
conclusion	Als het hem gelukt is om binnen acht jaar partner te worden, dan moet hij wel heel goed zijn.
unavoidability	Dat moest wel een keertje fout gaan. – *That was bound to lead to no good.*

willen

wish	'Wilt u koffie of thee?' 'Ik wil graag een kopje koffie.'
possibility	Het wil nog weleens gebeuren. – *That does sometimes happen.*
command	Wil jij daar alsjeblieft niet meer over praten?

kunnen

capability	Kun jij schaatsen?
availability	Zaterdagavond kan ik niet.
request	Kunt u mij zeggen waar de dichtstbijzijnde geldautomaat zit?
possibility	Het kan zijn dat hij al naar huis is gegaan, hoor.
advice	Dat kun jij beter maar niet doen. – *You'd be better off not doing that.*
cursing	Hij kan me wat. – *He can go jump in the lake!*

mogen

permission	Mag ik u wat vragen?
advice	Je mag wel oppassen dat je niet overspannen raakt!
to like a person	Ik mag haar graag.
can	Dat mag je hopen! – *You can certainly live in hope!*
having cause	Zij mag blij zijn dat zij niet is ontslagen.
possibility	Mocht u nog vragen hebben, aarzel dan niet om contact op te nemen. (*only in Imperfectum*)

zullen

promise	Ik zal het hem morgen vragen.
proposal	Zullen wij vanavond uit eten gaan?
probability	Na zo'n lange dag zul jij wel moe zijn!
future	De vergadering zal aanstaande vrijdag plaatsvinden.

hoeven (always accompanied by '*niet / geen*' and by '*te*' which is placed in front of the infinitive).

not necessary	(*to supermarket cashier*) De kassabon hoeft niet, dank u wel.
not like the taste of	Ik hoef geen haring!
not want anymore	'Moet jij nog koffie?' 'Nee, ik hoef geen koffie meer, dank je.'

54A. What is the meaning of '**zullen**' in the following sentences? Circle the correct meaning.

1. 'Doe Tim de groeten!' 'Dat zal ik doen.'
a) Dat doe ik misschien.
b) Dat beloof ik.

2. Zal hij op de vergadering aanwezig zijn?
a) Weet jij of hij naar de vergadering komt?
b) Weet jij al dat hij niet naar de vergadering komt?

3. Tim is er vandaag niet. Hij zal wel ziek zijn.
a) Hij is waarschijnlijk ziek.
b) Hij is ziek.

4. Zal ik je even helpen?
a) Kun je mij even helpen?
b) Wil je dat ik je ermee help?

5. Die auto zal wel veel geld hebben gekost.
a) Die auto ziet er duur uit.
b) Die auto ziet er niet duur uit.

6. Ik zal je vanmiddag vóór 16.00 uur terugbellen.
a) Ik kan je vóór 16.00 uur niet terugbellen.
b) Ik beloof je dat ik je vóór 16.00 uur terugbel.

54B. What is the meaning of '**mogen**' in the following sentences. Circle the correct meaning.

1. Ik mag mijn manager heel graag.
a) Mijn manager vindt mij heel aardig.
b) Mijn manager vind ik heel aardig.

2. Dat mag niet.
a) Dat is onmogelijk.
b) Dat is niet toegestaan.

3. Mevrouw, mag ik u wat vragen?
a) Kan ik u iets vragen?
b) Zal ik u iets vragen?

4. Hij mag mij vanmiddag terugbellen, anders morgen.
a) Ik ben vanmiddag en morgen bereikbaar.
b) Als hij morgen terugbelt, dan krijgt hij mij niet te pakken.

5. Mochten jullie problemen hebben, dan hoor ik dat graag.
a) Als jullie problemen hebben, dan wil ik dat weten.
b) Als jullie geen problemen hebben, dan wil ik dat weten.

6. Mocht je dit weekend in de buurt zijn, kom dan eens langs.
a) Wij hebben voor dit weekend geen afspraak gemaakt.
b) Wij hebben voor dit weekend een afspraak gemaakt.

54C. What is the meaning of '**kunnen**' in the following sentences. Circle the correct answer.

1. Op woensdagavond kan ik niet.
a) Op woensdagavond ben ik niet beschikbaar.
b) Op woensdagavond ben ik beschikbaar.

2. Kunt u mij zeggen waar het station zit?
a) Wilt u mij zeggen waar het station is?
b) Weet u waar het station is?

3. Dat kan geen goed restaurant zijn, want het is er altijd leeg.
a) Dat restaurant is niet populair, want het is er nooit druk.
b) Dat restaurant zal wel goed zijn, want het is er altijd druk.

4. Kun jij salsadansen?
a) Doe jij dat weleens?
b) Weet jij hoe het moet?

5. Hij kan doodvallen.
a) Hij gaat dood.
b) Hij kan niet op mijn hulp rekenen.

6. Het kan zijn dat iedereen bij dat bedrijf al naar huis is gegaan.
a) Iedereen is waarschijnlijk al naar huis gegaan.
b) Misschien is iedereen bij dat bedrijf al naar huis gegaan.

54D. Fill in the correct form of the modal verbs '**mogen / kunnen / moeten / hoeven**'.

1. Pardon mevrouw, ... ik u wat vragen? Ik zoek een pinautomaat.

   Het spijt me, maar ik .... u niet helpen, want ik ben hier niet bekend.

2. Januari is bij ons een ontzettend drukke maand. Ik wil in die periode echter vakantie nemen.

   Dat…………. .... je wel vergeten!

3. Ik heb vandaag al acht kopjes op. Ik .... de rest van de dag geen koffie meer

   drinken.

4. Van de afdeling Personeelszaken .... wij niet meer dan drie maanden vakantie

   opsparen.

5. Haring .... ik niet, hoor. Ik vind het hartstikke vies.

6. Ik ben de laatste tijd zo moe. Vaak werk ik in het weekend en ik ben al drie jaar niet meer op vakantie geweest.

   Jij .... wel oppassen dat je niet overspannen raakt!

7. Om je onkosten te .... declareren, ... je alle bonnetjes bewaren en ze

   bij je declaratieformulier voegen.

8. .... het een en ander niet duidelijk zijn, dan mag je mij gerust bellen.

9. Om een vreemde taal te .... spreken, ... je een goede kennis

   van de grammatica en een basiswoordenschat van 2000 woorden hebben.

10. Komen wij op tijd bij de klant?

    Ja, ja. Maak je geen zorgen. Wij hebben genoeg tijd. Wij .... ons niet te haasten.

11. Pardon meneer, ... ik wat vragen? Weet u misschien waar het Muziektheater is?

12. Wilt u de kassabon?

    Nee, dat .... niet, dank u wel.

13. .... ik je even storen?

    Natuurlijk. Wat kan ik voor je doen?

14. Ga jij vaak uit?

    Nee, eigenlijk niet. Het .... natuurlijk weleens gebeuren dat ik een etentje heb, maar verder

    doe ik in het weekend heel weinig.

15. Ik ga lunchen. Ga je mee?

    Ik wil eerst dit verslag afmaken.

    .... ik op je wachten?

    Nee, jij .... niet te wachten. Ik ben nog even bezig. Ik zie je zo beneden in de kantine.

16. Dat is ongelooflijk. Het .... gewoon niet waar zijn!

17. Hoe vond jij de film?

    Echt te gek! Jij .... hem echt zien.

18. Om accountant te zijn, ... je niet alle regels van buiten te kennen, maar je ....
wel weten welke naslagboeken je kunt raadplegen.

19. Gaat alles goed op je werk?

Ja, best wel. Ik heb het ontzettend druk, maar ik .... niet klagen.'

20. '... wij alle oefeningen van deze les maken?'

De volgende oefening van deze les .... jullie niet te maken, maar de overige wel.

Listening exercise 54.1
To check your answers to Exercise 54D, listen now to the recording.

Wist jij dat ...?

Did you know that the national flag of the Netherlands, with its three equally horizontal bands of red, white and blue, was not the country's first flag?
Until 1630, the flag of the United Provinces of the Low Countries (as the Netherlands was formerly known) consisted of bands of orange, white and blue. These colours appeared in the Prince of Orange's coat of arms, who headed a group of pro-independence rebels against King Philip II of Spain when the Low Countries fell under Spanish rule.
In 1937, a royal decree issued by Queen Wilhelmina determined that the Dutch national tricolour would be '*rood, wit, blauw*'.

Did you know that ...?

Source : http://en.wikipedia.org/wiki/Dutch_flag

Les vijfenvijftig
Verba Impersonalia

'Impersonal verbs' are verbs whose subject is impersonal (not a person or thing).

Verbs denoting weather conditions.

Het regent.	*It is raining.*
Het motregent.	*It is drizzling (very light rain).*
Het giet.	*It is pouring (with rain).*
Het hagelt.	*It is hailing.*
Het sneeuwt.	*It is snowing.*
Het vriest.	*There is a frost.*
Het dooit.	*The frost is thawing.*
Het onweert.	*There is a thunderstorm.*
Het bliksemt.	*There is lightening.*
Het dondert.	*It is thundering.*
Het stormt.	*There is a storm.*
Het tocht.	*There is a draught.*
Het is koud / warm.	*It is cold / hot.*
Het is mooi / slecht weer.	*The weather is nice / bad.*

Impersonal verbs that take a direct object (me / je / hem / haar / ons / jullie / hen / ze).

spijten	Het spijt **me**. / Het spijt **ons**.	*I'm sorry. / We're sorry.*
bevallen	Ons nieuwe huis bevalt **ons** heel goed.	*We like our new house very much.*
lukken	Het lukt **haar** (niet)	*She is managing. (not managing)*
zwaar vallen	Het valt **hem** zwaar.	*He find's it tough–going.*
verbazen	Het verbaast **hen**/ **ze**	*It amazes them.*
uitmaken	Het maakt **me** niet uit.	*It doesn't matter to me.*
meevallen	Het valt (**me**) mee.	*It's better than I expected.*
tegenvallen	Het valt (**ze**) tegen.	*It's worse than they expected.*
liggen	Dat werk ligt (**hem**) wel.	*He's very suited to that job.*

Other verbs can also be used in the third person singular. Their subject is usually 'het / dat / wat / zoiets'.

schijnen	Het schijnt een goede film te zijn.	*It is said to be a good movie.*
blijken	Dat blijkt.	*So it seems.*
betreffen	Wat mij betreft, kunnen wij beginnen.	*As far as I'm concerned, ...*
overkomen	Zoiets overkomt ons nooit.	*Such a thing never happens to us.*

55A. Complete the weather descriptions below by choosing an appropriate verb from the following impersonal verbs.

                regenen   sneeuwen   tochten
    dooien   motregenen   onweren   vriezen
                hagelen   gieten

1. Als jij nu zonder paraplu buiten loopt, word jij nat, want ...   het regent
2. De deur staat open en jij voelt een onprettige stroom koude lucht, want ...
3. Het regent in de vorm van balletjes ijs; met andere woorden ...
4. Het regent zo licht dat je geen paraplu nodig hebt; met andere woorden ...
5. Het is slecht, donker weer waarbij je licht in de lucht ziet en lawaai hoort dus ...
6. Het is winter en er vallen koude witte vlokken uit de lucht, want ...
7. Het is kouder dan nul graden Celsius waarbij het water in ijs verandert dus ...
8. Het regent zo hard dat je zelfs met een paraplu heel erg nat wordt; m.a.w.. ...
9. Eerst was er vorst, maar nu wordt het warmer. Het ijs verandert in water, want ..

55B. Choose one of the following impersonal verbs to rephrase the descriptions below. Add a direct object pronoun to your answer (me / je / hem / haar / ons / jullie / hen / ze) in accordance with the context.

                spijten   zwaar vallen
     verbazen   bevallen   tegenvallen   lukken
          meevallen   liggen   uitmaken

1. Ik bied mijn excuses aan; met andere woorden ...   het spijt me
2. Tot nu toe vindt zij haar nieuwe baan best wel leuk; met andere woorden ...
3. Wij vinden deze oefening gemakkelijker dan wij in eerste instantie verwachtten, met andere woorden ...
4. Dat werk past heel goed bij Tim, met andere woorden ...
5. Zij maken een heel zware periode mee, m.a.w. ...
6. Hij vindt het niet belangrijk hoeveel uren hij per week werkt, m.a.w. ...
7. De nieuwe cd van mijn lievelingszanger is minder goed dan ik had verwacht, m.a.w. ...
8. Zij probeert al maanden af te vallen maar zij slaagt er niet in, m.a.w. ...

55C. Conjugate the following impersonal verbs into '**Het Imperfectum**' (Irregular verbs are marked with an asterisk: see Bijlage 3 – Onregelmatige verba). Add the direct object pronoun '**me**'.

1. lukken   6. niet uitmaken
2. verbazen   7. meevallen*
3. bevallen*   8. zwaar vallen*
4. spijten*   9. tegenvallen*
5. liggen*   10. overkomen*

Les zesenvijftig
Uitdrukkingen met 'het'

So far, you have learned two uses of the word '*het*': the pronoun 'it' and the neuter definite article 'the' for '*het*-words' (Lesson 26). An additional use of the word '**het**' is **in idiomatic expressions**, which is untranslateable in English. Study the following examples.

het druk hebben – *to be busy with work*

Peter : Ik heb **het** de laatste tijd heel erg druk op mijn werk.
Karin : Hoe komt dat?
Peter : Twee collega's zijn momenteel ziek en ik moet naast mijn eigen werk ook het hunne doen.

het hebben over iets – *to talk about something*

Peter : Waar hebben jullie **het** tijdens de vergadering over gehad?
Karin : Wij hebben **het** over verschillende dingen gehad ... onder andere over het grootschalige project waar wij volgende maand aan gaan beginnen.

het met iemand eens zijn – *to agree with somebody*

Peter : Als jij beter Nederlands wilt kunnen spreken, dan moet jij meer tijd aan je huiswerk besteden. Ben je **het** met me eens?
Karin : Ja, ik ben **het** met je eens. Ik zal voortaan meer tijd aan mijn huiswerk besteden, ook al heb ik het tegenwoordig soms erg druk.

het leuk hebben – *to have a good time*

Peter : En, hoe was je lang weekend in de Ardennen?
Karin : Wij hebben **het** heel erg leuk gehad.

het naar je zin hebben – *to enjoy (something)*

Peter : En, hoe gaat het met je nieuwe baan? Heb jij het naar je zin?
Karin : Ja, het is wel even wennen, maar ik heb **het** enorm naar mijn zin.

het warm / benauwd / koud hebben – *to be hot / stifled / cold*

Peter : Ik heb **het** een beetje warm. Vind jij het erg als ik het raam openzet?
Karin : Nee, hoor. Ga je gang.

het erg vinden – *to mind*

Peter : Ik heb het een beetje koud. Vind jij **het** erg als ik de verwarming aanzet?
Karin : Helemaal niet.

het redden – *to manage*

Peter : Red jij **het** vanmiddag wel om op tijd terug te zijn voor de vergadering?
Karin : Ik hoop dat ik **het** red. Het wordt heel krap maar ik zal mijn best doen.

het doen – *to function*

Peter : Het kopieerapparaat doet **het** niet. Weet jij hoe je het weer aan de praat krijgt?
Karin : Vaak hoef je het alleen maar uit en weer aan te zetten en dan doet hij **het** weer.
Peter : Bedankt voor de tip.

56A. Choose an appropriate response to the following situations.

Situation   *Your response*

1. De temperatuur is voor jou te hoog.   a) Ik ben het met hem eens.
2. Het is voor jou niet zo'n probleem.   b) Ik heb het momenteel heel druk op mijn werk.
3. Jouw vakantie in Italië was geweldig.   c) Mijn mobiele telefoon doet het niet meer.
4. Jij hebt dezelfde mening als hij.   d) Waar heb je het over?
5. Je nieuwe baan bevalt je heel goed.   e) Ik heb het heel erg leuk gehad.
6. De batterij van jouw gsm is op.   f) Ik heb het enorm naar mijn zin.
7. Jij vindt het moeilijk om mijn verhaal te volgen.   g) Ik heb het koud.
8. De temperatuur is voor jou te laag.   h) Ik heb het warm.
9. Tegenwoordig heb jij op kantoor heel veel te doen.   i) Ik vind het niet erg.

1	2	3	4	5	6	7	8	9

56B. Fill in the correct translation of the responses from Exercise A.

Translation

1. I don't mind.   = ...
2. I really had a good time.   = ...
3. I'm cold.   = ...
4. I agree with him.   = ...
5. What are you talking about?   = ...
6. My cell phone doesn't work anymore.   = ...
7. I'm really busy at work at the moment.= ....
8. I'm hot.   = ...
9. I'm really enjoying it.   = ...

Listening exercise 56.1
To check your answers to Exercise 56B, listen now to the recording.

Wist jij dat ...?

Did you know that the Dutch national anthem, '*Het Wilhelmus*', is the oldest national anthem in the world?
The text was written somewhere between 1568 and 1572 in honour of '*Willem van Oranje*' (William of Orange, also known as William of Nassau or William the Silent).
Although the Netherlands had already become a kingdom in 1815, the song was not chosen as its national anthem until 1932.
The complete text comprises fifteen stanzas. The anthem is acrostic, which means that the first letter of each of the fifteen stanzas form the name *Willem van Nassav* (the letters 'u' and 'v' were orthographically interchangeable at the time).
For official occasions, usually only the first stanza is sung:

Dutch lyrics of 1st stanza	*English translation to fit melody*
Wilhelmus van Nassaue	William of Nassau, scion
ben ik van Duitschen bloed.	Of a Dutch and ancient line,
Den vaderland getrouwe	Dedicate undying
blijf ik tot in den dood.	Faith to this land of mine.
Den prinschen van Oranje	A prince I am, undaunted,
ben ik vrij onverveerd	Of Orange, ever free,
den koning van Hispanje	To the king of Spain I've granted
heb ik altijd geëerd.	A lifelong loyalty.

Listen to the melody on www.nederlandsalstweedetaal.nl/wilhelmus.htm

Did you know that ...?

Source : http://en.wikipedia.org/wiki/Dutch_national_anthem

Les zevenenvijftig
De Indirecte Rede

'**Indirect Speech**' or '**Reported Speech**' is used to report what somebody else said (e.g. *He said that ... / She mentioned that ...*). It involves the five tenses you learned in previous lessons: Het Presens, Het Futurum, Het Perfectum, Het Imperfectum and Het Plusquamperfectum.

The following dialogue is in **Direct Speech**. Maik hasn't spoken to Tim for quite a while and when they run into each other at the office, they talk about Tim's busy life.

Maik	:	Zo, dat is lang geleden! Jij bent niet de gemakkelijkste om te pakken te krijgen, weet je dat? Je zult het wel druk hebben!
Tim	:	Zeg dat wel! Ik begin er een beetje gek van te worden.
Maik	:	Is het zó erg?
Tim	:	Nou, ik ben de laatste tijd best vaak in het buitenland geweest omdat twee van mijn grootste klanten hun hoofdkantoor in Amerika en Australië hebben.
Maik	:	En tussen de bedrijven door moet je zeker voor je andere klanten in Nederland werken.
Tim	:	Juist. Wij zitten momenteel in een heel drukke periode en op mijn afdeling kampen wij ook met een personeelstekort. Daarom heb ik het de laatste tijd drukker dan normaal.
Maik	:	En je vriendin? Zie je die weleens?
Tim	:	Nauwelijks. Maar gelukkig werkt zij nu, dus heeft ze overdag genoeg afleiding. En zij is lid van een fitnesscentrum en zij heeft een paar vriendinnetjes met wie zij op stap gaat, dus heeft zij in het weekend genoeg gezelschap. Maar goed, zo weinig tijd samen is niet goed voor onze relatie.
Maik	:	Blijft het de komende tijd nog zo druk?
Tim	:	Nee, de grootste drukte is gelukkig voorbij. Daarom ben ik van plan om binnenkort twee weken vakantie op te nemen, zodat ik meer tijd met mijn vriendin kan doorbrengen. Wij zitten aan Curaçao te denken. Het schijnt heel mooi te zijn en er wordt ook Nederlands gesproken. Zo sla ik twee vliegen in één klap.
Maik	:	Hoe bedoel je?
Tim	:	Nou, ik kan én lekker op vakantie naar een warm land én mijn Nederlands oefenen.

Listening exercise 57.1

Later that day, Maik uses **Reported Speech** to tell his colleague, Karina, what Tim told him. Common verbs used in Reported Speech are '**zeggen**' (*to say*), '**vertellen**' (*to tell / to mention*) and '**vragen**' (*to ask*). Notice how the tenses change.

Karina	:	Hé, Maik. Ik heb jou vanochtend in de kantine met Tim zien staan praten. Ik heb hem zo lang niet meer gesproken. Hoe gaat het met hem?
Maik	:	Hij **vertelde dat** hij het zo druk had. **Hij zei ook dat** hij de laatste tijd vaak in het buitenland was geweest omdat twee van zijn grootste klanten hun hoofdkantoor in Amerika en Australië hebben. Hij **vertelde ook dat** hij het momenteel druk had, en dat zijn afdeling met een personeelstekort kampte. **Volgens hem** had hij het daarom de laatste tijd drukker dan normaal.
Karina	:	Maar hoelang houdt hij die werkdruk nog vol?
Maik	:	Hij **zei dat** hij van plan was om binnenkort een paar weekjes vakantie op te nemen, zodat hij wat meer tijd met zijn vriendin kon doorbrengen.
Karina	:	Waar wil hij naartoe?
Maik	:	Hij **vertelde dat** zij aan Curaçao zaten te denken.
Karina	:	Hij boft! Nou, de volgende keer dat je hem ziet, doe hem de groeten van mij!
Maik	:	Dat zal ik doen!

Changing Direct Speech into Indirect Speech

Study the following table which illustrates how to change Direct Speech (in quotation marks) into Reported Speech (no quotation marks).

Direct Speech	Reported Speech		Example
ik		1.	Tim zegt: "**Ik** heb het de laatste tijd heel druk."
	hij / zij	1a.	Tim zei dat **hij** het de laatste tijd heel druk had.
wij		2.	Tim en Chantal zeggen: "**Wij** gaan twee weken naar Curaçao."
	zij	2a.	Tim en Chantal zeiden dat **zij** twee weken naar Curaçao gingen.
mijn		3.	Tim zegt: "Ik heb **mijn** vrienden de laatste tijd niet vaak gezien."
	zijn / haar	3a.	Tim zei dat hij **zijn** vrienden de laatste tijd niet vaak had gezien.
onze / ons		4.	Tim en Chantal zeggen: "**Ons** appartement is te klein."
	hun	4a.	Tim en Chantal zeiden dat **hun** appartement te klein was.
hier		5.	Tims vertelt zijn moeder: "Ik woon **hier** heel graag."
	daar	5a.	Tims moeder vertelde Tims vader dat Tim **daar** heel graag woonde.
deze / dit		6.	Tim zegt: "**Deze** klant is veeleisend."
	die / dat	6a.	Tim zei dat **die** klant veeleisend was.
nu		7.	Chantal zegt: "Ik voel me **nu** niet zo lekker."
	op dat moment	7a.	Chantal zei dat zij zich **op dat moment** niet zo lekker voelde.
momenteel		8.	Tim zegt: "Ik heb het **momenteel** heel erg naar mijn zin."
	in die periode	8a.	Tim zei dat hij het **in die periode** heel erg naar zijn zin had.
vandaag		9.	Tim zegt: "Ik moet **vandaag** een beslissing nemen."
	op die dag	9a.	Tim zei dat hij **op die dag** een beslissing moest nemen.
gisteren		10.	Tim vertelt: "Ik heb **gisteren** tot 23.00 uur overgewerkt."
	de dag daarvóór	10a.	Tim vertelde dat hij **de dag daarvóór** tot 23.00 had overgewerkt.
morgen		11.	Tim vertelt: "Ik ga **morgen** op vakantie."
	de volgende dag	11a.	Tim vertelde dat hij **de volgende dag** op vakantie ging.
3 jaar geleden		12.	Tim zegt: "Ik ben **drie jaar geleden** op vakantie op Hawaï geweest."
	3 jaar daarvóór	12a.	Tim zei dat hij **drie jaar daarvóór** op vakantie op Hawaï was geweest.
Presens		13.	Tim zegt: "Ik **heb** het de laatste tijd heel druk."
	Imperfectum	13a.	Tim zei dat hij het de laatste tijd heel druk **had**.
Perfectum		14.	Tim zegt: "Ik heb mijn vrienden de laatste tijd niet vaak **gezien**."
	Plusquamperfectum	14a.	Tim zei dat hij zijn vrienden de laatste tijd niet vaak **had gezien**.
Futurum		15.	Karina zegt: "Ik **zal** hem morgen **terugbellen**."
	Conditionalis	15a.	Karina zei dat zij hem morgen **zou terugbellen**.
Imperatief		16.	Karina zegt: "**Doe** Tim de groeten."
	moest + inf.	16a.	Karina zei dat ik Tim de groeten **moest doen**.
komen		17.	Maik vraagt: "**Komt** Tim ook?"
	gaan	17a.	Maik vroeg of Tim ook **meeging**.

57A. You talk with your colleague, Marijke. Here are some of the things she tells you.

1) Ik ben heel moe.
2) Ik heb het de laatste tijd heel druk.
3) Ik vind mijn werk niet echt leuk.
4) Ik moet dit weekend overwerken.
5) Ik wil op vakantie maar ik mag niet van mijn manager.
6) Ik heb geen zin om naar het kerstgala te gaan.
7) Mijn manager is al twee weken ziek.
8) Mijn secretaresse heb ik sinds gisteren niet meer gezien.
9) Ik ben van plan om me morgen ziek te melden.

Later that day, you tell another colleague what Marijke told you. Use reported speech.

1. Marijke zei dat _ze heel moe was_.
2. Zij zei dat ....
3. Ook zei ze dat ....
4. Toen vertelde ze dat ....
5. Daarna vertelde zij ook dat ....
   ....
6. Zij vertelde dat ....
7. Vervolgens zei ze dat ....
8. Ook zei ze dat ....
9. Tot slot zei zij dat ....

Listening exercise 57.2
To check your answers to Exercise 57A, listen now to the recording.

57B. Tim Van den Oort goes back to Canada on business. He runs into a former colleague, Ron, now working for another company, who asks him the following questions.

1) Hoe gaat het met je?
2) Waar werk je momenteel?
3) Heb jij een vriendin?
4) Woon je samen?
5) Hoelang wonen jullie daar al?
6) Vind je het leuk om weer in Canada te zijn?
7) Hebben jullie plannen om terug te komen?
8) Doe de groeten aan Chantal!
9) De volgende keer dat ik Nederland ben, zal ik je opzoeken.

Tim returns to the Netherlands and tells his girlfriend, Chantal, about his chance meeting with Ron and what Ron asked Tim. Use Reported Speech. Pay special attention to the pronouns and tenses.

1. Ron vroeg _hoe het met mij ging._
2. Hij wilde weten waar ....
3. Hij vroeg of ....
4. Hij wilde weten of ....
5. Hij vroeg hoelang ....
6. Hij vroeg of ....
7. Hij vroeg of ....
8. Hij zei dat ....
9. Hij zei ook dat. ....

Listening exercise 57.3
To check your answers to Exercise 57B, listen now to the recording.

Les achtenvijftig
Verrijk uw woordenschat

The easiest way to 'Enrich your vocabulary' is by being aware of the following guidelines and recurring patterns concerning word formation. It is impossible to list them all, but the following examples will help you to dissect words unknown to you so that you can make an educated guess of their meaning. Although some words seem unrelated to their base verb, knowing how words are formed can also serve to help you remember new vocabulary.

1a) **Verbs** can be formed from adjectives by adding the prefix '**ver-**' (*which has a general meaning of 'to make' or 'to change into'*) and the plural denominator '-en'. There is a clear link between the adjective and verb.

Adjective		*Verb*	*Adjective*		*Verb*
groot – *big, large*	→	vergroten – *to enlarge*	klein – *small*	→	verkleinen – *to make smaller*
hoog – *high*	→	verhogen – *to heighten*	laag – *low*	→	verlagen – *to lower*
rijk – *rich*	→	verrijken – *to enrich*	beter – *better*	→	verbeteren – *to improve*
kort – *short*	→	verkorten – *to shorten*	lang – *long*	→	verlengen – *to lengthen, extend* EXCEPTION: vowel shift a → e.

1b) When the prefix '**ver-**' is added to existing **Verbs**, the new verb does not always have the connotation 'to change' or 'to make' and there often seems to be no obvious link between the base verb and the new verb.

Base verb		*Prefixed verb*	*Base verb*		*Prefixed verb*
staan – *to stand*	→	verstaan – *to understand*	trouwen – *to marry*	→	vertrouwen – *to trust*
maken – *to make*	→	vermaken – *to enjoy*	lopen – *to walk*	→	verlopen – *to expire*
slaan – *to hit*	→	verslaan – *to report, beat*	schillen – *to peel*	→	verschillen – *to differ*
kennen – *to know*	→	verkennen – *to explore*	trekken – *to pull*	→	vertrekken – *to leave*

1c) New **verbs** can be formed from existing verbs by adding the prefixes '**ver-**', '**be-**', or '**her-**'. This changes the meaning entirely and is sometimes in no way related to the base verb. Each verb can also change according to the context, therefore always consult a dictionary.

Base verb	'*ver-*'	'*be-*'	'*her-*'
halen – *to fetch*	→ verhalen – *to recover costs*	behalen – *to gain, achieve*	herhalen – *to repeat*
kennen – *to know*	→ verkennen – *to explore*	bekennen – *to admit*	herkennen – *to recognise*
antwoorden – *to answer*	→ verantwoorden – *to account for*	beantwoorden – *to reply to*	—
stellen – *to put*	→ verstellen – *to adjust*	bestellen – *to order*	herstellen – *to recover*
vatten – *to seize, catch*	→ vervatten – *to incorporate*	bevatten – *to contain*	hervatten – *to resume*
staan – *to stand*	→ verstaan – *to understand*	bestaan – *to exist*	—
vullen – *to fill*	→ vervullen – *to fulfil*	—	hervullen – *to refill*

1d) The prefix '**ont-**' is also added to existing **Verbs** to create new verbs, which are often unrelated.

Base verb		'*ont-*'	*Verb root*		'*ont-*'
bijten – *to bite*	→	ontbijten – *to have breakfast*	slaan – *to hit*	→	ontslaan – *to sack*
vangen – *to catch*	→	ontvangen – *to receive*	kennen – *to know*	→	ontkennen – *to deny*
houden – *to hold*	→	onthouden – *to retain*	dekken – *to cover*	→	ontdekken – *to discover*
staan – *to stand*	→	ontstaan – *to come into being*	wikkelen – *to wrap around*	→	ontwikkelen – *to develop*

2a) Many **nouns** are formed from a verb.

Verb		Noun	Person
fietsen – *to cycle*	de	fiets – *bicycle*	de fietser – *cyclist*
werken – to *work*	het	werk – *work*	de werknemer – *employee*
			de werkgever – *employer*
winkelen – *to go shopping*	de	winkel – *shop*	de winkelier – *shop owner*
verkopen – *to sell*	de	verkoop – *sale(s)*	de verkoper – *salesman*
leren – *to learn*	de	leer – *doctrine*	de leerling – *high school student*
			de leraar – *teacher*

Verb		Noun + suffix	Person
studeren – *to study*	de	stud<u>ie</u> – *study, education*	de stud<u>ent</u> – *university student*
regeren – *to govern*	de	reger<u>ing</u> – *government*	de regeer<u>der</u> – *govenor*
schilderen – *to paint*	het	schilder<u>ij</u> – *painting*	de schild<u>er</u> – *painter*
verhuizen – *to move house*	de	verhuiz<u>ing</u> – *move*	de verhuiz<u>er</u> – *removalist*
verplegen – *to nurse*	de	verpleg<u>ing</u> – *nursing*	de verpleeg<u>ster</u> – *female nurse*

2b) Sometimes there is a vowel and consonant shift between the verb and the noun.

Verb		Noun	Person
zien – *to see*	het	zicht – *sight*	de opzichter – *overseer*
leren – *to learn*	de	les – *lesson*	de leraar – *teacher*
			de leerling – *high school student*
opdragen – *to commission, order*	de	opdracht – *assignment*	de opdrachtgever – *contracter*
			de opdrachtnemer – *contractee*

3a) Suffixes can be added to verbs, adjectives or existing nouns to create new **nouns**.

Suffix			Noun
-nis	kennen – *to know a topic*	de	kennis – *knowledge*
	kennen – *to know a person*	de	kennis – *acquaintance*
-schap	weten – *to know something*	de	wetenschap – *knowledge / science*
	zwanger – *pregnant*	de	zwangerschap – *pregnancy*
	vriend – *friend*	de	vriendschap – *friendship*
	land – *country, land*	het	landschap – *landscape*
-ing	regeren – *to govern*	de	regering – *government*
	samenleven – *to live together*	de	samenleving – *society*
	vertalen – *to translate*	de	vertaling – *translation*
-st	kunnen – *can, be able to*	de	kunst – *art*
	winnen – *to win, to gain*	de	winst – *profit*
-de	lief – *kind, sweet*	de	liefde – *love*
-te	diep – *deep*	de	diepte – *depth*
	sterk – *strong*	de	sterkte – *strength*
	lang – *deep*	de	lengte – *length*
-ie	discussiëren – *to discuss*	de	discussie – *discussion*
	organiseren – *to organise*	de	organisatie – *organisation*
	studeren – *to study*	de	studie – *university studies*

3b) By adding a combination of suffixes, new **adjectives and nouns** can be formed.

2 suffixes		Adjective	Noun
-lijk + -heid	vriend – *friend*	vriendelijk – *friendly*	vriendelijkheid – *friendliness*
	zaak – *bussiness, matter*	zakelijk – *business–like*	zakelijkheid – *professionalism*
	mogen – *may*	mogelijk – *possible*	mogelijkheid – *possibility*
-baar + -heid	dragen – *to wear, to carry*	draagbaar – *portable*	draagbaarheid – *portability*
	halen – *to fetch*	haalbaar – *doable, achievable*	haalbaarheid – *achievability*
	open – *open*	openbaar – *public*	openbaarheid – *publicity*
-zaam + -heid	leren – *to learn*	leerzaam – *educational*	leerzaamheid – *instructiveness*
	voeden – *to feed*	voedzaam – *nutritious*	voedzaamheid – *nutrition*
	sparen – *to save*	spaarzaam – *economical*	spaarzaamheid – *frugality*
-loos + -heid	werken – *to work*	werkloos – *unemployed*	werkloosheid – *unemployment*
	gevoel – *feeling*	gevoelloos – *numb, insensitive*	gevoelloosheid – *insensitivity*
	draad – *cord*	draadloos – *cordless*	—

3c) Nouns can also be derived by adding the prefix **ge-** to the verb stem. This can indicate a repetitive action or contain a pejorative (negative) undertone.

Prefix	Verb		Noun
ge-	doen – *to do*	het	gedoe – *lot of bother, fuss*
	praten – *to talk, to chat*	het	gepraat – *talk, chatter*
	ouwehoeren – *to waffle on*	het	geouwehoer – *idle chatter*
	lullen – *to talk bullshit*	het	gelul – *bullshit, load of rubbish*
	zeiken – *to nag, to carry on and on*	het	gezeik – *nagging, complaining*

4a) The prefix '**on-**' is added to **Adjectives** to create antonyms.

Adjective	Antonym
regelmatig – *regular*	onregelmatig – *irregular*
zeker – *sure*	onzeker – *unsure*
mogelijk – *possible*	onmogelijk – *impossible*
leesbaar – *legible*	onleesbaar – *illegible*
verstaanbaar – *intelligible*	onverstaanbaar – *unintelligible*
begrijpelijk – *comprehesible*	onbegrijpelijk – *incomprehensible*
haalbaar – *doable, achievable*	onhaalbaar – *undoable, unachievable*

However, the antonym '**in**–' is often added to adjectives of Greek or Latin origin:

consequent – *inconsistent*	inconsequent – *inconsistent*
efficiënt – *efficient*	inefficiënt – *inefficient*

* Suffixes also denote the sex of the person (word stress is underlined). There are no rules, therefore always consult a dictionary.

Male (accent is underlined)	Female (accent is underlined)
le<u>raar</u> – *male teacher*	le<u>rares</u> – *female teacher*
werk<u>nemer</u> – *male employee*	werk<u>neemster</u> – *female employee*
direc<u>teur</u> – *managing director*	direc<u>trice</u> – *female managing director*
<u>kon</u>ing – *koning*	konin<u>gin</u> – *queen*
<u>vri</u>end – *boyfriend*	vrien<u>din</u> – *girlfriend*

58A. Fill in a suitable word to complete the sentences.

Description	Word with suffix '-loos'
1. Mijn laptop kan ik overal gebruiken omdat hij op batterij werkt. Ik kan hem zonder een elektrische draad gebruiken. Mijn computer is dus ...	....
2. Een vriend van mij is twee maanden geleden ontslagen en heeft nog geen ander werk gevonden. Hij is dus al twee maanden ...	....
3. Ik heb helemaal geen energie meer. Ik ben dus ...	....
4. Een tongpiercing schijnt geen pijn te doen. Het is dus ...	....
5. Mensen die geen dak boven hun hoofd hebben, zijn ...	....

58B. Fill in a suitable word to complete the sentences.

Description	Word with prefix 'on-'
1. Ik heb informatie van mijn collega's nodig om het rapport af te kunnen maken. Zonder die informatie is het niet mogelijk om het rapport te schrijven. Het is ...	....
2. In grote steden heeft iedereen haast. Op straat is het altijd druk en sommige mensen zijn niet altijd vriendelijk. Ze zijn soms ...	....
3. Het is niet zakelijk om met een klant over andere klanten te praten. Dat is ...	....
4. Toen ik hem vroeg hoe ik de opdracht moest maken, vond ik zijn uitleg niet duidelijk. Zijn uitleg was eigenlijk heel ...	....
5. Op het gebied van computers ben ik helemaal niet handig. Sterker nog, ik ben zelf erg ...	....
6. Als gevolg van een storing, komen wij waarschijnlijk te laat op kantoor aan. Het is dus ..... dat wij op tijd aankomen.	....

58C. Fill in a suitable word to complete the sentences.

Description	Word with prefix 'on-' and suffix '-baar'
1. Zijn handschrift is zo slecht dat ik het amper kan lezen. Het is bijna ...	....
2. Wij werken momenteel aan een grootschalig project en er valt nog heel veel te doen. De deadline halen wij nooit. De deadline is dus ...	....
3. Zij spreekt Nederlands met zo'n zwaar accent dat ik haar soms niet kan verstaan. Soms is haar Nederlands voor mij ...	....
4. Soms kan iemand of iets je totaal verrassen. Je kunt nooit voorspellen wat de volgende dag zal brengen. Wat is het leven soms ...	....
5. De huizenprijs rijst de pan uit. Veel mensen kunnen een eigen huis niet betalen. Een eigen huis is voor sommigen ...	....
6. Mijn vriendin kan chocola niet weerstaan. Zij is eraan verslaafd. Voor haar is chocola ...	....
7. Ik probeer hem al de hele week te bereiken, maar tot nu toe tevergeefs. Hij is dus ...	....
8. Ik moet er niet aan denken om naar de Nederlandse les te gaan zonder mijn huiswerk gemaakt te hebben. Zoiets is voor mij ...	....

58D. Fill in a suitable word to complete the sentences.

Description	Word with prefix 'on-' and suffix '-elijk'
1. Ik zal mijn laatste vakantie naar de Maldiven in de Indische Oceaan ten zuidwesten van India nooit vergeten. Zo'n tropische vakantie is ...	....
2. Het gebouw waar ik in werk is geen aantrekkelijk gebouw. Voor velen is het een zeer ..... gebouw.	....
3. Ik begrijp niet dat er laatst drie teamleden zijn ontslagen, terwijl mijn afdeling met een personeelstekort kampt. Dat is voor mij ...	....
4. Het bedrijf draait al jaren verlies. Bezuinigingen zijn in zo'n geval niet te vermijden. De nodige bezuinigingen zijn dus ...	....

58E. Fill in a suitable word to complete the sentences.

Description	Word with prefix 'on-' and past participle
1. Ik heb naar een hogere functie gesolliciteerd. Vanwege mijn gebrek aan ervaring en vaardigheden ben ik echter niet geschikt voor die functie. Ik ben ...	....
2. De andere kandidaat voor de functie waarnaar ik had gesolliciteerd, was heel ervaren en dus heeft hij de baan gekregen. Ik niet, want ik was te ...	....
3. Zijn opmerking over de kleren van een collega vond ik niet gepast. Zijn opmerking was totaal ...	....
4. Zij vond het niet verantwoord om haar zoon van zes jaar alleen naar school te laten fietsen. Dat vond zij ...	....

58F. Fill in the adjective that derives from each of the following nouns. If in doubt, consult a dictionary.

	Noun			Adjective / Adverb		
1.	het belang	–	*importance*	....	–	*important*
2.	de grap	–	*joke*	....	–	*funny*
3.	de persoon	–	*person*	....	–	*personal*
4.	het gevaar	–	*danger*	....	–	*dangerous*
5.	de rede	–	*reason*	....	–	*reasonable*
6.	de regelmaat	–	*regularity*	....	–	*regular(ly)*
7.	de toegang	–	*access*	....	–	*accessible*
8.	het voordeel	–	*advantage*	....	–	*advantageous*
9.	de gunst	–	*favour*	....	–	*favourable*
10.	de zaak	–	*business*	....	–	*professional*
11.	de interesse	–	*interest*	....	–	*interesting*
12.	de geest	–	*spirit, mind*	....	–	*witty, humorous, ad rem*

Wist jij dat ...?

Did you know that KLM stands for *Koninklijke Luchtvaart Maaschappij (*Royal Dutch Airlines)? KLM was founded in 1919, making KLM the oldest airline carrier in the world still operating under its current name.

KLM's headquarters are situated at Amsterdam Schiphol Airport. Prior to the 1850s, Schiphol was a lake, but in 1852 the lake was drained and reclaimed, which means that Schiphol is built on a polder.

Etymologically, '*Schiphol*' is believed to have derived its name from the words '*schip*' (ship) and '*hol*' (hell) because it was a danger for ships.

Did you know that ...?

Source : http://en.wikipedia.org/wiki/Schiphol

Les negenenvijftig
Idioom

'**Idioms**' are fixed expressions used to express specific situations and they are very common in Dutch. The following list contains only a handful of the many idioms used in everyday conversation in Dutch.

achterhoofd (*back head*)	**niet op je achterhoofd gevallen zijn** – *not to be born yesterday*
	Aan haar hoef je niet alles tot in de puntjes uit te leggen. Zij is beslist niet op haar achterhoofd gevallen.
beest (*beast*)	**de beest uithangen** – *to have a wild night on the town*
	'Wat doe jij het liefst op een zaterdagavond?' 'Met vrienden de beest uithangen!'
bel (*bell*)	**aan de bel trekken** – *to give a signal; to ask for help*
	Als jij mijn hulp nodig hebt, dan moet je aan de bel trekken. Vragen kost niets!
blut (*naked*)	**blut zijn** – *to be broke; have no money*
	Ik ga dit weekend niet uit, want ik heb geen geld. Ik ben blut.
bod (*offer*)	**aan bod komen** – *to cover (in a book); to get a chance*
	In dit boek komt veel grammatica aan bod, want zonder grammatica is het onmogelijk om te weten hoe je een zin bouwt.
boeg (*ship's bow*)	**voor de boeg hebben** – *to have ahead (of you)*
	Ik heb een drukke week voor de boeg, want ik heb drie projecten die vóór donderdag af moeten.
boom (*tree*)	**door de bomen het bos niet meer zien** – *not see the wood for the trees*
	Als je een huis wilt kopen, is er zoveel keus dat je op een gegeven moment door de bomen het bos niet meer ziet.
brand (*fire*)	**iemand uit de brand helpen** – *to help somebody out of a fix / predicament*
	Bedankt voor het lenen van je auto. Je hebt mij echt uit de brand geholpen.
dag (*day*)	**je dag niet hebben** – *it's not my day*
	Ik heb vandaag mijn dag niet. Alles gaat fout.
draad (*thread*)	**de draad kwijt raken / zijn** – *to lose the thread (of a conversation)*
	Tijdens onze vergaderingen kan mijn manager soms heel lang en over verschillende onderwerpen tegelijk praten. Als je even niet oplet, raak je de draad kwijt.
druk (*busy, pressure*)	**de druk staat op de ketel** – *the pressure is on*
	Het jaareinde nadert en het project is nog lang niet af. De druk staat op de ketel. Onze manager zegt dat wij elke avond moeten overwerken totdat het af is, anders ....

eind (*end*)	**aan het eind van je Latijn zijn** – *to be at your whit's end*	
	Drie van mijn teamleden hebben zich ziek gemeld en de senior manager zegt dat het project per se vandaag af moet zijn. Ik weet niet waar ik de mensen vandaan moet halen. Ik ben aan het eind van mijn Latijn!	
graag (*gladly*)	**graag of niet** – *like it or lump it; whether you like it or not*	
	"Pfff, de presentatie begint over een halfuur en ik moet nog zoveel doen." "Kan ik ergens mee helpen?" "Ach nee, laat maar. Het kost me namelijk meer tijd om je uit te leggen hoe ik het wil hebben dan als ik het zelf doe." "Graag of niet, ik heb het je in ieder geval aangeboden."	
hak (*shoe heel*)	**van de hak op de tak springen** – *to continuously change from one subject to another*	
	Tijdens onze vergaderingen springt mijn manager continu van de hak op de tak, waardoor je heel gemakkelijk de draad kwijt raakt als je even niet oplet.	
hand (*hand*)	**voor de hand liggen** – *to be obvious*	
	Met drie teamleden ziek ligt het voor de hand dat wij de deadline niet halen.	
hand (*hand*)	**aan de hand zijn** – *to be the matter / wrong*	
	'Wat is er aan de hand?' 'Helemaal niets, hoor. Maak je geen zorgen! Er is helemaal niets aan de hand.'	
hoofd (*head*)	**uit het hoofd leren** – *to learn by heart*	
	Preposities en onregelmatige werkwoorden vind ik het moeilijkst om te leren. Die moet je gewoon uit je hoofd leren, want er zijn geen regels voor.	
hoofd (*head*)	**iets over het hoofd zien** – *to overlook something*	
	Bij het optellen van de vaste activa heb ik een aantal cijfers over het hoofd gezien. Het lag dus voor de hand dat mijn manager niet erg blij met me was.	
hoogte (*height*)	**iemand op de hoogte houden van iets** – *to keep somebody informed about something*	
	In de loop van een project is het belangrijk om de senior manager op de hoogte te houden van alle bijzonderheden die een invloed kunnen hebben op de vorderingen van de werkzaamheden.	
kam (*comb*)	**over één kam scheren** – *to generalize; to put everything / everybody in the one category*	
	Je moet niet alle buitenlanders over één kam scheren. Nationaliteit heeft niets te maken met de aard van een persoon.	
kat (*cat*)	**de kat uit de boom kijken** – *to assess a situation before passing judgement*	
	'En? Hoe bevalt je nieuwe functie?' 'Nou, ik werk hier nog niet zo lang, dus kijk ik nog steeds de kat uit de boom. Na zes maanden kan ik pas zeggen of deze functie voor mij de juiste functie is.'	
klap (*slap*)	**twee vliegen in één klap slaan** – *to kill two birds with one stone*	
	Door in een team met Nederlanders te werken, sla je twee vliegen in één klap: je leert nieuwe aspecten over boekhouding, én je oefent je Nederlands.	

knie (*knee*)	**iets onder de knie hebben / krijgen** – *to have/get the hang of something*
	Om een vreemde taal onder de knie te krijgen, moet je heel veel oefenen. Vooral de onregelmatige werkwoorden zijn moeilijk. Die heb ik zelf nog niet helemaal onder de knie. Maar oefening baart kunst!
knoop (*shirt button*)	**de knoop doorhakken** – *to take a decision after long hesitation*
	Voordat ik deze functie heb aangenomen, heb ik heel lang geaarzeld. Nadat ik met een paar goede vrienden had gesproken, heb ik eindelijk de knoop doorgehakt. Sindsdien heb ik absoluut geen spijt gehad dat ik deze stap heb genomen.
knop (*button, switch*)	**een knop omdraaien** – *to switch over (one's thinking)*
	Overdag spreek ik op kantoor én Nederlands én Engels. Met mijn vriendin spreek ik altijd Frans en op het moment dat ik thuiskom, kost het me soms moeite om de knop om te draaien. Maar na een halfuur gaat het wel weer.
kop (*head*)	**de spijker op de kop slaan** – *to hit the nail on the head*
	Tijdens de vergadering sloeg mijn collega de spijker op de kop toen hij zei dat wij binnen de komende week de deadline nooit zouden halen aangezien drie van onze teamleden ziek zijn.
kwartje (*25 cent coin*)	**het kwartje is gevallen** – *the penny has dropped; a light has gone on*
	Bij mijn manager is uiteindelijk het kwartje gevallen nadat ik hem drie keer het probleem had uitgelegd.
liedje (*song*)	**het is altijd hetzelfde liedje** – *it's always the same old story*
	Na 31 december moeten wij altijd overwerken om alle projecten af te krijgen: het is altijd hetzelfde liedje!
lijf (*body*)	**iemand tegen het lijf lopen** – *to meet somebody by chance*
	Afgelopen zaterdagavond heb ik een paar vrienden de Wallen (*Red Light District in Amsterdam*) laten zien en tot mijn verbazing liep ik er mijn senior manager tegen het lijf. Wij waren allebei sprakeloos.
lijf (*body*)	**iets is iemand op het lijf geschreven** – *something is perfect for somebody*
	Voor die functie heb ik de juiste vaardigheden en werkervaring. Die functie is mij op het lijf geschreven.
lood (*lead*)	**de laatste loodjes wegen het zwaarst** – *the end of a job is always the hardest*
	Aan het einde van een project moet je altijd de puntjes op de i zetten. Dat kost soms veel tijd en heel veel moeite. Maar goed, de laatste loodjes wegen altijd het zwaarst!
maaltijd (*meal*)	**dat is mosterd na de maaltijd** – *it's too late for that now*
	Nadat het project was afgetekend, kwam onze senior manager met een voorstel hoe wij alles efficiënter hadden kunnen doen. Maar dat was mosterd na de maaltijd. Het is nu te laat om het anders te doen.

moeite (*difficulty*)	**(geen / veel) moeite kosten** – *to cost (no / a lot of) effort*
	Overdag spreek ik op kantoor zowel Nederlands als Engels. Met mijn vriendin spreek ik altijd Frans en op het moment dat ik thuiskom, kost het me soms moeite om de knop om te draaien. Maar na een halfuur gaat het wel weer.
mond (*mouth*)	**met je mond vol tanden staan** – *to be speechless; not to know what to say*
	Afgelopen zaterdagavond heb ik een paar vrienden de Wallen (*Red Light District in Amsterdam*) laten zien en tot mijn verbazing liep ik er mijn senior manager tegen het lijf. Wij stonden tegenover elkaar met de mond vol tanden.
mond (*mouth*)	**geen blad voor de mond nemen** – *to say what you think; to speak very bluntly*
	Nederlanders zijn vaak heel direct; zij nemen geen blad voor de mond. In het begin vond ik dat moeilijk, maar nu begrijp ik waarom zij zo zijn. Het ligt gewoon in hun aard!
mouw (*sleeve*)	**een mouw aan iets weten te passen** – *to come up with a solution for something*
	Als ik een probleem heb, ga ik altijd naar mijn manager toe; hij weet overal een mouw aan te passen.
mouw (*sleeve*)	**de aap komt uit de mouw** – *finally the truth comes out*
	Afgelopen vrijdag heeft onze manager twee uur lang met het hele team geluncht, wat hij normaal gesproken nooit doet. Na afloop kwam de aap uit de mouw: hij vroeg ons om op zaterdag én op zondag over te werken.
mug (*mosquito*)	**van een mug een olifant maken** – *to make a mountain out of a molehill*
	Mijn collega zegt dat het verslag vol fouten zit en dat het heel veel tijd gaat kosten om alle fouten te verbeteren, maar volgens mij maakt zij van een mug een olifant. Later heb ik het rapport bekeken en volgens mij zitten er niet zoveel fouten in.
nut (*use, sense*)	**het nut inzien van iets** – *to see the use (sense) in something*
	Onze manager wil dat wij alles drie keer controleren, maar daar zie ik het nut niet van in. Als je bij de tweede controle een fout niet ziet, zie je hem ook niet bij de derde controle!
oefening (*exercise*)	**oefening baart kunst** – *practice makes perfect*
	Om een vreemde taal onder de knie te krijgen, moet je heel veel oefenen. Oefening baart kunst!
pas (*step, tread*)	**(goed) van pas komen** – *to come (really) in handy; to be useful*
	Ik heb altijd een rekenmachine in mijn tas want ik ben niet zo goed in hoofdrekenen en als ik iets bij een klant moet uitrekenen, komt zo'n rekenmachine altijd goed van pas.
pet (*cap*)	**dat gaat boven mijn pet** – *that's out of my league; that's too difficult for me*
	Ik kan een gesprek in het Nederlands redelijk goed volgen maar als ik een vergadering in het Nederlands bijwoon en ik niet op de hoogte van het onderwerp ben, dan gaat dat boven mijn pet.

prijs (*price, value*)	**op prijs stellen** – *to appreciate*	
	Mijn secretaresse maakt er nooit een probleem van om over te werken als dat echt nodig is en dat stel ik zeer op prijs. Daarom geef ik haar altijd op de Internationale Dag van de Secretaresse een klein cadeau als teken van mijn waardering.	
puntjes (*dots*)	**de puntjes op de i zetten** – *to deal with all the minor details to completely finish something*	
	Aan het einde van een project moet je altijd de puntjes op de i zetten. Dat kost soms veel tijd. Maar goed, de laatste loodjes wegen altijd het zwaarst!	
rood (*red*)	**rood staan** – *to be in the red (bank account debet)*	
	Mijn hobby's zijn uitgaan en winkelen. Aangezien ik een gat in mijn hand heb, sta ik aan het einde van de maand altijd rood.	
rug (*back*)	**achter de rug hebben** – *to have behind you*	
	Ik heb een ontzettend druk weekend achter de rug. Gelukkig heb ik een rustige werkweek voor de boeg.	
storm (*storm*)	**een storm in een glas water** – *a storm in a glass of water*	
	In eerste instantie dachten wij dat deze klant grote problemen zou geven, maar achteraf bleken onze zorgen een storm in een glas water te zijn. De problemen vielen heel erg mee.	
voeten (*feet*)	**(niet) uit de voeten kunnen met iets** – *(not) be able to manage / to use / to make sense of*	
	Die handleiding is erg technisch en de uitleg is erg ingewikkeld. Ik kan er niet mee uit de voeten.	
zin (*sense*)	**het heeft geen zin** – *there's no sense in doing that*	
	Het heeft nu geen zin om de klant in Sydney te bellen want het is daar nu drie uur 's nachts. Er is een tijdverschil van 10.00 uur dus kun jij beter tot morgenochtend wachten.	

59A. Complete the idiomatic expressions by filling in the missing word(s).

1. **niet op je ………………… gevallen zijn** – *not to be born yesterday*
   Je hoeft haar niet alles tot in de puntjes uit te leggen. Zij is beslist niet op haar ………………… gevallen.

2. **de ………………… uithangen** – *to have a wild night on the town*
   Wat doe jij het liefst op een zaterdagavond?
   Met vrienden de ………………… uithangen!

3. **aan de ………………… trekken** – *to give a signal; to ask for help*
   Als jij mijn hulp nodig hebt, dan moet je aan de ………………… trekken. Vragen kost niets!

4. **………………… zijn** – *to be broke; have no money*
   Ik ga dit weekend niet uit, want ik heb geen geld. Ik ben ………………… .

5. **aan ………………… komen** – *to cover (in a book); to get a chance*
   In dit boek komt veel grammatica aan ………………… want zonder grammatica is het onmogelijk om te weten hoe je iets moet zeggen.

6. **voor de ………………… hebben** – *to have ahead (of you)*
   Ik heb een drukke week voor de ………………… want ik heb drie projecten die vóór donderdag af moeten.

7. **door de ………………… het ………………… niet meer zien** – *not see the wood for the trees*
   Als je een huis wilt kopen, is er zoveel keus dat je op een gegeven moment door de ………………… het ………………… niet meer ziet.

8. **iemand uit de ………………… helpen** – *to help somebody out of a fix / predicament*
   Bedankt voor het lenen van je auto. Je hebt mij echt uit de ………………… geholpen.

9. **je ………………… niet hebben** – *it's not my day*
   Ik heb vandaag mijn ………………… niet. Alles gaat fout.

10. **de ………………… kwijt raken / zijn** – *to lose the thread (of a conversation)*
    Tijdens onze vergaderingen kan mijn manager soms heel lang en over verschillende onderwerpen tegelijk praten. Als je even niet oplet, raak je de ………………… kwijt.

11. **de ………………… staat op de …………………** – *the pressure is on*
    Het jaareinde nadert en het project is nog lang niet af. De ………………… staat op de ………………… Onze manager zegt dat wij elke avond moeten overwerken totdat het af is.

12. **aan het ………………… van je ………………… zijn** – *to be at your whit's end*
    Drie van mijn teamleden hebben zich ziek gemeld en de senior manager zegt dat het project per se vandaag af moet zijn. Ik weet niet waar ik de nodige mensen vandaan moet halen. Ik ben aan het ………………… van mijn ………………… .

13. **………………… of niet** – *like it or lump it; whether you like it or not*
    Hij zal het moeten accepteren dat wij de deadline niet halen. ………………… of niet! Er valt niets aan te doen!

14. **van de ………………… op de ………………… springen** – *to continuously change from one subject to another*
    Tijdens onze vergaderingen springt mijn manager continu van de ………………… op de ………………… , waardoor je heel gemakkelijk de draad kwijt raakt als je even niet oplet.

15. **voor de ………………… liggen** – *to be obvious*

    Met drie teamleden ziek ligt het voor de ……………… dat wij de deadline niet halen.

16. **aan de ……………… zijn** – *to be the matter / wrong*

    Wat is er aan de ………………

    Helemaal niets, hoor. Maak je geen zorgen! Er is helemaal niets aan de ………………

17. **uit het ……………… leren** – *to learn by heart*

    Preposities en onregelmatige werkwoorden vind ik het moeilijkst om te leren. Die moet je gewoon uit je ……………… leren, want er zijn geen regels voor.

18. **iets over het ……………… zien** – *to overlook something*

    Bij het optellen van de vaste activa heb ik een aantal cijfers over het ……………… gezien. Het lag dus voor de hand dat mijn manager niet erg blij met me was.

19. **iemand op de ……………… houden van iets** – *to keep somebody informed about something*

    In de loop van een project is het belangrijk om de senior manager op de ……………… te houden van alle bijzonderheden die een invloed kunnen hebben op de vorderingen van de werkzaamheden.

20. **over één ……………… scheren** – *to generalize; to put everything / everybody in the one category*

    Je moet niet alle buitenlanders over één ……………… scheren. Nationaliteit heeft niets te maken met de aard van een persoon.

21. **de ……………… uit de ……………… kijken** – *to assess a situation before passing judgement*

    En? Hoe bevalt je nieuwe functie?

    Nou, ik werk hier nog niet zo lang, dus kijk ik nog steeds de ……………… uit de ……………… . Na zes maanden kan ik pas zeggen of deze functie voor mij de juiste functie is.

22. **twee ……………… in één ……………… slaan** – *to kill two birds with one stone*

    Als je in een team met Nederlanders werkt, sla je twee ……………… in één ……………… : je leert nieuwe aspecten over de boekhouding en je oefent je Nederlands.

23. **iets onder de ……………… hebben / krijgen** – *to have/get the hang of something*

    Om een vreemde taal onder de ……………… te krijgen, moet je heel veel oefenen. Vooral de onregelmatige werkwoorden zijn moeilijk. Die heb ik zelf nog niet helemaal onder de ……………… Maar oefening baart kunst!

24. **de ……………… doorhakken** – *to take a decision after long hesitation*

    Voordat ik deze functie heb aangenomen, heb ik heel lang geaarzeld. Nadat ik met een paar goede vrienden had gesproken, heb ik eindelijk de ……………… doorgehakt. Sindsdien heb ik absoluut geen spijt gehad dat ik deze stap heb genomen.

25. **een ……………… omdraaien** – *to switch over (one's thinking)*

    Overdag spreek ik op kantoor zowel Nederlands als Engels. Met mijn vriendin spreek ik altijd Frans en op het moment dat ik thuiskom, kost het me soms moeite om de ……………… om te draaien. Maar na een halfuur gaat het wel weer.

26. **de ……………… op de ……………… slaan** – *to hit the nail on the head*

    Tijdens de vergadering sloeg mijn collega de ……………… op de ……………… toen hij zei dat wij binnen de komende week de deadline nooit zouden halen aangezien drie van onze teamleden ziek zijn.

27. **het .... is gevallen** – *the penny has dropped; a light has gone on*

    Bij mijn manager is uiteindelijk het .... gevallen nadat ik hem drie keer het probleem had uitgelegd.

28. **het is altijd hetzelfde ....** – *it's always the same old story*

    Na 31 december moeten wij altijd overwerken om alle projecten af te krijgen. Het is altijd hetzelfde ....

29. **iemand tegen het .... lopen** – *to meet somebody by chance*

    Afgelopen zaterdagavond heb ik een paar vrienden de Wallen (*Red Light District in Amsterdam*) laten zien en tot mijn verbazing liep ik er mijn senior manager tegen het .... Wij waren allebei sprakeloos.

30. **iets is iemand op het .... geschreven** – *something is perfect for somebody*

    Voor die functie heb ik de juiste vaardigheden en werkervaring. Die functie is mij op het .... geschreven.

31. **de laatste .... wegen het zwaarst** – *the end of a job is always the hardest*

    Aan het einde van een project moet je altijd de puntjes op de i zetten. Dat kost soms veel tijd en heel veel moeite. Maar goed, de laatste .... wegen altijd het zwaarst!

32. **dat is .... na de ....** – *it's too late for that now*

    Nadat het project was afgetekend, kwam onze senior manager met een voorstel hoe wij alles efficiënter hadden kunnen doen. Maar dat was .... na de .... Het is nu te laat om het anders te doen.

33. **(geen / veel) .... kosten** – *to cost (no / a lot of) effort*

    Overdag spreek ik op kantoor zowel Nederlands als Engels. Met mijn vriendin spreek ik altijd Frans en op het moment dat ik thuiskom, kost het me soms .... om de knop om te draaien. Maar na een halfuur gaat het wel weer.

34. **met je .... vol .... staan** – *to be speechless; not to know what to say*

    Afgelopen zaterdagavond heb ik een paar vrienden de Wallen (*Red Light District in Amsterdam*) laten zien en tot mijn verbazing liep ik er mijn senior manager tegen het lijf. Wij stonden tegenover elkaar met de .... vol ....

35. **geen .... voor de .... nemen** – *to say what you think; to speak very bluntly*

    Nederlanders zijn vaak heel direct; zij nemen geen .... voor de .... In het begin vond ik dat moeilijk, maar nu begrijp ik waarom zij zo zijn. Het ligt gewoon in hun aard!

36. **een .... aan iets weten te passen** – *to come up with a solution for something*

    Als ik een probleem heb, ga ik altijd naar mijn manager toe; hij weet overal een .... aan te passen.

37. **de .... komt uit de ....** – *finally the truth comes out*

    Afgelopen vrijdag heeft onze manager twee uur lang met het hele team geluncht, wat hij normaal gesproken nooit doet. Na afloop kwam de .... uit de .... : hij vroeg ons om op zaterdag én op zondag over te werken.

38. **van een .... een .... maken** – *to make a mountain out of a molehill*

    Mijn collega zegt dat het verslag vol fouten zit en dat het heel veel tijd gaat kosten om alle fouten te verbeteren, maar volgens mij maakt zij van een .... een .... ik heb het rapport heel snel ingezien en volgens mij zitten er niet zoveel fouten in.

39. **het** .... **inzien van iets** – *to see the use (sense) in something*

   Onze manager wil dat wij alles drie keer controleren, maar daar zie ik het .... niet van in. Als je bij de tweede controle een fout niet ziet, zie je hem ook niet bij de derde controle!

40. .... **baart kunst** – *practice makes perfect*

   Om een vreemde taal onder de knie te krijgen, moet je heel veel oefenen. .... baart kunst!

41. **(goed) van** .... **komen** – *to come (really) in handy; to be useful*

   Ik heb altijd een rekenmachine in mijn tas want ik ben niet zo goed in hoofdrekenen en als ik iets bij een klant moet uitrekenen, komt zo'n rekenmachine altijd goed van ....

42. **dat gaat boven mijn** .... – *that's out of my league; that's too difficult for me*

   Ik kan een gesprek in het Nederlands redelijk goed volgen maar als ik een vergadering in het Nederlands bijwoon en ik niet op de hoogte van het onderwerp ben, dan gaat dat boven mijn ....

43. **op** .... **stellen** – *to appreciate*

   Mijn secretaresse maakt er nooit een probleem van om over te werken als dat echt nodig is en dat stel ik zeer op .... Daarom geef ik haar altijd op de Internationale Dag van de Secretaresse een klein cadeau als teken van mijn waardering.

44. **de** .... **op de i zetten** – *to deal with all the minor details to completely finish something*

   Aan het einde van een project moet je altijd de .... op de i zetten. Dat kost soms veel tijd. Maar goed, de laatste loodjes wegen altijd het zwaarst!

45. .... **staan** – *to be in the red (bank account debet)*

   Mijn hobby's zijn uitgaan en winkelen. Aangezien ik een gat in mijn hand heb, sta ik aan het einde van de maand altijd ....

46. **achter de** .... **hebben** – *to have behind you*

   Ik heb een ontzettend druk weekend achter de .... Gelukkig heb ik een rustige werkweek voor de boeg.

47. **een** .... **in een glas** .... – *a storm in a glass of water*

   In eerste instantie dachten wij dat deze klant grote problemen zou geven, maar achteraf bleken onze zorgen een .... in een glas .... te zijn. De problemen vielen heel erg mee.

48. **(niet) uit de** .... **kunnen met iets** – *(not) be able to manage / to use / to make sense of*

   Die handleiding is erg technisch en de uitleg is erg ingewikkeld. Ik kan er niet mee uit de ....

49. **het heeft geen** .... – *there's no sense in doing that*

   Het heeft nu geen .... om de klant in Sydney te bellen want het is daar nu drie uur 's nachts. Er is een tijdverschil van tien uur dus kun jij beter tot morgenochtend wachten.

Listening exercise 59.1

To check your answers to Exercise 59A, listen now to the recording.

Les zestig
Adverbia (4)

'**Adverbs of Modality**' are used to modify the tone of a sentence and they are very common in spoken Dutch. These words are often not translated in English.

zeg – Often inserted at the beginning of a sentence to catch the listener's attention and is similar to the English 'hey' or 'listen'.

Zeg, wat doe jij vanavond?	– *Hey, what are doing tonight?*
Zeg Maik, heb jij Tim de laatste tijd nog wel eens gezien?	– *Listen Maik, have you seen Tim lately?*

nou – Often inserted at the beginning of a sentence to stall for time as in the English 'well'.

'Wat ga jij dit weekend doen?' 'Nou, niets bijzonders, hoor.	– *'What are you doing this weekend?' 'Well, nothing special really.'*
'Je raadt nooit wat ik dit weekend ga doen!' 'Nou?'	– *'You'll never guess what I'll be doing this weekend!' 'What then?'*

hoor – Very often inserted at the end of a sentence and tends to emphasise what has just been said. In English, this is usually untranslated.

'Heb jij een leuk weekend gehad?' 'Ja, hoor.'	– *'Did you enjoy your weekend?' 'Yes,(I did)'*
'Wilt u de kassabon?' 'Nee, hoor. Dank u wel.'	– *'Would you like the cash receipt?' 'No. Thank you.'*

wel – Used either as a contradiction or as an emphatic adage.

Tim komt niet, maar Chantal wel.	– *Tim isn't coming, but Chantal is.*
Mijn manager is veeleisend, maar wel eerlijk.	– *My manager is demanding, but he is honest.*

toch – (1) Used to make a question out of an answer as in English 'right?', 'isn't it?', 'aren't you?', 'didn't he?', 'haven't they?' (2) translates as 'after all', 'nevertheless' or 'anyway'.

Jij gaat toch ook naar de vergadering?	– *You're going to the meeting too, aren't you?*
Ik heb het eigenlijk te druk maar ik ga toch.	– *I'm actually too busy but I'm going nevertheless.*

nog – Often translates as 'still' but is often left untranslated.

Kunt u nog even wachten?	– *Could you wait just a little longer?*
Tim is toch nog naar de vergadering gekomen.	– *Tim did come to the meeting after all.*
Ik heb nog maar vijf vakantiedagen tegoed.	– *I only have five days' holidays left.*

maar – (1) Usually means 'just' or 'only' when placed in the middle of a sentence (2) used to make the imperative sound less abrupt.

Het is maar 10 minuten lopen.	– *It's only a ten–minute walk.*
Gaat u maar zitten!	– *(Go ahead), Take a seat.*

eens – (1) Used to make an imperative or a suggestion sound less abrupt.

Kom eens een keertje langs.	– *(Do) drop by some time.*
Jij zou eens wat vaker je huiswerk moeten maken.	– *You really should do your homework more often.*

even – Used to make an imperative less abrupt.

Even wachten!	– *Just hold on a minute.*
Even denken!	– *Let me think.*

Word order when combining 'Adverbs of Modality'.

a) *'eens'* is placed before *'even'*:
Jij moet eerst de instructies eens even lezen.

b) *'maar'* is placed before *'eens'*:
Jij moet eerst de instructies maar eens lezen.

c) *'nog'*, *'toch'*, *'wel'* and *'al'* are placed before *'eens'*:
Je moet eerst de instructies nog eens lezen.
Je moet eerst de instructies toch eens lezen.
Je moet eerst de instructies toch maar eens lezen.
Je moet eerst de instructies toch nog maar eens lezen.
Je moet eerst de instructies toch nog maar eens even lezen.
Je moet eerst de instructies wel eens even lezen.
Je moet eerst de instructies al (vast) maar eens even lezen.

Using these Adverbs of Modality is something a foreigner learns only with experience.
Although combining so many adverbs may not occur in your own language, using them in Dutch will make your Dutch sound more authentic. Listen to Dutch-speakers and learn from them!

Wist jij dat ...?

Did you know that the first publication of The Bible in Dutch (*de Statenbijbel*) was in 1637? Since then, the Netherlands has become the most secular country in the European Union. According to the 1998 census carried out by the CBS (Netherlands Bureau of Statistics), approximately 40% of the Dutch population proclaim not to belong to any religious denomination. 31% are Roman Catholic, 21% Protestant, 6% Islamic, 1.5% Hindu, and 3.6% other religions.

Did you also know that the Roman Catholic Church once had a Dutch pope? Pope Adrianus VI (1459 – 1523) was the last pope to come from outside Italy until the election of the Polish pope, John Paul II in 1978.

Did you know that ...?

Source : http://en.wikipedia.org/wiki/Netherlands#Religion

Les eenenzestig
Telefoneren

'**Making a telephone call**' requires good preparation. Study the following useful phrases for when you are calling a business contact.

Making business calls

Introducing yourself on the telephone

Hallo, (u spreekt) met Tim van den Oort van BME.	– Hello. Tim Van den Oort calling from BME.
Hallo, mijn naam is .... van de afdeling ...	– Hello, my name is .... from the ... department.

Explain why you are calling

Ik bel in verband met uw brief.	– I'm calling with regard to your letter.
Meneer Klaassen heeft mij gevraagd om terug te bellen.	– I'm returning Mr. Klaassen's call.
Ik wil graag een adreswijziging doorgeven.	– I'm calling about my change of address.

Ask to speak to somebody

Ik bel voor ..... Is hij misschien aanwezig?	– I'm calling for .... Is he available?
Ik ben op zoek naar meneer Klaassen. Is hij er ook?	– I'm looking for Mr. Klaassen. Is he in?
Ik wil graag iemand van de afdeling Personeelszaken spreken.	– I'd like to speak to someone form the HR department.
Kunt u mij doorverbinden met toestelnummer 921?	– Can you put me through to extension 921, please?
Zou ik meneer Van den Oort mogen spreken?	– Could I speak to Mr. Van den Oort, please?

Say you will call back later

Dan bel ik vanmiddag wel terug.	– In that case, I'll call back later.
Dan bel ik over een halfuurtje wel terug.	– In that case, I'll call back in half an hour.

Ask to leave a message / to return your call

Kunt u een boodschap aan mevrouw Smit doorgeven?	– Can you pass on a message to Ms. Smit, please?
Kunt u meneer Klaassen zeggen dat ik heb gebeld?	– Can you tell Mr. Klaassen that I called?
Kunt u meneer Van den Oort vragen om mij terug te bellen?	– Can you ask Mr. Van den Oort to call me back, please?

Make an appointment / repeat details

Ik wil graag een afspraak maken (met ...)	– I'd like to arrange an appointment (with ...)
Op vrijdag kan ik niet. Ik kan wel op donderdag.	– I can't on Friday. I can on Thursday, though.
Om 11.30 uur kan ik helaas niet. Kan het om 10.00 uur?	– I can't make it at 11.30. Is 10.00 o'clock okay?
Ik moet even in mijn agenda kijken.	– I need to check my diary/calender.

Change / cancel an appointment

Is het mogelijk om onze afspraak naar dinsdag om 10.00 uur te verzetten / verschuiven?	– Is it possible to reschedule our appointment to Tuesday at 10.00 o'clock?
Ik heb voor woensdag een afspraak met mevrouw Smit, maar ik moet onze afspraak helaas afzeggen.	– I have an appointment with Ms. Smit on Wednesday, but unfortunately I'll have to cancel.

Confirm an appointment

Goed. Dat staat genoteerd. Wij zien elkaar op maandag de 15^e om 9.30 uur.	— Fine. I've noted that down. We'll see eachother on Monday the 15th at 9.30.
Dat komt mij heel goed uit.	— That suits me very well.

Ask for repetition or clarification

Sorry, wat zegt u?	— Excuse me, what did you say?
Sorry, kunt u dat nog eens herhalen?	— Excuse me, can you repeat that, please?
Sorry, ik zit in de trein en ik versta u niet zo goed. Wat zei u net?	— Excuse me, I'm in the train and I can't hear you very well. What were you saying?

Show your listening / show interest

Ja.	— Yes.
O, zo.	— Oh, I see.
Dat klopt.	— That's right.
Is goed.	— Okay.

End a telephone conversation

Dank u wel en tot ziens.	— Thank you. Goodbye.

The following phrases are useful for understanding what you are likely to hear from your telephone conversation partner.

Receiving business calls

Offer help

Wat kan ik voor u doen?	— What can I do for you?
Waarmee kan ik u van dienst zijn?	— How may I help you?
Zegt u het maar.	— How can I help?

Transfer the caller

Een ogenblikje alstublieft. Ik verbind u even door.	— One moment, please. I'll put you through.

Ask the caller to wait

Een ogenblikje, alstublieft.	— One moment, please.
Zij is telefonisch in gesprek. Wilt u wachten?	— She is on another line. Would you like to hold?
Zijn lijn is bezet. Wilt u wachten?	— Her line is busy. Would you like to hold?

Explain the person is unavailable

Het spijt me, maar meneer Klaassen zit momenteel in een vergadering / bespreking.	— I'm sorry, Mr. Klaassen is in a meeting at the moment.
Mevrouw Smit is vandaag niet aanwezig.	— Ms. Smit is out of the office the whole day.
Hij neemt (zijn telefoon) niet op.	— He's not answering.
Sorry, maar zij is de hele dag onbereikbaar.	— Sorry, but she cannot be contacted the whole day.
Hij is met lunchpauze.	— He's out to lunch.
Zij zit momenteel niet op haar (werk)plek.	— She's not at her desk at the moment.

Offer to call back

Wilt u een boodschap achterlaten?	– Would you like to leave a message?.
Ik zal vragen of hij u terugbelt.	– I'll ask him to call you back.
Ik zal aan mevrouw Smit doorgeven dat u gebeld hebt.	– I'll let Ms. Smit know you called.
Ik zal zeggen dat u gebeld hebt.	– I'll pass on the message that you called.
Tot hoe laat bent u bereikbaar?	– Until what time can you be reached?

Ask what the call is about

Mag ik vragen waar het over gaat?	– May I ask what it is about?
Waar gaat het over (als ik vragen mag)?	– What's it about (if I may ask)?
Waarover kan ik zeggen dat u belt?	– What can I say is the reason for your call?

End telephone call

Tot ziens.	– Goodbye.
Geen dank, meneer. Tot ziens.	– You're welcome. Goodbye.
Alstublieft, meneer. Tot ziens.	– You're welcome. Goodbye.
Tot uw dienst, meneer / mevrouw.	– At your service, Sir / Madam.

Leaving a recorded message

Leave a recorded message on a voicemail / answering machine

Hallo, met Tim van den Oort. Zou u mij terug kunnen bellen in verband met ...?	– Hello. Tim Van den Oort speaking. Could you please call me back with regard to ...
Hallo, met Tim van den Oort. Ik bel om te vragen	– Hello. Tim speaking. I'm calling to ask ...
Hallo, met Tim van den Oort. Ik bel over onze afspraak ...	– Hello. Tim speaking. I'm calling about our appointment.
Mijn telefoonnummer is ...	– My number is ...
Ik zit tot 16.00 uur op kantoor. Het nummer is ...	– I'll be in the office until 4.00 pm. The number is ...
Ik ben te bereiken op 06 – ...	– I can be reached on 06 – ...

Record a message on your voicemail / answering machine

Hallo. Dit is het nummer van Tim van den Oort.	– Hello. This is Tim Van den Oort's number.
Helaas kan ik u op dit moment niet te woord staan.	– Unfortunately, I cannot come to the phone right now.
Na de toon kunt u een boodschap inspreken en dan bel ik u zo spoedig mogelijk terug.	– You can record a message after the beep and I will call you back as soon as possible..
Vergeet niet uw naam en telefoonnummer in te spreken.	– Don't forget to record your name and number.
Alvast bedankt.	– Thank you in advance.

61A. In the following dialogue, Tim is contacted by Ilse Jansen, who wants to reschedule an appointment. Complete the dialogue by selecting an appropriate word from the following options.

	helaas		ogenblikje	
met		verzetten		bedankt
	geen dank		bezet	
agenda		graag		afspreken
	doorverbinden		genoteerd	
lukken		van dienst		in verband met

1. *Receptioniste* : Goedemorgen, met de receptie van BME. Waarmee kan ik u .... zijn?

2. *Ilse Jansen* : Goedemorgen, met Ilse Jansen. Kunt u mij met meneer Van den Oort ....?

3. *Receptioniste* : Een .... alstublieft. (...) Hallo, mevrouw Jansen? Zijn lijn is momenteel .... Wilt u wachten?

4. *Ilse Jansen* : ....

   Receptioniste : Ik verbind u nu even door.

   Ilse Jansen : Dank u wel.

5. *Tim* : Goedemorgen, ... Tim van den Oort.

   Ilse Jansen : Hallo, Tim. Met Ilse Jansen van Getronics.

   Tim : Dag, mevrouw Jansen. Wat kan ik voor u doen?

6. *Ilse Jansen* : Ik bel .... onze afspraak morgenochtend. Ik weet dat het wat aan de late kant is, maar ik wilde u even vragen of het mogelijk is om de afspraak te ....

7. *Tim* : Even in mijn .... kijken. O ja, onze afspraak was voor morgenochtend om 9.30 uur.

8. *Ilse Jansen* : Dat gaat niet .... 's Ochtends kan ik niet meer, maar ik zou wel 's middags kunnen.

9. *Tim* : 's Middags kan ik .... niet. Kunt u overmorgen?

   Ilse Jansen : Overmorgen kan ik alleen vanaf 14.00 uur 's middags.

10. *Tim* : Zullen wij voor 15.00 uur 's middags ....?

    Ilse Jansen : Ja, dat komt mij heel goed uit.

11. *Tim* : Dat staat .... Dan zien wij elkaar op donderdag 15 mei om 15.00 uur 's middags.

12. *Ilse Jansen* : Is goed. Tot donderdag en .... voor uw flexibiliteit, meneer Van den Oort.

13. *Tim* : ...., mevrouw Jansen. Tot ziens.

    Ilse Jansen : Tot ziens.

Listening exercise 61.1

To check your answer to Exercise 61A, listen now to the recorded dialogue.

There are also many situations which are not always business-related. The following phrases are suitable in a variety of situations which most expats could encounter on a daily basis.

Everyday telephone calls

Make a restaurant reservation

Hallo. Ik wil graag een tafel voor twee personen reserveren.	– Hello. I'd like to reserve a table for two..
Kan ik voor vanavond een tafel voor vier personen reserveren?	– Can I reserve a table for four for this evening, please?
Voor morgenavond om 20.00 uur, graag.	– For tomorrow evening at 8.00 pm.

Reserve tickets

Hallo, ik wil graag twee kaartjes reserveren voor de voorstelling van 21.15 uur.	– Hello. I'd like to reserve 2 tickets for the show at 9.15 pm.
Wanneer kan ik de kaartjes komen afhalen?	– When can I come to pick up the tickets?
Moet ik dan in de rij staan of kan ik meteen naar de kassa lopen?	– Do I have to queue or can I walk straight up to the ticket office?

Order a take–away meal

Hallo, ik wil graag een pizza bestellen.	– Hello. I'd like to order a pizza, please.
Bezorgt u thuis of moet ik hem zelf komen afhalen?	– Do you deliver or do I have to come pick it up myself?
Hoelang duurt het?	– How long will it take?

Turning down a telemarketing call

Sorry, maar ik heb er helemaal geen belangstelling voor. Dank u wel en tot ziens.	– Sorry, but I'm not interested. Goodbye.

All work and no play makes for an unhappy expat. The following phrases are useful for arranging your social life.

Personal telephone calls

Answer the phone

Hoi, met Tim. Alles goed?	– Hi, Tim here. Everything okay?
Hé, wat leuk dat je belt.	– Hey, I'm glad you called.
Ik zat net aan jou te denken.	– I was just thinking of you.
Alles goed met je?	– Everything okay with you?

Invite somebody

Heb jij plannen voor vanavond?	– Do you have any plans for this evening?
Vind jij het leuk om samen uit eten te gaan?	– How about going out to dinner together tonight?
Heb jij zin om met ons naar de bioscoop te gaan?	– Do you feel like coming with us to the cinema?
Hoe laat zullen wij afspreken?	– What time shall we meet?
En waar spreken zij af?	– And where shall we meet?

Respond to an invitation

Dat lijkt mij (hartstikke) leuk.	– That sounds like fun.
Dat lijkt mij een goed idee.	– That sounds like a good idea.
Is goed. Tot vanavond om 19.00 uur. Gezellig!	– Okay. See you tonight at 7.00 pm. It sounds like fun.
Ik kan helaas niet.	– I'm afraid I can't make it.
Nou, daar heb ik eigenlijk niet zoveel zin in.	– Actually, I don't really feel like it.
Nou, ik vind het leuker om samen wat te gaan drinken.	– Actually, I'd rather go out for a drink together.

End a call	
Bedankt voor het bellen.	— *Thanks for calling.*
Hé, wij spreken elkaar weer gauw. Dag.	— *Hey, we'll talk again soon. Bye.*
Leuk om met je gesproken te hebben.	— *It was nice talking to you.*
Ik kijk ernaar uit.	— *I'm looking forward to it.*

61B. In the following dialogue, Elly calls Tim on a Friday evening after work to discuss plans to go out. Complete the dialogue by selecting an appropriate word from the following options.

	wat leuk		zin	
lijkt		ken		plannen
	niet zoveel		met	
iets leuks		ogenblikje		redden
	gek op		gezellig	
afspreken		tot straks		reserveren

    Tim : Hallo, met Tim van den Oort.

1. Elly : Hé, Tim. .... Elly.
2. Tim : Hé, Elly. .... dat je belt. Alles goed?
    Elly : Ja, en met jou?
3. Tim : Het gaat wel. Maar na zo'n drukke week ben ik best wel moe, moet ik zeggen. Maar ik heb wel .... om vanavond .... te gaan doen.
4. Elly : Nou, daarvoor bel ik eigenlijk. Hebben jullie .... voor vanavond?
    Tim : Nee, Chantal en ik zitten hier op de bank een glaasje wijn te drinken.
    Elly : Hebben jullie zin om vanavond met Edwin en mij naar de bioscoop te gaan?
5. Tim : Daar heb ik eigenlijk .... zin in. Het .... mij leuker om uit eten te gaan. Hebben jullie daar zin in?
6. Elly : Ik zal Edwin even vragen. ....
    Tim : En?
    Elly : Ja, dat lijkt ons een goed plan.
7. Tim : Zal ik een tafel ....?
8. Elly : .... jij misschien een leuk restaurant ergens in het centrum?
    Tim : Ja, ken jij het Italiaanse restaurant 'Toscanini' aan de Lindengracht?
9. Elly : Nee, dat restaurant ken ik niet. Maar wij zijn allebei .... de Italiaanse keuken.
10. Tim : Wij ook. Ik zal even bellen om een tafel voor 19.30 uur te reserveren. .... jullie dat?
11. Elly : Ja, gemakkelijk. Waar zullen wij ....?
    Tim : Zullen wij vooraf een borrel nemen in Café De Jaren?

12. Elly : Dat lijkt mij hartstikke ....
    Tim : Dan zien wij elkaar om 18.30 uur in het café.
    Elly : Hartstikke gezellig. Tot straks!
13. Tim : ....!

Listening exercise 61.2
To check your answers to Exercise 61B, listen now to the recording.

Les tweeënzestig
Discussiëren (1)

'**Discussions**' are part of everyday life. In the first sixty lessons of this course, you learned all the necessary vocabulary and grammar you need to take part in a discussion. To express your opinion, the following sentences can be useful.

Asking for an opinion

Wat vind jij van het idee dat ...?	– *What are your views on the idea that ...?*
Wat vind jij ervan?	– *What's your opinion on that?*
Vind jij niet dat ...?	– *Don't you think that ...?*
Vind jij ook niet?	– *Don't you think?*
Hoe denk jij daarover?	– *What are your views on that?*
Volgens jou, is het terecht dat ...?	– *In your opinion, is it right that ...?*

Giving your opinion

Ik vind het (niet) goed dat ...	– *I think it's (not) good that ...*
Ik vind het slecht dat ...	– *I think it's bad that ...*
Volgens mij is het onjuist dat ...	– *In my opinion, it's wrong that ...*
Ik vind het terecht dat ...	– *I think it's right that ...*
Ik vind het onterecht dat ...	– *I think it's unjust that ...*

Adding information

Ten eerste, ... / Ten tweede, ... / Tot slot, ...	– *Firstly, ... / Secondly, ... / Finally, ...*
Ook ...	– *Also, ...*
Verder ...	– *Furthermore, ...*
Daarnaast ...	– *In addition, ...*
Bovendien ...	– *In addition, ...*
Toch vind ik dat ...	– *And still I think that ...*
Toch ben ik ervan overtuigd dat ...	– *And still I'm convinced that ...*

Agreeing

Dat vind ik ook.	– *I agree.*
Daar heb jij gelijk in.	– *You're right about that.*
Ik ben het (helemaal) met jou eens.	– *I (absolutely) agree with you.*

Disagreeing

Dat vind ik (helemaal) niet.	– *I don't agree (at all)*
Ik ben het niet met je eens.	– *I don't agree with you.*
Dat betwijfel ik, hoor.	– *I doubt it.*
Wat een onzin!	– *That's absolute nonsense.*

Giving an example

Bijvoorbeeld, er is ...	– *For example, there is ...*
Om een voorbeeld te geven, er zijn ...	– *To give you an example, there are ...*

Compromising

Misschien heb je gelijk, ...	– *Maybe you're right, ...*
Nou, ik weet het niet, hoor.	– *Well, I'm not too sure about that.*

Listening exercise 62.1

Listen to the following introduction in preparation for a discussion on '*Het Huwelijk*' (Marriage).

Onze samenleving en het huwelijk

Vóór de jaren 60 was er in Nederland maar één wettelijke vorm van het partnerschap, namelijk het huwelijk. Sindsdien experimenteert de maatschappij met verschillende vormen van het begrip 'relatie' en als gevolg daarvan zijn er talloze soorten wettelijke relaties ontstaan.

Tegenwoordig hebben wij veel meer maatschappelijke vrijheid dan onze grootouders. Als wij een relatie aangaan, dan zijn wij vrij om te kiezen voor een relatievorm die het beste bij ons en onze partner past.

De meest traditionele vorm van een echtverbintenis is het burgerlijk huwelijk. Na lang zoeken kom je de ware jacob tegen. In Nederland gaan veel mensen eerst een aantal jaar samenwonen en als alles goed gaat, dan zal de ene partner de andere ten huwelijk vragen. In andere landen is het gewoon om zich eerst te verloven, maar dat komt tegenwoordig in Nederland zeer zelden voor. Iedereen die in Nederland wil trouwen, moet bij de Burgerlijke Stand (overheidsregister van geboorte, huwelijk, geregistreerd partnerschap, echtscheiding en overlijden van alle personen in Nederland) aangeven dat zij een huwelijk aan willen gaan. Er wordt een datum afgesproken waarop ze huwelijksaangifte doen, ook wel genoemd 'in ondertrouw gaan'. Ondertrouw duurt minimaal twee weken. Na die periode mag je trouwen. Iedereen is verplicht om bij de Burgerlijke Stand op het stadhuis te trouwen. Tijdens de plechtigheid geven beide partners elkaar 'het ja-woord'. Naast het burgerlijk huwelijk mag je ook een kerkelijk huwelijk sluiten. In zo'n geval vindt de bruiloft plaats in een kerk naar eigen keus. Hoe dan ook, de bruid en bruidegom dragen meestal een trouwring: katholieken om de vierde vinger van hun linkerhand; protestanten om de vierde vinger van hun rechterhand. Getrouwde mensen en geregistreerde partners zijn vrij om te kiezen welke achternaam ze willen gebruiken: de eigen naam, de naam van de partner of allebei. Als er kinderen komen, dan kunnen de ouders kiezen welke achternaam de kinderen krijgen.

Sommigen willen niet trouwen, maar wel door de wet als stel erkend worden. In zo'n geval kun je de relatie registreren. Dat heeft vooral juridische voordelen en is vaak de voornaamste reden waarom stellen zich laten registreren. Sinds 2001 kunnen ook homoseksuelen zich laten registreren en ook trouwen. Zo hebben heteroseksuelen en homoseksuelen tegenwoordig in Nederland gelijke rechten. Er zijn ook stellen die gewoon samenwonen en zich niet als stel registreren, maar dan heeft de ene partner geen recht op de erfenis of het pensioen van de overleden partner.

Na een aantal jaren kan een huwelijk stuklopen, onder andere omdat de ene partner is vreemdgegaan. Sommige echtparen beslissen om van tafel en bed te scheiden. Sommigen hakken de knoop door en vragen een echtscheiding aan. Daarna zijn ze voor de wet gescheiden en gaat ieder zijns weegs. Sommige gescheiden mensen hertrouwen om met hun nieuwe geliefde nog lang en gelukkig te leven.

Vocabulary			
aangaan	– to enter into	huwelijksaangifte doen	– to file an intent to marry
aanvragen	– to request, to apply for	de ware jacob	– Mr. Right
de bruid	– bride (woman getting married)	naar eigen keus	– of your own choice
de bruidegom	– groom (man getting married)	het pensioen	– retirement pension
de bruiloft	– wedding	plaatsvinden	– to take place
burgerlijk	– civil	de plechtigheid	– ceremony
Burgerlijke Stand	– Civil Registrar	de relatie	– relationship
het echtpaar	– married couple	scheiden	– to separate, to divorce
de echtscheiding	– divorce	het stel	– couple
de echtverbintenis	– marriage	stuklopen	– to fall apart
de erfenis	– inheritance	iemand ten huwelijk vragen	– to propose marriage to somebody
erkend	– officially recognised	trouwen	– to marry
gescheiden	– divorced	zich verloven	– to get engaged
getrouwd	– married	voorkomen	to occur
hertrouwen	– to remarry	vreemdgaan	– to cheat (on your partner)
het huwelijk	– marriage	ieder zijn weegs gaan	– to each go his own way

62B. Are you for or against marriage? Prepare your argument formulating correct grammatical sentences by following these guidelines. Present one argument at a time, then wait for your discussion partner(s) to present a counter argument. You are free to add any additional arguments. Use the expressions on the first page of this lesson to form a cohesive discussion.

"Ik ben voor het huwelijk, want ..."   *"Ik ben tegen het huwelijk, want ..."*

Voor	Tegen
Het biedt stabiliteit.	Het is maar een contract op een stuk papier.
Het bevordert gevoel voor verantwoordelijk-heid.	Het beperkt je persoonlijke vrijheid en groei.
Het is goed voor kinderen.	Het is geen garantie voor een gelukkige jeugd.
Het is een menselijke behoefte om zich aan één iemand te binden.	Monogamie is niet realistisch.
Het is een goede remedie tegen eenzaamheid.	Een op de drie huwelijken loopt uit op een scheiding.

Additional vocabulary – Consult a dictionary to prepare your argument.

....

....

....

....

....

....

....

....

....

....

....

....

Les drieënzestig
Discussiëren (2)

Following Lesson 62 by way of example, prepare a discussion on each of the topics below. Arguments both 'for' and 'against' have been supplied for the first two topics, however, you are free to add your own thoughts.

"Ik ben voor ..., want ..."   *"Ik ben tegen ..., want ..."*

"Ik ben ervoor, want ..."   *"Ik ben ertegen, want ..."*

Nederland heeft een goed softdrugsbeleid!

Controle door legalisering.	Te gemakkelijk verkrijgbaar, vooral voor jongeren.
Vrijheid om te kiezen = democratie.	Verbruik leidt tot agressief gedrag.
Minder verslaafden dan in buurlanden.	Stoned achter het stuur is levensgevaarlijk.
Matig verbruik onschadelijk.	Verslavingsvatbaar.

Reclame moet verboden worden!

Vormt een prikkel om ons leven te beteren.	Wij zijn nooit tevreden met wat we al hebben.
Geeft het straatbeeld meer kleur.	Geeft ons een verkeerd beeld van de realiteit.
Maakt ons attent op onze mogelijkheden.	Kost de consument veel geld.
Financiert een breed scala aan evenementen.	Overheerst onze maatschappij.

Meer stellingen

Now prepare your arguments 'for' and 'against' in response to the following statements:

1. Het Engels is in alle Europese landen een verplicht schoolvak. Engelstaligen moeten ook verplicht een vreemde taal leren.

2. Missverkiezingen zijn vrouwonvriendelijk.

3. Internet is een goed middel om een huwelijkspartner te zoeken.

4. Immigratie is de oorzaak van onze maatschappelijke problemen.

5. Vrouwen zijn gelijk aan mannen, zo niet beter!

6. Het enige recht van een vrouw is het aanrecht.

7. De accijns op sigaretten moet worden verdubbeld om roken te ontmoedigen.

8. Moeders zouden niet mogen werken maar thuisblijven om hun kinderen op te voeden.

9. De doodstraf is terecht: oog om oog, tand om tand.

10. De toekomst van de Europese Unie is allesbehalve rooskleurig.

Les vierenzestig
E-mails

'**E-mails**' are an important form of our daily communication. The level of formality in business e-mails varies according to the (in)formal relationship between clients and colleagues. In this lesson, we will focus on informal e-mails between colleagues. However, at the end of this lesson there is a checklist containing formal and informal phrases often used in e-mails.

The following e-mail is from Tim's manager, Remco, who asks Tim to arrange a meeting with his team to discuss several issues concerning a draft annual report. The level of language is informal and is similar to a conversation.

Aan ...	tim.van.den.oort@nl.bme.com
CC ...	
Onderwerp	Afspraak om jaarverslag te bespreken
Bijlage(n)	

Tim,

Ik heb je conceptjaarverslag doorgenomen en in grote lijnen ziet het er goed uit. Ik stel voor dat wij z.s.m. met de rest van het team bijeenkomen om het e.e.a. te bespreken. Zou jij met iedereen een geschikte dag willen overleggen en het mij laten weten?

Wat mijn beschikbaarheid betreft, kan ik a.s. dinsdagmiddag v.a. 15.00 uur of vrijdagmorgen v.a. 10.00 uur. Het lijkt mij een goed idee om er ± 1 uur voor in te plannen, zodat wij voldoende tijd hebben om alle punten door te nemen.

Alvast bedankt,

Remco
Manager Afd. Auditing BME

Below is Tim's reply to Remco's proposal.

Aan ...	remco.van.der.veen@nl.bme.com
CC ...	alleide.smit@nl.bme.com; johan.de.groot@nl.bme.com
Onderwerp	RE: Afspraak om jaarverslag te bespreken
Bijlage(n)	

Remco,

Ik heb met iedereen in het team overlegd m.b.t. onze beschikbaarheid, maar i.v.m. onze drukke planning kan niet iedereen op dezelfde dag aanwezig zijn. Iedereen (op 1 persoon na) kan wel op vrijdagochtend om 11.30 uur.

Schikt dat jou?

Zonder tegenbericht ga ik ervan uit dat wij elkaar a.s. vrijdag om 11.30 uur in de vergaderzaal zien.

Tim

By way of comparison, the following e-mail clearly illustrates the difference between informal e-mail Dutch and more formal e-mail Dutch. In this e-mail, Tim's manager sends Tim and his team members an e-mail with instructions for an approaching project.

Aan ...	tim.van.den.oort@nl.bme.com; alleide.smit@nl.bme.com; johan.de.groot@nl.bme.com
CC ...	secretaresse@nl.bme.com
Onderwerp	Interimcontrole Philips BV in week 18
Bijlage(n)	

Beste geadresseerden,

Volgens de planning gaan wij in week 18 (d.w.z. de week van 15 mei t/m 19 mei 2006) starten met de interimcontrole van onze grootste klant, Philips BV. Voordat wij hiermee aan de slag kunnen, dienen diverse werkzaamheden nog opgepakt te worden. Hiervoor heb ik het volgende werkschema opgesteld:

Streefdatum wanneer de voorbereidingswerkzaamheden gereed dienen te zijn:
- Minimaal twee dagen voor aanvang van de kick-off meeting (de stukken voor de kick-off meeting dienen dan aan het team verstuurd te worden, zodat een ieder zich op de kick-off meeting kan voorbereiden);
- De kick-off meeting dient minimaal 1 week voor aanvang van de controle ingepland te worden (eventuele uitkomsten van de kick-off meeting kunnen dan nog opgepakt / uitgewerkt worden).

Ik hoop jullie hiermee voldoende te hebben geïnformeerd.

Voor diegenen die hierover nog vragen hebben, graag z.s.m. contact met mij opnemen om ervoor te zorgen dat de werkzaamheden zo effectief en efficiënt mogelijk kunnen worden uitgevoerd. Daarnaast mij graag ook op de hoogte houden van de voortgang van de werkzaamheden.

Alvast bedankt,

Remco
Manager Afd. BTW.

P.S. Tim, aangezien deze klant nieuw voor jou is, is het misschien zinvol dat wij van tevoren al een keer afspreken. Graag jouw reactie hierop.

Vocabulary

aan de slag kunnen	– to be able to start work	de streefdatum	– target date
de aanvang	– commencement	uitvoeren	– to carry out
diegenen	– those people	uitwerken	– to elaborate on
dienen	– should, must	voorbereiden op	– to prepare for
diverse	– various	de voortgang	– progress
gereed	– ready	het werkschema	– work plan
(op de) hoogte houden	– to keep informed	werkzaamheid (-eden)	– activity (–ies)
oppakken	– to process	(ervoor) zorgen dat	– to enure that

The three example e-mails on the previous pages contain many abbreviations and vocabulary used frequently in business e-mails. Below is a list of the most commonly used in Dutch:

Titles		Titles	
dhr. (de heer)	– Mr.	drs. (doctorandus)	– M.A. (Master of Arts)
mevr. (mevrouw)	– Mrs. / Ms.	mr. (meester in de rechten)	– Master of Laws
mej. (mejuffrouw)	– Miss (outdated)	ir. (ingenieur)	– Engineer

Abbreviation		Abbreviation	
a.u.b. (alstublieft)	– s.v.p. (s'il vous plaît)	m.b.t. (met betrekking tot)	– regarding
afd. (afdeling)	– dept. (department)	m.n. (met name)	– in particular
a.h.v. (aan de hand van)	– by means of	n.a.v. (naar aanleiding van)	– with reference to
blz. (bladzijde)	– p. (page)	o.a. (onder andere)	– including, such as
bv. (bijvoorbeeld)	– e.g. (for example)	± (ongeveer)	– approx. (approximately)
c.q. (casu quo)	– in this case	p.a. (per adres)	– c/o (care of)
d.d. (de dato)	– dated	resp. (respectievelijk)	– respectively
d.m.v. (door middel van)	– by means of	t.a.v. (ter attentie van)	– attn. (to the attention of)
d.w.z. (dat wil zeggen)	– in other words	t.b.v. (ten behoeve van)	– on behalf of
e.d. (en dergelijke)	– and such	t.z.t. (te zijner tijd)	– in due course
e.e.a. (een en ander)	– matters at hand	t/m (tot en met)	– up to and including
enz. (enzovoorts)	– etc. (et cetera)	v.a. (vanaf)	– starting from
i.o.v. (in opdracht van)	– by order of	vgl. (vergelijk)	– compare
i.p.v. (in plaats van)	– instead of	z.o.z. (zie ommezijde)	– p.t.o. (please turn over)
i.v.m. (in verband met)	– in relation to	z.s.m. (zo spoedig mogelijk)	– as soon as possible
jl. (jongstleden)	– last (Monday, Tuesday)	zgn. (zogenaamd)	– so–called

Vocabulary			
aanpakken	– to go about, to tackle	laten weten	– to let (somebody) know
afstemmen op	– to arrange according to	lijken	– to seem
akkoord gaan met	– to agree to	overleggen met	– to confer with
bijeenkomen	– to get together	schikken	– to suit
blijken	– to be evident	uitkomen	– to suit
constateren	– to observe	uitlopen	– to run overtime
doorgeven	– to pass on	verschuiven	– to reschedule
doornemen	– to go over (to read)	verwachten	– to expect
erachter staan	– to support	verzetten	– to reschedule
ervan uitgaan	– to assume	voorkomen	– to prevent, to avoid
inhouden	– to mean	voorstellen	– to propose
inplannen	– to schedule	wijzigen	– to change / to alter
kortsluiten met	– to confer with		

de bespreking	– meeting	ter bevestiging	– by way of confirmation
de bijeenkomst	– meeting	ter goedkeuring	– for approval
de conferencecall	– conference call	ter illustratie	– by way of illustration
het gesprek	– conversation	ter informatie	– for your information
het overleg	– get-together	ter ondersteuning	– as support
de vergadering	– formal meeting	ter verduidelijking	– by way of clarification
het congres	– conference	ter voorkoming	– by way of prevention

gereed (= klaar)	– ready, finished	graag (formal: gaarne)	– please
nog niet af	– not yet finished	uiterlijk om 17.00 uur	– no later than 5.00 pm
handig	– practical	uiterlijk op vrijdag	– no later than Friday
zinvol	– useful	na afloop	– after(wards)
		van tevoren	– beforehand

64A. Using the vocabulary on the previous pages and after studying the e-mail checklist at the end of this lesson, translate the following e-mail (including the subject and attachment(s). If in doubt, consult a dictionary.

📖 To ...	tim.van.den.oort@nl.bme.com; alleide.smit@nl.bme.com; johan.de.groot@nl.bme.com
📖 CC ...	
Subject	Job appraisals
Attachement(s)	Job appraisal form

Dear Addressees,

Because you all haven't been working at BME for very long, I am writing to explain the matters at hand regarding the yearly job appraisals that are just around the corner.

At the beginning of each year, we conduct a job appraisal for each employee. The job appraisal is an overview of your professional objectives and action(s) to be taken in order to achieve these objectives.
After completion of a project, it is the intention that you evaluate your own performance by means of a score from 1 (unsatisfactory) up to and including 5 (outstanding). In conferment with your coach, the job appraisal filled in by you will be modified if necessary. Next, this draft appraisal goes to a company partner for approval.

Attached please find a job appraisal form that you all must fill in no later than 31st January. As soon as the form has been completed, please make an appointment with your coach in order to discuss your own appraisal.

If you need any further information, please get back to me.

Thank you in advance,

Remco van der Veen
Manager BTW Dept.

Useful vocabulary (in alphabetical order)

action(s) to be taken	– de te nemen actie(s)	*in conferment with*	– in overleg met
after completion of	– na afloop van	*intention*	– de bedoeling
appraisal filled in by you	– de door jou ingevulde beoordeling	*job appraisal*	– de functioneringsbeoordeling
at the beginning of	– aan het begin van	*make an appointment*	– een afspraak maken
be just around the corner	– voor de deur staan	*matters at hand*	– het e.e.a. (het een en ander)
by means of	– a.h.v. (aan de hand van)	*modify*	– bijstellen
coach	– de coach	*next*	– vervolgens
company partner	– het directielid	*no later than*	– uiterlijk
conduct	– uitvoeren	*objective*	– de doelstelling
discuss	– bespreken	*outstanding*	– uitstekend
draft appraisal	– de conceptbeoordeling	*overview*	– het overzicht
employee	– de werknemer	*performance*	– het functioneren
evaluate	– beoordelen	*please*	– graag
fill in, complete	– invullen	*professional*	– professioneel
for approval	– ter goedkeuring	*realise, to achieve*	– realiseren
for very long	– nog niet zo lang	*regarding*	– m.b.t. (met betrekking tot)
form	– het formulier	*score, mark, figure*	– het cijfer
I am writing	– hiermee / hierbij	*unsatisfactory*	– onvoldoende
if necessary	– eventueel	*up to and including*	– t/m (tot en met)
if you ...	– mocht je ...	*yearly*	– jaarlijks

Translation

Aan ... tim.van.den.oort@nl.bme.com; alleide.smit@nl.bme.com; johan.de.groot@nl.bme.com
CC ...
Onderwerp
Bijlage(n)

64B. Using the useful vocabulary on the previous pages and after studying the e-mail checklist at the end of this lesson, translate the following e-mail (including the subject and attachment(s). If in doubt, consult a dictionary.

To ...	remco.van.der.veen@nl.bme.com
CC ...	
Subject	Appointment to discuss job appraisal
Attachement(s)	Job appraisal Tim van den Oort

Marco,

As requested by my manager, Remco, I have completed my job appraisal (see attachment) and I would now like to arrange an appointment with you to discuss this.

I did my very best (in order) to fill in the form in Dutch, but where necessary, I have written my remarks in English.

I assume that one hour will be sufficient (in order) to go over all the items. Concerning my availability, in the coming weeks I am only available mornings from 8.30 – 9.00 am or afternoons starting from 5.30 pm.

Please get back to me on this matter.

Regards,

Tim

Useful vocabulary

as requested (by)	– volgens verzoek (van)	*fill in, complete*	– invullen
arrange a meeting	– een afspraak maken	*go over*	– doornemen
assume	– ervan uitgaan	*item*	– het punt
availability	– de beschikbaarheid	*in the coming weeks*	– de aankomende weken
be available	– kunnen	*remark*	– de opmerking
complete, fill in	– invullen	*see attachment*	– zie bijvoegsel
concerning	– wat betreft	*starting from*	– v.a. (vanaf)
discuss	– bespreken	*sufficient*	– voldoende
do my very best	– heel erg mijn best doen	*up to an including*	– t/m (tot en met)
		where necessary	– waar nodig

Translation

Aan ...	remco.van.der.veen@nl.bme.com
CC ...	
Onderwerp	
Bijlage(n)	

....

....

....

....

....

E-mail checklist

Header and Sign-off

Formal	Formal + surname	Informal
Geachte heer/mevrouw,	Geachte heer Van den Oort,	Beste Maik,
Hoogachtend,	Met vriendelijke groet,	Groet,

Purpose for writing

Naar aanleiding van uw e-mail d.d. 15 mei, ...	– *With reference to your e-mail dated 15th May, ...*
In verband met mijn recente verhuizing, verzoek ik u ...	– *Due to my recent change of address, I am writing to request ...*
Hiermee deel ik u mede, dat ...	– *I am writing to notify you that ...*
Hierbij verzoek ik u	– *I am writing to request ...*
Zoals afgesproken, bevestig ik hierbij onze afspraak op ...	– *As agreed, I am writing to confirm our appointment on ..*
Volgens uw verzoek, stuur ik u hiermee ...	– *As requested, I am sending you ...*
Graag jouw reactie op de volgende vragen: ...	– *I have the following questions I would like you to answer: ...*
Bij deze mijn antwoorden op jouw vragen: ...	– *Here are my answers to your questions: ...*
Bijgevoegd onze factuur in PDF–bestand.	– *Attached please find our invoice in PDF format.*

Useful Adverbs of Sequence (also see Bijlage 7)

Ten eerste ...	– *Firstly, ...*	Echter ...	– *However, ...*
Ten tweede ...	– *Secondly, ...*	Daarom ...	– *Therefore, ...*
Daarnaast ...	– *In addition, ...*	Vanwege / Wegens ...	– *Due to ... ,*
Vervolgens ...	– *After that, ... / Next, ...*	Aangezien ...	– *Given that ...*
Tot slot ...	– *Finally, ...*	Wat betreft ...	– *Concerning ... ,*
Aanvankelijk ...	– *Initially, ...*	Gezien ...	– *In view of ... ,*
Een andere mogelijkheid is ...	– *Alternatively, ...*	In tegenstelling tot ...	– *Unlike ... / As opposed to...*

Finishing off

Formal

Wij hopen u hiermee voldoende te hebben geïnformeerd.	– *We hope that this information is satisfactory.*
Mocht u nog vragen hebben, dan kunt u nog altijd contact met ons opnemen.	– *If you require any further information, please contact us.*
Ik zie uw reactie graag tegemoet.	– *I look forward to receiving your reply.*
Tenslotte, graag uw aandacht voor het volgende.	– *Finally, please note the following.*

Informal

Alvast bedankt.	– *Thank you in advance.*
Ik hoop dat deze uitleg duidelijk is.	– *I hope that this explanation is clear.*
Met vragen kun je me eventueel bereiken op 06 – ...	– *If you have any questions, you can reach me on 06 – ...*
Graag hoor ik van je.	– *Please get back to me on this matter.*
Ik laat het je uiterlijk vrijdag 15 mei weten.	– *I'll let you know no later than 15th May.*
Ik kom er in de loop van de week nog op terug.	– *I'll get back to you on this matter in the course of the week.*

Wist jij dat ...?

Did you know that you can obtain an official national Dutch language proficiency certificate that is a testimonial of your Dutch language skills?
Het Staatsexamen NT2 (Dutch as a Foreign Language State Exam) is sometimes required by your employer as proof of your Dutch language skills, and it is mandatory for entrance into tertiary-level educational institutions in the Netherlands. For some people, it is simply a goal to work towards, and passing *Het Staatsexamen* is certainly very rewarding.

Het Staatsexamen NT2 is available at two levels:
- Programme 1 tests your level at Common European Framework of Reference level B1
- Programme 2 tests your level at Common European Framework of Reference level B2.

For more information on the Common European Framework of Reference, see Bijlage 9 in the back of this book.

For more information on exam preparation, downloadable trial exams, exam dates, and registration procedures, visit http://www.expertisecentrumnt2.nl/staat/

Did you know that ...?

Source : www.expertisecentrumnt2.nl/staat/
www.ib-groep.nl

Les vijfenzestig
Correspondentie

'**Correspondence**' received from official institutions (Municipality, Alien's Police, bank, insurance companies, taxation office) very often use more formal language. The aim of this lesson is to increase your comprehension of formal written Dutch to enable you to understand the important correspondence you receive as an expat.

65A. Read the following letter from the '*Vreemdelingenpolitie*' (Alien's Police) regarding Tim's request for a residence permit. In such official correspondence, formal Dutch is used.

P LITIE

- Amsterdam–Amstelland
- Dienst Vreemdelingenpolitie

Bezoekadres	Johan Huizingalaan 757
	1006 VH Amsterdam
Korpsonderdeel	Dienst Vreemdelingenpolitie
Behandeld door	Dhr. M.S. Klaassen
Doorkiesnummer	(020) 559 63 00
Fax onderdeel	(020) 559 60 19
Crv nummer	123123
Datum	Amsterdam, 15-05-2005

Geachte heer Van den Oort,

Naar aanleiding van uw aanvraag voor een verblijfsvergunning d.d. 24/04/2005, verzoek (*) ik u om **op woensdag 1 juni 2005 om 9.30 uur** in persoon bij mijn dienst te verschijnen.

Gelieve de hieronder aangegeven originele bescheiden mee te nemen:

(x)   U dient met geldig paspoort te komen
(x)   verschuldigde leges: € 56,72 (U kunt uitsluitend contant betalen)
(x)   salaris- en/of uitkeringsspecificaties van u van de laatste 3 maanden.

Deze brief moet worden ingeleverd bij uw aanmelding bij de Dienst Vreemdelingenpolitie.

De korpschef
namens deze,

Dhr. M.S. Klaassen

OPGELET! Indien er positief op uw aanvraag voor een verblijfsvergunning beslist wordt, dient u zich onverwijld in het Bevolkingsregister te laten inschrijven. Dit kan gelijktijdig bij uw afspraak plaatsvinden. Naast de hierboven vermelde bescheiden moet u hiervoor meenemen: Akte(n) inzake geboorte, huwelijk, overlijden, naamswijziging en/of echtscheiding. Ook een huur-/koopcontract of een verklaring van de hoofdbewoner. Bij een verklaring van de hoofdbewoner dient u tevens van de hoofdbewoner een kopie van zijn/haar identiteitsbewijs mee te nemen.

*   Tevens vordering conform art. 4.38 van het Vreemdelingenbesluit

65B. The following sentences have been extracted from the letter in Exercise 65A. Choose a synonym from the options below for the word/term marked **in bold print**.

aankomst		als		graag
	betreffend		officiële papieren	
vraag		meteen		ook
	op mijn kantoor		verzoek	
te betalen bedrag		volgens		moet

1. Naar aanleiding van uw **aanvraag** voor een verblijfsvergunning ... .

2. ..., **verzoek** ik u om op woensdag 1 juni 2005 om 9.30 uur in persoon bij mijn dienst te verschijnen. ....

3. ..., verzoek ik u om op woensdag 1 juni 2005 om 9.30 uur in persoon **bij mijn dienst** te verschijnen. ....

4. **Gelieve** de hieronder aangegeven originele bescheiden mee te nemen: ... .

5. (x) **verschuldigde leges**: € 56,72 (U kunt uitsluitend contant betalen) ....

6. Deze brief moet worden ingeleverd bij uw **aanmelding** bij de Dienst Vreemdelingenpolitie. ....

7. **Indien** er positief op uw aanvraag voor een verblijfsvergunning beslist wordt, ...

8. ... **dient** u zich onverwijld in het Bevolkingsregister te laten inschrijven. ....

9. ... dient u zich **onverwijld** in het Bevolkingsregister te laten inschrijven. ....

10. Naast de hierboven vermelde **bescheiden** moet u hiervoor meenemen: ... .

11. Akte(n) **inzake** geboorte, huwelijk, overlijden, naamswijziging en/of echtscheiding. ....

12. Bij een verklaring van de hoofdbewoner dient u **tevens** van de hoofdbewoner een kopie van zijn/haar identiteitsbewijs mee te nemen. ....

13. * Tevens vordering **conform** art. 4.38 van het Vreemdelingenbesluit. ....

Standard Dutch vs. Formal Dutch

From the above two exercises, it is clear that there is a significant difference between standard spoken Dutch and formal Dutch. Much of today's **e-mail communication** is informal (see Lesson 64), but this depends on the relationship between the sender and recipient. However, **correspondence from official institutions** (Alien's Police, Taxation Office, Ministries, etc.) tends to be more formal. As an expat, it is important that you have a passive knowledge of formal written Dutch so that you can understand your correspondence, information and instructions.

65C. Read the following letter from the '*Divisie Registratie en Informatie*' (Division of Vehicle Registration and Information) regarding Tim's request to exchange his foreign driving licence for a Dutch driving licence.

RDW

Divisie Registratie en Informatie

Uw kenmerk	Ons kenmerk	Datum	Bijlage(n)
	Corr/AtV	30 oktober 2005	8

Contactpersoon	Doorkiesnummer	E-mail
Mevrouw A. Smit	(070) 962 34 66	a.smit@rdw.nl

Onderwerp
Annulering verzoek omwisseling buitenlands rijbewijs

Geachte heer Van den Oort,

Naar aanleiding van de door mij op 5 september 2005 ontvangen bescheiden, deel ik u het volgende mee.

De mogelijkheid tot omwisseling van een buitenlands rijbewijs voor een Nederlands exemplaar is geregeld in artikel 44 van het Reglement rijbewijzen (Rr). Daarin staan de voorwaarden genoemd waaraan moet worden voldaan om een buitenlands rijbewijs voor omwisseling in aanmerking te laten komen.

In het kader van het bepaalde in artikel 27 Rr behoort een aanvraag voor omwisseling door tussenkomst van de burgemeester van uw woonplaats te worden ingediend.

De door u ingezonden bescheiden doe ik u dan ook weer toekomen.

Hoogachtend,

De Algemeen Directeur van de RDW
namens deze,
Unitmanager rijbewijzen

M.S. Jansen

Bijlagen:
- buitenlands rijbewijs
- verklaring van geschiktheid
- pasfoto (2)
- brief
- uittreksel
- 30% regeling (2)

65D. The following sentences have been extracted from the letter in Exercise 65C. Choose a synonym from the options below for the word/term marked **in bold print**.

voor		geschikt zijn		stuur
	ingeleverd		laat weten	
vervullen		officiële verklaring		moet

1. Naar aanleiding van de door mij op 5 september 2005 ontvangen bescheiden, **deel** ik u het volgende **mee**. ....

2. Daarin staan de voorwaarden genoemd waaraan moet worden **voldaan** om ....

3. ... om een buitenlands rijbewijs voor omwisseling **in aanmerking** te laten **komen**. ....

4. In het kader van het bepaalde in artikel 27 Rr **behoort** een aanvraag ... .

5. ... behoort een aanvraag voor omwisseling door tussenkomst van de burgemeester van uw woonplaats te worden **ingediend**. ....

6. De door u ingezonden bescheiden **doe** ik u dan ook weer **toekomen**. ....

7. De Algemeen Directeur van de RDW **namens** deze, Unitmanager rijbewijzen ....

8. **uittreksel** ....

65E. Read the following letter from Mastercard/Interpay Nederland B.V. regarding instructions for activating Tim's new credit card.

Interpay Nederland B.V.

Dhr. T. van den Oort
3ᵉ Looiersdwarsstraat 8ᴵᴵ
1016 VE AMSTERDAM

Laatste drie cijfers van uw kaartnummer	Doorkiesnummer	Datum
167	0800 – 0321	12 maart 2006

Geachte kaarthouder/ster,

Binnen enkele dagen ontvangt u uw nieuwe creditcard.

Om mogelijke risico's te voorkomen, hebben wij ervoor gekozen uw kaart beveiligd te verzenden. Daarom dient u de creditcard na ontvangst te activeren voor gebruik. Dit mag alleen door uzelf worden gedaan met de in deze brief vermelde 5-cijferige activeringscode.

Bewaar deze brief daarom zorgvuldig totdat u uw nieuwe creditcard heeft geactiveerd!

Uw activeringscode is: 123123

Om de kaart te activeren, kunt u contact opnemen met de activeringslijn. Deze is vanuit Nederland 24 uur per dag, 7 dagen per week bereikbaar op het gratis telefoonnummer 0800 – 0321. Vanuit het buitenland kunt u bellen met + 31 30 283 58 71.
Houdt u bij de activering uw creditcard en de activeringscode binnen handbereik.

Heeft u na het lezen van deze brief nog vragen, kijk dan op www.mastercard.nl.

Met vriendelijke groet,

Interpay Nederland B.V.

N.B. Heeft u uw creditcard één week na ontvangst van deze brief nog niet ontvangen, bel dan met het telefoonnummer (030) 283 55 55. U kunt dit nummer ook 'collect' bellen.

65F. The following sentences have been extracted from the letter in Exercise 65E. Choose a synonym from the options below for the word/term marked **in bold print**.

opsturen	bij de hand	bellen	een paar	P.S.
	bezoeken		krijgt	

1. Binnen enkele dagen **ontvangt** u uw nieuwe creditcard. ....

2. Binnen **enkele** dagen ontvangt u uw nieuwe creditcard. ....

3. Om mogelijke risico's te voorkomen, hebben wij ervoor gekozen uw kaart beveiligd te **verzenden**. ....

4. Om de kaart te activeren, kunt u **contact opnemen** met de activeringslijn. ....

5. Houdt u bij de activering uw creditcard en de activeringscode **binnen handbereik**. ....

6. **N.B.** Heeft u uw creditcard een week na ontvangst van deze brief nog niet ontvangen, ...

65G. To test your comprehension of the instructions from Mastercard/Interpay B.V., tick (✓) the correct answer to the following statements.

1. Tim kan over een paar dagen zijn nieuwe creditcard verwachten. ❐ Goed ❐ Fout

2. Zijn nieuwe creditcard is meteen gebruiksklaar. ❐ Goed ❐ Fout

3. Hij moet de creditcard activeren. ❐ Goed ❐ Fout

4. Hij kan de brief vandaag nog weggooien. ❐ Goed ❐ Fout

5. Tim moet naar de bank gaan voordat hij de creditcard kan gebruiken. ❐ Goed ❐ Fout

6. Het kost niets om het nummer te bellen als hij dat binnen Nederland doet. ❐ Goed ❐ Fout

7. Als hij binnen een week zijn nieuwe creditcard niet heeft gekregen, dan moet hij nog één week wachten voordat hij Interpay Nederland B.V. mag bellen. ❐ Goed ❐ Fout

8. Als hij problemen heeft, dan kan hij het telefoonnummer (030) 283 5555 bellen, maar hij moet dan wel de telefoonkosten zelf betalen. ❐ Goed ❐ Fout

65H. Read the following letter from the ABN AMRO bank regarding the conditions applicable to Tim's new personal bank account.

Overeenkomst ABN AMRO Privé Pakket

Rekeninghouder(–s):
Dhr. T. van den Oort
3ᵉ Looiersdwarsstraat 8ᴵᴵ
1016 VE AMSTERDAM

Registratiecode: 123123

Geachte heer T. van den Oort,

Dit document voorziet erin dat u overeenkomsten met de ABN AMRO Bank N.V. (hierna te noemen ABN AMRO) dan wel één van haar dochterondernemingen sluit met betrekking tot de hierna te noemen producten en diensten. Door ondertekening verklaart u in te stemmen met de aan de voet van dit document genoemde voorwaarden, van de hierna te noemen producten die nog niet in uw bezit zijn.

U heeft aangegeven de volgende producten te willen afnemen:

Vaste pakketonderdelen:
– Privérekening met nummer 123123123   ☒ Reeds in uw bezit
– Eén ABN AMRO Wereldpas   ☒ Reeds in uw bezit
– Sparen   ☒ Reeds in uw bezit
– Internet Bankieren   ☒ Reeds in uw bezit
– Telefonisch Bankieren   ☒ Reeds in uw bezit
– Privé Limiet Plus   ☐ Reeds in uw bezit

Pakketkosten
Voor het pakket bestaande uit de vaste pakketonderdelen bent u een kwartaalbijdrage van € 6,75 verschuldigd. Deze bijdrage dient vooruit betaald te worden, voor het eerst bij aanvang van het eerstvolgende kalenderkwartaal. Hierin zijn de kosten van alle vaste pakketonderdelen begrepen.
De ABN AMRO Credit Card en Internet Bankieren zijn, indien afgenomen, bij deze prijs inbegrepen.
De hiergenoemde pakketprijs alsmede de samenstelling van het pakket kunnen wijzigen.

De kosten van de extra pakketonderdelen worden afgerekend volgens de daarvoor standaard geldende betalingscondities. Een actueel overzicht van de standaard tarieven en betalingscondities vindt u op http://www.abnamro.nl. De verschuldigde bedragen voor de af te nemen producten zullen van bovenstaande privé-rekening worden afgeschreven.

Algemene voorwaarden
Op alle betrekkingen tussen u en ABN AMRO zijn de "Algemene Voorwaarden ABN AMRO Bank N.V." van kracht. ABN AMRO brengt hierbij onder de aandacht dat op basis van artikel 18 en 19 van de genoemde voorwaarden uw tegoeden door ABN AMRO gebruikt kunnen worden om zich – met voorrang boven andere schuldeisers – te verhalen voor eventuele schulden van u aan ABN AMRO.

ABN AMRO Wereldpas
Op het gebruik van de op grond van deze overeenkomst ter beschikking gestelde ABN AMRO Wereldpas zijn de voorwaarden "Gebruik ABN AMRO bankpassen" van toepassing. De pas(sen) worden naar het in de kop van deze overeenkomst genoemde adres gestuurd. Deze passen kunnen op een ABN AMRO kantoor in Nederland op vertoon van een geldig legitimatiebewijs geactiveerd worden door de houder van de pas.

Hoogachtend,

ABN AMRO Bank N.V.

65I. The following sentences have been extracted from the letter in Exercise 65H. Choose a synonym from the options below for the word/term marked **in bold print**.

		al		nog moet betalen	
voorwaarden	voor uw gebruik	belooft			geld eisen
	hebt gekregen		als		
bijgewerkt		veranderen			van toepassing
	inclusief		bedrijf		
positief bedrag		contract			akkoord gaat met
	maakt het mogelijk		door te laten zien		
en ook		kopen			aan het begin

1. Dit document **voorziet erin** dat u overeenkomsten met de ABN AMRO Bank N.V. ... .

2. Dit document voorziet erin dat u **overeenkomst**en met de ABN AMRO Bank N.V. ... .

3. ... dan wel één van haar dochter**onderneming**en sluit met betrekking tot de hierna te noemen producten en diensten. ....

4. Door ondertekening **verklaart** u in te stemmen met de aan de voet van dit document genoemde voorwaarden, ...

5. Door ondertekening verklaart u **in** te **stemmen met** de aan de voet van dit document genoemde voorwaarden, ...

6. ... van de hierna te noemen producten die nog niet **in uw bezit zijn**. ....

7. U heeft aangegeven de volgende producten te willen **afnemen**: ... .

8. **Reeds** in uw bezit. ....

9. Voor het pakket bestaande uit de vaste pakketonderdelen bent u een kwartaalbijdrage van € 6,75 **verschuldigd**. ....

10. Deze bijdrage dient vooruit betaald te worden, voor het eerst **bij aanvang** van het eerstvolgende kalenderkwartaal. ....

11. De ABN AMRO Credit Card en Internet Bankieren zijn, **indien** afgenomen, bij deze prijs inbegrepen. ....

12. De ABN AMRO Credit Card en Internet Bankieren zijn, indien afgenomen, bij deze prijs **inbegrepen**. ....

13. De hiergenoemde pakketprijs **alsmede** de samenstelling van het pakket kunnen wijzigen. ....

14. De hiergenoemde pakketprijs alsmede de samenstelling van het pakket kunnen **wijzigen**. ....

15. De kosten van de extra pakketonderdelen worden afgerekend volgens de daarvoor standaard geldende betalings**condities**. ....

16. Een **actueel** overzicht van de standaard tarieven en betalingscondities vindt u op http://www.abnamro.nl.   ....

17. Op alle betrekkingen tussen u en ABN AMRO zijn de "Algemene Voorwaarden ABN AMRO Bank N.V." **van kracht**.   ....

18. ... uw **tegoed**en door ABN AMRO gebruikt kunnen worden om zich – met voorrang boven andere schuldeisers – te verhalen voor eventuele schulden van u aan ABN AMRO.   ....

19. ... uw tegoeden door ABN AMRO gebruikt kunnen worden om zich – met voorrang boven andere schuldeisers – te **verhalen** voor eventuele schulden van u aan ABN AMRO.   ....

20. Op het gebruik van de op grond van deze overeenkomst **ter beschikking** gestelde ABN AMRO Wereldpas zijn de voorwaarden "Gebruik ABN AMRO bankpassen" van toepassing.   ....

21. Deze passen kunnen op een ANB AMRO kantoor in Nederland **op vertoon van** een geldig legitimatiebewijs geactiveerd worden door de houder van de pas.   ....

Bijlage 1
Grammaticale termen

	Latijn–Nederlands	*Nederlands*	*Voorbeeld*
de	adjectief	bijvoeglijk naamwoord	Deze computer is **nieuw**.
het	adverbium	bijwoord	Hij werkt **hard**. / Zij praat **snel**.
het	accent	klemtoon	be<u>drijf</u> / verg<u>a</u>dering
het	artikel	lidwoord	
	- definitief	- bepaald	- de, het
	- indefinitief	- onbepaald	- een
de	comparatief	vergrotende trap	Tim is **ouder** dan Chantal.
de	conjunctie	voegwoord	en, maar, want, omdat, als, zodat:
	- coördinerend	- nevenschikkend	- Ik wil naar huis **want** ik ben moe.
	- subordinerend	- onderschikkend	- **Omdat** ik moe ben, wil ik naar huis.
de	conditionalis	onvoltooid verleden toekomende tijd (O.V.T.T.)	Dat **zou** leuk **zijn**.
de	consonant	medeklinker	b,c,d,f,g,h,j,k,l,m,n,p,q,r,s,t,v,w,x,y,z
de	declinatie	verbuiging	De Nederland**se** les. Een drukk**e** baan.
de	diminutief	verkleinwoord	het boek**je**
het	direct object	lijdend voorwerp	Hij geeft haar **het boek**.
het	futurum	onvoltooid tegenwoordig toekomende tijd (O.T.T.T.)	Ik **zal** het morgen **doen**.
het	genus	woordgeslacht	**de** tafel, **het** boek
de	imperatief	gebiedende wijs	Stop! Kom hier! Let op!
het	imperfectum	onvoltooid verleden tijd (O.V.T.)	Toen ik klein **was, had** ik een hond.
het	indirect object	meewerkend voorwerp	Hij geeft **haar** het boek.
de	infinitief	onbepaalde wijs	gaan, doen, drinken, eten, wonen
het	interrogativum	vraagwoord	Hoe? Wat? Waarom? Wanneer? Wie?
de	inversie	(verbum dan subject)	Morgen **ga ik** naar Amsterdam.
de	negatie	ontkenning	**Nee**, ik ga **niet** naar huis. Ik heb **geen** fiets.
het	numerale	telwoord	1,2,,3,4 ....
het	participium	voltooid deelwoord	Ik heb koffie **gezet**.
het	passivum	lijdende vorm	Fietsen **worden verwijderd**.
het	perfectum	voltooid tegenwoordige tijd (V.T.T.)	Ik **heb** mijn huiswerk **gemaakt**.
de	pluralis	meervoud	het boek – **de boeken**
het	plusquamperfectum	voltooid verleden tijd (V.V.T.)	Ik **had** zoiets nooit eerder **gezien**.
de	prefix	voorvoegsel	ge-, be-, ver-, ont-, her-
de	prepositie	voorzetsel	in, uit, op, met, voor, over, om
het	presens	onvoltooid tegenwoordige tijd (O.T.T.)	Ik **ga** nu naar huis.
het	pronomen	voornaamwoord	
	- demonstrativem	- aanwijzend	- **Dat** boek daar. **Die** man daar.
	- personale	- persoonlijk	- ik, jij, u, hij, hij, zij, het, wij, jullie, zij
	- possessivum	- bezittelijk	- 'Is dit **jouw** boek?' 'Ja, dat is **mijn** boek.'
	- reflexivum	- wederkerend	- Hij kleedt **zich** aan.
	- relativum	- betrekkelijk	- De man **die** daar staat, is mijn manager.
de	singularis	enkelvoud	**het boek – de man**
het	subject	onderwerp	**Ik** heb een fiets.
de	substantief	zelfstandig naamwoord	boek, huis, man, les, gebouw
de	suffix	achtervoegsel	-ment, - isme, -sel, -je, -heid, -ing
de	superlatief	overtreffende trap	het **grootste** huis
de	syllabe	lettergreep	wo – nen, werk – en
het	verbum	werkwoord	- gaan, komen, zijn, hebben
	- modaal	- hulpwerkwoord	- moeten, willen, kunnen, mogen, zullen
	- reflexief	- wederkerend	- zich wassen, zich aankleden
	- separabel	- scheidbaar	- opstaan: Ik **sta** om 7 uur **op**.
het	verbum finitum	persoonsvorm	Ik **ben**, jij **bent**, hij **is**, wij **zijn**
de	vocal	klinker	**a, e, i, o, u**

Bijlage 2
Zinsbouw

Word order 1 – STANDARD (see Lesson 6)

Subject (Who?)	Verb (does?)	Time (when?)	Object (what?)	Place (where?)
Tim	heeft	op maandag om half negen	een afspraak met zijn manager	in kamer 231.

Word order 2 – INVERSION (see Lesson 10)

Time	Verb	Subject	Object	Place
Op maandag om half negen	heeft	Tim	een afspraak met zijn manager	in kamer 231.

Word order 3 – TWO VERBS in one clause (Modal verb + Infinitive) (see Lesson 11 / 19)

Subject	Verb 1 Modal verb	Time	Object	Plaats	Verb 2 Infinitive
Ik	zal	meteen	David		bellen.

Word order 3 – TWO VERBS in one clause (Auxiliary verb + Past Participle) (see Lesson 32)

Subject	Verb 1 Auxiliary verb	Time	Object	Plaats	Verb 2 Past Participle
Tim	heeft	4 jaar	als auditor	bij BME in Toronto	gewerkt.

Word Order 4 – DIRECT OBJECT and INDIRECT OBJECT (see Lesson 14)

Subject	Verb	Indir. Obj.	Dir. Object	Time	Place
Tim	stuurt	Elly	het formulier	morgenochtend	naar haar kantoor.

Word Order 5 – TWO PRONOUNS (Direct Object and Indirect Object) (see Lesson 14)

Subject	Verb	Dir. Obj.	Ind. Obj.	Time	Place
Tim	stuurt	het	haar	morgenochtend	naar haar kantoor.

Word order 6 – SEPARABLE VERBS in Het Presens *(see Lesson 20)*

Subj	Verb	T	O	P	Particle
De wekker	gaat	om 7.00 uur			af.
Ik	sta	een kwartier later			op.
Tim	maakt		twee boterhammen		klaar.
Chantal	komt	om 9.15 uur		op kantoor	aan.
Wij	komen	om zeven uur			thuis.
Zij	slapen	in het weekend	lekker		uit.

Word order 7 – SUBORDINATION *(see Lesson 22 / 23 / 31 / 39 / 40 / 45 / 46)*

Main clause	Subordinate clause				
		Subject	Time	Object	Place	Verbs 1 / 2 / 3
Tim zegt	**dat**	hij	morgen	een afspraak	in Utrecht	heeft.
Hij zegt	**dat**	hij		onze afspraak		moet verzetten.
Hij zegt	**dat**	hij	vóór 7 uur			opstaat.*

Word Order 7						Word Order 2
SUBORDINATION						INVERSION
Subordinate conjunction	Subj	T	O	P	Verb(s) 1 / 2 / 3	Verb Subj T O P
Als	het	dit weekend			regent ,	blijf ik thuis.
Zodra	ik	's ochtends		op kantoor	aankom*,	haal ik meteen koffie.
Omdat	Tim	een paar jaar	met Chantal	in Europa	wil wonen ,	werkt hij nu in Nederland.

Word order 8 – MULTIPLE INFINITIVES in one clause *(see Lesson 36)*

Subject	Verb 1	Time	Object	Place	Verb 2	Verb 3
Tim	heeft	gisteren	zijn fiets	bij de fietsenmaker	laten	repareren.
Zij	zijn	afgelopen zaterdag		in Amsterdam	gaan	winkelen.

Nota bene

Exception (er / daar / hier)				
Subject	Verb	er / daar / hier	Time	Object
Ik	kom	hier	regelmatig	met klanten.

Bijlage 3
Onregelmatige verba

Below is a list of the most common '**Irregular Verbs**' which can only be learned by heart. The appropriate auxiliary verb in 'Het Perfectum' is indicated in the infinitive form which must always be conjugated to agree with the sentence subject. Some verbs take both '*hebben*' and '*zijn*' but the meaning changes, in which case you should consult a dictionary.

drinken – *to drink*	**gaan** – *to go*
ik heb gedronken	ik ben gegaan
jij hebt gedronken	jij bent gegaan
u hebt gedronken	u bent gegaan
hij heeft gedronken	hij is gegaan
zij heeft gedronken	zij is gegaan
het heeft gedronken	het is gegaan
wij hebben gedronken	wij zijn gegaan
jullie hebben gedronken	jullie zijn gegaan
zij hebben gedronken	zij zijn gegaan

For the conjugation of separable verbs and verbs with a prefix, look up the 'base verb':

aankomen (*conjugate as* 'komen')	→	kwam...aan, is aangekomen
teruggaan (*conjugate as* 'gaan')	→	ging...terug, is teruggegaan
verkopen (*conjugate as* 'kopen')	→	verkocht, heeft verkocht

Infinitive	*Translation*	**Imperfectum (singular / plural)**	**Perfectum**
bakken	*to bake*	bakte / bakten	hebben + gebakken
barsten	*to burst*	barstte / barstten	zijn + gebarsten
bederven	*to ruin, to rot*	bedierf / bedierven	hebben / zijn + bedorven
bedriegen	*to threaten*	bedroog / bedrogen	hebben + bedrogen
beginnen	*to begin*	begon / begonnen	zijn + begonnen
begraven	*to bury*	begroef / begroeven	hebben + begraven
begrijpen	*to comprehend*	begreep / begrepen	hebben + begrepen
bergen	*to store*	borg / borgen	hebben + geborgen
besluiten	*to decide*	besloot / besloten	hebben + besloten
bevelen	*to command*	beval / bevalen	hebben + bevolen
bezoeken	*to visit*	bezocht / bezochten	hebben + bezocht
bezwijken	*to succumb*	bezweek / bezweken	zijn + bezweken
bidden	*to pray*	bad / baden	hebben + gebeden
bieden	*to offer*	bood / boden	hebben + geboden
bijten	*to bite*	beet / beten	hebben + gebeten
binden	*to tie*	bond / bonden	hebben + gebonden
blazen	*to blow*	blies / bliezen	hebben + geblazen
blijken	*to be evident*	bleek / bleken	zijn + gebleken
blijven	*to stay*	bleef / bleven	zijn + gebleven
blinken	*to glisten*	blonk / blonken	hebben + geblonken
braden	*to roast*	braadde / braadden	hebben + gebraden
breken	*to break*	brak / braken	hebben + gebroken
brengen	*to bring*	bracht / brachten	hebben + gebracht
brouwen	*to brew (beer)*	brouwde / brouwden	hebben + gebrouwen
buigen	*to bend*	boog / bogen	hebben /zijn + gebogen
denken	*to think*	dacht / dachten	hebben + gedacht
doen	*to do*	deed / deden	hebben + gedaan

dragen	to wear, to carry	droeg / droegen	hebben + gedragen
drijven	to float, to trade	dreef / dreven	hebben / zijn + gedreven
dringen	to penetrate	drong / drongen	hebben / zijn + gedrongen
drinken	to drink	dronk / dronken	hebben + gedronken
druipen	to drip	droop / dropen	hebben / zijn + gedropen
duiken	to dive	dook / doken	hebben / zijn + gedoken
dwingen	to force	dwong / dwongen	hebben + gedwongen
eten	to eat	at / aten	hebben + gegeten
fluiten	to whistle	floot / floten	hebben + gefloten
gaan	to go	ging / gingen	zijn + gegaan
gelden	to apply, be valid	gold / golden	hebben + gegolden
genezen	to heal	genas / genazen	hebben / zijn + genezen
genieten	to enjoy	genoot / genoten	hebben + genoten
geven	to give	gaf / gaven	hebben + gegeven
gieten	to pour	goot / goten	hebben + gegoten
glijden	to glide	gleed / gleden	hebben / zijn + gegleden
glimmen	to shimmer	glom / glommen	hebben + geglommen
graven	to dig	groef / groeven	hebben + gegraven
grijpen	to grab	greep / grepen	hebben + gegrepen
hangen	to hang	hing / hingen	hebben + gehangen
hebben	to have	had / hadden	hebben + gehad
heffen	to raise	hief / hieven	hebben + geheven
helpen	to help	hielp / hielpen	hebben + geholpen
heten	to be called	heette / heetten	hebben + geheten
hijsen	to hoist (up)	hees / hesen	hebben + gehesen
houden	to hold	hield / hielden	hebben + gehouden
jagen	to hunt	joeg / joegen	hebben + gejaagd
kiezen	to choose	koos / kozen	hebben + gekozen
kijken	to look, to watch	keek / keken	hebben + gekeken
klimmen	to climb	klom / klommen	hebben / zijn + geklommen
klinken	to sound	klonk / klonken	hebben + geklonken
knijpen	to squeeze	kneep / knepen	hebben + geknepen
komen	to come	kwam / kwamen	zijn + gekomen
kopen	to buy	kocht / kochten	hebben + gekocht
krijgen	to get	kreeg / kregen	hebben + gekregen
krimpen	to shrink	kromp / krompen	zijn + gekrompen
kruipen	to crawl	kroop / kropen	hebben / zijn + gekropen
kunnen	to be able to	kon / konden	hebben + gekund
lachen	to laugh, to smile	lachte / lachten	hebben + gelachen
laden	to load	laadde / laadden	hebben + geladen
laten	to let	liet / lieten	hebben + gelaten
lezen	to read	las / lazen	hebben + gelezen
liegen	to (tell a) lie	loog / logen	hebben + gelogen
liggen	to lie down	lag / lagen	hebben + gelegen
lijden	to suffer	leed / leden	hebben + geleden
lijken	to appear	leek / leken	hebben + geleken
lopen	to walk	liep / liepen	hebben / zijn + gelopen
malen	to grind	maalde / maalden	hebben + gemalen
melken	to milk	molk / molken	hebben + gemolken
meten	to measure	mat / maten	hebben + gemeten
mijden	to avoid	meed / meden	hebben + gemeden
moeten	to have to	moest / moesten	hebben + gemoeten
mogen	to like, may	mocht / mochten	hebben + gemogen
nemen	to take	nam / namen	hebben + genomen
prijzen	to praise	prees / prezen	hebben + geprezen
raden	to guess	raadde / raadden	hebben + geraden
rijden	to drive	reed / reden	hebben / zijn + gereden
rijzen	to raise	rees / rezen	zijn + gerezen
roepen	to call out	riep / riepen	hebben + geroepen

ruiken	to smell	rook / roken	hebben + geroken
scheiden	to separate	scheidde / scheidden	hebben / zijn + gescheiden
schelden	to swear	schold / scholden	hebben + gescholden
schenden	to violate	schond / schonden	hebben + geschonden
schenken	to pour, to donate	schonk / schonken	hebben + geschonken
scheppen	to create	schiep / schiepen	hebben + geschapen
scheren	to shave	schoor / schoren	hebben + geschoren
schieten	to shoot	schoot / schoten	hebben + geschoten
schijnen	to shine	scheen / schenen	hebben + geschenen
schrijden	to march	schreed / schreden	hebben / zijn + geschreden
schrijven	to write	schreef / schreven	hebben + geschreven
schrikken	to startle	schrok / schrokken	zijn + geschrokken
schuiven	to slide, to shift	schoof / schoven	hebben / zijn + geschoven
slaan	to hit	sloeg / sloegen	hebben + geslagen
slapen	to sleep	sliep / sliepen	hebben + geslapen
slijten	to wear out	sleet / sleten	hebben + gesleten
sluipen	to creep	sloop / slopen	zijn + geslopen
sluiten	to close	sloot / sloten	hebben + gesloten
smelten	to melt	smolt / smolten	hebben / zijn + gesmolten
smijten	to chuck	smeet / smeten	hebben + gesmeten
snuiten	to snort	snoot / snoten	hebben + gesnoten
snuiven	to sniff	snoof / snoven	hebben + gesnoven
spannen	to span	spande / spanden	hebben + gespannen
spijten	to regret	speet / speten	hebben + gespeten
spinnen	to spin (thread)	spon / sponnen	hebben + gesponnen
splijten	to split	spleet / spleten	hebben / zijn + gespleten
spreken	to speak	sprak / spraken	hebben + gesproken
springen	to jump	sprong / sprongen	zijn + gesprongen
spuiten	to spout	spoot / spoten	hebben + gespoten
staan	to stand	stond / stonden	hebben + gestaan
steken	to stick	stak / staken	hebben + gestoken
stelen	to steal	stal / stalen	hebben + gestolen
sterven	to die	stierf / stierven	zijn + gestorven
stijgen	to rise	steeg / stegen	zijn + gestegen
stijven	to stiffen	steef / steven	hebben + gesteven
stinken	to stink	stonk / stonken	hebben + gestonken
stoten	to bump	stootte / stootten	hebben / zijn + gestoten
strijden	to battle against	streed / streden	hebben + gestreden
strijken	to iron	streek / streken	hebben + gestreken
treden	to tread	trad / traden	hebben / zijn + getreden
treffen	to meet, to strike, to hit	trof / troffen	hebben + getroffen
trekken	to pull, to trek	trok / trokken	hebben / zijn + getrokken
vallen	to fall	viel / vielen	zijn + gevallen
vangen	to catch	ving / vingen	hebben + gevangen
varen	to sail	voer / voeren	hebben / zijn + gevaren
vechten	to fight	vocht / vochten	hebben + gevochten
verbieden	to forbid	verbood / verboden	hebben + verboden
verdwijnen	to disappear	verdween / verdwenen	zijn + verdwenen
vergelijken	to compare	vergeleek / vergeleken	hebben + vergeleken
vergeten	to forget	vergat / vergaten	hebben / zijn + vergeten
verkopen	to sell	verkocht / verkochten	hebben + verkocht
verlaten	to leave, to abandon	verliet / verlieten	hebben + verlaten
verliezen	to lose	verloor / verloren	hebben + verloren
verslinden	to devour	verslond / verslonden	hebben + verslonden
verstaan	to understand	verstond / verstonden	hebben + verstaan
vertrekken	to depart	vertrok / vertrokken	zijn + vertrokken
verzinnen	to make up, to devise	verzon / verzonnen	hebben + verzonnen
vinden	to find	vond / vonden	hebben + gevonden
vlechten	to plait	vlocht / vlochten	hebben + gevlochten

vliegen	*to fly*	vloog / vlogen	hebben + gevlogen
vouwen	*to fold*	vouwde / vouwden	hebben + gevouwen
vragen	*to ask*	vroeg / vroegen	hebben + gevraagd
vriezen	*to freeze*	vroor / vroren	hebben / zijn + gevroren
wassen	*to wash*	waste / wasten	hebben + gewassen
wegen	*to weigh*	woog / wogen	hebben + gewogen
werpen	*to throw*	wierp / wierpen	hebben + geworpen
weten	*to know*	wist / wisten	hebben + geweten
weven	*to weave*	weefde / weefden	hebben + geweven
wijken	*subside*	week / weken	zijn + geweken
wijten	*to blame*	weet / weten	hebben + geweten
wijzen	*to point (at)*	wees / wezen	hebben + gewezen
willen	*to want to*	wilde / wilden	hebben + gewild
		wou / wouden	—
winden	*to wind*	wond / wonden	hebben + gewonden
winnen	*to win*	won / wonnen	hebben + gewonnen
worden	*to become*	werd / werden	zijn + geworden
wreken	*to take revenge*	wreekte / wreekten	hebben + gewroken
wrijven	*to rub*	wreef / wreven	hebben + gewreven
wringen	*to wring*	wrong / wrongen	hebben + gewrongen
zeggen	*to say*	zei / zeiden	hebben + gezegd
zenden	*to send*	zond / zonden	hebben + gezonden
zien	*to see*	zag / zagen	hebben + gezien
zijn	*to be*	was / waren	zijn + geweest
zingen	*to sing*	zong / zongen	hebben + gezongen
zinken	*to sink*	zonk / zonken	zijn + gezonken
zitten	*to sit*	zat / zaten	hebben + gezeten
zoeken	*to look for*	zocht / zochten	hebben + gezocht
zuigen	*to suck*	zoog / zogen	hebben + gezogen
zuipen	*to guzzle*	zoop / zopen	hebben + gezopen
zullen	*will*	zou / zouden	—
zwellen	*to swell*	zwol / zwollen	zijn + gezwollen
zwemmen	*to swim*	zwom / zwommen	hebben / zijn + gezwommen
zweren	*to take an oath*	zwoer / zwoeren	hebben + gezworen
zwerven	*to wander*	zwierf / zwierven	hebben / zijn + gezworven
zwijgen	*to be silent*	zweeg / zwegen	hebben + gezwegen

Bijlage 4
Verba met een vaste prepositie

Many verbs and expressions are used in combination with a '**Fixed preposition**' (see Lessons 42 and 43). Some combinations have several meanings depending on the context, and changing the preposition changes the meaning completely, therefore it is important to learn the correct combination (if in doubt, consult a dictionary!). The following list contains many frequently-used verbs with a fixed proposition.

A

aandacht vestigen op	*to call attention to*	–	Hiermee vestigen wij uw aandacht op de volgende wijzigingen in de dienstregeling.
aandringen op	*to urge*	–	In verband met de natuurramp in Azië dringen de Verenigde Naties aan op een financiële bijdrage van alle lidstaten.
aankomen op	*if the situation requires it*	–	Onze manager heeft een goede band met zijn teamleden. Als het erop aankomt, zal hij altijd voor ons opkomen.
(geen) aanleiding geven tot	*to give (no) reason / cause for*	–	Zijn werkprestaties over het afgelopen jaar geven geen aanleiding tot aanmerkingen.
(in) aanmerking komen voor	*to qualify for*	–	Expats uit niet-EU-landen komen in aanmerking voor de 30% belastingregeling. Omdat ik uit een EU-land kom, kom ik daar niet voor in aanmerking.
aanmerkingen maken op	*to find fault with*	–	Mijn manager is nooit tevreden. Hij maakt altijd aanmerkingen op alles wat ik doe, ook al heb ik mijn werk goed gedaan.
(zich) aanpassen aan	*to adjust to*	–	Vind jij dat buitenlanders zich aan de Nederlandse samenleving moeten aanpassen? Natuurlijk moeten wij buitenlanders ons aanpassen. In ons land verwachten wij dat ook van buitenlanders.
aanspraak maken op	*to be entitled to*	–	Kunnen medewerkers bij jullie bedrijf aanspraak maken op een deel van de bedrijfswinst? Nee, wij kunnen er geen aanspraak op maken.
aansprakelijk zijn voor	*to be liable for*	–	(*Bordje bij garderobe*) Wij attenderen u erop dat wij niet aansprakelijk zijn voor verlies of diefstal van uw eigendommen.
(zich) abonneren op	*to subscribe to*	–	Om mijn Nederlands te verbeteren zou ik eigenlijk meer Nederlands moeten lezen. Daarom heb ik me op een Nederlandstalige krant geabonneerd.
afbrengen van	*to dissuade from*	–	Ik was van plan om ontslag te nemen maar mijn manager heeft mij van mijn plan afgebracht.
afgaan op	*to judge by*	–	Je moet niet op iemands uiterlijk afgaan.
afhangen van	*to depend on*	–	Een promotie hangt van je jaarlijkse beoordeling af.
afhankelijk zijn van	*to be dependent on*	–	Teamleden zijn van elkaar afhankelijk.
afhelpen van	*to cure of; to help kick the habit*	–	Ik probeer al jaren met roken te stoppen maar ik heb nog niets gevonden wat mij ervan afhelpt.
afkomen op	*to head towards*	–	Als jij een positieve uitstraling hebt, komen mensen gemakkelijker op je af.
afleiden uit	*to deduce from*	–	Uit het jaarverslag kun je afleiden dat BME een winstgevend bedrijf is.
afleiden van	*to derive from*	–	De woorden 'leraar' en 'leerling' zijn afgeleid van het werkwoord 'leren'.
afstammen van	*to descend from*	–	De namen van de dagen van de week stammen van Oudgermaanse goden af.
akkoord gaan met	*to agree to*	–	Gaat de klant akkoord met mijn voorstel? Ja, zij gaan ermee akkoord.
antwoord geven op	*to give an answer to*	–	De klant heeft nog geen antwoord gegeven op de vragen die ik hem vorige week heb gemaild.

attenderen op	to bring attention to	–	(*In een warenhuis*) Dames en heren, wij attenderen u erop dat wij over 10 minuten gaan sluiten.

B

baat vinden bij	to benefit from	–	Heb jij veel baat bij jouw coachingsessies met mijn mentor? Ja, ik heb er heel veel baat bij.
bang zijn voor	to be afraid of	–	Waar ben jij het meest bang voor? Ik ben vreselijk bang voor slangen. Daar ben ik ook bang voor!
baseren op	to base on	–	Onze aanbevelingen aan de klant zijn altijd gebaseerd op de resultaten in het jaarverslag.
beantwoorden aan	to meet; to fulfil	–	Een jaarverslag moet altijd aan al de vereisten van de IAS beantwoorden.
(zich) bedienen van	to help yourself to	–	Bij de klant mogen wij ons gerust bedienen van koffie en thee.
beginnen aan	to start working on	–	Ben jij al aan het verslag begonnen? Nee, ik ben er nog niet aan begonnen.
beginnen met	to start doing something	–	Wanneer ben jij begonnen met Nederlands leren? Ik ben er drie maanden geleden mee begonnen.
behoefte hebben aan	to have a need for	–	Tegenwoordig is er een grote behoefte aan personeel in de gezondheidszorg en in het onderwijs.
behoren tot	to belong to	–	Het nauwkeurig controleren van de boekhouding van een bedrijf behoort tot één van mijn taken als auditor.
bekend zijn met	to be familiar with	–	Ben jij met de nieuwe regelgeving bekend? Ja, ik ben ermee bekend.
bekend zijn om	to be famous for	–	Amsterdam is bekend om zijn grachten, musea en coffeeshops.
belangstelling hebben voor	to have an interest in	–	Hij heeft geen belangstelling voor voetballen. Ik heb er ook geen belangstelling voor.
(zich) bemoeien met	to stick your nose into	–	Waarom ga jij nu al naar huis? Bemoei je er niet mee!
benieuwd zijn naar	to be curious about	–	Ben jij niet benieuwd naar de uitslag van jouw examen? Natuurlijk ben ik er benieuwd naar.
beschikken over	to have; to dispose of	–	Ik heb naar een hogere functie gesolliciteerd, maar het bedrijf heeft mij de functie niet aangeboden. Waarom niet? Volgens het bedrijf beschik ik niet over de nodige kennis en vaardigheden.
besluiten tot	to make a decision to	–	De directie heeft besloten tot halvering van het personeel.
bestaan uit	to consist of	–	Mijn werk bestaat voornamelijk uit het coördineren van de werkzaamheden van mijn team.
besteden aan	to spend on (time or money)	–	Je moet veel tijd besteden aan het leren van nieuwe woordenschat en grammatica voordat je een vreemde taal beheerst.
bestemd zijn voor	to be intended for	–	Onze bedrijfskantine is uitsluitend bestemd voor medewerkers van BME.
betrekken bij	to involve in	–	Kun jij mij even uitleggen hoe het team tot deze conclusies is gekomen? Nee, dat kan ik niet, want ik was er niet bij betrokken.
beveiligen tegen	to secure against	–	Mijn auto is niet tegen inbraak beveiligd.
bevriend zijn met	to be friends with	–	Ik was al jaren met mijn vrouw bevriend voordat wij verkering kregen.
bewegen tot	to induce to	–	Wat heeft jou ertoe bewogen om naar Nederland te komen?
bezeten zijn van	to be obsessed with	–	Mijn vrouw is bezeten van winkelen. Wat toevallig! Mijn vrouw is er ook van bezeten.
bezig zijn met	to be busy doing something	–	Waar ben jij momenteel op je werk mee bezig? Hoewel het juni is, zijn wij bezig met de jaarafsluiting van onze Amerikaanse klanten.
(zich) bezighouden met	to be occupied with	–	Als manager hou ik me voornamelijk bezig met het coördineren van de werkzaamheden van mijn team.

(in het) bezit zijn van	to be in possession of	–	(*Bordje in trein*) Treinreizigers moeten in het bezit zijn van een geldig vervoerbewijs.
bezorgd zijn over / om	to be concerned about	–	Vooral na de terroristische aanval op de Twin Towers in 2002 is iedereen bezorgd over (om) de veiligheid van de wereld.
bezuinigen op	to cut back on	–	Als de regering moet bezuinigen, bezuinigt zij altijd op de belangrijkste sectoren: de gezondheidszorg en het onderwijs.
bijdragen aan	to contribute to	–	Als een collega jarig is, is het gebruikelijk dat iedereen een paar euro aan het cadeau bijdraagt.
bijdragen tot	to contribute towards	–	Zo vaak mogelijk oefenen draagt bij tot het sneller leren van een vreemde taal.
blij zijn met	to be pleased with	–	De directie is heel blij met de jaaromzet van dit jaar. Ik ben er ook heel blij mee, want dat betekent dat wij dit jaar een bonus krijgen!
blij zijn om	to be pleased about	–	Bedankt voor het lenen van je auto. Je hebt mij echt uit de brand geholpen. Daar ben ik heel blij om.
blijken uit	as shown by	–	Uit het jaarverslag blijkt dat de omzet van dat bedrijf elk jaar met 10% toeneemt.
boos zijn op	to be angry with	–	Waarom kijk je zo boos? Ben jij boos op mij, of zo? Nee, hoor. Ik ben boos op een collega omdat hij zijn werk zo slordig doet, wat meer werk voor mij oplevert!
(zich) boos maken om	to get angry about	–	Ah, ik kan mij zo boos maken om mensen die hun werk niet goed doen! Daar moet je je niet boos om maken; dat is zonde van je energie, want jij kunt er toch niets aan veranderen!

C

commentaar geven op	to comment on	–	Een kwartaalverslag geeft commentaar op de bedrijfsresultaten over een bepaalde periode.
condoleren met	to offer condolences on	–	Gecondoleerd met het overlijden van je grootmoeder!
concluderen uit	to deduce from	–	Uit het jaarverslag kun je concluderen dat BME een winstgevend bedrijf is.

D

danken voor	to thank for	–	Mag ik jullie danken voor jullie inspanningen tijdens de afgelopen periode? Zonder jullie inzet was het ons namelijk nooit gelukt om het project op tijd af te krijgen!
deelnemen aan	to participate in	–	Mijn werkgever kan mij er niet toe dwingen om deel te nemen aan het accountantsexamen, maar als ik er niet aan deelneem, kan ik nooit een geregistreerde accountant worden.
delen door	to divide by	–	Twaalf gedeeld door drie is vier.
denken aan	to not forget	–	Denk je eraan om hem vóór 17.00 uur terug te bellen? Is goed. Ik zal eraan denken.
denken om	to beware of	–	Pas op! Denk om het afstapje!
denken over	to think about	–	Denk er nog eens goed over vóór dat je die nieuwe functie aanneemt, anders krijg je later spijt.
dienen tot	to serve as	–	Waartoe dient dit apparaatje? Het is om nietjes mee te verwijderen.
doen aan	to do about	–	Wat kunnen wij eraan doen? Helaas valt er niets aan te doen!
dol zijn op	to be crazy about	–	Zijn alle Nederlanders dol op haring? Natuurlijk zijn niet alle Nederlanders er dol op, maar de meeste wel.
dwingen tot	to force to do	–	Mijn werkgever kan mij er niet toe dwingen om deel te nemen aan het accountantsexamen, maar als ik er niet aan deelneem, kan ik nooit een geregistreerde accountant worden.

E

(het) eens zijn met	*to agree with*	– Natuurlijk is de klant het niet altijd met ons eens, maar de klant is koning, dus ...
eindigen met	*to finish with*	– Een jaarverslag eindigt meestal met aanbevelingen.
eindigen op	*to finish on*	– Voor de meeste bedrijven eindigt het financiële jaar op 31 december.
(zich) ergeren aan	*to get annoyed by*	– Ik erger me aan mensen die in de trein mobiel bellen.
ervaring hebben in	*to have experience in*	– Ik heb niet zoveel ervaring in dat onderdeel van accounting, omdat ik me er niet mee bezig hou. Daar hebben wij specialisten voor.

F

feliciteren met	*to congratulate on*	– Gefeliciteerd met je verjaardag! Gefeliciteerd met je promotie!

G

gebrek hebben aan	*to have a lack of*	– Momenteel hebben wij gebrek aan meertalig personeel.
gebruik maken van	*to make use of*	– Mag ik even gebruik maken van uw telefoon?
gebukt gaan onder	*to be burdened by*	– Veel Noord-Europese bedrijven gaan gebukt onder hoge loonkosten.
gediend zijn van	*to not appreciate something*	– Van mensen die geen respect voor anderen tonen ben ik niet gediend. Daar ben ik ook niet van gediend.
geïnteresseerd zijn in	*to be interested in*	– Ik ben heel erg geïnteresseerd in interculturele zakendoen. O ja? Daar ben ik ook in geïnteresseerd.
gek zijn op	*to crazy about*	– Zijn alle Nederlanders gek op haring? Natuurlijk zijn niet alle Nederlanders er gek op, maar de meeste wel.
geloven in	*to believe in*	– Geloof jij in astrologie? Ben jij gek? Ik geloof er helemaal niet in!
gelukkig zijn met	*to be happy with*	– Wij zijn heel gelukkig met onze manager. Zij is veeleisend maar wel redelijk.
genieten van	*to enjoy*	– En, hoe was je zomervakantie? Heb jij van Italië genoten? Ja, ik heb er enorm van genoten!
geschikt zijn voor	*to be suitable for*	– Ik vind mijn manager een ontzettend aardige man, maar hij is niet geschikt voor zijn functie.
gewend zijn aan	*to be used to*	– In de drukke periodes gedurende het jaar ben ik eraan gewend om vaak over te werken.
goed zijn in	*to be good at*	– Sorry, maar ik ben niet zo goed in namen onthouden. Hoe was jouw naam ook al weer?
grenzen aan	*to border on*	– Nederland grenst aan twee landen: Duitsland en België.

H

haaks staan op	*to form a sharp contrast with*	– Onze bevindingen staan haaks op die van de klant.
handig zijn in	*to be clever at*	– Mijn manager is erg handig in het helder formuleren van wat de partner van ons verwacht.
hebben aan	*to find useful*	– Ik heb veel aan mijn coachingsessies met mijn mentor.
hechten aan	*to attach to*	– Onze manager hecht veel belang aan het halen van deadlines.
(een) hekel hebben aan	*to hate something*	– Ik heb een hekel aan rapporten schrijven. Daar heb ik ook een hekel aan!
herinneren aan	*to remind of; to remind to*	– Herinner je me eraan dat ik vóór vrijdag de klant moet terugbellen? Als ik het zelf niet vergeet, zal ik je eraan herinneren.
het hebben over	*to talk about*	– Waar gaan wij het tijdens het teamoverleg over hebben? Over de vorderingen van alle huidige projecten.
(op de) hoogte zijn van	*to be aware of; to be up-to-date on*	– Ben jij ervan op de hoogte dat we morgen een vergadering hebben?

hopen op	to hope for	–	Nee, daar was ik niet van op de hoogte. Laten wij hopen op een jaareinde zonder al te veel problemen!
houden van	to love (something / somebody)	–	Ik hou niet van vroeg opstaan. Ik hou er ook niet van!
(zich) houden aan	to stick to; to adhere to	–	Fietsers die zich niet aan de verkeersregels houden, lopen het risico een boete van de politie te krijgen.

I

(onder de) indruk zijn van	to be impressed by	–	Ik ben erg onder de indruk van de professionele houding van mijn collega's. Daar ben ik ook van onder de indruk!
informeren naar	to make inquiries about	–	Ik bel om naar uw beschikbaarheid te informeren zodat wij voor volgende week een vergadering kunnen plannen.
ingaan op	to look more closely at	–	(*Tijdens en vergadering*) Aangezien wij niet zoveel tijd over hebben, wil ik niet al te lang ingaan op de inhoud van het verslag.
instaan voor	to guarantee the correctness of	–	Door een taak af te tekenen, staat een partner in voor de correctheid van alle gegevens in het jaarverslag.
interesse hebben in	to be interested in	–	Heb jij interesse in een tweedehands laptop? Dat hangt ervan af! Voor hoeveel wil je hem verkopen?
invloed hebben op	to have an influence on	–	De economie heeft een grote invloed op de omzet van een bedrijf.

J

jaloers zijn op	to be jealous of	–	Ik ben niet jaloers op de promotie van mijn collega. Hij heeft het verdiend.

K

kampen met	to contend with	–	Onze afdeling kampt momenteel met een personeelstekort.
kans maken op	to stand a chance for	–	Volgens mijn manager maak ik kans op een promotie omdat ik dit jaar heel hard heb gewerkt.
kiezen voor	to choose to	–	Ik heb ervoor gekozen om voorlopig in Nederland te blijven.
kijken naar	to look at; to watch	–	Waar kijk jij naar? Ik kijk naar een interessant programma op tv.
kijk hebben op	to have an understanding of	–	Een ervaren zakenman heeft een goede kijk op de ontwikkelingen in de maatschappij die van invloed zijn op de economie.
klaar zijn met	to be finished with	–	Ben jij klaar met deze map? Nee, ik ben er nog niet mee klaar.
klagen over	to complain about	–	In plaats van over jouw collega te klagen, misschien moet jij er met hem onder vier ogen over praten.
komen erbij	(only used in:) What gives you that idea?	–	Ben jij kwaad op mij? Nee, hoor. Hoe kom je erbij?
komen uit	to come from	–	Waar kom jij vandaan? Ik kom uit Australië.
komen uit	to solve	–	En, kom jij eruit? Nee, ik heb de cijfers al vier keer gecontroleerd, maar ik zie nog steeds niet waar de fout zit. Ik kom er gewoon niet uit!
kritiek hebben op	to criticize	–	Hij is nooit tevreden over mijn werk. Hij heeft altijd kritiek op alles wat ik doe.
kunnen tegen	to stand; to tolerate	–	Ik kan er niet tegen als mensen oneerlijk zijn. Daar kan ik ook niet tegen!
kwaad zijn op	to be angry with	–	Ben jij kwaad op mij? Nee, hoor. Hoe kom je erbij?

L

lachen om	to laugh at	–	Waar lach je om? Ik lach om een grap die ik net heb gehoord.

Dutch	English	Example
(zich) lenen voor	to be suitable for	– Dit gebouw leent zich niet voor gebruik als woonruimte.
leuk vinden aan	to like about	– Wat vind jij leuk aan jouw werk? – Er zijn veel aspecten die ik aan mijn werk leuk vind, bijvoorbeeld ...
liggen aan	to be due to	– Dat wij het rapport niet op tijd hebben afgekregen, ligt niet aan mij. Het ligt aan het tekort aan personeel.
lijden aan	to suffer from (disease)	– Hij lijdt aan een ernstige ziekte.
lijden onder	to suffer from (situation)	– In de jaren 80 leed Nederland onder een ernstige recessie.
lijken op	to look like; to resemble	– Het project is nog lang niet af. Het lijkt er nu al op dat wij de komende weken veel zullen moeten overwerken.
luisteren naar	to listen to	– Waar luister jij het liefst naar: popmuziek of klassiek? – Dat hangt van mijn stemming af.

M

Dutch	English	Example
mankeren aan	to not be in order; to be wrong with	– Is hun boekhouding in orde? – Integendeel. Er mankeert nogal wat aan.
moeite doen voor	to go the trouble to	– Je moet er veel moeite voor doen om een vreemde taal te leren, maar het is uiteindelijk wel de moeite waard.
moeite hebben met	to have problems with	– Ik heb veel moeite met het leren van de regelmatige werkwoorden. – O ja? Daar heb ik geen moeite mee! Je moet er alleen wat moeite voor doen om ze van buiten te leren.

N

Dutch	English	Example
neerkomen op	to boil down to; the bottom line is	– Wat heeft onze manager gezegd? – Het komt erop neer dat het jaarverslag vóór vrijdag klaar moet zijn!
(zich) neerleggen bij	to accept	– Helaas legt de klant zich niet altijd neer bij onze aanbevelingen.
nieuwsgierig zijn naar	to be curious about	– Ik ben erg nieuwsgierig naar de uitslag van de parlementsverkiezingen. – Ik ben daar ook erg nieuwsgierig naar.
nodig zijn voor	to be necessary for	– Voor een goed werkklimaat zijn duidelijke afspraken met het management nodig.
noodzaken tot	to force to	– Een slechte economie noodzaakt veel bedrijven tot bezuinigingen.

O

Dutch	English	Example
omrekenen in	to convert into (currency)	– De euro in dollars omrekenen is niet moeilijk, vooral als je een rekenmachine hebt!
omzetten in	to change into	– Waarom heeft hij zijn zaak in een BV omgezet? – Om belastingtechnische redenen!
onderhevig aan	to be subject to	– Internationale bedrijven die zich in Nederland vestigen, zijn onderhevig aan de Nederlandse belastingwetgeving.
onderworpen aan	to be subject to	– Expats die hun salaris uit het buitenland ontvangen, zijn niet onderworpen aan de Nederlandse belastingwetgeving.
ongerust zijn over	to be concerned about	– Mijn collega is al vijf weken ziek. Ik ben erg ongerust over haar.
ontbreken aan	to be lacking	– Ik heb niet alles tot in de puntjes uitgewerkt, omdat het mij aan tijd ontbrak. Maar het is me wel gelukt om de grote lijnen van het rapport op papier te zetten.
(zich) ontfermen over	to take care of; to look after	– Een goede manager ontfermt zich over zijn nieuwe collega's totdat zij zelfstandig kunnen werken.
ontkomen aan	to evade	– Het bedrijf is niet aan de belastingdienst ontkomen. Uiteindelijk is het aangeklaagd voor belastingontduiking.
ontsnappen aan	to escape	– Die rekenfout is aan mijn aandacht ontsnapt.
(zich) onttrekken aan	to back out of	– Een CAO zorgt ervoor dat een bedrijf zich niet aan zijn

			verplichtingen onttrekt ten opzichte van zijn personeel.
onverschillig zijn voor	*indifferent to*	–	Hij is erg onverschillig voor kritiek van mensen die hij niet kent.
opdraaien voor	*to take responsibility for;* *to be stuck with*	–	Uiteindelijk draait de partner op voor de fouten in de verslaggeving.
(zich) opdringen aan	*to impose on*	–	Mijn collega probeert altijd zijn mening aan mij op te dringen, wat ik erg vervelend vind.
opgewassen zijn tegen	*to be able to deal with;* *to cope with*	–	Hij is niet tegen zo'n werkdruk opgewassen.
ophouden met	*to stop ... -ing*	–	In Nederland houden de meeste werknemers op hun 65ste op met werken.
opkomen voor	*to defend*	–	Onze manager heeft een goede band met zijn teamleden. Als het erop aankomt, zal hij voor ons opkomen.
opmaken uit	*to conclude from*	–	Uit jouw geboekte resultaten kun je opmaken dat je niet hard genoeg werkt.
opnemen voor	*to defend*	–	De Senior Manager was boos dat het werk niet af was, maar onze manager heeft het voor ons opgenomen.
oppassen voor	*to watch out for;* *to beware of*	–	(*Waarschuwing op het station*) Pas op voor zakkenrollers in de trein en op het station!
opwegen tegen	*to offset*	–	De voordelen wegen niet op tegen de nadelen.
opzien tegen	*to dread;* *to not look forward to*	–	Het begin van het jaar is een periode waar alle auditoren tegenop zien. Het is de drukste periode van het jaar en er wordt veel overgewerkt.
overeenkomen met	*to agree with*	–	Tijdens de vergadering zijn de deelnemers met elkaar overeengekomen dat de communicatie tussen bedrijf en klant efficiënter moet worden.
overgaan op	*to switch over to*	–	Omdat het bedrijf op een nieuw systeem overgaat, kunnen wij morgen niet op de computer werken.
overgaan tot	*to move on to*	–	(*tijdens vergadering*) Voordat wij tot het volgende punt op de agenda overgaan, zijn er nog vragen?
overleggen met	*to confer with*	–	Als ik tijdens mijn werk problemen tegenkom, overleg ik altijd eerst met mijn manager voordat ik verder ga.
overlijden aan	*to die of*	–	Hij is aan kanker overleden.
overschakelen naar	*to switch to*	–	Sommige collega's zijn zo gewend aan het Engels dat zij automatisch overschakelen van het Nederlands naar het Engels zodra een expat de kamer binnenkomt.
overtuigd zijn van	*to be convinced about*	–	Ik ben niet overtuigd van het nut van zoveel vergaderingen.
P			
passen bij	*to go with (style);* *to suit*	–	Hoewel mijn ouders elkaars tegenpolen zijn, passen zij goed bij elkaar.
passen op	*to look after*	–	Ik moet heel even naar de WC. Kun jij eventjes op mijn spullen passen?
plezier hebben in	*to take pleasure in;* *to enjoy*	–	Ik heb veel plezier in mijn werk.
plezier hebben van	*to make good use of;* *to get enjoyment from*	–	Ik heb veel plezier van mijn nieuwe auto.
(een) poging doen om	*to attempt to*	–	Sinds gisteren heb ik meerdere keren een poging gedaan om haar telefonisch te pakken te krijgen, maar tevergeefs.
praten over	*to talk about*	–	Tijdens het overleg hebben wij gepraat over de behoefte aan het standaardiseren van de huidige werkprocedures.
profiteren van	*to benefit from*	–	Goede werknemers moet je koesteren om van ze te kunnen profiteren. Met andere woorden, als zij niet gelukkig zijn, presteren zij niet optimaal.
R			
raden naar	*to guess at*	–	Je kunt naar mijn leeftijd raden totdat je een ons weegt, maar ik

			vertel het je mooi niet!
reageren op	to react to; to respond to	–	Mijn excuses dat ik zo laat op jouw e-mail reageer, maar ik heb het de laatste tijd heel erg druk gehad.
recht hebben op	to have the right to	–	Volgens de CAO hebben alle werknemers recht op minimaal 30 minuten lunchpauze.
(zich) redden in	to get by in	–	Dankzij deze cursus, kan ik me nu prima redden in het Nederlands.
rekenen op	to count on	–	Kan ik erop rekenen dat jij het verslag op tijd inlevert? Ja, daar kun jij absoluut op rekenen.
rekening houden met	to take into account	–	Bij het toepassen van de IAS moet je rekening houden met de nationale wetgeving.
(zich) richten tot	to turn to	–	Voor meer informatie kunt u zich richten tot de afdeling Personeelszaken.
rijk zijn aan	to be rich in	–	Het Midden-Oosten is rijk aan olie.
(een) rol spelen in	to play a role in	–	Het Internet speelt een steeds belangrijkere rol in ons dagelijks leven.
rondkomen met	to get by on	–	Met mijn salaris kan ik net rondkomen.
ruiken naar	to smell of	–	Waar ruikt gezouten drop naar? Dat is moeilijk te zeggen. Gezouten drop heeft namelijk een heel aparte smaak!

S

(zich) schamen over	to be ashamed about	–	Ik schaam me over mijn gedrag op het kerstfeest van vorig jaar, daarom ga ik dit jaar geen alcohol drinken.
(zich) schamen voor	to be ashamed of	–	Ik schaam me voor mijn verslag dat vol fouten zit.
schelen in	to differ from (to be cheaper)	–	Een occasion leaseauto en een nieuwe auto schelen nogal in prijs.
schrikken van	to be startled by	–	Toen ik net in Nederland woonde, schrok ik ervan hoe duur alles was.
slaan op	to relate to	–	Waar slaat die opmerking van hem nou op?
slagen in	to succeed	–	Wij zijn er niet in geslaagd om het rapport op tijd af te krijgen.
slecht zijn in	to be bad at	–	Ik ben erg slecht in namen onthouden.
smaken naar	to taste of	–	Waar smaakt gezouten drop naar? Naar zout!
snakken naar	to die for (something)	–	Ik snak naar een kopje koffie!
solliciteren naar	to apply for	–	Ik ga naar een nieuwe baan solliciteren.
(zich) specialiseren in	to specialize in	–	Een auditor specialiseert zich eerst in de boekhoudstandaard van zijn eigen land voordat hij zich in de boekhoudstandaard van een ander land specialiseert.
spijt hebben van	to regret	–	Heb je er spijt van dat je naar Nederland bent gekomen? Nee, ik heb er helemaal geen spijt van.
spreken over	to talk about	–	Tijdens het overleg hebben wij gesproken over de behoefte om de huidige werkprocedures te standaardiseren.
(in) staat zijn tot	to be able to; to be capable of	–	Waarom heb je die opdracht nou nog steeds niet af? Ik ben er niet toe in staat, de werkdruk is momenteel echt te hoog.
staren naar	to stare at	–	Waarom zit je zo naar het computerscherm te staren? Ik staar er niet naar ... ik ben goed aan het nadenken over wat ik wil gaan schrijven!
stemmen op	to vote for	–	Op welke partij ga jij stemmen? Ik weet nog niet op wie ik ga stemmen.
sterven aan	to die of	–	Hij is aan kanker gestorven.
steunen op	to lean on; to rely on	–	Mijn zus steunt nog steeds heel veel op onze ouders.
stoppen met	to stop + ...-ing	–	Wanneer ben jij gestopt met roken? Ik ben er drie jaar geleden mee gestopt.
(zich) storten op	to throw oneself into	–	Nadat hij het met zijn vriendin uitmaakte, heeft hij zich op zijn werk gestort.

streven naar	to strive for	–	De Europese Unie streeft naar een welvarender Europa.
(in) strijd zijn met	to be contrary to	–	Frauderen is in strijd met de Nederlandse wet.

T

teleurgesteld zijn over	to be disappointed about	–	Ik ben heel teleurgesteld over mijn laatste functioneringsgesprek.
terugkomen op	to come back to	–	Ik kan jouw vraag nu niet beantwoorden maar ik kom er later op terug.
terugkomen van	to change your decision / mind	–	In eerste instantie vond ik het een goed idee, maar nadat ik er goed over had nagedacht, ben ik ervan teruggekomen.
tevreden zijn met	to be satisfied with (what you have)	–	Ik ben zeer tevreden met mijn salaris.
tevreden zijn over	to be satisfied with (the result of)	–	Ik ben zeer tevreden over mijn laatste functioneringsgesprek.
thuis zijn in	to be familiar with; to be well-versed in	–	Ik ben goed thuis in de boekhoudstandaard van mijn eigen land, maar in de Nederlandse boekhoudstandaard ben ik nog niet goed thuis.
toekomen aan	to get around to + ...-ing	–	Heb jij de klant al teruggebeld? Nee, ik ben er nog niet aan toegekomen.
toelaten tot	to be admitted to	–	In Nederland word je pas toegelaten tot een universiteit als je in het bezit bent van een vwo-diploma.
(zich) toeleggen op	to apply oneself to; to specialize in	–	Zodra mijn Nederlands goed genoeg is, wil ik me op de Nederlandse boekhoudstandaard gaan toeleggen.
toevoegen aan	to add to	–	(*In een vergadering*) Voordat wij beginnen: heeft iemand iets aan de agenda toe te voegen?'
toezien op	to supervise; to see to it that ...	–	Een manager ziet erop toe dat alle werkzaamheden correct worden uitgevoerd.
trakteren op	to treat to	–	Als je jarig bent, is het in Nederland gebruikelijk dat de jarige zijn of haar collega's op gebak trakteert.
trek hebben in	to feel like (eating)	–	Waar heb jij vanavond trek in? Ik heb trek in Italiaans.
trots zijn op	to be proud of	–	Zo te horen, gaat het heel goed met je Nederlands. Dank je. Ik moet er wel veel moeite voor doen, maar ik ben er hartstikke trots op.
trouw zijn aan	to be loyal to	–	Als een bedrijf zijn personeel goed behandelt, dan blijft het personeel trouw aan het bedrijf.
trouwen met	to be married to	–	Mijn Engelse manager is met een Nederlandse getrouwd.
twijfelen aan	to doubt; to question	–	Omdat de manager aan de juisomethingeid van het rapport twijfelde, heeft hij het project niet afgetekend.

U

uitbarsten in	to burst out in	–	Tijdens de vergadering barstte zij plotseling in lachen uit.
uitgaan van	to assume; to go by; to start	–	Ik ga ervan uit dat het rapport op tijd afkomt.
uitkijken naar	to look forward to	–	En, kijk jij naar de zomervakantie uit? Ja, ik kijk er ontzettend naar uit.
uitkijken op	to look out over	–	Ons kantoor kijkt op het Stationsplein uit.
uitkijken voor	to watch out for	–	Auto's moeten voortdurend voor fietsers uitkijken.
uitkomen op	to lead to	–	Deze straat komt op het Stationsplein uit.
uitmaken met	to break up with	–	Nadat hij het met zijn vriendin uitmaakte, heeft hij zich op zijn werk gestort.
uitzien naar	to look forward to	–	Ik zie erg naar mijn vakantie in Italië uit.

V

vatbaar zijn voor	to be open to	–	Onze huidige werkprocedures zijn zeker voor verbetering

			vatbaar. Alles moet efficiënter en transparanter.
verantwoordelijk zijn voor	to be responsible for	–	Een manager is verantwoordelijk voor de resultaten van zijn team.
verdenken van	to suspect of	–	De directeur wordt van fraude verdacht.
(zich) verdiepen in	to study at depth	–	Tijdens de vergadering wist ik op veel vragen geen antwoord, omdat ik me niet in de materie had verdiept.
vergelijken met	to compare with / to	–	Vergeleken met Chinees, Fins en Swahili, is het Nederlands een erg gemakkelijke taal.
(zich) vergissen in	to be mistaken	–	Toen ik net in Nederland woonde, dacht ik dat het me weinig tijd zou kosten om me aan een andere cultuur aan te passen. Maar daar heb ik me in vergist.
(zich) verheugen op	to look forward to	–	Ik verheug me enorm op het kerstgala.
(zich) verhouden tot	to relate to	–	Hoe verhoudt dat aantal zich tot het totaal?
(zich) verkijken op	to misjudge; to misread	–	Aanvankelijk dacht ik dat die afwijkingen niet zo problematisch zouden zijn, maar later ontdekte ik dat ik me daarop had verkeken.
verlangen naar	to yearn for	–	Ook al woon ik al vijftien jaar in Nederland, ik verlang nog steeds naar mijn vaderland. Maar dat hebben alle buitenlanders. Dat is heel normaal.
verlegen zitten om	to be in need of	–	We zitten erg verlegen om hulp van andere afdelingen.
verliefd zijn op	to be in love with	–	Mijn secretaresse is steeds verliefd op een andere collega.
veroordelen tot	to be convicted to	–	De directeur is tot drie jaar gevangenisstraf veroordeeld wegens fraude.
verontrust zijn over	to be concerned about	–	Na een negatieve functioneringsbeoordeling was hij erg verontrust over zijn toekomst bij het bedrijf.
verschillen van	to differ from	–	De werkprocedures bij ons op kantoor verschillen niet veel van die bij mijn vorige werkgever.
verslaafd zijn aan	to be addicted to	–	Waarom stopt zij niet met roken? Zij kan het niet. Zij is eraan verslaafd.
verstaan onder	to understand by	–	Hij verstaat iets anders onder 'trouw' dan zijn vriendin.
verstand hebben van	to know something about	–	Ik heb wat problemen met mijn computer. Heb jij een beetje verstand van computers? Nee, sorry. Ik heb er helemaal geen verstand van.
versteld staan van	to be dumbfounded by	–	Tijdens het overleg vertelde onze manager dat hij ontslag had genomen. Wij stonden er allemaal van versteld!
vertellen over	to tell about	–	Voordat wij op maandagochtend aan het werk gaan, drinken wij eerst een kopje koffie samen en vertellen wij elkaar over het afgelopen weekend.
vertrouwen op	to trust; to rely on	–	Ik vertrouw altijd op mijn intuïtie.
vertrouwen stellen in	to put trust in	–	Een manager moet vertrouwen in zijn team stellen.
vervreemden van	to estrange from	–	Hij woont al zo lang in het buitenland dat hij helemaal van zijn eigen cultuur vervreemd is.
verwant zijn aan	to be related to	–	Het Nederlands en het Engels zijn sterk aan elkaar verwant.
verwijzen naar	to refer to	–	(In een brief) Voor meer informatie verwijzen wij u naar de onderstaande website.
verzoeken om	to request	–	(In een brief) U wordt verzocht het bijgaande formulier in te vullen en te ondertekenen, en vervolgens naar ons terug te sturen.
(zich) verzoenen met	to resign oneself to	–	Hij heeft zich verzoend met de wetenschap dat hij nooit partner van BME zal worden.
vinden aan	to find about	–	Wat vind jij interessant aan jouw werk? Wat ik bijzonder interessant aan mijn werk vind, is het feit dat ik voor elk project in een ander team werk. Dat biedt mij de nodige afwisseling.
voelen voor	to be keen about	–	Wat vind jij van zijn voorstel om altijd in hetzelfde team te werken?

		–	Ik voel er niets voor.
voldoen aan	to comply with	–	De inhoud van een jaarverslag moet voldoen aan de Nederlandse verslaggevingregels.
voorafgaan aan	to precede	–	Om het probleem te begrijpen, moet je weten wat eraan voorafgegaan is.
(zich) voorbereiden op	to prepare for	–	Je moet je goed voorbereiden op een bespreking van het financieel jaarverslag met de klant anders kun je hun vragen niet beantwoorden en dat komt onprofessioneel over.
(de) voorkeur geven aan	to prefer	–	Als ik zou mogen kiezen tussen werken op het hoofdkantoor of op een kleiner kantoor, dan geef ik de voorkeur aan een kleiner kantoor.
(een) voorsprong hebben op	to have a head start over	–	Omdat het Nederlands en het Duits nauw verwant zijn, hebben Duitstaligen die Nederlands willen leren een grote voorsprong op andere expats.
voortkomen uit	to produce	–	Er zijn veel positieve dingen voortgekomen uit het teamoverleg.
voortvloeien uit	to result in / from	–	De klant heeft de uit het jaarverslag voortvloeiende aanbevelingen genegeerd.
vooruitlopen op	to run ahead of; to prejudge	–	Je moet niet op de zaken vooruitlopen.
voorzien in	to fulfil; to provide for	–	Onze nieuwe producten voorzien onze klanten in een grote behoefte.
voorzien van	to equip with; to install with	–	Mijn appartement is van alle moderne apparatuur voorzien.
vragen naar	to ask after (to want to see / speak to)	–	Heeft er nog iemand naar mij gevraagd terwijl ik weg was? Ja, iemand van TPG heeft naar je gevraagd. Hij belt je over een uur terug.
vragen om	to ask for	–	Als jij zo ongezond blijft leven, dan vraag je om lichamelijke klachten.
vrijstellen van	to exempt from	–	Expats die hun salaris vanuit het buitenland ontvangen, zijn vrijgesteld van het betalen van belasting in Nederland.

W

waarschuwen voor	to warn about	–	Op de vooravond van landelijke vakantieperiodes waarschuwt het verkeersbericht altijd voor zeer lange files.
wachten op	to wait for	–	Ik wacht nog steeds op ontbrekende cijfers van de klant. Pas als ik ze heb, kan ik het jaarverslag afmaken.
wemelen van	to be swarming with (to be full of)	–	Het verslag wemelt van de fouten.
(zich) wenden tot	to turn to	–	(In een brief) Voor vragen kunt u zich wenden tot onze Hulpdesk op het onderstaande telefoonnummer.
wennen aan	to be used to	–	Hij is nog niet gewend aan de nieuwe werkprocedures.
werken aan	to work on	–	Ik werk momenteel aan een grootschalig project.
weten van	to know of / about	–	Weet jij dat hij vanaf morgen vijf weken met vakantie gaat? Nee, ik weet daar niets van.
wijten aan	to be caused by	–	Dat het verslag wemelt van de fouten, is te wijten aan de onjuiste informatie die de klant heeft aangeleverd.
wijzen naar	to point to / at	–	Toen ik hem vroeg hoe laat het was, wees hij met zijn vinger naar de klok aan de muur.
wijzen op	to point out	–	Van mijn manager leer ik heel veel. Zij wijst mij op mijn fouten zodat ik weet dat het de volgende keer anders moet.
worstelen met	to struggle with	–	Het bedrijf worstelt al twee jaar met een personeelstekort.

Z

zeggen over	to say about	–	Heeft onze manager tegen jou iets over zijn vakantie gezegd? Nee, tegen mij heeft hij er niets over gezegd.
zeker zijn van	to be sure about	–	Ben jij er zeker van dat deze cijfers kloppen? Ja, daar ben ik 100% zeker van.

zin hebben in	*to feel like; to look forward to*	–	En, heb jij zin in de vakantie? Ja, ik heb er heel veel zin in.
zitten op	*to work on*	–	Momenteel zit ik op 5 verschillende projecten.
op zoek zijn naar	*to be looking for*	–	Zoek jij iemand? Ja, ik ben op zoek naar mijn manager.
zorgen voor	*to take care of*	–	Zo, dat wordt vanavond weer overwerken. Als jij voor de pizza zorgt, zorg ik voor de koffie.

Bijlage 5
Landen, talen, nationaliteiten

The following list provides information relating to continents and countries of the world. The English names in the left-hand column are arranged in alphabetical order.

Country (in English)	Dutch translation	Capital	Adjective	Male	Female
Afghanistan	**Afghanistan**	Kaboel	Afghaans	Afghaan	Afghaanse
Africa	**Afrika**	—	Afrikaans	Afrikaan	Afrikaanse
Albania	**Albanië**	Tirana	Albanees	Albanees	Albanese
Algeria	**Algerije**	Algiers	Algerijns	Algerijn	Algerijnse
America (USA)	**Amerika (VS)**	Washington DC	Amerikaans	Amerikaan	Amerikaanse
Angola	**Angola**	Luanda	Angolees	Angolees	Angolese
Argentina	**Argentinië**	Buenos Aires	Argentijns	Argentijn	Argentijnse
Armenia	**Armenië**	Jerevan	Armeens	Armeniër	Armeense
Aruba	**Aruba**	Oranjestad	Arubaans	Arubaan	Arubaanse
Asia	**Azië**	—	Aziatisch	Aziaat	Aziatische
Australia	**Australië**	Canberra	Australisch	Australiër	Australische
Austria	**Oostenrijk**	Wenen	Oostenrijks	Oostenrijker	Oostenrijkse
Asia	**Azië**	—	Aziatisch	Aziaat	Aziatische
Bangladesh	**Bangladesh**	Dhaka	Bengaals	Bengalees	Bengalese
Belgium	**België**	Brussel	Belgisch	Belg	Belgische
– Flanders	**Vlaanderen**	Antwerpen	Vlaams	Vlaming	Vlaamse
– Wallonia	**Wallonië**	Charleroi	Waals	Waal	Waalse
Bolivia	**Bolivia**	La Paz	Boliviaans	Boliviaan	Boliviaanse
Bosnia–Herzegovina	**Bosnië–Herzegovina**	Sarajevo	Bosnisch	Bosniër	Bosnische
Brazil	**Brazilië**	Brasilia	Braziliaans	Braziliaan	Braziliaanse
Bulgaria	**Bulgarije**	Sofia	Bulgaars	Bulgaar	Bulgaarse
Cambodia	**Cambodja**	Phnom Penh	Cambodjaans	Cambodjaan	Cambodjaanse
Canada	**Canada**	Ottawa	Canadees	Canadees	Canadese
Central America	**Midden-Amerika**	—	Midden-Amerikaans	Midden-Amerikaan	Midden-Amerikaanse
Chile	**Chili**	Santiago	Chileens	Chileen	Chileense
China	**China**	Beijing	Chinees	Chinees	Chinese
Columbia	**Colombia**	Bogotá	Colombiaans	Colombiaan	Colombiaanse
Croatia	**Kroatië**	Zagreb	Kroatisch	Kroaat	Kroatische
Curaçao	**Curaçao**	Willemstad	Curaçaos	Curaçaoënaar	Curaçaose
Cyprus	**Cyprus**	Nicosia	Cypriotisch	Cyprioot	Cypriotische
Czech Rep.	**Tsjechië**	Praag	Tsjechisch	Tsjech	Tsjechische
Denmark	**Denemarken**	Kopenhagen	Deens	Deen	Deense
Dominican Republic	**Dominicaanse Republiek**	Santo Domingo	Dominicaans	Dominicaan	Dominicaanse
Dutch Antilles	**Nederlandse Antillen**	Willemstad	Antilliaans	Antilliaan	Antilliaanse
Ecuador	**Ecuador**	Quito	Ecuadoraans	Ecuadoraan	Ecuadoraanse
Egypt	**Egypte**	Caïro	Egyptisch	Egyptenaar	Egyptische
El Salvador	**El Salvador**	San Salvador	Salvadoraans	Salvadoraan	Salvadoraanse
England	**Engeland**	Londen	Engels	Engelsman	Engelse
Estonia	**Estland**	Tallinn	Estlands	Estlander	Estlandse
Ethiopia	**Ethiopië**	Addis Abeba	Ethiopisch	Ethiopiër	Ethiopische
Europe	**Europa**	Brussel (EU)	Europees	Europeaan	Europese
Finland	**Finland**	Helsinki	Fins	Fin	Finse
France	**Frankrijk**	Parijs	Frans	Fransman	Française
Germany	**Duitsland**	Berlijn	Duits	Duitser	Duitse
Ghana	**Ghana**	Accra	Ghanees	Ghanees	Ghanese
Great Britain	**Groot-Brittannië**	—	Brits	Brit	Britse
Greece	**Griekenland**	Athene	Grieks	Griek	Griekse
Greenland	**Groenland**	Nuuk	Groenlands	Groenlander	Groenlandse
Guatemala	**Guatemala**	Guatemala	Guatemalaans	Guatemalaan	Guatemalaanse

Guinea	**Guinee**	Conakry	Guinees	Guinees	Guinese
Hungary	**Hongarije**	Boedapest	Hongaars	Hongaar	Hongaarse
Iceland	**IJsland**	Reykjavik	IJslands	IJslander	IJslandse
India	**India**	New Delhi	Indiaas	Indiër	Indiase
Indonesia	**Indonesië**	Jakarta	Indonesisch	Indonesiër	Indonesische
Iran	**Iran**	Teheran	Iraans	Iraniër	Iraanse
Iraq	**Irak**	Bagdad	Irakees	Irakees	Irakese
Ireland	**Ierland**	Dublin	Iers	Ier	Ierse
Israel	**Israël**	Jeruzalem	Israëlisch	Israëliërs	Israëlische
Italy	**Italië**	Rome	Italiaans	Italiaan	Italiaanse
Ivory Coast	**Ivoorkust**	Yamoussoukro	Ivooriaans	Ivooriaan	Ivoriaanse
Jamaica	**Jamaica**	Kingston	Jamaicaans	Jamaicaan	Jamaicaanse
Japan	**Japan**	Tokio	Japans	Japanner	Japanse
Jordan	**Jordanië**	Amman	Jordaans	Jordaniër	Jordaanse
Kenya	**Kenia**	Nairobi	Keniaans	Keniaan	Keniaanse
Korea	**Korea**	Seoel	Koreaans	Koreaan	Koreaanse
Laos	**Laos**	Vientiane	Laotiaans	Laotiaan	Laotiaanse
Latvia	**Letland**	Riga	Letlands	Letlander	Letse
Lebanon	**Libanon**	Beiroet	Libanees	Libanees	Libanese
Liberia	**Liberia**	Monrovia	Liberiaans	Liberiaan	Liberiaanse
Libya	**Libië**	Tripoli	Libisch	Libiër	Libische
Lithuania	**Litouwen**	Vilnius	Litouws	Litouwer	Litouwse
Luxembourg	**Luxemburg**	Luxemburg	Luxemburgs	Luxemburger	Luxemburgse
Macedonia	**Macedonië**	Skopje	Macedonisch	Macedoniër	Macedonische
Malaysia	**Maleisië**	Kuala Lumpur	Maleisisch	Maleisiër	Maleisische
Malta	**Malta**	Valletta	Maltees	Maltezer	Maltese
Mexico	**Mexico**	Mexico Stad	Mexicaans	Mexicaan	Mexicaanse
Mongolia	**Mongolië**	Ulaanbaatar	Mongools	Mongool	Mongoolse
Morocco	**Marokko**	Rabat	Marokkaans	Marokkaan	Marokkaanse
Mozambique	**Mozambique**	Maputo	Mozambikaans	Mozambikaan	Mozambikaanse
Namibia	**Namibië**	Windhoek	Namibisch	Namibiër	Namibische
Nepal	**Nepal**	Kathmandu	Nepalees	Nepalees	Nepalese
Netherlands	**Nederland**	Amsterdam	Nederlands	Nederlander	Nederlandse
New–Zealand	**Nieuw-Zeeland**	Auckland	Nieuw-Zeelands	Nieuw-Zeelander	Nieuw-Zeelandse
Nicaragua	**Nicaragua**	Managua	Nicaraguaans	Nicaraguaan	Nicaraguaanse
Nigeria	**Nigeria**	Abuja	Nigeriaans	Nigeriaan	Nigeriaanse
Norway	**Noorwegen**	Oslo	Noors	Noor	Noorse
Pakistan	**Pakistan**	Islamabad	Pakistaans	Pakistaan	Pakistaanse
Panama	**Panama**	Panama Stad	Panamees	Panamees	Panamese
Papua New Guinea	**Papoea-Nieuw-Guinea**	Port Moresby	Papoeaas	Papoeaër	Papoease
Paraguay	**Paraguay**	Asunción	Paraguayaans	Paraguayaan	Paraguaanse
Peru	**Peru**	Lima	Peruaans	Peruaan	Peruaanse
Philippines	**de Filippijnen**	Manilla	Filippijns	Filippino	Filippijnse
Poland	**Polen**	Warschau	Pools	Pool	Poolse
Porto Rico	**Porto Rico**	San Juan	Porto Ricaans	Porto Ricaan	Porto Ricaanse
Portugal	**Portugal**	Lissabon	Portugees	Portugees	Portugese
Rumania	**Roemenië**	Boekarest	Roemeens	Roemeen	Roemeense
Russia	**Rusland**	Moskou	Russisch	Rus	Russin
Saudi Arabia	**Saoedi–Arabië**	Riyad	Saoedi–Arabisch	Saoedi–Arabiër	Saoedi–Arabische
Scotland	**Schotland**	Edinburgh	Schots	Schot	Schotse
Slovakia	**Slowakije**	Bratislava	Slowaaks	Slowaak	Slowaakse
Slovenia	**Slovenië**	Ljubljana	Sloveens	Sloveen	Sloveense
Somalia	**Somalië**	Mogadishu	Somalisch	Somaliër	Somalische
South Africa	**Zuid-Afrika**	Pretoria	Zuid-Afrikaans	Zuid-Afrikaan	Zuid-Afrikaanse
South America	**Zuid-Amerika**	—	Zuid-Amerikaans	Zuid-Amerikaan	Zuid-Amerikaanse
Spain	**Spanje**	Madrid	Spaans	Spanjaard	Spaanse
Sri Lanka	**Sri Lanka**	Colombo	Sri Lankaans	Sri Lankaan	Sri Lankaanse
Sudan	**Soedan**	Khartoem	Soedanees	Soedanees	Soedanese
Suriname	**Suriname**	Paramaribo	Surinaams	Surinamer	Surinaamse
Sweden	**Zweden**	Stockholm	Zweeds	Zweed	Zweedse
Switzerland	**Zwitserland**	Bern	Zwitsers	Zwitser	Zwitserse

Syria	**Syrië**	Damascus	Syrisch	Syriër	Syrische
Taiwan	**Taiwan**	Taipei	Taiwanees	Taiwanees	Taiwanese
Tanzania	**Tanzania**	Dodoma	Tanzaniaans	Tanzaniaan	Tanzaniaanse
Thailand	**Thailand**	Bangkok	Thais	Thai	Thaise
Tunisia	**Tunesië**	Tanger	Tunesisch	Tunesiër	Tunesische
Turkey	**Turkije**	Ankara	Turks	Turk	Turkse
Uganda	**Oeganda**	Kampala	Oegandees	Oegandees	Oegandese
Ukraine	**Oekraïne**	Kiev	Oekraïens	Oekraïner	Oekraïense
Uruguay	**Uruguay**	Montevideo	Uruguayaans	Uruguayaan	Uruguayaanse
Venezuela	**Venezuela**	Carácas	Venezolaans	Venezolaan	Venezolaanse
Vietnam	**Vietnam**	Hanoi	Vietnamees	Vietnamees	Vietnamese
Wales	**Wales**	Cardiff	Welsh	—	—
White Russia	**Wit-Rusland**	Minsk	Wit-Russisch	Wit-Rus	Wit-Russische
Yemen	**Jemen**	Sana	Jemenitisch	Jemeniet	Jemenietische
Yugoslavia	**Joegoslavië**	Belgrado	Joegoslavisch	Joegoslaaf	Joegoslavische
Zambia	**Zambia**	Lusaka	Zambiaans	Zambiaan	Zambiaanse

Bijlage 6
Belangrijke data in Nederland

The following dates are important dates in the Netherlands. National holidays are marked with an asterisk (*).

1 januari   (*New Year's Day*) **Nieuwjaarsdag** *

Dutch people celebrate '*het Nieuwjaar*' on 31st December at 12.00 midnight by letting off fireworks in the streets. From $1^{st} - 6^{th}$ January, it is customary to wish people "*De beste wensen voor het nieuwjaar*". The garbage left over from the fireworks display from the previous evening is cleaned up by the local council on the following working day.

2 februari – 8 maart   (*Carnival*) **Carnaval**

'*Carnaval*' was originally a last celebration before the Christian 40-day fasting period in commemoration of Jesus who, according to the New Testament, fasted for 40 days in the desert and reflected on Christian values. Nowadays, '*Carnaval*' is most celebrated in the Netherlands in the predominantly catholic provinces of Limburg and Noord-Brabant. On the last day of '*Carnaval*' (no sooner than 2nd February and no later than 8th March), people dress up in Carnaval costumes and walk in the Carnaval Parade.

14 februari   (*Valentine's Day*) **Valentijnsdag**

This is the traditional day on which lovers confess their love for each other by sending a Valentine's Day card, which is often anonymous.

februari (schoolvakantie)   (*Spring school holidays*) **Voorjaarsvakantie**

Also called the '*Krokusvakantie*' (named after the crocus flower that blooms in February/March), this is the first school holidays after Christmas. This one-week school holiday period is held towards the end of February / beginning of March. In the Netherlands, there are three school regions (*noord – midden – zuid*) and school holiday dates vary according to your region.

21 maart – 21 juni   (*Spring*) **Lente**

Dutch has two words for Spring: '*lente*' and '*voorjaar*' and they are used interchangeably.
Etymologically, the word 'lente' is derived from the Old High German word 'lenzin', which is believed to derive from the word 'lang' (long). 'Lente' is of course the season in which the days become longer.

1 april   (*April Fool's*) **Aprildag**

The April fool's tricks are called '*1 april grap*'. After you have successfully pulled somebody's leg, you say "*één april*".

22 maart – 25 april   (*Easter*) **Pasen** *

Easter is held on the Sunday after the first full moon in March. Not all companies designate '*Goede vrijdag*' (Good Friday) as a day-off, however '*paaszondag*' (Easter Sunday, also called '*Eerste paasdag*') and '*paasmaandag*' (Easter Monday, also called '*Tweede paasdag*') are national holidays. On '*paasmaandag*', commercial centres in some of the major Dutch cities are open for business. The '*paasei*' (Easter egg) and '*paashaas*' (Easter bunny) are popular among children, and many homes are decorated with a '*paastak*' (willow branch decorated with coloured eggs).

30 april   (*Queen's Day*) **Koninginnedag** *

'*Koninginnedag*' is held on 30th April in commemoration of the Queen Mother, Koningin Juliana, who reigned from 1948 – 1980. The current queen of the Netherlands, *Hare Majesteit Koningin Beatrix*, celebrates her birthday on 31st January.

What happens on the day itself?
In most towns, a '*Vrijmarkt*' (Free street market) is held where people sell everything and anything at a bargained price. *Koningin Beatrix* and royal family members visit a different city each year, which is televised live. Everybody wears something orange, the colour of the royal family. National flags are hung out with an orange banner.

What has orange got to do with the Royal family?
The German Count Engelbrecht I van Nassau married Johanna van Polanen, Lady of Breda, thus inheriting property in the east and south of France, including the Sovereign Princedom of Orange. The title '*Prins van Oranje*' (Prince of Orange) was hereditary. Henry's son died without any heir and the title was passed on to his German cousin *Willem van Nassau*, better known as *Willem van Oranje*, who is considered the founder of the Royal House Oranje-Nassau.

mei *(May school holidays)* **Meivakantie**

This 1-week school holiday period is held at the beginning of May. In the Netherlands, there are three school regions (*noord – midden – zuid*) and school holiday dates vary according to your region.

4 mei *(Commemoration Day)* **Dodenherdenkingsdag**

During the evening of 4th May, war victims since World War II are commemorated. A moment of silence is respected between 8.00 and 8.02 p.m. Queen Beatrix attends a commemoration ceremony at '*de Dam*' (Dam Square) in Amsterdam. People hang out the Dutch flag at half mast to show their respect.

5 mei *(Liberation Day)* **Bevrijdingsdag**

The end of World War II was official when the Nazis surrendered on 4th May 1945. The official document was not signed until 5th May and this is why this day is known as Liberation Day. Once every five years 5th May is a national holiday.

mei (2^e zondag) *(Mother's Day)* **Moederdag**

'*Moederdag*' falls on the second Sunday in May. This day honours motherhood and mothers often receive gifts from their children as a token of their appreciation.

30 april – 3 juni *(Ascension Day)* **Hemelvaartsdag** *

'*Hemelvaartsdag*' is 40 days after Easter when Jesus is believed to have risen from the dead and ascended to heaven. This is a national holiday in the Netherlands.

10 mei – 13 juni *(Pentecost)* **Pinksteren** *

'*Pinksteren*' (Pentecost) is celebrated 50 days after Easter. Both '*pinksterzondag*' (Whitsun') and '*pinkstermaandag*' (Whit Monday) are national holidays in the Netherlands.

juni (3^e zondag) *(Father's Day)* **Vaderdag**

'*Vaderdag*' falls on the third Sunday in June. This day celebrates fatherhood and fathers often receive gifts from their children as a token of their appreciation.

21 juni t/m 22 september *(Summer)* **Zomer**

'*Zomer*' starts on the 21st June when the day is the longest and the night of 22nd June is the shortest of the year, also known as the '*zomerzonnewende*' (summer solstice).

juli t/m september (schoolvakantie) *(Summer school holidays)* **Zomervakantie**

This 6-week summer school holiday period usually starts in July and depending on the school region (*noord – midden – zuid*), school children may not go back to school until the first week of September.

september (3ᵉ dinsdag) *(Opening of Parliament)* **Prinsjesdag**

The 3rd Tuesday in September is the official opening of the Parliament after its summer recess. Queen Beatrix presents her '*troonrede*' (Royal address) which includes the government's plans for the coming year. The event takes place in the '*Ridderzaal*' (Knights Room) in the '*Binnenhof*' (Inner Court) in Den Haag, meeting place for Dutch parliament and the Minister-President's offices.

23 september t/m 20 december *(Autumn)* **Herfst**

The Dutch word '*herfst*' is etymologically related to the English word '*harvest*', the season in which crops are harvested.

oktober (schoolvakantie) *(Autumn school holidays)* **Herfstvakantie**

This 1-week school holiday period is held towards the end of October. In the Netherlands, there are three school regions (*noord – midden – zuid*) and school holiday dates vary according to your region.

5 december **Sinterklaas**

A day which is similar to Christmas in the English-speaking world. 'S*int Nicolaas*' or 'S*interklaas*' (Saint Nicolas) has arrived from Spain with his helpers, known as '*Zwarte Piet*' (Black Peter). Children place their shoe/clog with a snack for the '*Sint*' and his horse in readiness and often receive a chocolate letter and other sweets. Gifts are exchanged accompanied by a rhyming poem which are supposed to be a surprise (the Dutch word '*surprise*' only ever refers to the gift received on Sinterklaas).

21 december t/m 20 maart *(Winter)* **Winter**

'*Winter*' starts on the 21st December when the day is the shortest and the night of 22nd December is the longest of the year.
Etymologically, the word '*winter*' is believed to derive from the word '*water*', given that this season is usually the wettest season of the year.

25 december *(Christmas Day)* **Eerste kerstdag ***

'*Eerste kerstdag*' (First Christmas Day) is the day on which the birth of Christ is commemorated. Although '*sinterklaas*' is traditionally the day of giving gifts, more and more people in the Netherlands also give gifts on '*Eerste kerstdag*'. Around the Christmas period, people wish each other "*Fijne kerstdagen*".
Etymologically, the words '*kerst*' (from 'Christ') and '*mis*' (Church mass) refer to the Christian church mass held at midnight on 24th December to commemorate the birth of Jesus Christ.

26 december *(Boxing Day)* **Tweede kerstdag ***

This is considered a day of rest after the celebrations on 25th December. Commercial centres in some of the major Dutch cities are open for business.

december / januari *(Christmas school holidays)* **Kerstvakantie**

This 2-week Christmas school holiday period starts after the Friday before Christmas and continues until the Monday of the second week in January.

31 december *(New Year's Eve)* **Oud en Nieuw**

The last day of the year is often celebrated in the streets with fireworks at 12 midnight. '*Oud en Nieuw*' refers to 12 midnight, the time between the last day of the old year and the first day of the new year. During the first week of January, people wish each other "*Gelukkig nieuwjaar*".

Bijlage 7
Handige vullers

The following '**Useful Fillers**' are a summary of the language used in many day-to-day situations that you have come across in the dialogues and exercises in '*Dutch for English-speaking Expats*'. Knowing them by heart will take you to the next level in interacting in Dutch.

Contents

		Page
1)	Meeting people for the first time	356
2)	Greeting people	356
3)	Saying goodbye	356
4)	"Say hello to ..."	356
5)	Responses during a conversation	357
6)	Stalling for time	357
7)	Please repeat	357
8)	Meaning?	357
9)	Agreeing / Disagreeing	357
10)	In the office	358
11)	In a meeting	358
12)	Making an appointment	359
13)	Arriving at reception	359
14)	Small talk before and after a meeting	359
15)	Making a social appointment to go out	359
16)	'Dank u wel' and 'Alstublieft'	360
17)	In a shop (baker / greengrocer's / etc.)	360
18)	In a (shoe / clothes) store	360
19)	In a café / restaurant	360
20)	Table manners	361
21)	Directions	361
22)	Best wishes	361
23)	Useful expressions	362

Grammatical building stones

24)	Adverbs of Time	362
25)	Adverbs of Frequency	363
26)	Adverbs of Sequence	363
27)	Conjunctions	363
28)	Interjections	364

The following symbols are used:

>	= a possible positive response	<>	= a possible negative response
(SF)	= used in (semi–)formal situations	**(Inf.)**	= used in informal situations

NOTE: The '*jij*-form' and '*u*-form' are of course interchangeable, depending on the situation you are in and the person you are talking to.

1. Meeting people for the first time

Hallo, (naam).	*Hello, I'm (name).*	>	Hallo, (naam).	*Hello, I'm (name).*
Aangenaam.	*Pleased to meet you.*	>	Insgelijks (SF).	*Likewise.*
Ken ik jou niet ergens van?	*Don't I know you from somewhere?*	>	Jouw gezicht komt mij wel bekend voor.	*Your face looks familiar.*
		<>	Volgens mij niet.	*I don't believe so.*
Kennen jullie elkaar al?	*Have you already met?*	>	Ja, wij kennen elkaar van het werk.	*Yes, we know each other from work.*
		<>	Nee, nog niet.	*No, not yet.*
Leuk je ontmoet te hebben.	*Nice to have met you.*	>	Ja, dat vond ik ook.	*Yes, you too.*

2. Greeting people

Goedemorgen.	*Good morning.*		Morgen!	*Morning.*
Goedemiddag.	*Good afternoon.*		Morgen allemaal.	*Morning everyone.*
Goedenavond.	*Good evening.*		Dag, mevrouw/meneer.	*Hello. (Madam/Sir)*
Hoe gaat het?	*How are you?*	>	Heel goed, en met jou?	*Very well, and you?*
Hoe gaat het met jou?	*How are you?*	>	Prima, en met jou?	*Fine, and you?*
Hoe gaat het met u?	*How are you?*	>	Het gaat wel.	*Not too bad.*
		>	Ik mag niet klagen.	*I can't complain.*
Alles goed?	*Everything O.K.?*		Hoi (inf.)	*Hi.*
Hoe gaat het ermee?	*How are things going?*		Hoe is die? (inf.)	*How's it going?*
Hoe is het? (inf.)	*How's it going?*		Alles kits?	*You alright?*
Leuk je weer te zien.	*Nice to see you again.*		Dat is lang geleden.	*Long time, no see.*

3. Saying goodbye

Dag.	*Bye.*		Tot ziens.	*Goodbye.*
Doei (Inf.)	*See you.*		Tot kijk. (Inf.)	*See you.*
Tot morgen.	*See you tomorrow.*		Tot de volgende keer.	*See you next time.*
Tot straks.	*See you (in a few hours).*		Tot zo.	*See you (in a few minutes).*
Fijne avond.	*Have a nice evening.*	>	Jij ook.	*You too.*
Prettig weekend.	*Have a nice weekend.*	>	Hetzelfde.	*Same to you.*
Ik vond het heel gezellig.	*I really enjoyed it (your company).*		Het was hartstikke leuk.	*I really enjoyed it (occasion).*

4. "Say hello to ..."

Doe Tim de groeten!	*Say hello to Tim for me!*	>	Dat zal ik doen.	*I will.*
De volgende keer dat jij Tim ziet, doe hem de groeten.	*Next time you see Tim, say hello to him for me.*	>	Dat zal ik doen.	*I will.*
Jij krijgt de groeten van Tim!	*Tim said to say hello!*	>	O, dank je wel. Hoe gaat het met hem trouwens?	*Oh, thanks. How is he by the way?*

5. Responses during a conversation

O ja?	*Really? (surprise)*	Echt waar?	*Really? (disbelief)*
Dat wist ik niet.	*I didn't know that.*	Ongelooflijk.	*Unbelievable.*
Dat kan ik me voorstellen.	*I can imagine.*	Zo!	*Wow!*
Precies.	*Precisely.*	Absoluut.	*Absolutely.*
Natuurlijk.	*Of course.*	Ja zeker.	*Certainly.*
Wat leuk!	*How nice!*	Wat interessant!	*How interesting!*
Wat jammer!	*What a pity!*	Wat belachelijk!	*How ridiculous!*
Wat vervelend!	*How irritating! / What an inconvenience!*	Wat zonde!	*What a shame!*

6. Stalling for time

Ogenblikje.	*One minute.*	Momentje graag.	*Just a moment, please.*
Even denken.	*Let me think.*	Even kijken.	*Let me see.*
Nou, ...	*Well, ...*	Misschien, maar...	*Maybe, but ...*

7. Please repeat

Sorry?	*Excuse me?*	Sorry, wat zeg je?	*What did you say?*
Wat bedoel je precies?	*What do you mean?*	Sorry, ik versta u niet.	*I'm afraid I don't understand.*
Kunt u dat nog eens herhalen? (SF)	*Could you repeat that, please?*	Het spijt me, maar mijn Nederlands is niet zo goed.	*I'm sorry, but my Dutch is not that good.*
Kun je het nog één keer uitleggen?	*Can you explain it to me one more time?*		

8. Meaning?

Wat betekent dat?	*What does that mean?*	Dat woord ken ik niet.	*I don't know that word.*
Hoe zeg je '...'?	*How do you say '...'?*	Ik begrijp niet wat je bedoelt.	*I don't comprehend what you are saying.*

9. Agreeing / Disagreeing

Ik ben het met je eens.	*I agree.*	<>	Ik ben het niet met je eens.	*I don't agree.*
Vind jij niet?	*Don't you think?*	>	Ja, dat vind ik ook.	*Yes, I think so too.*
		<>	Nee, dat vind ik niet.	*No, I don't think that.*
Weet je dat zeker?	*Are you sure?*	>	Ja, dat weet ik zeker.	*Yes, I'm sure.*
		<>	Dat weet ik niet zeker.	*I'm not sure.*
Daar heb jij gelijk in.	*You're right about that.*	<>	Ik denk daar anders over. Dat betwijfel ik.	*I have a different opinion. I have my doubts about that.*
Dat vind ik een goed idee.	*That's a good idea.*	<>	Dat vind ik geen goed idee. Dat lijkt mij niet zo verstandig.	*That's not a good idea. I don't think that's a sensible thing to do.*
Volgens mij, ...	*In my opinion, ...*			
Volgens mij wel.	*I believe so.*	<>	Volgens mij niet.	*I don't believe so.*

10. In the office

Werk ze!	*Enjoy your (working) day!*	> Jij ook!	*You too!*
Is Tim er al?	*Has Tim arrived yet?*	> Hij zit in bespreking.	*He's in a meeting.*
		> Hij zit bij de klant.	*He's at the client's.*
		> Ik heb hem vandaag nog niet gezien.	*I haven't seen him today.*
		> Hij heeft zich ziek gemeld.	*He rang in sick.*
Lukt het?	*How are you getting on with the task?*	> Ja, het lukt wel.	*It's going fine.*
		<> Nee, niet echt.	*Not really.*
Ik ga lunchen.	*I'm going to lunch.*	Ga je mee lunchen?	*Are you coming to lunch?*
Ik ben om 1 uur terug.	*I'll be back at 1 o'clock.*	Werk ze nog!	*Enjoy the rest of your (working) day.*

11. In a meeting

Laten we beginnen.	*Let's get started.*	Welkom allemaal.	*Welcome everyone.*
Vandaag wil ik het over ... hebben.	*Today, I want to talk about ...*	Als het goed is, hebben jullie de agenda al ontvangen.	*If I'm not mistaken, you have already received the agenda.*
Tim, het woord is aan jou.	*The floor is yours, Tim.*	Heeft er iemand iets te melden?	*Does anyone have anything to report?*
Mag ik daar iets over zeggen?	*Can I comment on that?*	Mag ik jou even onderbreken?	*May I just interrupt you for a moment?*
Daar kom ik straks op terug.	*I'll come back to that in a minute.*	Die cijfers heb ik niet bij de hand.	*I don't have those figures at hand.*
Mag ik even uitpraten?	*Please let me finish.*	Laten we niet afdwalen.	*Let's not get side-tracked.*
Als er verder geen andere zaken zijn, dan zijn wij klaar.	*If there is no other business, then that's it for today.*	Ik stel voor dat wij volgende week maandag weer bij elkaar komen.	*I propose that we meet again next week Monday.*

12. Making an appointment

Zullen wij een afspraak maken?	*Shall we get together?*	Ik bel om een afspraak te maken.	*I'm calling to make an appointment.*
Helaas moet ik onze afspraak verzetten.	*I'm afraid, I have to reschedule our appointment.*	Is het mogelijk om onze afspraak naar volgende week te verzetten?	*Is it possible to reschedule our meeting until next week?*
Wanneer komt het jou uit?	*When is good for you?*	's Middags komt mij beter uit.	*The afternoon is better for me.*
Kun jij om 10 uur?	*Are you available at 10?*	> Ja, dat kan.	*Yes, that's possible.*
		<> Nee, dat kan niet.	*No, that's not possible.*
Goed. Dan zien wij elkaar morgen om 11 uur.	*Fine. See you tomorrow at 11.*	> Tot dan.	*See you then.*
Bedankt voor het bellen.	*Thanks for calling.*	> Jij ook bedankt.	*Thanks to you too.*

13. Arriving at reception

Goedemorgen, mevrouw.	*Good morning, Madam.*	Goedemiddag, meneer.	*Good afternoon, Sir.*
Ik heb een afspraak met meneer Van den Oort.	*I have an appointment with Mr Van den Oort.*	Ik zal zijn secretaresse even waarschuwen.	*I will notify his secretary.*
Neemt u even plaats.	*Please take a seat.*	Zijn secretaresse komt zo bij u.	*His secretary will be right with you.*

14. Small talk before and after a meeting

Meneer Van den Oort?	*Mr Van den Oort?*	Ik ben de secretaresse van meneer Klaassen.	*I'm Mr Klaassen's secretary.*
Mijn excuses dat ik zo laat ben.	*I apologise for being late.*	Geen probleem.	*No problem.*
Ik heb 40 minuten in de file gezeten.	*I stuck in traffic for 40 minutes.*	Niets aan te doen.	*It can't be helped.*
Mijn trein had vertraging en ik heb mijn aansluiting gemist.	*My train was delayed and I missed my connection.*	Niets aan te doen.	*It can't be helped.*
Ik breng u naar zijn kamer. Hij is momenteel telefonisch in gesprek.	*I will show you to his room. He's on the phone at the moment.*	Loopt u even mee? Neemt u plaats.	*Please follow me. Please take a seat.*
U kunt hier uw jas ophangen.	*You can hang your coat over here.*	Wilt u misschien iets drinken terwijl u wacht?	*Would you like something to drink while you wait?*
Bedankt voor uw tijd.	*Thank you for your time. (when saying goodbye)*	Bedankt voor uw komst.	*Thank you for coming. (when saying goodbye)*

15. Making a social appointment to go out

Zullen wij binnenkort een keertje afspreken?	*Shall we arrange to go out some time soon?*	>	Dat lijkt mij heel leuk.	*I'd like that.*
Zullen we wat afspreken?	*Shall we arrange to go out?*	>	Leuk.	*Yes, that would be nice.*
		<>	Ik kan helaas niet. Ik heb het namelijk heel erg druk.	*I can't, I'm afraid. You see, I've got a lot of things to do.*
Heb je zin om wat mee te gaan drinken?	*Do you feel like joining me/us for a drink?*		Vind je het leuk om zaterdag met mij naar een feestje te gaan?	*Would you like to come with me to a party on Saturday?*
Heb je zin om naar de bioscoop te gaan?	*Do you feel like going to the cinema?*	>	Ja, dat lijkt mij leuk.	*Yes, that sounds nice.*
		<>	Nee, daar heb ik eigenlijk niet zoveel zin in.	*No, I don't really feel like it.*
		<>	Een ander keertje misschien.	*Some other time maybe.*
Laten we het een ander keertje doen.	*Let's do it some other time.*	>	Daar houd ik je aan.	*I'll hold you to that.*

16. 'Dank u wel' and 'Alstublieft'

Dank u wel. (SF)	*Thank you.*	>	Alstublieft.	*You're welcome.*
Dank je wel. (Inf.)	*Thank you.*	>	Graag gedaan.	*My pleasure.*
Bedankt. (*neutral*)	*Thanks.*	>	Geen dank.	*Don't mention it.*
Alstublieft.	*Here you are.*		Alstublieft.	*After you (at door).*

17. In a shop (baker / greengrocer's / etc.)

Wie mag ik helpen?	*Who may I help?*	>	Hallo, ik wil graag ...	*Hello, I would like ...*
Wie was er dan?	*Who's next?*	>	Ik. Hallo, ik wil graag ...	*Me. Hello, I would like ...*
Anders nog iets?	*Anything else?*	>	Anders niets, dank u wel.	*Nothing else, thank you.*
Wilt u de kassabon?	*Do you want a receipt?*	>	Nee, hoor. Dat hoeft niet.	*No, that's not necessary.*
Fijne dag verder!	*Enjoy the rest of the day!*	>	U ook. Tot ziens.	*You too. Goodbye.*

18. In a (shoe / clothes) store

Wordt u al geholpen?	*Are you being served?*	>	Ik word al geholpen.	*I'm already being served.*
		<>	Nee, nog niet.	*No, not yet.*
		>	Ik kijk maar even rond.	*I'm just looking.*
Pardon, mag ik u wat vragen?	*Excuse me, may I ask you something?*	>	Ja, zegt u het maar.	*Yes, what is it?*
Ik zoek een ...	*I'm looking for a ...*		Hebben jullie ...?	*Do you have ...?*
Welke maat?	*What size?*	>	Maat 52.	*Size 52..*
Mag ik deze in maat 44 passen?	*Can I try a size 44, please?*	<>	Helaas niet. Maat 44 is uitverkocht.	*Unfortunately, size 44 is sold out.*
Mag ik hem even passen?	*Can I try it on?*		Hoe zit hij?	*How does it fit?*
Hij zit heel lekker.	*It fits very well.*		Ze zijn te klein/groot.	*They're too small/big.*
Ik wil erover nadenken.	*I want to think about it.*		Bedankt voor de moeite.	*Thanks for your trouble.*

19. In a café / restaurant

Pardon, mag ik bestellen?	*Excuse me, can I order?*	>	Ik kom zo bij u.	*I'll be right with you.*
		>	Zegt u het maar.	*What will it be?*
Ik wil graag ...	*I would like ...*		Voor mij ...	*I'll have ...*
Wilt u daar misschien iets bij drinken?	*Would you like something to drink with that.*		Een biertje, graag.	*A beer, please.*
			Ja, een witte wijn, graag.	*Yes, a white wine, please.*
			Ja, doe maar een .... (Inf.)	*Yeh, make it a ...*
Heeft het gesmaakt?	*Did you enjoy your meal?*		Ja, het was lekker.	*Yes, it was good.*
Wilt u misschien nog iets bestellen?	*Would you like to order anything else?*	>	Nog een rode wijn, graag.	*Another red wine, please.*
		<>	Nee, dank u.	*No, thank you.*
Mag ik de rekening?	*Can I have the bill / check?*		Mag ik afrekenen?	*May I pay?*
Zo is het goed.	*Keep the change.*		Maak er 50 euro van.	*Make it € 50.*
Fijne dag verder!	*Enjoy the rest of the day!*	>	U ook. Tot ziens.	*You too. Goodbye.*

20. Table manners

Eet smakelijk.	*Bon appetite.*	> Ja, smakelijk eten.	*Yes, enjoy your meal too.*
		> Jij ook.	*You too.*
Mag ik bij jullie komen zitten?	*May I join you (at your table?)*	> Natuurlijk.	*Of course. / Please do.*
Kun jij het zout even aangeven?	*Could you pass me the salt, please?*	Kun jij de peper even aangeven?	*Could you pass me the pepper, please?*

21. Directions

Meneer, mag ik u wat vragen?	*Excuse me, Sir. Can I ask you a question?*	> Ja zeker.	*Certainly.*
Bent u hier bekend?	*Do you know this area?*	> Ja. Wat zoekt u?	*Yes. What are you looking for?*
		<> Sorry, ik kan u niet helpen.	*Sorry, I can't help you.*
Ik zoek de Marnixstraat.	*I'm looking for the ...*	> Die zit hier vlakbij.	*That is close by.*
		<> Die ken ik niet.	*I don't know that (street).*
Is het hier ver vandaan?	*Is it far from here?*	> Het is 10 minuten lopen.	*It's a 10–minute walk.*
		> Het is 10 minuten rijden.	*It's a 10–minute drive.*
		> U kunt beter de tram nemen.	*It's better to take the tram.*
U loopt deze straat uit.	*You walk to the end of this street.*	Dan gaat u rechts af.	*Then you turn right.*
U steekt de brug over.	*You cross the bridge.*	Dan gaat u links af.	*Then you turn left.*
Er zit een geldautomaat aan de overkant van het plein.	*There is an ATM machine on the other side of the square.*	Bij het stoplicht gaat u rechts af.	*Turn right at the traffic lights.*
U kunt het niet missen.	*You can't miss it.*	Je loopt er vanzelf tegen aan.	*You'll see it in front of you. You can't miss it.*
Waar moet ik uitstappen?	*Where do I get out/off?*	> Bij de halte 'Holbeinstraat' stapt u uit.	*You get out/off at the stop 'Holbeinstraat'.*
Kunt u de halte even omroepen?	*Could you announce our arrival at the stop?*	Hoeveel zones is het naar Amsterdam Amstel?	*How many zones is it to Amsterdam Amstel?*

22. Best wishes

Succes!	*Good luck!*	Sterkte!	*Take heart!*
Het beste!	*Take care!*	Veel plezier!	*Have fun! Enjoy yourself!*
Zet 'm op!	*Do your best!*	Maak er wat van!	*Make the most of it!*
Beterschap!	*Get well soon!*	Gezondheid!	*Bless you! (after sneezing)*
Gefeliciteerd!	*Congratulations!*	Gefeliciteerd met je promotie!	*Congratulations on your promotion!*
Gefeliciteerd met je verjaardag!	*Happy Birthday!*	Gefeliciteerd en nog vele jaren!	*Happy Birthday and many happy returns.*

23. Useful expressions

Dat hangt ervan af.	*That depends.*	Jij mag het zeggen.	*Your choice.*
Het valt mee.	*It's easier than I expected. / It's not bad.*	Het valt tegen.	*It's more difficult than / not as good as I expected.*
Dat geeft niet.	*It doesn't matter (in response to apology).*	Dat maakt niet uit.	*That makes no difference.*
Dat heeft er niets mee te maken.	*That has nothing to do with it.*	Dat slaat nergens op.	*What's that got to do with anything?*
Wat is er?	*What's the matter?*	Wat is er aan de hand?	*What's wrong?*
Geen wonder!	*No wonder!*	En terecht!	*Rightly so!*
Ga door!	*Go on / Continue!*	Ga je gang!	*Go ahead!*
Dat spreekt voor zich.	*That goes without saying.*	Duidelijker kan het niet.	*It couldn't be clearer.*
Nooit van gehoord.	*Never heard of it.*	Wat raar!	*How odd / strange!*
Petje af!	*I take my hat off to you.*	Goed gedaan!	*Well done!*
Lekker.	*Yummy.*	Bah.	*Yuk (bad taste).*
Goed zo.	*Good on you!*	Hè, hè.	*You finally made it.*
Dat is balen.	*What a pain in the neck.*	Ik baal als een stekker.	*I'm really peeved.*
Het was maar een grapje!	*I'm only joking.*	Je meent het?	*You're kidding?*
Laat maar (zitten).	*Forget it / Don't bother.*	Wat toevallig!	*What a coincidence!*
Maak je geen zorgen.	*Don't worry.*	Het komt allemaal goed.	*It'll all turn out for the better.*
Dat gaat jou niets aan.	*That's none of your business.*	Bemoei je er niet mee.	*Don't interfere.*
Komt voor mekaar.	*Consider it done.*	Het is zo gepiept.	*It'll be done in a flash.*
Jij bent gek!	*You're crazy!*	Ben jij nou helemaal gek geworden?	*Have you gone mad?*
Vind jij het gek?	*Does that surprise you?*	Dat verbaast me niet!	*That doesn't surprise me!*
Laat me met rust.	*Leave me alone.*	Ga weg!	*Go away!*
Rustig!	*Slow down!*	Ho, maar.	*Hold on a minute there./Stop.*
Schiet een beetje op!	*Come on, hurry up!*	Er is geen haast.	*There is no hurry.*
Hoor wie het zegt!	*Look who's talking!*	Jij boft!	*You're lucky!*
Denk erover na!	*Think about it!*	Ik zal erover nadenken.	*I'll think about it.*
Rot op!	*Get lost.*	Donder op, jij.	*Piss off.*

24. Adverbs of Time

nu	*now*	straks	*shortly*	later	*later*
vandaag	*today*	morgen	*tomorrow*	overmorgen	*day after tomorrow*
vanochtend	*this morning*	vanmiddag	*this afternoon*	vanavond	*this evening*
deze week	*this week*	volgende week	*next week*	over 2 weken	*in 2 weeks*
deze maand	*this month*	volgende maand	*next month*	over 3 maanden	*in 3 months*
dit jaar	*this year*	volgend jaar	*next year*	over 4 jaar	*in 4 years*
gisteren	*yesterday*	toen	*then*	in die periode	*at that time*
gisterochtend	*yesterday morning*	gistermiddag	*yesterday afternoon*	gisteravond	*yesterday evening*
vorige week	*last week*	vorige maand	*last month*	vorig jaar	*last year*
afgelopen week	*last week*	afgelopen maand	*last month*	afgelopen jaar	*last year*
's ochtends	*during the day*	's middags	*in the evenings*	's avonds	*last weekend*
's nachts	*during the day*				
overdag	*during the day*	op werkdagen	*during the week*	in het weekend	*at the weekend*
dit weekend	*this weekend*	volgend weekend	*next weekend*	vorig weekend	*last weekend*
in de lente	*in the spring*	= in het voorjaar	*in the spring*		
in de zomer	*in the summer*				
in de herfst	*in the autumn*	= in het najaar	*in the autumn*		
in de winter	*in the winter*				

25. Adverbs of Frequency

af en toe	*now and then*	in het weekend	*at/in the weekend*
als ik zin heb	*if/when I feel like it*	meestal	*usually, mostly*
altijd	*always*	momenteel	*currently*
bijna altijd / bijna nooit	*nearly always / hardly ever*	nauwelijks	*scarcely, hardly at all*
de ene keer ... de andere	*sometimes ... other times*	niet zo vaak	*not very often*
de laatste tijd	*recently*	nooit	*never*
door de week	*during the week*	regelmatig	*regularly*
één keer in de week	*once a week*	soms	*sometimes, occasionally*
iedere dag	*every day*	tegenwoordig	*nowadays*
een paar keer per week	*a few times a week*	vaak	*often*
iedere week	*every week*	weleens	*sometimes*
iedere maand	*every month*	zelden	*seldom, rarely*
ieder jaar	*every year*		

26. Adverbs of Sequence

aan de ene kant ...	*on the one hand*	met andere woorden	*in other words*
aan de andere kant ...	*on the other hand*	ten eerste	*firstly*
aanvankelijk	*initially*	ten tweede	*secondly*
anders	*otherwise*	ten slotte	*finally*
daarna	*after that*	toen	*then*
daarnaast	*in addition, furthermore*	trouwens	*by the way*
daarom	*that's why*	uiteindelijk	*eventually, in the end*
daarvóór	*before that*	vandaar dat	*so that's why*
dus	*so, therefore*	vanwege	*due to, because of*
eerst	*first*	vervolgens	*following that*
eindelijk	*at last*	wegens	*owing to*
in mijn geval	*in my case*		

27. Conjunctions

Co–ordinate conjunctions – NO SUBORDINATION

en	*and*	Ik heb morgen veel afspraken **en** ik heb op kantoor ook veel te doen.
maar	*but*	Ik kom wel naar de vergadering **maar** ik kom wat later.
of	*or*	Kom jij naar mijn kantoor **of** zal ik naar jouw kantoor komen?
want	*because*	Ik kan niet komen **want** ik heb al een andere afspraak.

Subordinate conjunctions – SUBORDINATION is OBLIGATORY (<u>verbs</u> ½/3 go to end of clause)

aangezien	*considering*	**Aangezien** ik volgende week met vakantie <u>ben</u>, kunt u mij via mijn secretaresse bereiken.
als	*if / when*	**Als** jij mijn hulp nodig <u>hebt</u>, dan hoor ik dat graag.
doordat	*owing to*	Ik ben laat **doordat** de trein 30 minuten vertraging <u>had</u>.
hoewel	*although*	**Hoewel** de helft van mijn team ziek <u>is</u>, moet het project wel op tijd af.
mits	*provided*	Een project wordt afgetekend, **mits** de inhoud van het verslag <u>klopt</u>.
nadat	*after*	**Nadat** ik met de klant <u>had gesproken</u>, was het probleem opgelost.
of	*whether*	Ik bel om te vragen **of** wij onze afspraak naar donderdag <u>kunnen verzetten</u>.
omdat	*because*	**Omdat** er iets onverwachts <u>is tussengekomen</u>, moet ik helaas onze afspraak afzeggen.
sinds	*since*	**Sinds** ik in Nederland <u>woon</u>, heb ik veel mensen leren kennen.
tenzij	*unless*	Onze eetafspraak gaat gewoon door, **tenzij** ik morgenavond <u>moet overwerken</u>.
terwijl	*while*	Wilt u misschien een kopje koffie **terwijl** wij op de anderen <u>wachten</u>?
totdat	*until*	Wij kunnen het jaarverslag niet afmaken, **totdat** de klant de nodige informatie <u>verstrekt</u>.
voordat	*before*	**Voordat** je naar Nederland <u>komt</u>, moet jij eerst heel veel dingen regelen.
wanneer	*when*	**Wanneer** ik op locatie bij de klant <u>werk</u>, ben ik altijd mobiel bereikbaar.
zodat	*so that*	Je moet vaker de krant lezen, **zodat** je meer over de gebeurtenissen in de wereld <u>weet</u>.
zodra	*as soon as*	**Zodra** wij de ontbrekende cijfers <u>ontvangen</u>, zullen wij het jaarverslag kunnen afmaken.
zolang	*as long as*	**Zolang** de juiste informatie <u>ontbreekt</u>, kunnen wij het jaarverslag niet afmaken.

28. Interjections

Ja, hoor.	*Yes, yes.*	Nee, hoor.	*No, no.*
ach	*oh (to show sympathy)*	goh!	*wow (to show surprise)*
		zo!	*wow (to show surprise)*
nou, ...	*well, ...*	nou en?	*so what?*
nou ja, zeg!	*well I'll be!*	nou en of!	*and how!*
maar goed, ...	*anyway, ...*	in elk geval	*in any case*
hé, Tim!	*Hey, Tim.*	Ja, hè?	*Don't you think?*
hè?	*huh? what?*	O, nee, hè!	*Oh, no!*
hè, hè	*ah (sigh of relief)*		
toch?	*right?*	zeg, ...	*listen, ... (to attract attention)*
luister	*listen, ...*	kijk	*look, ...*
gelukkig	*fortunately*	helaas	*unfortunately*
tjonge, jonge	*boy oh boy (nodding head)*	tja	*Yes, well. / Oh, well.*
Ja, joh!	*(used as emphasis, similar to 'of course')*	meid	*(term of endearment for a girl/woman)*
Nee, joh!			

Bijlage 8
Expat checklist

The following checklist will help you to remember which steps to take when arriving, residing and leaving the Netherlands on a permanent basis.

Before you arrive in the Netherlands

☐ Contact the Netherlands Consulate and enquire about the conditions that apply to you before you arrive in the Netherlands.

Within the first three months after arrival in the Netherlands

☐ **Residence permit** (*Verblijfsvergunning*)
Non-european Union citizens planning to stay in the Netherlands for longer than three months must register with the Alien's Police (*Vreemdelingenpolitie*) within the first three months after their arrival in the Netherlands. The Netherlands Alien's Police handles the administration for processing residence requests. An appointment to register with the Alien's Police must be made in advance (tel: 0800 – 8844). Major cities have a regional office. You must extend your residence permit each year.

European Union citizens do not require a residence permit, however, they must register either with the Alien's Police or Municipal Town Hall.

For detailed information in English on what kind of documentation you must submit to the Alien's Police for registration and which conditions apply to you, visit http://www.ind.nl/EN/index.asp

☐ **Work permit** (*Tewerkstellingsvergunning* also called *Werkvergunning*)
If you are coming to the Netherlands to work for longer than three months, your employer must apply to the *Centrum voor Werk en Inkomen* (Centre for Work and Income) for your work permit.
As per 1st October 2006, a work permit is no longer required for those recognised as highly-skilled foreign employees who earn a gross annual salary of € 45,000 plus (or € 33,000 plus for those under 30 years of age). To learn more about the additional conditions that apply to you, visit http://www.ind.nl/EN/verblijfwijzer/

☐ **Tax number** (*Sofinummer*)
After you have registered with the Alien's Police and/or with your local Town Hall, you are required to obtain a tax number (called a *Sofinummer*). This number identifies you in the tax and social security systems. To apply, contact the Tax Office ('*Belastingdienst*') on tel: 0800 – 0543.

☐ **30% Tax Ruling**
This ruling is a tax incentive for employees at management level who have been recruited from outside the Netherlands who possess specific expertise scarce in the Dutch employment market.
Employer and employee must file a joint application for the 30% facility with the '*Belastingdienst*'(Tax Office).

☐ **Housing** (*Huisvesting*)
There is a shortage of housing in major cities in the Netherlands and there are often long waiting lists for subsidised housing. Most expats contact an expat rental agency for housing assistance.
For additional information, visit Expatica's housing website: http://www.expatica.com/housing/
For information on housing search pitfalls, visit
http://www.expatica.com/source/site_article.asp?subchannel_id=4&story_id=1862&name=A+renter's+guide+to+dealing+with+housing+agencies

- ☐ **Mandatory registration at your local Town Hall** (*Inschrijving in het bevolkingsregister*)
  Once you have found accommodation, you must register at your local Town Hall. You do NOT need to make an appointment to register. However, you will need to present the following documents:
  - proof of your address (Rental contract / Letter from your landlord granting you permission to register at his address)
  - your passport
  - your residence permit.

- ☐ **Bank account** (*Bankrekening*)
  As an employee in the Netherlands, your salary is paid directly into your bank account, usually monthly. Access to your private bank account is possible with a debit card, called a PIN card (Personal Identity Number), internet banking and telephone banking. To open a bank account, you must present the following:
  - Valid ID (e.g. passport, or Dutch driving licence, or identity card, or residence permit)
  - Sofinummer (Taxation number)
  - Address verification (e.g. extract from Municipal Register (*uittreksel bevolkingsregister*), lease agreement, payslip, telephone bill, gas/electricity bill, statement from your employer, etc.).
  - Evidence of income (e.g. contract of employment, employment permit, payslips, etc.).

- ☐ **Health insurance** (*Zorgverzekering*)
  All residents in the Netherlands must have a nominal health insurance coverage, called '*basisverzekering*' (children under 18 are covered for free). Basic health insurance packages cover medical care, prescribed medicines, dental care, hospital stay, baby care and ambulance. Your employer pays a 6.25% premium on your behalf and you pay the difference, depending on your coverage. Your nominal health insurance includes a no-claim amount of around € 255 per year.
  Please note that a '*basisverzekering*' may not cover elective medical treatments, certain dental treatments, physiotherapy, etc.
  Supplementary health insurance coverage ('*aanvullende zorgverzekering*') is optional.

- ☐ **Doctor / General Practitioner** (*Huisarts*)
  Before you may actually visit a general practitioner, you must register with their practice beforehand. Your health insurance company will provide you with a list of addresses which you must contact yourself to request enrolment.

  Prescription medication
  In the Netherlands, the '*apotheek*' dispenses prescription medication. Over-the-counter non-prescription medication is sold at a '*drogist*', as are body care products and household products.

- ☐ **Dentist** (*Tandarts*)
  Before you may actually visit a dentist, you must register with their practice beforehand. Your health insurance company will provide you with a list of addresses which you must contact yourself to request enrolment.

- ☐ **Children's daycare facilities and Babysitters** (*Crèche / Kinderopvang / Kinderdagverblijf / Kinderoppas*)
  Visit www.expatica.nl and then go to Health → Essentials → Daycare and babysitting services in Holland.

- ☐ **School and Education** (*School en Onderwijs*)
  Visit www.expatica.nl and then go to Education → Essentials → Guide to Dutch education system → List of International schools.

- ☐ **Moving house** (*Verhuizen*)
  You must always contact your local Town Hall and Alien's Police to notify them of any changes to your personal situation.

- **Town Hall services** (*Diensten Burgerzaken*)
  You must visit your local Town Hall for the following:
  - Registration of current address
  - Notification of change of address
  - Driving licence
  - Extracts from Municipality Civic Administration (*Gemeentelijke Basisadministratie Persoongegevens*)
  - Certified copies of official documents
  - Notification of intent to marry (also contact the Alien's Police)
  - Notification of births
  - Notification of deaths
  - Requests for a declaration of a (clean) criminal record (sometimes required by Dutch employers).

- **Foreign driving licence** (*Buitenlands rijbewijs*)
  Whether you are obliged or eligible to exchange your foreign driving licence depends on many factors. Contact your local Town Hall to enquire about the current conditions and procedure. If you are eligible, your local Town Hall will submit your application with the required documents provided by you on your behalf.
  An international driving licence is merely a legalised translation of a foreign national driving licence and cannot be exchanged for a Dutch '*rijbewijs*'.
  If your foreign driving licence cannot be exchanged for a Dutch '*rijbewijs*', you must pass a standard theory test and practical driving exam.

  For more information on your eligibility and whether you can still use your foreign driving licence in the Netherlands, visit the Ministry of Transport's website: http://www.rijbewijs.nl/nl/English.html .

- **Telephone connection** (*Telefoonaansluiting*) / **Broadband internet connection** (*adsl-aansluiting*)
  It is definitely worth shopping around for the right telephone connection provider and broadband internet provider. Ask around at your office.
  In the event that a technician will need to visit your residence address, it is most likely that they will not visit after–office hours. You will probably need to take half a day off work.

- **Mobile telephone** (*Mobiele telefoon*)
  Most city centres are well-populated with mobile telephone companies. Ask for an English copy of your contract and ensure that you understand the terms and conditions, any penalties for early cancellation, as well as the cancellation period after written notification (sometimes up to three months!).

- **Telephone directory** (*De Telefoongids* and *Inlichtingen binnenland*)
  An online telephone directory service provides personal and business telephone numbers. In addition, this website also provides a directory for postcodes, train timetables and traffic jam information.
  For more information, visit www.telefoonboek.nl or call tel: 0900 – 8008.

- **Recommended websites for expats**
  Major municipalities have detailed information in English for expats that provide useful information, addresses and telephone numbers regarding day-to-day expat issues. On the following home pages, simply look for the English flag or the word 'English':

  - Municipality of Amsterdam: www.amsterdam.nl
  - Municipality of Utrecht: www.utrecht.nl
  - Municipality of The Hague: www.thehague.nl
  - Municipality of Rotterdam: www.rotterdam.nl
  - Municipality of Maastricht: www.maastricht.nl
  - Municipality of Wassenaar: www.wassenaar.nl

- **Need more information?**
  The not-for-profit organisation ACCESS provides a free telephone helpline service in English to expats on all of the above issues and more. To contact ACCESS, call tel: (0)20 423 3217 or visit www.access–nl.org

Before you leave the Netherlands permanently

☐ **Leaving the Netherlands permanently**
If you are leaving the Netherlands permanently, you must see to the following:

- Deregister with your local Town Hall within the municipality you are living in.
- Hand in your residence permit to the Alien's Police.
- Notify the Taxation Office
- Notify your health insurance company
- Notify your telephone company (penalties may apply if you cancel your subscription prematurely!).
- Notify your general practitioner and request a copy of your medical records (in English).
- Notify your dentist and request a copy of your dental records (in English).
- Cancel any subscriptions you may have (penalties may apply if you cancel prematurely!).

Try to contact them well in advance to ensure that your paperwork is complete before you leave. Many companies will require you to notify them in writing.

Bijlage 9
Het Europese Referentiekader voor de bepaling van het Taalvaardigheidniveau

Inleiding

Als taalcursist is het belangrijk om in een bepaald stadium van het leerproces je taalvaardigheidniveau te kunnen bepalen. Door een duidelijk beeld te hebben van de verschillende niveaus vanaf beginner tot en met gevorderd begrijp je ook beter wat je nog moet leren voordat je jezelf een vaardige spreker van een vreemde taal mag noemen.

Ook voor het bedrijfsleven is er door de toenemende internationalisering meer behoefte ontstaan aan instrumenten waarmee Europese bedrijven op een eenduidige en transparante wijze kunnen omgaan met de taalvaardigheid van hun medewerkers. Als een bepaalde functie een goede beheersing van een vreemde taal in woord en geschrift vereist, is het zowel voor de werknemer als voor de werkgever essentieel om één en hetzelfde referentiekader voor de bepaling van het taalvaardigheidniveau te gebruiken.

Daarom heeft de *Raad van Europa* (Council of Europe) verschillende deskundigen de opdracht gegeven instrumenten te ontwikkelen waarmee aan de hierboven beschreven behoeften tegemoet kon worden gekomen. Dit heeft twee instrumenten opgeleverd: een Europees Referentiekader voor de moderne talen (*Modern Languages: Learning, Teaching, Assessment. A Common European Framework of Reference*, Strasbourg, Council of Europe, 1997) en een *Europese Taalportfolio*.

Wat is het Europees Referentiekader?

Het Europees Referentiekader (http://www.coe.int/t/dg4/linguistic/Source/Framework_EN.pdf) is tot stand gekomen onder auspiciën van de Raad van Europa. Het Referentiekader schetst in negen hoofdstukken een overzicht van de begrippen en de ideeën die aan het leren van moderne vreemde talen ten grondslag liggen. Het document is niet gebonden aan één specifieke taal van de lidstaten. Het wil immers uitdrukkelijk een instrument zijn waarmee het talenonderwijs op Europese schaal op elkaar kan worden afgestemd. Anderzijds vormt het ook een basis voor de wederzijdse erkenning van taalkwalificaties binnen Europa. Dat het Referentiekader op grote schaal in Europa is verspreid blijkt uit het feit dat het binnen de Europese Unie gehanteerd wordt bij de vergelijking van taalkwalificaties, zoals voor de inschaling van aanstaande taalcursisten bij taleninstituten en bij de personeelswerving.

Niveaus

Ongetwijfeld is het belangrijkste hoofdstuk van het Referentiekader paragraaf 3.3 en 3.4 waarin de Europese schaal van taalvaardigheid wordt gepresenteerd. Het gaat daarbij om een schaal met zes niveaus (van A1 t/m C2) die zijn vastgesteld voor de vaardigheden:

- lezen
- luisteren
- mondelinge interactie (of 'gesprekken voeren')
- mondelinge productie (of 'spreken')
- schrijven.

De zes niveaus worden gegroepeerd in drie groepen volgens de functionele mogelijkheden van de beheerste vaardigheid:

Voor elk van deze niveaus is een algemene beschrijving gemaakt die ook voor een niet-specialist op talengebied te begrijpen en bruikbaar is, zoals de taalcursist, de werkgever of de personeelsfunctionaris.

Je eigen taalniveau van het Nederlands bepalen kan je zowel zelfstandig doen als onder begeleiding van je taaldocent. In dit cursusboek kun je op de volgende vier bladzijden de uitgebreide beschrijving vinden, in zowel het Engels als het Nederlands van de zes niveaus voor de vijf verschillende vaardigheden. Aan de hand van dit schema is het eenvoudig om een Self-Assessment te doen zoals dat ook wordt gedaan bij het opstellen van een eigen Taalportfolio.

Het overzicht is ook verkrijgbaar in dertig andere talen op de website van de Raad van Europa:
http://www.coe.int/T/DG4/Portfolio/?L=E&M=/main_pages/levels.html

Als u de Self-Assessment uitvoert moet u er wel rekening mee houden dat het niveau C2 overeen komt met het niveau van een moedertaalspreker. We vermelden het hier echter wel omwille van de volledigheid

Tenslotte kan elke cursist zijn eigen Taalportfolio online invullen en bijhouden met behulp van de site:
http://www.europeestaalportfolio.nl/TaalPortfolio/show.do?ctx=10010,10020 .

	Begrijpen		**Spreken**		**Schrijven**
	Luisteren	Lezen	Productie	Interactie	
C2	Ik kan moeiteloos gesproken taal begrijpen, in welke vorm dan ook, hetzij in direct contact, hetzij via radio of tv, zelfs wanneer in een snel moedertaaltempo gesproken wordt als ik tenminste enige tijd heb om vertrouwd te raken met het accent.	Ik kan moeiteloos vrijwel alle vormen van de geschreven taal lezen, inclusief abstracte, structureel of linguïstisch complexe teksten, zoals handleidingen, specialistische artikelen en literaire werken.	Ik kan een duidelijke, goedlopende beschrijving of redenering presenteren in een stijl die past bij de context en in een doeltreffende logische structuur, zodat de toehoorder in staat is de belangrijke punten op te merken en te onthouden.	Ik kan zonder moeite deelnemen aan welk gesprek of discussie dan ook en ben zeer vertrouwd met idiomatische uitdrukkingen en spreektaal. Ik kan mezelf vloeiend uitdrukken en de fijnere betekenisnuances precies weergeven. Als ik een probleem tegenkom, kan ik mezelf hernemen en mijn betoog zo herstructureren dat andere mensen het nauwelijks merken.	Ik kan een duidelijke en vloeiend lopende tekst in een gepaste stijl schrijven. Ik kan complexe brieven, verslagen of artikelen schrijven waarin ik een zaak weergeef in een doeltreffende, logische structuur, zodat de lezer de belangrijke punten kan opmerken en onthouden. Ik kan samenvattingen van en kritieken op professionele of literaire werken schrijven.
C1	Ik kan een langer betoog begrijpen, zelfs wanneer dit niet duidelijk gestructureerd is en wanneer relaties slechts impliciet zijn en niet expliciet worden aangegeven. Ik kan zonder al te veel inspanning tv-programma's en films begrijpen.	Ik kan lange en complexe feitelijke en literaire teksten begrijpen, en het gebruik van verschillende stijlen waarderen. Ik kan gespecialiseerde artikelen en lange technische instructies begrijpen, zelfs wanneer deze geen betrekking hebben op mijn terrein.	Ik kan duidelijke, gedetailleerde beschrijvingen geven over complexe onderwerpen en daarbij sub-thema's integreren, specifieke standpunten ontwikkelen en het geheel afronden met een passende conclusie.	Ik kan mezelf vloeiend en spontaan uitdrukken zonder merkbaar naar uitdrukkingen te hoeven zoeken. Ik kan de taal flexibel en effectief gebruiken voor sociale en professionele doeleinden. Ik kan ideeën en meningen met precisie formuleren en mijn bijdrage vaardig aan die van andere sprekers relateren.	Ik kan me in duidelijke, goed gestructureerde tekst uitdrukken en daarbij redelijk uitgebreid standpunten uiteenzetten. Ik kan in een brief, een opstel of een verslag schrijven over complexe onderwerpen en daarbij de voor mij belangrijke punten benadrukken. Ik kan schrijven in een stijl die is aangepast aan de lezer die ik in gedachten heb.
B2	Ik kan een langer betoog en lezingen begrijpen en zelfs complexe redeneringen volgen, wanneer het onderwerp redelijk vertrouwd is. Ik kan de meeste nieuws- en actualiteitenprogramma's op de tv begrijpen. Ik kan het grootste deel van films in standaarddialect begrijpen.	Ik kan artikelen en verslagen lezen die betrekking hebben op eigentijdse problemen, waarbij de schrijvers een bepaalde houding of standpunt innemen. Ik kan eigentijds literair proza begrijpen.	Ik kan duidelijke, gedetailleerde beschrijvingen presenteren over een breed scala van onderwerpen die betrekking hebben op mijn interessegebied. Ik kan een standpunt over een actueel onderwerp verklaren en de voordelen en nadelen van diverse opties uiteenzetten.	Ik kan zodanig deelnemen aan een vloeiend en spontaan gesprek, dat normale uitwisseling met moedertaalsprekers redelijk mogelijk is. Ik kan binnen een vertrouwde context actief deelnemen aan een discussie en hierin mijn standpunten uitleggen en ondersteunen.	Ik kan een duidelijke, gedetailleerde tekst schrijven over een breed scala van onderwerpen die betrekking hebben op mijn interesses. Ik kan een opstel of verslag schrijven, informatie doorgeven of redenen aanvoeren ter ondersteuning vóór of tégen een specifiek standpunt. Ik kan brieven schrijven waarin ik het persoonlijk belang van gebeurtenissen en ervaringen aangeef.
B1	Ik kan de hoofdpunten begrijpen wanneer in duidelijk uitgesproken standaarddialect wordt gesproken over vertrouwde zaken die ik regelmatig tegenkom op mijn werk, school, vrije tijd enz. Ik kan de hoofdpunten van veel radio- of tv-programma's over actuele zaken of over onderwerpen van persoonlijk of beroepsmatig belang begrijpen, wanneer er betrekkelijk langzaam en duidelijk gesproken wordt.	Ik kan teksten begrijpen die hoofdzakelijk bestaan uit hoogfrequente, alledaagse of aan mijn werk gerelateerde taal. Ik kan de beschrijving van gebeurtenissen, gevoelens en wensen in persoonlijke brieven begrijpen.	Ik kan uitingen op een simpele manier aan elkaar verbinden, zodat ik ervaringen en gebeurtenissen, mijn dromen, verwachtingen en ambities kan beschrijven. Ik kan in het kort redenen en verklaringen geven voor mijn meningen en plannen. Ik kan een verhaal vertellen, of de plot van een boek of film weergeven en mijn reacties beschrijven.	Ik kan de meeste situaties aan die zich kunnen voordoen tijdens een reis in een gebied waar de betreffende taal wordt gesproken. Ik kan onvoorbereid deelnemen aan een gesprek over onderwerpen die vertrouwd zijn, of mijn persoonlijke belangstelling hebben of die betrekking hebben op het dagelijks leven (bijvoorbeeld familie, hobby's, werk, reizen en actuele gebeurtenissen).	Ik kan eenvoudige samenhangende tekst schrijven over onderwerpen die vertrouwd of van persoonlijk belang zijn. Ik kan persoonlijke brieven schrijven waarin ik mijn ervaringen en indrukken beschrijf.
A2	Ik kan zinnen en de meest frequente woorden begrijpen die betrekking hebben op gebieden die van direct persoonlijk belang zijn (bijvoorbeeld basisinformatie over mezelf en mijn familie, winkelen, plaatselijke omgeving, werk). Ik kan de belangrijkste punten in korte, duidelijke eenvoudige boodschappen en aankondigingen volgen.	Ik kan zeer korte eenvoudige teksten lezen. Ik kan specifieke voorspelbare informatie vinden in eenvoudige, alledaagse teksten zoals advertenties, folders, menu's en dienstregelingen en ik kan korte, eenvoudige, persoonlijke brieven begrijpen.	Ik kan een reeks uitdrukkingen en zinnen gebruiken om in eenvoudige bewoordingen mijn familie en andere mensen, leefomstandigheden, mijn opleiding en mijn huidige of meest recente baan te beschrijven.	Ik kan communiceren over eenvoudige en alledaagse taken die een eenvoudige en directe uitwisseling van informatie over vertrouwde onderwerpen en activiteiten betreffen. Ik kan zeer korte sociale gesprekken aan, alhoewel ik gewoonlijk niet voldoende begrijp om het gesprek zelfstandig gaande te houden.	Ik kan korte, eenvoudige notities en boodschappen opschrijven. Ik kan een zeer eenvoudige persoonlijke brief schrijven, bijvoorbeeld om iemand voor iets te bedanken.
A1	Ik kan vertrouwde woorden en basiszinnen begrijpen die mezelf, mijn familie en directe concrete omgeving betreffen, wanneer de mensen langzaam en duidelijk spreken.	Ik kan vertrouwde namen, woorden en zeer eenvoudige zinnen begrijpen, bijvoorbeeld in mededelingen, op posters en in catalogi.	Ik kan eenvoudige uitdrukkingen en zinnen gebruiken om mijn woonomgeving en de mensen die ik ken, te beschrijven.	Ik kan deelnemen aan een eenvoudig gesprek, wanneer de gesprekspartner bereid is om zaken in een langzamer spreektempo te herhalen of opnieuw te formuleren en mij helpt bij het formuleren van wat ik probeer te zeggen. Ik kan eenvoudige vragen stellen en beantwoorden die een directe behoefte of zeer vertrouwde onderwerpen betreffen.	Ik kan een korte, eenvoudige ansichtkaart schrijven, bijvoorbeeld voor het zenden van vakantiegroeten. kan op formulieren persoonlijke details invullen, bijvoorbeeld mijn naam, nationaliteit en adres noteren op een hotelinschrijvingsformulier.

	Understanding		Speaking		Writing
	Listening	**Reading**	**Production**	**Interaction**	
C2	I have no difficulty in understanding any kind of spoken language, whether live or broadcast, even when delivered at fast native speed, provided. I have some time to get familiar with the accent.	I can read with ease virtually all forms of the written language, including abstract, structurally or linguistically complex texts such as manuals, specialised articles and literary works.	I can present a clear, smoothly-flowing description or argument in a style appropriate to the context and with an effective logical structure which helps the recipient to notice and remember significant points.	I can take part effortlessly in any conversation or discussion and have a good familiarity with idiomatic expressions and colloquialisms. I can express myself fluently and convey finer shades of meaning precisely. If I do have a problem I can backtrack and restructure around the difficulty so smoothly that other people are hardly aware of it.	I can write clear, smoothly-flowing text in an appropriate style. I can write complex letters, reports or articles which present a case with an effective logical structure which helps the recipient to notice and remember significant points. I can write summaries and reviews of professional or literary works.
C1	I can understand extended speech even when it is not clearly structured and when relationships are only implied and not signalled explicitly. I can understand television programmes and films without too much effort	I can understand long and complex factual and literary texts, appreciating distinctions of style. I can understand specialised articles and longer technical instructions, even when they do not relate to my field.	I can present clear, detailed descriptions of complex subjects integrating sub-themes, developing particular points and rounding off with an appropriate conclusion.	I can express myself fluently and spontaneously without much obvious searching for expressions. I can use language flexibly and effectively for social and professional purposes. I can formulate ideas and opinions with precision and relate my contribution skilfully to those of other speakers.	I can express myself in clear, well-structured text, expressing points of view at some length. I can write about complex subjects in a letter, an essay or a report, underlining what I consider to be the salient issues. I can select style appropriate to the reader in mind.
B2	I can understand extended speech and lectures and follow even complex lines of argument provided the topic is reasonably familiar. I can understand most TV news and current affairs programmes. I can understand the majority of films in standard dialect.	I can read articles and reports concerned with contemporary problems in which the writers adopt particular attitudes or viewpoints. I can understand contemporary literary prose.	I can present clear, detailed descriptions on a wide range of subjects related to my field of interest. I can explain a viewpoint on a topical issue giving the advantages and disadvantages of various options.	I can interact with a degree of fluency and spontaneity that makes regular interaction with native speakers quite possible. I can take an active part in discussion in familiar contexts, accounting for and sustaining my views.	I can write clear, detailed text on a wide range of subjects related to my interests. I can write an essay or report, passing on information or giving reasons in support of or against a particular point of view. I can write letters highlighting the personal significance of events and experiences.
B1	I can understand the main points of clear standard speech on familiar matters regularly encountered in work, school, leisure, etc. I can understand the main point of many radio or TV programmes on current affairs or topics of personal or professional interest when the delivery is relatively slow and clear.	I can understand texts that consist mainly of high frequency everyday or job-related language. I can understand the description of events, feelings and wishes in personal letters.	I can connect phrases in a simple way in order to describe experiences and events, my dreams, hopes and ambitions. I can briefly give reasons and explanations for opinions and plans. I can narrate a story or relate the plot of a book or film and describe my reactions.	I can deal with most situations likely to arise whilst travelling in an area where the language is spoken. I can enter unprepared into conversation on topics that are familiar, of personal interest or pertinent to everyday life (e.g. family, hobbies, work, travel and current events).	I can write simple connected text on topics which are familiar or of personal interest. I can write personal letters describing experiences and impressions.
A2	I can understand phrases and the highest frequency vocabulary related to areas of most immediate personal relevance (e.g. very basic personal and family information, shopping, local area, employment). I can catch the main point in short, clear, simple messages and announcements.	I can read very short, simple texts. I can find specific, predictable information in simple everyday material such as advertisements, prospectuses, menus and timetables and I can understand short simple personal letters.	I can use a series of phrases and sentences to describe in simple terms my family and other people, living conditions, my educational background and my present or most recent job.	I can communicate in simple and routine tasks requiring a simple and direct exchange of information on familiar topics and activities. I can handle very short social exchanges, even though I can't usually understand enough to keep the conversation going myself.	I can write short, simple notes and messages relating to matters in areas of immediate needs. I can write a very simple personal letter, for example thanking someone for something.
A1	I can recognise familiar words and very basic phrases concerning myself, my family and immediate concrete surroundings when people speak slowly and clearly.	I can understand familiar names, words and very simple sentences, for example on notices and posters or in catalogues.	I can use simple phrases and sentences to describe where I live and people I know.	I can interact in a simple way provided the other person is prepared to repeat or rephrase things at a slower rate of speech and help me formulate what I'm trying to say. I can ask and answer simple questions in areas of immediate need or on very familiar topics.	I can write a short, simple postcard, for example sending holiday greetings. I can fill in forms with personal details, for example entering my name, nationality and address on a hotel registration form.

© Council of Europe / Conseil de l'Europe

Register

English	Nederlands	Page
Adjectives	*Adjectiva*	72
Adverbs (1) – Time and Dates	*Adverbia (1) – Tijd en Data*	53
Adverbs (2) – Frequency	*Adverbia (2) – Frequentie*	99
Adverbs (3) – Quantity	*Adverbia (3) – Kwantiteit*	166
Adverbs (4) – Time (Present Perfect Tense)	*Adverbia (4) – Tijd (Perfectum)*	295
Adverbs (5) – Modality	*Adverbia (5) – Modaliteit*	299
Common European Framework of Reference for Language Proficiency Evaluation	*Het Europese Referentiekader voor de bepaling van het taalvaardigheidsniveau*	369
Comparative	*Comparatief*	162
Conditional	*Conditionalis*	249
Conjunctions (1) – Present Tense	*Conjuncties (1) – Presens*	128
Conjunctions (2) – Present Perfect Tense	*Conjuncties (2) – Perfectum*	198
Conjunctions (3) – Imperfect Tense	*Conjuncties (3) – Imperfectum*	228
Correspondence	*Correspondentie*	321
Countries	*Landen*	349
Declension	*Declinatie*	157
Discussions (1)	*Discussiëren (1)*	305
Discussions (2)	*Discussiëren (2)*	311
E-mails	*E-mail*	312
Enrich your vocabulary	*Verrijk uw woordenschat*	284
Er (1)	*Er (1)*	220
Er (2)	*Er (2)*	262
Expat checklist	*Expat checklist*	365
Fillers	*Handige vullers*	355
Future Tense	*Futurum*	66
Gender	*de / het*	147
Grammatical terms	*Grammaticale termen*	330
Greeting and meeting	*Ontmoeten en groeten*	22
'Het' expressions	*Uitdrukkingen met 'het'*	277
Idioms	*Idioom*	290
Imperative	*Imperatief*	140
Imperfect Tense	*Imperfectum*	227
Imperfect Tense – Relative clauses (4)	*Relatieve bijzinnen (4) – Imperfectum*	236
Imperfect Tense versus Present Perfect Tense	*Perfectum versus Imperfectum*	242
Impersonal verbs	*Verba Impersonalia*	275
Important dates in the Netherlands	*Belangrijke data in Nederland*	352
Indirect Speech	*Indirecte rede*	280
'– ing': Describing what you are doing now	*Aan het doen zijn*	50, 119
Inversion	*Inversie*	61
Irregular Verbs	*Onregelmatige verba*	333
Meeting and greeting	*Ontmoeten en groeten*	22
Modal verbs (1)	*Modale verba (1)*	102
Modal verbs (2)	*Modale verba (2)*	271
Negation	*Negatie*	92
Numbers	*Numeralia*	27
Passive Voice	*Passivum*	257
Past Perfect Tense	*Plusquamperfectum*	244
Personal data	*Persoonlijke gegevens*	30
Plural	*Pluralis*	154
Possessive	*Possessivum*	268
Prepositions (1)	*Preposities (1)*	85
Prepositions (2) – Fixed prepositions	*Preposities (2) – Vaste preposities*	213
Present Perfect Tense (1)	*Perfectum (1)*	176
Present Perfect Tense (2)	*Perfectum (2)*	181

Present Perfect Tense (3)	*Perfectum (3)*	184
Present Perfect Tense (4)	*Perfectum (4)*	189
Present Perfect Tense (5)	*Perfectum (5)*	191
Present Perfect Tense (6)	*Perfectum (6)*	193
Present Perfect Tense (7) – Extra practice	*Perfectum (7) – Extra oefening*	203
Present Perfect Tense – Relative clauses (3)	*Relatieve bijzinnen (3) – Perfectum*	202
Present Perfect Tense versus Imperfect Tense	*Perfectum versus Imperfectum*	242
Present Tense	*Presens*	36
Present Tense – Relative clauses (1)	*Relatieve bijzinnen (1) – Presens*	124
Present Tense – Relative clauses (2)	*Relatieve bijzinnen (2) – Presens*	170
Pronouns	*Pronomina*	79
Pronunciation	*Uitspraak*	9
Questions	*Interrogativum*	44
Reflexive verbs	*Reflexieve verba*	134
Relative clauses (1) – Present Tense	*Relatieve bijzinnen (1) – Presens*	124
Relative clauses (2) – Present Tense	*Relatieve bijzinnen (2) – Presens*	170
Relative clauses (3) – Present Perfect Tense	*Relatieve bijzinnen (3) – Perfectum*	202
Relative clauses (4) – Imperfect Tense	*Relatieve bijzinnen (4) – Imperfectum*	236
Sentence structure (Word order)	*Zinsbouw*	331
Separable verbs	*Separabele verba*	109
Spelling	*Spelling*	16
Telephoning	*Telefoneren*	301
to + infinitive	*te + infinitief*	118
Verbs	*Verba*	
– (*see* Present Tense)	– (*zie Presens*)	36
– (*see* Future Tense)	– (*zie Futurum*)	66
– (*see* Imperfect Tense)	– (*zie Imperfectum*)	227
– (*see* Present Perfect Tense)	– (*zie Perfectum*)	176
– (*see* Past Perfect Tense)	– (*zie Plusquamperfectum*)	244
Verbs – Impersonal	*Verba Impersonalia*	275
Verbs – Irregular	*Onregelmatige verba*	333
Verbs – Modal (1)	*Modale verba (1)*	102
Verbs – Modal (2)	*Modale verba (2)*	271
Verbs – Separable	*Separabele verba*	109
Verbs of position	*liggen / zitten / staan / zetten*	95
Verbs with a fixed preposition	*Verba met een vaste prepositie*	337
Wishing somebody something	*Iemand iets toewensen*	70
Word order	*Zinsbouw*	331
Would	*Zou(den)*	253

www.ingramcontent.com/pod-product-compliance
Lightning Source LLC
Chambersburg PA
CBHW081757300426
44116CB00014B/2145